KB036310

한울사회학강좌

일상생활의 사회학

미셸 마페졸리, 앙리 르페브르 외 지음
박재환, 일상성 · 일상생활연구회 엮음

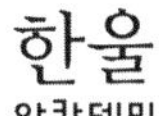

『일상생활의 사회학』 출판에 즈음하여

서구사상의 전통속에서 일상적인 평범한 것은 정치적인 것에 대항하는 것이다. 그러한 의미에서 사소한 일상의 모습은 현실에서 다소 경멸적인 의미를 내포한다고도 말할 수 있다. 19세기의 한 세기를 통해서 일상의 삶에 대한 학문적인 의미가 없었다는 것은 놀랄만한 일이 아닐 수 없다. 단지 소설가들이 이 시기 동안 일상의 모습들에 천착하였지만 그것은 또 결코 과학적인 탐색은 아니었다. 사실 19세기 사상의 유산으로서 모든 것을 이성에 종속시키고자 하며 또 이성들에게 모든 것을 요구하고자 하는 강박관념속에서 사람들은 “붉은 장미가 피어 있는 것에는 이유가 있을 수 없다”라는 시레시우스(Silesius)의 아름다운 표현이 의미하고 있는 것은 잊어버린 것이다. 다시 말해서 인식론적 관점에서 본다면 사회적 관계들에 관하여 유형지워지고 ‘말해지고 있는 것’에 지나치게 의존하고 있는 나머지 이 관계들이 ‘말해지지 않는 것’들에도 기반을 두고 있다는 사실을 잊어버린 것이다. 바로 이 인식론적 공간이야말로 연구되도록 보존되어 있는 부분이다. 그래서 이러한 시각을 통하여 우리는 단순히 우리의 생각이 반영된 것으로서가 아닌, 그 자체 일관성을 지니고 있는 구체적인 사회성의 깊숙한 곳까지 다다를 수 있게 된다. 이것은 단순한 상식적인 것들이지만 이론적 논쟁에서나 일상의 삶속에서 동시에 규칙적으로 제기되고 있는 문제들이다. 따라서 만일 거창하면서 가까이 와닿지 않는 이데올로기들에 무관심해진다면, 그것은 우리가 아주 가까이서 느낄 수 있는 가치들에 근거를 두고 있으며 하루하루 살면서 경험하는 다양한 이데올로기들을 같이 만들어내기 때문이다. 경험과 근접성, 즉 존재의 확실성이 가지는 의미들은 생명력 그 자체의 표현으로 이해될 수 있는 것들이다. 삶의 활력, 이것은 어떤 의미에서 직관적으로 삶속에서 파고들어가는 유기체적 사고를 분출하는 것이리라. 그것은 공통적인 경험에 대한 그리고 다양한 소여들을 총체적으로 파악하는 것으로서 이해한다는 것에 대한 강조이다. 사실 우리가 생동성이라고 부르는 것과 '상식론적 의미(Le Sens-communologie)'는 서로 연결되어 있으며 이들의 결합은 "지금 그리고 여기에서"라고 하는 현재의 시간과 공간이 가지는 내재적 가치를 강조하는 것이다. 사회적 삶이란 그 어느 것도 일차원적인 것이 아니며, 이 삶을 그 깊숙한 곳으로부터 움직이는 바로 다원주의인 것이다. 그리고 이러한 삶과 사물의 상태를 포착하는 것이 필요하다고 말할 수 있다. 자! 이것이 바로 일상생활의 사회학이 다루고자 하는 것이다. 우리는 어떠한 현상이든 '볼 수 있는 것,' 그리고 '주어진 것'이 지적 구조물을 떠받치고 있는 것들을 구성하고 있음을 기억해야 한다. 뒤르켐(E. Durkheim)이 "집합적 감정 또는 사상의 농축된 표현"이라고 보았던 것, 혹은 나아가 때로는 수많은 학문적 논쟁만큼이나 거대한 존재의 철학을 포함하고 있는 일상의 대화 등을 그 예로 들 수 있을 것이다.

문화적으로 표현되는 것들이 그러한 것들이며 보다 직접적인 의미로서 바로 이 사회를 만들어 가는 것들이다. 이러한 것은 사회학적 논의속에서 무엇보다도 인식론적 쟁점으로서 일상생활의 사회학을 접근하게 하는 것이라 말할 수 있다.

이와 아울러서, 일상적인 것을 테마로 하고 이들이 함축하고 있는 유형의 사회학들은 점점 더 미래조망적 관점으로 자리매김을 하고 있는 것으로 보인다. 그러한 의미에서, 한국에서 처음으로 이러한 지적 반성을 통한 일상생활의 사회학이 논의됨에 개인적으로 진심으로 많은 지지를 보내며 이를 위해 모든 과학적 연구에 필요한 선구적인 작업을 해나가고 있는 박재환 교수, 이상훈 박사를 비롯한 부산대학교의 일상성·일상생활연구회에 이 책의 출판에 즈음하여 축하와 함께 앞으로 끊임 없는 학문적 결실이 있기를 바라마지 않는다.

1994년 5월

Michel Maffesoli
Professeur à la Sorbonne

머리말

19세기 말 초인의 철학자 니체는 "신은 죽었다"고 선언했다. 20세기가 마감되는 오늘날 우리는 '인간의 죽음'이라는 선고를 듣는다. 수많은 사람들이 말하는 위기의 정체는 참으로 무엇인가. 그것은 우리가 딛고 있는 '현실' 그 자체가 막다른 상황에 다다랐다는 것인가. 아니면 '현실'이라고 우리가 판단하는 그 '인식' 자체가 위기에 처해 있다는 것인가. 그것도 아니면 '현실'과 '인식,' 그 모두의 위기란 말인가. 그에 대한 평가는 사람에 따라 매우 다를 것이다. 그러나 그것이 어떠한 것이든지간에 오늘날 우리에게는 사회적 현실을 바라보는 '새로운 시각'이 절실하게 필요하다.

지금까지 우리 인류는 각 시대마다 고유한 문제들을 나름대로 해결해왔다. 때문에 누군가는 인류가 오직 스스로 해결할 수 있는 문제들만을 제기한다고 말하지 않았던가. 그럼에도 현대사회가 막다른 위기에 처해 있다는 말은 진부한 느낌이 들 정도로 일반화되었다. 분명히 19세기 말에도 이른바 '세기말적 징후'는 서구 사회 각 부문에서 나타났으며 역사가 진화론적으로 발전하지 않는다는 주장 또한 공공연히 나왔던 것이다. 그런데도 오늘날의 인류에게는 현대의 위기가 가장 심각한 것으로 역사상 미증유의 것이며, 그 출구가 좀처럼 보이지 않는 것으로 인식되고 있다. 어떤 이는 전지구적인 환경파괴가 극에 이른 현실을 강조하면서 인류의 멸망을 예견하는가 하면, 세계경제질서가 한계에 봉착했다는 사실을 지적하는 사람도 있다. 이른바 '정당성의 위기'는 비단 정치영역에만 한정된 것이 아니라, 전통적 가치의 붕괴와 아노미로 상징되는 사회적 삶 일반에 광범하게 적용된다는 주장도 비일비재하다. 동구 사회주의권의 충격적 변화에서 위기의 상징적 표출을 찾는 입장도 상존한다.

하지만 현대사회의 위기에 대한 다양한 논의들은 흔히 근대성의 위기, 근대적 이성으로 부각되는 과학 및 도구적 이성에 대한 비판과 맥을 같이 하면서 활성화되어왔다. 실로, 근대적 이성은 신학적·형이상학적 '미신'을 몰아내고 인간의 의지와 실증적 지식을 전면에 내세웠으며, 역사는 결코 신의 뜻이나 절대정신의 전개과정이 아니라 인간의 노력과 노동에 의해 창조되는 것으로 파악되었다. 인간의 합리적 이성이 고질적인 모순을 척결할 수 있으며, 역사의 전개는 결국 발전과 진보로 귀결되기 마련이라는 것이 지배적인 생각이었다. 그리하여 과학만이 인류를 확실하게 구제할 수 있다는 '과학주의'가 새로운 이데올로기로 부상하게 되었던 것이다.

그러나 이러한 계몽주의적 낙관은 19세기 후반부터 흔들리기 시작하여 금세기 두 차례에 걸친 세계대전과 전체주의의 발흥으로 퇴색된 지 오래다. 과학이 우리를 구제하기는 커녕 상대방을 억압하는 효과적인 통치수단과 대량 학살의 무기로 쉽게 둔갑할 수 있음을 목격하게 되었다. 또한 사회주의가 약속했던 '해방'의 꿈은 현실 사회주의 국가들의 관료주의적 병폐와 자기 분열로 더이상 종래의 설득력을 유지할 수 없게 되었다. 더욱이 인간의 역사를 위한 자료로서 개발과 정복의 대상이었던 '자연'이 그동안의 침묵을 깨고 저항하기 시작했다. '자연에 대한 인간의 착취'는 '인간에 의한 인간의 착취' 못지않게 인간사회의 존립 그 자체를 위태롭게 하기에 이르렀다. 이리하여 환경파괴는 가난과 빈곤과 같이, 이념을 초월해서 각 나라가 힘을 합해 해결해야 하는 전지구적 문제로 등장하게 되었다. 인류를 위한 자연의 개발이 인류 스스로의 묘혈을 파는 아이러니로 나타나게 된 것이다. 이렇게 볼 때, 짐멜(Simmel)이 같은 맥락에서 우려한 '문화적 소외'라는 용어는 얼마나 온건하고 소박한 표현인가.

현실 사회에 대한 위기의식은 사회를 설명하는 사회학의 위상에도 심대한 영향을 미치게 된다. 하나의 개별과학으로 "예견하기 위하여 알고 통제할 수 있기 위하여 예견한다(Savoir pour prévoir, prévoir pour pouvoir)"는 문제의식으로 출발한 사회학은 그동안 각 사회의 현실적 상황과 접합하면서 몇개의 두드러진 흐름을 나타내어 왔다. 그러나 오늘날에는 어느 흐름도 압도적인 설득력을 갖지 못한다.

흔히 알려진 바와 같이, 실증주의의 정신을 이어 받은 사회학은 무질서의 사회원리를 경험적으로 밝혀 냄으로써, 새로운 사회건설의 합리적인 방안을 제공해줄 수 있다고 생각되었다. 뒤르켐(Durkheim)은 생시몽(Saint Simon)의 전망을 계승하여 당시의 프랑스 사회의 혼란에 대한 기존의 두 가지 두드러진 대처방안—교회를 중심으로 한 전통적 가치의 부흥, 사회주의적 해결방안—보다 사회학적 지식의 축적에 의한 문제해결이 타당하고 합리적이라고 믿었다. 이러한 실천적 지향과 경험주의적 성향은 그 이후 사회학의 기본적인 바탕이 되었다. 영국과 미국에서의 사회학이 그 좋은 본보기이다. 특히 신세계의 사회설계라는 국가적 목표와 밀접한 관계를 갖는 미국의 사회학은 유럽에서처럼 구질서의 정당성을 근원적으로 비판하는 작업이 오히려 적실성을 갖지 못하고, 사회건설이라는 보다 적극적인 역할에 일차적인 관심을 가져 왔던 것이다. 갈등과 혁명에 대한 이론보다 안정과 점진적 변화에 대한 담론이 미국 사회학의 주류를 이루어 온 것도 그와 같은 사회현실을 반영한 것이다.

한편 유럽에서 자본주의 발전과 산업화가 비교적 늦게 시작되었고 헤겔적 관념철학의 전통을 이어 받은 독일의 사회학이, '사회'를 자연과학과 같은 실증주의적 방법으로 파악할 수 없다고 '방법론 논쟁'을 벌인 것은 어쩌면 필연적인 귀결이었다. 더욱이 재야 사회이론으로서 꾸준히 영향력을 미쳐온 맑스주의의 변증법은, '현실'과 표면에 나타난 '현상'을 엄격하게 구별할 것을 요구했다. 현재의 질서는 그 자체로 결코 정당하다는 보장이 없는 것이며, 오히려 "이성적인 것이 현실적인 것"으로 발전되는 것을 방해하는 질곡으로 간주되기 일쑤였다. 따라서 사회학을 비롯한 사회이론에서는 현재의 상태를 무조건 수용하기보다 그 근원과 역사를 비판적으로 짚어 보는 것이 무엇보다 중요한 작업으로 인식되어왔다. 나중에 등장하는 '비판사회학'이 이러한 지적 전통에서 비롯되었다는 것은 이미 알려진 사실이다.

그러나 서구의 사회학이 앞에서 언급한 두 개의 큰 흐름에 모두 포섭되는 것은 결코 아니다. 미국의 경우, 이른바 구조기능주의가 사회학의 주류를 이루기 전에 시카고 학파의 역동적 논의–특히 현대의 상징적 상호작용론의 선구적 논의들–가 있었으며, 또한 사회진화론이 위력을 가졌던 초기 미국 사회학에서는 경쟁과 갈등에 대한 논의가 자연스런 일이기도 했다. 뿐만 아니라 변증법으로 상징되는 맑스주의에서도 실증주의적 경향이 강조되어, 한편으로는 경제결정론이 정통 맑시즘으로 단순화되기도 하고, 다른 한편으로 오스트리아 맑스주의처럼 부르주아 사회학과 맑스주의를 접합시키려는 노력도 있었다. 그러나 사회학의 현저한 분화는 60년대 이후 갈등론과 기능론의 논쟁이 상호보완적 가능성으로 발전되기 시작하고, 종래 주변적인 위치에 머물렀던 사회학적인 탐색들이 새로운 무게를 갖게 되면서 가속화되었다. 교환이론, 상징적 상호작용론, 현상학적 사회학, 민속방법론, 형상사회학(Figurational Sociology) 등은 이러한 배경에서 부상했다. 그리하여 사회학은 군웅할거의 시대를 지나, 실재와 현실에 대한 근본적 가정들이 상충하는 위기의 시대에 이르렀다는 진단마저 나오게 되었다.

이렇게 볼 때, 오늘 우리가 제시하는 '일상생활의 사회학'이 저간에 있어온 사회학의 분화와 일정한 연관이 있다는 사실을 부정하기 어렵다. 하지만 우리가 '일상생활의 사회학'을 서둘러 내놓는 이유는 보다 구체적이고 현실적이다. 우리는 사회학이 더이상 전문적 용어와 이론적 도식의 포로가 되어서는 안된다고 생각한다. 사회학이 객관적인 개별과학으로 존재할 수 있는 정당성은 그 객관적 지식체계가 우리가 딛고 있는 '현실'을 보다 정확하게 드러내는 데 적절한 경우에 한한다. 따라서 너무나 당연하게도 전문적 용어와 이론적 도식은 방편적 의미만 가질 뿐이다. 그럼에도 우리는 그동안 구체적 현실보다는 현실을 담아 내려고 만든 용어와 도식에 몰두하여 그러한 말과 도식이 건져내지 못한 현실의 부분은 애써 외면하기까지 했다. 현실과 삶을 밝혀내기 위한 과학이 아니라, 과학의 엄밀성을 보장하기 위한 현실의 취사선택에 만족하는 경우마저 있었다.

이러한 경향은 먼저, 우리나라가 미국 진영에 편입되어 온 분단적 상황에 의해 일차적으로 조장됐다. 우리는 여기에서 새삼 한국사회학의 발자취를 세밀하게 추적할 여유가 없다. 그러나 우리의 사회학이 편향된 이데올로기에 의해 원천적으로 그 논의가 한정되어왔었다는 사실은 지적해야 한다. 우리의 사회학은 구조기능주의의 개념과 가설의 검증으로부터 출발했다고 해도 과언이 아니다. 유럽과 일본에서는 아무런 제약이 될 수 없는 정치경제학적 논의는 80년대에 와서야 공개적으로 원용되기 시작했지만, 그에 대한 데마고그적 반발은 최근까지도 계속되어 사회학회의 소장학자들로 하여금 '학문의 자유'를 보장받기 위한 위원회 구성을 발의하게까지 했다. 건국 이래 헌법에 명시된 자유민주주의 국가에서 몇년전까지도 '학문의 자유'를 위한 서명운동이 일어나야 했던 것이 우리나라의 사회학이 처한 엄중한 현실인 것이다. 뿐만 아니라 우리사회의 발자취를 추적하는 사회사연구가 최근에 와서야 활성화된 연유도 미국사회학의 지배적 경향과 밀접한 관계를 갖는다.

다른 한편, 한국자본주의가 야기한 급박한 사회문제는 맑스주의적 접근을 불가피하게 했다. 이른바 사회구성체논쟁으로 표출되기 시작한 맑스주의적 접근방식은 그 동안의 이론적 도식이 간과한 물적 토대의 비중을 정당하게 복원시킴으로써 상당한 정도의 현실 설명력을 가지게 되었다. 그러나 한국사회의 본질을 규정하는 문제를 둘러싼 이러한 사회구성체논쟁은 현실의 특정 부분을 일반화하는 공통된 과오를 저질렀다. 설령 그들 각자의 주장대로, 한국사회의 자본주의의 성격이 국가독점자본주의나 혹은 식민지반자본주의의 특성을 갖는다고 해도, 국가독점자본주의 일반이론과 북한의 식민지반자본주의론이 한국사회의 성격을 전부 설명할 수는 없는 것이다. 그럼에도 맑스주의적 접근방식을 대표하는 두 입장 모두, 맑스가 강조한 "구체에서 추상으로" 현실을 파악하기보다는 각각의 이론적 도식에서 출발하여, 추상에서 구체를 추론하는 우를 범했던 것이다. 이러한 전도된 경향은 한국사회의 변혁을 위한 전략수립이라는 실천적 필요에 의해 더욱 심화되었던 것이다. 설상가상으로, 사회주의권을 비롯한 국내의 구체적 현실은 기존의 이론적 도식을 비웃기나 하듯 급속도로 변화했다.

사회주의권의 혁명적 변동 이후 국내의 사회이론의 향방은 어떠했는가. 우리는 유행처럼 창궐하는 일련의 '포스트(post) 증후군'을 만난다. 흔히 우리의 지식인들은 대중들이 독자적인 개성 없이 유행에 너무나 쉽게 휩쓸린다고 한탄한다. 그러나 유행에 휩쓸리는 것이 어찌 대중의 전유물이라고 단언할 수 있으랴. 사회를 '이론적으로' 설명한다는 학자들도 대중들과 꼭같이 새로운 사조에 불나비처럼 몰린다. 80년대 중반 사회과학계를 떠들썩하게 만들었던 사회구성체 논자들은 어디로 갔는가. 그들의 상당수는 다시 포스트 맑시즘, 포스트 포디즘, 포스트 모더니즘의 논자들로 변신하고 있지 않는가. 그러기에 '친구따라 장에 가는' 것은 대중과 지식인 구별 없이 우리 모두의 공통된 문화라고 고백하는 것이 차라리 정직하리라. 우리는 여기서 포스트 증후군을 무조건 폄하할 의도는 없다. 분명히 각종의 포스트 이론들은 나름대로의 현실 설명력을 가질 수 있기 때문이다. 문제는 이러한 논의가 '구체적 현실'과의 긴밀한 교통 없이 현학적이고 수사적인 방식으로 진행됨으로써, 또다시 뿌리내리지 못하는 '유행'으로 번지고 있지는 않는가 하는 점이다.

이러한 우려속에서 '일상생활의 사회학'이 상재된다. 그러나 우리가 강조하는 이 사회학의 의미는 단순히 기존 사회학의 영역을 새롭게 넓히는데 있는 것이 아니다. 그것의 중요성은 오히려 사회현실을 바라보는 새로운 '시각'에 있다. 분명히 '일상생활의 사회학'은 그 이름에 걸맞게 일상생활의 구체적인 동태를 밝히는 작업을 중시한다. 그러나 더욱 중요한 것은 우리의 삶과 사회의 바탕이 드러나지 않으면서 당연한 것으로 전제되는 바로 이 '일상성'에 있다는 점이다. 끊임 없이 되풀이되는 일상적 활동이 없을 경우, 어떠한 '사건'이나 '역사'도 일어날 수 없다. 진부하고 하찮은 것으로 치부되는 이 일상위에서 개인은 '내일의 꿈'을 가꾸고, 조직은 새로운 '변혁의 음모'를 꾸미는 것이다. 따라서 개인의 삶이나 사회전체의 동태에 있어서, 사건이나 변혁이 '상부구조'라고 할 것 같으면, 일상적 활동은 그 '토대'라 할 수 있다. 일상생활의 사회학은 이러한 '토대'에 대한 새로운 조명이다.

지금까지 사회학은 거창한 '사건'이나 '구조'에 지나치게 관심을 집중시켰다. 우리는 사건과 구조에 대한 이해가 특정 사회의 분석에 필요조건임을 결코 간과하지 않는다. 그렇다고 해서 특정 사회에 대한 설명이 이러한 조건에 대한 치밀한 논의만으로는 완성될 수 없다. 그런데도 대부분의 사회학적 논의는 이러한 구조적 조건에 대한 정치한 분석이 객관성과 과학성을 보장하는 첩경이라고 역설한다. 그러나 중요한 것은 과학성과 객관성이라기보다 우리의 구체적 현실과 삶이다. 우리의 구체적 현실과 삶을 조명해내지 못하는 과학성은 오히려 우리를 구속하고 소외시킬 뿐이다. 그러한 과학성의 추구는 과학적 물신주의에서만 일정한 의미를 가질 수 있다. 실로 어느 누구가 넘쳐나는 현실과 삶의 모습을 이론의 투망으로 전부 건져낼 수 있다고 장담할 수 있을 것인가. 현실의 몇가지 눈에 띠는 표상을 정교하게 포착하고 있는 동안 그 현실은 벌써 달라지고 있는 것이다. 이렇게 볼 때 사회학은 정교하면 정교할수록 무효라는 역설이 성립된다. 그것은 사회적 현실과 우리의 삶이 일상적 과정속에서, 논리의 울타리를 넘어 부단하게 변용된다는 사실에서 비롯한다. 이러한 인식이 전제되지 못할 때 우리는 자칫 '빗나간 현실'과 '민중의 허위의식'만을 탓하는 '엘리트주의적 치기와 비관'에 빠진다.

도대체 87년도의 사회적 융기는 왜 일어 났으며 그때의 민중은 어디로 갔는가. 이제 더이상 이런 어리석은 질문은 하지 말아야 한다. 그때의 민중은 지금도 우리 곁에서 소외된 현실을 엄중하게 살고 있기 때문이다. 오히려 우리는 다음과 같이 물어야 한다. 민중을 계도하고 질타하던 그 과학적 변혁이론가들은 어디로 갔는가. 맑스가 바랐던 변혁의 궁극목표가 소외된 일상의 극복이라는 사실을 그들은 얼마나 상기하고 있었는가. 포이에르바하에 관한 테제를 수없이 인용하면서도 맑스의 유물론이 '구체적인 삶의 유물론'이라는 사실을 얼마나 체화하고 있었는가. 그들은 "존재가 의식을 결정하지 의식이 존재를 결정하는 것은 아니다"라는 말은 자주 인용하면서도, 맑스가 다시 강조해서 "삶이 의식을 결정하지 의식이 삶을 결정하는 것은 아니다"라고 분명하게 한 말은 왜 인용하지 않는가. 그리하여 '존재'라는 단어보다 '실존'이라는 말이 더 원어에 가까운 번역어라는 사실을 왜 하나같이 인식하지 못했는가. 왜 그들은 아직도 사회적 삶의 토대를 겸허하게 천착하지 못하고, 포스트 모더니즘으로 상징되는 이른바 '포스트 증후군'의 이론적 신기루속에 자기를 피신하고 있는가. 다른 한편, 넘쳐나는 외래문화에 대한 우려를 비웃기라도 하듯 '서편제'에서 분출된 민중들의 열화같은 반응은 무엇을 의미하는가. 세계 어느 나라에서도 그 유례를 찾아 볼 수 없는 빠른 사회변동속에서 어쩌면, 우리는 '몸'과 '마음'이 분리된 채 매일의 일상을 꾸려가기에 급급한 것은 아닌가. 이러한 질문들의 대답을 위한 하나의 탐색으로써 우리는 '일상성'과 '일상생활'에 대한 사회학적 조명을 제기하려는 것이다. 이 책은 일상생활에 관한 국내외 논문 23편을 크게 3부로 나누어 편집하였다.

제1부는 일상생활의 사회학적 전망에 관련된 논문 5편으로 구성되어 있으며 여기에는 일상생활에 대한 인식론적 요소, 일상성이 현대세계에서 갖는 의미, 새로운 관점으로서의 일상생활의 사회학에 대한 개괄적 논의 등을 소개한다.

제2부는 일상생활의 의미와 연구방법에 관한 9편의 논문으로 엮어져 있

다. 여기에서는 일상생활의 개념과 그것의 형이상학적 의미는 무엇인가, 이른바 상식적 수준의 이해와 사회학적 이해의 차이는 무엇이며 형식과 이해와 상상은 일상생활속에서 어떻게 포착될 수 있는지를 살펴본다. 또한 일상생활에 대한 하나의 접근방식으로서 생활사 연구의 시각을 제시한다. 그리하여 일상생활과 전체사회의 역사가 어떻게 연결될 수 있는지를 가늠해 본다.

제3부는 일상생활과 현실이라는 제목아래 9편의 논문을 엮었다. 일상생활속의 사회적 상호작용, 우리의 경험, 일상생활에서의 이질성, 사교성과 사회성, 일상생활의 민주화 등 일상생활과 현실의 역동적인 여러가지 측면을 살펴볼 것이다.

우리의 커다란 의욕과는 다르게 이러한 편집에서 흔히 일어나는 한계점을 이 책은 그대로 가지고 있다. 처음 26편의 논문을 4부로 나누어 싣고자 했었으나 그럴 경우 분량이 너무 많아지고, 또한 제4부로 예정되었던 일상생활연구의 구체적 사례에 관한 논문들이 전체 흐름과 반드시 유기적 연관성을 갖는 것이 아니라는 판단이 생겨 현재의 체제로 조정하게 되었다. 그래서 논문 23편 중에서 국내 연구자의 논문은 2편밖에 싣지 못했다. 나머지 21편 논문 중에서 11편의 논문은 *Current Sociology*(vol.37: 1, 1989)의 특집 “Sociology of Everyday Life”에 실린 논문들이다. 그밖의 논문은 국내에서 이미 간행된 번역서의 일부를 발췌한 것과 우리들이 직접 인수한 것들이다. 이처럼 다양한 논문들을 우리들이 만든 틀에 맞추다 보니까 자연히 체계적인 통일성이 결여될 수밖에 없었다. 또한 출판사와의 협의과정 중에 국내의 경험적 연구들(예를 들어, 최재현, 조은·조옥라 등)이 빠지게 된 것은 아쉽다. 시간에 쫓겨 가면서 능력에 부치는 난해한 문장들을 번역하는 작업중의 무리한 오역의 부담도 우리가 짊어져야 한다. 독자들의 질책을 거울삼아 고쳐나갈 것을 다짐한다.

아무리 좋은 의도로 준비한 책이라도 여러 사람들의 고마운 배려 없이는 빛을 볼 수가 없다. 먼저 이 책의 출판을 위해 특별히 격려사를 써주신 파리대학 소르본느의 마페졸리(M. Maffesoli) 교수께 감사드린다. 아울러 이미 출간된 논문과 번역서의 일부를 게재하도록 허락해주신 경상대 송무 교수, 서울대 한상진 교수, 상명여대 박정자 교수와 박정호 선생님, 박충선 선생님의 후의를 고맙게 생각한다. 또한 이례적으로 압축과 은유와 비약이 많은 글을 번역하느라 애쓴 일상성·일상생활연구회 회원들의 노고에 새로운 다짐과 격려의 박수를 보낸다. 특히 1991년 10월 이래 연구회를 이끌면서 그 첫 결실로써 이 책의 발간을 준비하느라 동분서주한 연구회 회장 김문겸 박사의 노고가 컸다. 뿐만 아니라 교정과 찾아보기 및 참고문헌 작성의 값진 작업을 기꺼이 해준 인태정 양의 도움과 아울러, 새로운 미디어 홍수 속에서 출판계의 어려운 상황에도 불구하고 이 책의 출간을 흔쾌하게 결정해준 도서출판 한울의 여러분들께 마음으로부터의 감사를 표한다.

1994년 한 여름, 금정산 자락에서

박재환 씀

▌차례

제1부 일상생활의 사회학적 전망

제2부 일상생활의 의미와 연구방법

제3부 일상생활과 현실

제1부

일상생활의 사회학적 전망

일상생활에 대한 사회학적 조명

박재환

"태양아래 새로운 것이 하나도 없다"

(솔로몬 전도서: 헤겔, 『역사철학 강의』)

"…그러나 이 침묵은 역설적인 것이다—그것은 말하지 않는 침묵이 아니라, 대중의 이름으로 말해지는 것을 금하는 침묵인 것이다"

(쟝 보드리야르, 『침묵하는 다수의 그림자』)

1. 머리말

얼핏보기에 진부하고 냉소적이기까지 한 글귀를 인용하면서 우리의 논의를 시작하는 까닭은 무엇인가. 그것은 우리의 논의가 전무후무한 어떤 것을 만들어내는 것이 아니라 이미 존재하는 실체를 새삼스럽게 부각시키는 데 그 목적이 있기 때문이다. 이데올로기를 비롯하여 이른바 창조적인 모든 것들이 하늘에서 갑자기 떨어진 것이 아니기 때문이다. 주지하는 바와 같이 사회학의 발전은 서구 시민사회의 대두 및 부침과 그 궤적을 함께 한다. 그리고 그 바탕에는 진보의 신화가 끊임 없이 영향을 미쳤다.

18세기 꼬리를 밟고 일어난 프랑스혁명은 이러한 진보 신화의 상징이었다. 인류사회는 감추어진 법칙이 차츰 밝혀지면서 그에 따라 새로이 형성될 수 있는 것이며 그 새로운 단계는 언제나 이전의 단계보다 '발전'된 것으로 전망되었던 것이다. 사회학은 이 발전의 법칙을 발견하여 흩어진 사회 각 부분을 새로운 '질서'로 수렴시키는 데 이바지할 수 있다고 생각되었다. 모든 사회이론이 진보와 진화의 틀 속에서 사회현상을 설명하기 바빴고 그에 따라 대중들에게 찬란한 '내일'을 약속했다. 현재의 문제들은 언제나 미래의 일정 단계에서 소멸될 일시적인 현상에 불과했다. 모두가 미래를 향해 달려가고 내일을 주장했다. 역사는 이제 '지금까지 있었던 것이 앞으로도 있을' 자연의 상태에서, 나날이 새롭고 변화하는 참된 인간의 역사로 탈바꿈되는 것으로 간주되었다. 역사는 미래로 향해 뻗어난 직선적인 시간이었다. 그러한 점에 있어서는 꽁트(Comte)의 3단계설이나 맑스(Marx)의 유물사관은 같은 발상법에 기초하고 있는 셈이다. 그러나 이러한 역사의 직선적 관점은 19세기 말부터 흔들리기 시작하여 금세기 제2차 세계대전을 고비로 퇴조하게 된다. 거기에는 그간의 역사적 사실 그 자체가 종래의 낙관적·직선적 진보관을 수정하는 데 중요한 역할을 하게 된다. 어떠한 이론이나 이데올로기도 사회적 현실을 전부 포괄해서 설명할 수 없었던 것이다. 1917년 러시아혁명 이후 맑시즘 자체내의 수많은 새로운 설명들이 이를 반영한다. 심지어 앙리 르페브르(Henri Lefebvre)는 사회주의의 역사가 두 가지 교훈을 남겼다고 하면서 그 첫째로 일상생활의 변혁자로서의 집단의 실패, 둘째로 기술적 요인 및 이 요인이 창출하는 문제들의 증가를 지적하고 있다.[1] 유토피아는 언제나 피안에 있었다. 새로운 발전이 공동체 전체의 행복을 보장해 주지도 못했다. 가장 현대적인 기술문명 속에서 가장 오래된 인류의 문제들이 되풀이 되고 있었다. 뿐만 아니라 서구의 제국주의와 함께 서구의 현실적 이해와 불가분의 관계를 가졌던 인류학적 연구들이 도리어 서구의 독선적 관점에 화살을 되돌리게 되었다. 기독교의 유일신 대신에 범

1) H. Lefebvre, *Critique de la Vie Quotidienne*, t.2, Paris: L'Arche Editeur, 1962, p.97.

신론적 우주관이 있다는 것을, '직선적인 시간' 구조 대신에 영원히 되돌아가는 '주기적인 시간' 구조 속에 사람들이 살고 있다는 것을 제시하기 시작했다. 더욱이 '발전'과 '내일'을 공식적인 슬로건으로 삼은 서구 사회안에서도 "표면적인 변화 아래에 변화하지 않는 대중적 태도들이 있으며… 가치관, 가정생활 등… 한마디로 처세술 및 사는 방식에 관한 모든 것들이 놀랄 정도로 변화하지 않는다"[2]는 것이 지적되었다. 이러한 사실은 무엇을 의미하는가. 비코(Vico)의 말대로 이제 '영웅의 시대'가 지나고 민중의 시대가 왔기 때문인가. 어떤 의미에 있어서는 그러하다. 사실 대중들은 더이상 결정적이고 변증법적인 계기에 의해 그들을 해방시킨다는 이론이나 미래의 혁명들을 기대하지도 않았으며 결코 해방되지도 않는다는 것을 알고 있다.[3] 그러나 그것은 엄밀한 의미에 있어서 기존 사실의 재발견일 뿐이다. 현실을 입체적으로 포착하기 위하여 설정한 각종 설명방식들이 오히려 역설적으로 그동안 놓쳐버린, 실태 그 자체에 대한 새로운 발견일 뿐이다. 이러한 문맥에서 볼 때 포이에르바하(Feurbach)의 다음의 말은 아직도 설득력을 갖는다.

> "…우리 시대는 사실보다는 이미지를, 원본보다는 사본을, 실재보다는 표상을, 존재보다는 형상을 더 좋아한다. …우리 시대에 있어서는 성스러운 것은 환상일 뿐이며, 범속한 것 그것이 진실이다"[4]

일상의 사회학적 조명은 이러한 바탕에서 출발한다. 거기에는 서구 사회의 한계의식이 깔려 있다. 약속되지 않고 보장받지도 못하는 '미래'로부터 그 시선이 발 아래로 떨어지는 '현재'에의 관심이 깔려 있다. 슬로건에 대한 환멸이 용해되어 있다. 그러나 시선을 넓히면 이러한 요인들 자체가 하나의 표상이라는 것을 알 수 있다. 사회학의 대상이 진공의 사회가 아니라

---

2) M. Maffesoli, *La Conquête, du Présent*, Paris: P.U.F., 1979, pp.26-27.

3) J. Baudrillard, *A l'ombre des majorités silencieuses*, Paris: Denoël, 1982, p.50.

4) L. Feurbach, *L'essence du christianisme*, Paris: Maspero, 1968, p.108.

인간이 사는 살아 있는 사회라 할 때, 사회를 구성하고 사회를 움직이는 주체들의 구체적 삶에 대한 조명이야말로 사회학의 존재 이유 그 자체가 되기 때문이다. 뿐만 아니라 "삶은 각 순간들로 이루어져 있으며, 각 순간들 모두가 삶 전체의 힘이 농축되어 있는 것이며… 우리들의 삶과 관련되지 않고 우리들의 삶을 풍성하게 하지 않는 모든 것들은 순수한 무의 세계로 사라질 뿐이다"[5]라고 할 것 같으면 일상의 삶 그 자체의 의미가 새삼 부각되는 것을 알 수 있다. 일상생활 그것은 더 이상 사소하고 진부한 세계만이 아니고 또한 가르치며 바라보는 '민중사회학'의 대상도 아니며, 그것은 오히려 오늘날 수없이 난타당하고 '점유'되고 있는 우리들의 구체적인 삶의 모습, 그 자체인 것이다.

2. 일상의 개념 및 그 특징

어느 누구도 일상생활을 영위하지 않는 사람이 없다. 따라서 일상의 의미는 누구에게나 분명한 것처럼 보인다. 새삼스럽게 학문적 용어로 규정하면서 난해하게 치장할 필요가 없는 개념인 것처럼 보인다. 계급이나 사회구조, 사회변동과 같은 추상적인 개념에 비하면 일상생활이라는 용어는 사실 얼마나 자명한 것처럼 보이는가. 그러나 바로 이 자명성 속에 문제의 핵심이 있다. 모두가 더이상 논의할 필요도 없다고 간주하는 이 자명성 속에 중요한 사회학적 의미가 놓여지는 것이다.

굳이 다른 사회학자들의 개념 규정을 끄집어 내지 않아도 우리는 먼저 일상이 모든 분야에서 우리들을 둘러 싸고 있다는 것을 안다. 매일 되풀이되는 삶, 그것이 일상이다. 따라서 진기하고 특별한 '사건'들은 일상의 개념과는 거리가 멀다. 그러나 어떠한 '사건'들도 일상의 바탕 없이는 일어나지 않는다. 여기에 일상이 갖는 이중적 성격이 있다. 왜냐하면 "어떤 의

5) G. Lukacs, *L'âme et les formes*, Paris: Gallimard, 1974, p.233.

미에 있어서 일상생활처럼 더이상 피상적인 것이 없다. 그것은 반복적이고 진부하며 중요하지도 않은 사소한 것들이기 때문이다. '그러나' 또다른 의미에서 그것보다 더이상 심오한 것도 없다. 그것은 실존이며, 결코 이론적으로 기재되지 않은 적나라한 '삶'이기 때문이다. 그것은 변화되어야 할 대상이지만 바꾸기가 힘든 것이다."[6)]

이러한 의미에서 볼 때 문학의 한계를 넘어 사회 일반의 변화까지도 겨냥 했던 앙드레 부르똥(André Breton)의 초현실주의가—우리나라에서의 초현실주의에 대한 그동안의 소개 및 이해는 상당히 굴절된 것이다— 패배주의로 끝날 수밖에 없는 것은 너무도 당연한 일이다. 더욱이 수많은 종교적·사회적 운동이 특정한 성과 없이 소멸되는 그간의 사정도 일상생활이 갖는 이러한 보수성과 저항성에 기인하는 것이다. 왜냐하면 일상은 언제나 제일 마지막에 변화하는 것이며 새로운 약속들이 꿰뚫고 들어가기가 가장 힘든 영역이기 때문이다. 설령 새로운 신념이나 이데올로기가 일상의 표피를 뚫고 들어 가는 경우가 있어도 그때도 언제나 새로운 '설명'들은 기존의 일상과 조화를 이루거나 중요한 굴절을 겪지 않을 수 없게 된다. 우리는 그 일례를 한국 불교의 토속적 성향에서도 찾을 수 있다. 사실 일반 대중들에게 있어서 천국이란 언제나 지상에, 바로 현재적 시간구조속에서 파악되는 것이며, 모든 종교도 그 심오한 신학적 의미에서 천착되기보다 주술적이고 실제적인 의미로 우선 수용되는 것이다. 모든 이데올로기, 미래를 약속하는 모든 슬로우건들이 똑같은 운명을 밟게 된다. 우리는 심지어 이러한 '외침'들이 일상이라는 거의 고여 있는 물의 수면 위에 일렁이는 하나의 물결이나 신기루와 같다는 느낌을 가지게까지 되는 것이다. 얼마나 많은 거창한 이론과 시도들이 보잘 것 없고 하찮은 일상속에 잠적되었는가는 굳이 사상사의 한 페이지를 펼치지 않아도 충분히 짐작할 수 있다.

하지만 이러한 야누스적 특성을 갖는 일상이 개인의 사생활에만 한정되

---

6) H. Lefebvre, *Critique de la Vie Quotidienne*, t.2, Paris: L'Arche Editeur, 1961, p.52.

는 것으로 이해되어서는 안된다. 우리들 관심의 상당 부분이 비록 우선적으로 개인적인 삶 그 총체에 놓여진다 해도 일상은 사회 각 수준에서 찾아볼 수 있기 때문이다. 각 사회집단은 집단대로 그 조직은 일상적으로 운영되며, 특별한 임무로 뭉쳐진 비밀결사도 일상의 업무가 있다. 범위를 넓혀 살펴보면, 국가라는 전체 사회는 '난리'나 '혁명'과 같은 특별한 '사건'을 치루지 않을 때는 보통 그 일상의 되풀이에 의해 영위된다고 할 수 있다. 따라서 일상은 분석의 수준에 따라 사회 각 부분을 가로질러서 파악할 수 있는 것이다. 한편 이러한 일상의 특징은 어디에서 비롯하는가. 그것은 한마디로 일상의 생활이 '주기적 시간구조'에 바탕하기 때문이다. '발전'과 '역사'가 미래로 향해 펼쳐진 직선적 시간구조 위에서 논의되는 것이라면, 일상은 매일 같이 되풀이되는 그 주기적 시간구조에서 그 고유한 특성이 잉태된다. 되풀이 되기 때문에 제 자리로 회귀해오는 것이며 진부한 것이 된다. 또한 특별한 이변을 문제삼지 않기 때문에 언제나 사소하고 하찮은 영역으로 간주되기 쉽다. 그것은 헤겔이 성경의 구절을 인용해서 인류의 역사와 대비하여 파악하고자 한 '태양 아래 새로울 것이 하나도 없고,' '지금까지 있어 온 것이 내일도 일어 날' 자연의 상태에 비유되는 것이기도 하다. 그것은 사실 인간 존재가 먼저 생존해야 한다는 제1명제에서 비롯되는 당연한 귀결이다. 개인은 개인대로 자연적 주기에 따라 신진대사를 통해 생존해야 하는 것과 마찬가지로 집단은 집단대로, 국가는 국가대로 우선 존속·유지되어야 하기 때문이다. 다시 말해 일상은 제1차적 요건인 생존과 존속의 메커니즘이라 할 수 있다. 일상생활이 있기 때문에, 일상을 통해서만이, 소위 '자연'이 사회적인 것으로 탈바꿈될 수 있는 것이며 인간이 천지간에 홀로서서 만들고 다듬은 각종 인위적이고 문화적인 것이 더 이상 생경하지 않고 땅에 뿌리를 내리는 자연적인 것으로 전위될 수 있는 것이다. 그것은 엘리트에 대한 대중인 것이며 하늘에 대한 땅인 것이다. 그렇기 때문에 모든 변화 중에서 제일 느리며 마지막으로 변화하는 것이며 그것을 변화시키려는 모든 노력들이 끝내 그 속에 주저앉는 수렁이며 함정인 것이다. 그러기에 그것은 또 가장 확실한 바탕이며 모든 꿈과 이상이 피어 날 수 있는 가장 분명한 현실인 것이다.

3. 일상에 대한 구체적 접근 양상

일상생활에 대한 학문적 접근은 분류하는 사람의 기준에 따라 다르게 나누어 질 수 있다. 우리는 여기에서 새삼 그 역사가 짧은 일상에 대한 사회학적 접근의 완전한 분류를 제시하려고 하지는 않는다. 그것은 앞으로 형성될 것이며 아직은 시론적 수준에 머물러 있는 셈이다. 따라서 우선 끌로드 쟈보(Claude Javeau)의 4가지 분류를 참조하면서 우리 나름대로의 견해를 첨가하는 것이 현명하다. 그는 그의 짧은 논문[7]에서 일상에 대한 사회학적 논의가 ① 24시간의 배분, ② 일상의 의식화와 상호작용의 의례, ③ 미시적 사회학에서 거시적 사회학으로의 확대, ④ 사회학적 개념으로서의 불안에 대한 고찰 등 4가지의 큰 영역에서 다루어질 수 있다고 말한다. 우리는 여기에 먼저 일상의 연구가 일천하다는 것을 감안하여, 일상에 대한 인식의 문제, 방법론 자체에 대한 논의가 포함되는 '일상생활에 대한 인식론적 고찰'이라는 영역을 추가하여 다음의 5가지 영역으로 분류하여 설명하고자 한다.

첫째로 일상에 대한 접근은 먼저 일상생활에 대한 인식론적 고찰로부터 시작될 수 있다. 이 영역은 말하자면 일상의 전체적 의미가 논의되는 부문이라 할 수 있다. 아울러 일상에 대한 접근의 원칙이 검토된다. 일상에 대한 논의의 상당 부분이 아직은 이 영역에서 맴돌고 있다고 해도 과언이 아니다. 먼저 발랑디에(George Balandier)[8]는 일상의 연구가 일상의 특징인

7) C. Javeau, "Sur le concept de vie quotidienne et sa sociologie," *Cahiers Internationaux de Sociologie*, vol.LXVIII, 1980, pp.31-45.

8) G. Balandier, "Essai d'identification quotidien," *Cahiers Internationaux de Sociologie*, Vol.LXXIV, 1983, pp.5-12.

① 사적인 공간 및 영역과 ② '사건'과 대립되는 시간성, 반복과 영속성에 대한 문제를 다룰 수 있어야 한다고 주장한다. 한편 라리브 데삐나이(Christian Lalive d'Epiny)는 우리가 앞에서 잠깐 지적한 일상의 이중적 성격을 바탕으로 하여 일상의 사회학적·인류학적 논의가 '자연'과 '문화'의 요인이 변증법적으로 교섭되는 2중적 패러다임에 기초해야 한다고 말한다.[9)]

그에 의하면 우리의 일상은 '수면' '밤' '어둠' '무의식' '무질서' '죽음' '위협' 등의 일련의 기초와 '깨어 있는 상태' '낮' '밝음' '의식' '질서' '삶' '안전' 등의 또다른 일련의 기초가 상호 삼투·교섭되는 곳에 위치한다는 것이다. 따라서 일상은 반복적이고 예견할 수 있으며 진부하고 이미 알려진 '상궤의 영역'과 독특하고 예견할 수 없고 특별히 주목되는 미지의 '사건의 영역'이 변증법적으로 경험되는 장소라고 설명한다. 우리는 이러한 논의가 나중에 언급될 르페브르의 선구적인 분석에서 크게 암시를 받았으며 또한 뒤랑(Gilbert Durand)의 상상에 대한 이분법에서도 시사받은 바가 크다는 것을 알 수 있다. 한편 르페브르와 비교해서 논의될 마페졸리(Michel Maffesoli)는 짐멜(Simmel)이 강조한 '형식'에 기초를 하여 일상의 모습을 파악할 것을 주장한다. 우리는 또한 슈츠(Albert Schutz)의 일상에 대한 현상학적 논의를 이 영역에 포함시킬 수 있다. 둘째로 일상에 대한 연구는 하루의 24시간을 어떻게 보내는가를 구체적으로 분석함으로써 접근할 수 있다. 여기에 대한 연구는 1920년대에 벌써 소련 스트루밀린(Stroumiline)과 쏘로킨(Sorokin)에 의해 주도되었는데 오늘날에는 사회주의 국가에서도 많이 다루고 있다. 특정 사회의 구성원들이 그들의 일과를 구체적으로 어떻게 보내는가에 대한 생활시간 조사는 사회 전체적 수준에서의 계획 수립에도 필수적이지만 자유경제체제하의 국가에서는 광고 및 시장조사의 영역과 밀접한 관계를 가지고 연구되기도 한다. 특히 매스

9) C. Lalive D'Epinay, "La vie quotidienne, Essai de construction d'un concept sociologique et anthropologique," *Cahiers Internationaux de Sociologie*, vol.LXXIV, 1983, pp.13-36.

컴의 접촉에 대한 연구에는 이 생활시간 조사가 그 기초적 자료를 제공해 준다. 우리나라에서도 1981년 처음으로 KBS의 지원 아래 서울대학교 신문연구소에서 실시한 국민생활시간 조사가 있다. 이 분야는 앞으로 끊임없이 논의될 일상의 여가문제와 관련하여 다루어질 소지가 많다.

셋째로 일상생활의 각종 의식(儀式)에 대한 접근 방법을 들 수 있다. 특히 인간 상호작용에 사용되는 각종 기제에 대한 분석은 이미 고프만(Erving Goffman)에 의해 상당히 다루어지고 있다. 소위 민속방법론(Ethnomethodology)이 일상의 연구에 직접적인 단서를 제시하게 된다. 우리는 인간 상호작용이 광범위한 커뮤니케이션에 바탕을 두고 일어난다고 생각할 때 이러한 접근방법은 인간 커뮤니케이션 연구방법과 불가분의 관계를 갖게 됨을 알 수 있다. 언어사용에 의한 의사전달은 물론 특히 지금까지 별로 다루어지지 않은 비언어적 요소에 의한 커뮤니케이션 연구[10]는 일상의 구체적인 모습을 밝히는 데 새로운 조명을 던져 주게 될 것이다.

넷째로 일상을 단순히 미시적 수준에서만 한정해서 다루지 않고 사회 전체의 일상적 구조까지 확대하는 접근방법이 있다. 우리가 앞에서도 언급했듯이 일상은 사회 각 수준에서 접근이 가능하다. 가장 가깝게는 우리의 매일매일의 생활에서 일상은 피부로 느껴지는 것이지만 집단은 집단대로 국가는 국가대로 일상적 운영과 업무가 있다. 따라서 사회전체의 평상상태의 분석은 그대로 사회전체의 총체적 파악이 된다. 르페브르의 현실극복을 위한 일상의 연구와 '일차원적 인간'이 현대 사회의 진면목이라고 갈파한 마르쿠제(H. Marcuse)의 접근방식은 개인의 수준을 넘어 사회 전체를 조망한 거시적 접근의 좋은 본보기가 된다.

다섯째로 우리는 일상의 두드러진 특정한 성격을 인간 존재의 내면적 반성과 결부해서 논의할 수 있다. 여기에는 무엇보다 소외를 주된 문제로 삼은 르페브르류의 문제의식이 결부될 수도 있고, 첫째 항목에서 언급한 인식론적 고찰 등과도 중복될 수 있다. 문제는 일상에 대한 논의를 인간의

---

10) 박재환, 「인간의 비언어적 교류에 대한 소고」, 『지우 변시민 화갑논문집』, 1978.

내면적 고뇌와 불안이라는 근원적인 문제와 관련시키면서 철학적이고 실존적인 물음을 던질 수 있다는 점이다. 이를 위해 문학적 작품의 분석이 병행될 수 있다.

4. 일상생활에 대한 상반된 관점

모든 사회현상은 그것을 바라보는 관점에 따라 다르게 부각된다. 일상생활에 대한 접근방식도 앞에서 논의한 바와 같이 다르게 나타난다. 그러나 더욱 중요한 것은 일상생활에 대한 암묵적인 기본 전제라 할 수 있다. 그것은 모든 다양한 접근방식의 기저에서 유형 무형으로 구체적인 연구에 영향을 미치기 때문이다. 가치중립성이라는 원칙 아래 어느 누구도 특정 사회현상에 대해 성급한 가치판단을 시도하지는 않지만, 그렇다고 해서 그 연구대상에 대한 기본적인 전제가 없는 것은 아니다. 어떤 의미에 있어서 이 기본적인 관점의 노출이야말로 그 위에 바탕한 기타의 이론적 적합성을 올바르게 평가하는 가장 효과적이고 핵심적인 지름길이라 할 수 있다. 이러한 문맥에서 우리는 일상생활에 대한 상반된 관점을 앙리 르페브르와 미셀 마페졸리를 중심으로 살펴보려 한다. 그것은 단순히 이들의 학문적 관점이 종국적으로는 대치된 입장에 서게 되는 이유에서만이 아니라, 그들이 점유한 프랑스 학계에서의 위치에서도 관심의 대상이 되기 때문이다. 르페브르가 맑시즘에 바탕을 두고 일상에 대한 논의를 시작했다고 할 것 같으면 마페졸리는 어떠한 이데올로기적 전제도 받아 들이지 않고 일상의 중요성을 부각시키는 소위 프랑스 사회학계의 새로운 기수라 할 수 있다.

1) 앙리 르페브르의 관점

파리 10대학에서 그동안 사회학 강의를 해 온 르페브르는 소위 맑스주의 사회학자로서 일상생활에 관한 3권의 책을 거의 20년 간격으로 출판했다. 『일상생활의 비판(*Critique de la vie quotidienne*)』 제1권이 「서론」이라는 부제로 1945년 뚤루즈에서 탈고가 되어 1947년 초판이 나왔다(재판은 1958년에 나옴). 그후 1961년에 제2권이 『일상성의 사회학의 기초들』이라는 부제로 출판된다. 다시 20년후인 1981년에 「현대성에서 모더니즘으로(일상성의 메타 철학을 위하여)」라는 부제로 『일상생활의 비판』 제3권이 간행된다. 그 사이에 1968년에 『현대사회에 있어서의 일상생활』이라는 단행본이 나왔다. 일상생활에 대한 그의 사회학적 논의는 『일상생활의 비판』 제1·2권에서 거의 끝이 나고 있으며 제3권에서는 전통과 현대의 지속 및 그 단절을 추적하고 있다. 그의 또다른 단행본인 『현대사회에서의 일상생활』은 『일상생활의 비판』의 현대에서의 조명이라 할 수 있다. 이밖에도 그의 또다른 대표적인 저서로 『공간의 생산』이 1974년에 출판되었으며 그 밖에 맑스주의에 관한 논문들이 다수 있다.

앙리 르페브르에 의하면 일상생활의 연구는 한마디로 말해 소외의 탐구와 직결된다. 왜냐하면 일상의 연구가 '사람들이 어떻게 살고 있는가'에 관한 포괄적인 파악이라고 할 것 같으면 현대인의 이 구체적 삶이 그에게 있어서는 현대의 기술문명과 소비적 특성에 의하여 끊임 없이 소외당하고 불만의 상태에 빠져 있는 것으로 포착되기 때문이다. 그리하여 "소외의 이론과 '총체적 인간'에 대한 이론이 일상생활의 비판에 있어서 기준선이다."[11] 이러한 관점은 일상의 연구가 단순히 미시적·단편적 수준에 머무는 것을 거부하고 개인과 사회 전체의 역동적이고 변증법적인 관계에서 다루어져야 한다는 것을 강조한다. 개인의 구체적 삶은 사회의 기술발전 단계와 전체 구조에 의해 크게 제약되기 때문이다. 개인의 고유 영역으로 간주되는 욕구 자체가 사회 전체적 수준에서 창출되고 조정된다는 사실에서도 우리는 이 역동적 관계의 전형적인 실례를 보게 된다. 따라서 르페브르에

11) H. Lefebvre, *Critique de la Vie Quotidienne*, t.1, Paris: L'Arche Editeur, 1958, p.87.

있어서 일상생활의 비판적 연구는 '사회학에서 새로운 특수 분야를 이루기보다 사회학이 문제삼는 그 전체성에 대한 총체적 비판'인 것이다.

일상은 전체적 삶의 외현화된 모습인 것이다. 그렇기 때문에 그는 "사회 전체의 인식 없이는 일상성에 대한 인식은 없다. 일상성과 사회 전체의 비판이 없이는, 그리고 그들 상호간의 비판이 없이는 일상생활에 대한 인식도, 사회에 대한 인식도, 그리고 사회 전체 속에서의 일상생활의 상황에 대한 인식도 할 수 없는 것"[12]이라고 역설한다. 우리들의 일상생활이 소외라는 측면에서 무엇보다 먼저 조명되어야 한다는 그의 이론적 관점에서 볼 때 이러한 주장은 너무도 당연한 결론이라 할 수 있다.

전인적 존재로서의 인간이 문제가 되는 소외 현상은 사회 전체의 구조와 불가분의 관계를 갖기 때문이다. 이처럼 그의 시각은 언제나 일상성에서 사회 전체적 수준으로 열려 있다. 더욱이 그 일상성은 소외의 현장으로서 극복되어야 할 상태인 것이다. 그의 논의 자체가 '비판'이라는 제목 아래 이루어지는 것도 여기에서 연유한다. '비판'은 언제나 판별되는 기준이 전제되기 마련이다. 그는 그 기준을 맑스주의에서 상당부분 시사받고 있다. 프랑스의 많은 맑스주의자들이 그러하듯, 그의 맑스 해석이 소련으로부터 냉담한 반응을 받은 것은 물론이지만 레닌의 말을 인용하면서 맑스의 관심이 일상의 궁극적인 해방이라는 사실을 누누이 강조한다. 다시 말해서 일상생활의 소외의 극복이야 말로 맑스사상의 핵심이라고 주장하는 것이다. "맑스는 무엇을 바랐는가? 맑스의 최초의 계획은 무엇이었는가? 다시 한번 그의 참된 모습에서 그것을 재정립시켜 보자. 맑스는 우선 일상생활의 변혁을 바랐다. 세상을 바꾼다는 것 그것은 무엇보다 매일의 삶, 실제의 삶을 바꾸는 것이었다."[13] 한편 우리는 소외된 일상에 대한 르페브르의 판별 기준이 그의 인간 존재의 전체성에 대한 개념에서 비롯된다는 것을 알 수 있다. 그에 의하면 인간은 그 전체성을 3가지 차원에서 파악할 수 있다. 첫째

12) H. Lefebvre, *Critique de la Vie Quotidienne*, t.2, Paris: L'Arche Editeur, 1961, p.17.

13) Ibid., p.41.

가 욕구의 차원이다. 인간은 무엇보다 생존하기 위해서 모든 물질적 신체적 욕구가 충족되어야 한다. 이것을 인간 존재의 바탕이라 할 수 있다. 이 욕구의 차원도 사회와 역사적 발전단계에 따라 그 내용이 다르게 나타날 수 있다. 둘째로 인간의 노동이라는 차원을 생각할 수 있다. 인간은 그의 욕구를 충족시키기 위하여 일하지 않으면 안된다. 가장 단순한 신체적 욕구를 충족시키기 위해서도 인간은 끊임 없이 생산하고 자연을 가공해야만 하는 것이다. 더욱이 인간의 욕구 자체가 한정되고 불변한 것이 아니라 각 역사단계에 따라 윤색된다고 할 때 인간의 노동의 내용과 질도 변화하기 마련이다. 그러나 인간 존재는 욕구와 일의 두 차원으로만 한정되는 것이 아니다. 인간은 놀이와 즐거움을 찾는 존재인 것이다. 인간이 원초적인 욕구충족의 차원에만 머물 때 인간은 자기 자신을 참된 의미에서 확인하고 전유할 수 없듯이, "반대로 우리가 인간을 노동으로만 규정하면 생산성의 물신주의와 노동윤리로 향하게 될 것이다… 요컨대 우리는 즐거움을 부정함으로써 인간 존재를 훼손시키게 될 것이다."[14] 따라서 욕구, 노동, 즐거움, 이 3가지 요소가 유기적인 관계로 통합될 때에만 비로소 인간의 참된 모습이 현실화된다는 것이다. 그에 의하면 현대 사회의 일상생활은 극단적으로 말해서 노동과 가정생활과 여가, 이 3가지의 합계라고 할 수 있다. 동구의 공산사회가 노동과 생산속에 일상이 잠식되고 있다고 할 것 같으면 서구의 자본주의사회는 끊임 없이 시장경제가 조장하고 창출하는 여가 욕망과 개인의 사적 생활에의 침몰로 상징화할 수 있을 것이다. 어디에서도 인간의 전인적 조화가 보장되는 일상은 발견되지 않는다. 따라서 일상생활에 대한 비판은 다음의 6가지 항목에 대한 비판으로 압축될 수 있다.[15]

① 개인의 사사로운 의식이 그 주된 주제가 되는 개체성에 대한 비판
② 신비화된 의식이 그 주제가 되는 각종 신비화에 대한 비판

---

14) Ibid., p.194.
15) H. Lefebvre, *Critique de la Vie Quotidienne*, t.1, Paris: L'Arche Editeur, 1958, pp.161-187

③ 물신주의와 경제적 소외가 그 주된 테마가 되는 돈에 대한 비판.
④ 심리적 정신적 소외가 그 주제가 되는 욕구에 대한 비판
⑤ 노동자와 인간의 소외가 다루어져야 할 노동에 대한 비판
⑥ 인간의 자연에 대한 힘과 인간 자신에 대한 권력이 그 주된 테마가 되는 자유의 비판

생산과 재생산을 위한 투자가 생활 원리가 되는 사회에서는 맑스의 말대로 '적게 먹고 적게 마시고 책을 적게 살수록 … 적게 생각하고 적게 사랑하고 노래와 그림도 덜하면 덜할수록 … 다시 말해 인간으로서 존재하지 않으면 않을수록, 더 많은 것을 소유하게 되는' 경제적 소외가 팽배하게 되는 것이며, 여가 자체가 노동과 단절되고 여가 그 자체속에서 일상을 뛰어 넘으려는 안간힘이 나타나게 되는 노동의 소외가 결과되기 마련이다. 심지어 현대의 에로티시즘조차도 진정한 의미에서 아름다움과 신선한 감각이 결여되어 있는 피상적이고 말초적인 자극에 불과할 뿐이다. 이러한 현상은 모두 인간 존재의 전체성이 부정되고 찢겨진 데에서 비롯되는 것이다. 따라서 참된 사회혁명은 이러한 일상을 참된 삶으로 승화시킬 때에만 완성되는 것이며, 또한 거기에 그 존재 이유가 있다. 앙리 르페브르에 있어서 우리의 일상은 이처럼 언제나 극복되어야 할 상태로 파악된다. 그리고 그 극복의 방향은 전인적 존재로서의 인간에 놓여진다. 그의 관점은 다음의 두 인용문에서 전형적으로 나타난다.

"절대적인 생각이나 관념만이 역사적으로 달성된 지식에 대해서 어떤 의미(말하자면 어떤 의의와 방향)를 준다"[16]

"절대의 관념 없이는 지식이 순전한 상대주의에 빠지게 되듯이, 총체적 인간의 관념 없이는 휴머니즘과 인간에 대한 이론적 생각은 지리멸렬한 다원론에 다시 빠지게 된다."[17]

---

16) Ibid., p.78.
17) Ibid.

2) 미셸 마페졸리의 관점

현재 파리 5대학에서 사회학 강의를 하고 있는 마페졸리는 소위 '새로운 사회학의 기수'로 학계의 주목을 끌고 있다. 1980년 9월 20일자 ≪르 몽드≫지에 이미 그의 저서 『현재의 정복』에 대한 장 라끄로아(Jean Lacroix)의 서평이 눈을 끌지만, 1983년 2월 14일자 ≪르 몽드≫, 일요판에는 「미셸 마페졸리, 폭력과 쾌락의 탐구자」라는 제목아래 그와의 단독 인터뷰 기사가 실려 있다. 그의 학문적 관심은 먼저 폭력과 지배에서부터 출발했다. 1976년 『지배의 논리』가 처음으로 출판된 이래 그의 박사학위논문의 요약이라 할 수 있는 『전체주의적 폭력』이 1979년에 출판되며, 한 해 앞서 1978년에 이미 『사회 기초로서의 폭력』이 공저로 출판된다. 다시 1979년에 현재적 일상의 의미를 부각시킴으로써 학계의 주목을 받은 『현재의 정복』이 출간되고, 대중의 쾌락적 삶의 실상을 추적한 『디오니소스의 그림자』가 1982년에 출판되었다.

그에 의해 일상에 대한 사회학적, 인류학적 논의가 비등하기 시작하여 ≪국제사회학 잡지≫ 1983년도 상반기 호는 「일상의 사회학」 특집으로 충당시키기도 했다. 그는 일상에 대한 연구의 중요성을 다음과 같이 말하고 있다.

> "비극과 그 비극이 나타내는 우울에 대해서 말하는 것, 일상생활의 단조로움과 간헐적으로 번쩍이는 그 돌파구에 대해서 말하는 것, 그리고 하찮은 존재의 즐거움을 인식한다는 것, 이 모든 것은 우리에게 광활한 연구의 장을 열어 주는 것이다. 이 모든 것은 전 사회적 삶의 뛰어 넘을 수 없는 기층으로 고찰되어야 한다."[18)]

이러한 그의 주장에 가로 놓여 있는 기본적 관점은 무엇인가. 우리는 그것을 크게 '현재에의 관심,' '대중에의 신뢰,' '지적 상대주의'라는 세 가지 요소로 압축시킬 수 있다.

---

18) M. Maffesoli, *La conquête du présent*, Paris: P.U.F., 1979, p.116.

먼저 그의 시각이 '현재'에 우선적으로 놓여지는 모습을 보자. 우리는 '현재에의 관심'이 비단 마페졸리의 경우에만 한정된 것이 아니라는 사실을 앞에서도 지적했다. 그것은 서구의 발전모델이 한계에 다달은 그 반향으로 사회 각 부분에서 나타나는 현상이기 때문이다. 서구의 유태-기독교적 전통은 직선적 시간구조를 가짐으로써 언제나 누적적이고 생산적인 데 가치를 부여하고 자연을 정복하는 데 의미를 둔다. 거기에는 또한 언제나 종국적인 파국이 상정되고 동시에 그 파국을 구제하는 새로운 구세주 왕림의 도식이 마련되어 있다. 마페졸리는 이러한 직선적 시간구조에 의한 사회 현상의 설명이 더이상 현실적 적합성을 갖기 어렵다고 생각한다. 왜냐하면 "언제나 내일에 바탕을 두고 작용하는 '경제'윤리에 대항하여… 현재의 즐거움은 그 모든 것을 행위 자체 속에서 소모하는 것"[19]이기 때문이다. 그에 의하면 진보의 이데올로기는 이미 그 임무를 마쳤으며 이 진보주의는 더욱이 그 정점에서 이미 흔들리기 시작했다는 것이다. 그리하여 불로흐(E. Bloch)에 의해 '어두운 순간'으로 묘사되고 루카치(G. Lukacs)에 의해 '명·암의 무정부상태'라 지칭이 되었던 '현재에의 관심'—벤야민(W. Benjamin)의 용어—은 더이상 우리로 하여금 초월적인 것을 무조건 받아들일 수 없게 만드는 것이다.

> "사실 생산 이데올로기 등등 우리가 지배적이고 대단한 형태라고 불렀던 것은 순수하고 완전한 형태이다. 그러나 바로 그렇기 때문에 그러한 것들은 파괴당하기 마련이다. …반면에 비현실적이고 무의미한 것, 이러한 일상생활과 그 속의 자질구레하고 다양한 의례들, 이 모든 것은 언제나 그리고 늘 새롭게 전적인 파괴를 모면하게 되는 것이다."[20]

다시 말해 마페졸리에 있어서는 직선적 시간보다 끊임 없이 회귀해오는 엘리아드(Eliade)의 '주기적 시간'이 보다 중요한 의미를 갖는다. 왜냐하면

---

19) M. Maffesoli, *L'ombre de Dionysos*, Paris: Anchropos, 1982, p.23.

20) M. Maffesoli, "Rituel et la vie quotidienne comme fondements des histoires de vie," *Cahiers Internationaux de Sociologie*, vol.LXIX, 1980, p.347.

'영원한 회귀'의 신화는[21] 비단 고대인의 의식에 한정되어 있는 것이 아니라 일상의 민중들 속에 하나의 사고의 원형으로 남아 있기 때문이다.

둘째로 우리는 마페졸리의 관점에서 '대중에의 신뢰'를 감지할 수 있다. 그것도 약속된 미래를 향해 동원되기 위한 것이 아닌, 현재에의 자족에 머무는 자세에 대한 긍정적 평가를 느낄 수가 있다. 이러한 그의 입장은 다음의 인용문에서 전형적으로 나타난다.

> "우리는 공식적인 도덕을 부정하지 않는다. 그것을 공격하지 않는다. 우리는 공식적인 도덕을 옹호하고 설명하려고 하는 사람들의 얘기들까지도 듣는다. 그러나 우리는 참여하라고 하는 공식적인 도덕의 수많은 요구들에 대해 공손한 침묵, 일종의 단호한 무반응을 대립시킨다. 정면의 어떤 공격보다도 더 파괴적인 일종의 적극적인 수동성이 있는 것이다."[22]

따라서 그에 있어서의 대중은 언제나 이론적 틀을 넘는 현실이며 공식적인 이데올로기로써 그 전부를 포용할 수 없는 대상이다. 오히려 대중은 언제나 정치적으로 종교적으로 이단적인 존재이며 표면적으로 공식적인 교의를 수용한다 하더라도 항상 그 교의에서 벗어나는 다양성을 갖는다. 어떤 종교도 대중을 하나의 윤리체계로 묶지 못했으며 어떠한 이념도 대중을 영원히 구속하지 못했다. 그에 의하면 "특정 사회의 동력은 도덕주의와는 아무런 관계가 없다."[23] 혁명적 관점이 사회의 정당성과 부당성의 무정부상태를 극복하기 위한 반작용이라는 것을 인정하면서도 그는 대중을 '구제'하려는 모든 시도에 대해서 냉소적이다. 심지어 그는 앙리 르페브르의 소외에 대한 논의 자체가 얼마나 교의적이고 순진한 것인가를 지적하고 있다.

> "민중을 언제나 속임을 당해 온 역사적 존재로서, 그러나 지속적인 역사의 진

---

21) M. Eliade, *Le mythe de l'eternel retour*, Paris: Gallimard, 1969. 특히 pp.90-111 참조.

22) M. Maffesoli, *La conquête du Présent*, Paris: P.U.F., 1979, p.41.

23) M. Maffeloli, *L'ombre de Dionysos*, Paris: Anthropos, 1982, p.20.

보에서 승리할 수 있는 존재로 생각하는 순진하고도 참으로 교의적인 소외의 '이론'에 대항해서 우리들 자신이 그 속에 속하는 이 선의의 민중이, 인류의 다양한 역사를 볼 때 이 영원한 소외와 언제나 타협할 줄 알았고 그 소외에 대해 교묘한 술책을 쓸 줄 알았다는 사실을 인식해야 한다."[24)]

그리하여 그에게는 대중의 모든 것이 타당한 것으로 파악된다. 소위 '모든 것이 다 좋은' 것이다. 대중의 교활도 대중의 침묵도 대중의 모든 방탕도 '비판'되기보다 먼저 수용되고 긍정되어야 한다는 것이다. 왜냐하면 적어도 그에게는 이러한 대중의 모든 굴절과 타협속에 역사가 지금까지 굴러온, 보이지 않는 힘과 대중의 지혜가 용해되어 있기 때문이다.

마지막으로 우리는 마페졸리의 관점이 지적 상대주의에 기초하고 있다는 것을 확인하게 된다. 모든 이론적 도식과 이데올로기는 언제나 현실의 일부분만 포착할 뿐이며 따라서 그 본질에 있어서 상대적인 특성을 뛰어넘을 수 없다. 이러한 그의 입장은 현실태의 총체적 파악이 언제나 불충분할 수밖에 없다는 막스 베버(Max Weber)의 관점과 연결된다. 삶의 현장과 그것에 대한 이론적 분석간의 괴리는 불가피한 것이다. 어느 누구도 이 괴리를 극복했다고 주장할 수 없다. 현실은 언제나 우리가 던지는 이론의 투망을 벗어나 있기 때문이다. 마페졸리의 다음의 말도 이러한 문맥에서 파악된다.

"모든 환원적인 설명이나 단순화시키는 설명에 대하여 가장 가까운 구체적 사실의 완강한 거부가 있다. 풍부하고 촘촘한 일상의 구체적 특성은 도식적인 실증주의와는 맞지가 않는다. 왜냐하면 일상의 구체성이 논증되는 활동이나 상황들은, 그러한 것들에게 의미를 부여하려는 어떤 인과관계나 종국적인 목적론으로는 전부 설명되지 않기 때문이다."[25)]

따라서 그는 어떠한 이론적 도식이나 이데올로기의 전제 없이 현실의 다

---

24) M. Maffesoli, *La conquête du présent*, Paris: P.U.F., 1979, p.22.
25) Ibid., p.15.

양성을 먼저 인정해야 한다고 주장한다. 이 다양성에 바탕을 둔 상대주의야 말로 '대중의 지혜'이기도 한 것이며 학문의 독선과 교의의 횡포에서 벗어날 수 있는 첩경으로 간주되기도 한다. 그것은 또한 한 걸음 더 나아가 '과학'이라는 미명 아래 스스로를 한정시킨 사회현상에 대한 사회학의 전통적 접근방법을 넘어서, 상이한 모든 가능한 방식이 허용되는 것을 의미한다. 따라서 실증적이고 수량적인 방법을 넘어서 '직관적'이고 '상징적'인 접근 방법으로도 일상의 구체성을 표출시킬 수 있어야 한다고 주장하는 것이다.

3) 종합적 비판

앞에서 우리는 앙리 르페브르와 미셸 마페졸리의 관점을 요약해서 설명했다. 분명히 이 두 사람은 '일상생활'의 학문적 중요성을 강조하는 점에서는 일치하지만 그 대상을 바라보는 시각에 있어서는 상당한 거리가 있음을 알 수 있다. 필자와의 면담에서도 마페졸리는 그의 입장이 르페브르와는 대립적이라는 사실을 분명히 밝혔다. 이 두 사람 사이에는 가정적 배경의 차이[26] 외에도 그들의 연구가 이루어지는 시대적 연대에서도 상당한 격차를 나타내 보인다. 어떠하든 이 둘의 상반된 관점을 우리는 어떻게 받아들여야 할 것인가. 거기에 대해 우리의 견해를 잠깐 언급할 필요가 있다.

첫째로 우리는 일상생활의 연구가 사회학의 구체적 핵심적 분야라는 것을 다시 강조한다. 현상학적 연구와 민속방법론(ethnomethodology)의 대두가 이를 증명한다. 그러나 우리는 한 걸음 더 나아가, 일상의 연구가 단순히 미시적 수준에서 머무는 고프만(Goffman)류의 상호작용의 의식의 분석에 그치는 것이 아니라 사회 전체의 구조 속에서 조망되어야 한다고 생각한다. 이런 문맥에서 앙리 르페브르의 관점은 타당하다. 개인의 일상은 그

---

26) 르페브르는 프랑스의 전통적 가정에서 출발한 데 반해, 마페졸리는 이태리계 광부의 가정에서 출발했다.

구체적 개인이 몸담고 있는 사회 전체의 압축된 상징이라고 할 때, 아니 구체적으로 말해서 사회 전체와 그 개인과의 변증법적인 관계의 표현이라고 할 때, 어떠한 일상의 연구도 사회 전체적 조망 없이는 실태의 참된 모습을 포착할 수 없기 때문이다.

둘째로 구체적 실태에 대한 이론적 분석의 한계에 관한 문제가 있다. 어느 누구도 자기의 이론적 도식이 사회 실태 전체를 포괄할 수 있다고 주장하지는 않는다. 막스 베버의 말을 빌어 흔히 맑시즘의 허구를 폭로하는 데 자주 사용되는 이 '이론'과 현실의 괴리를 맑스 자신도 완전히 극복할 수 있다고 믿은 것은 아니다. 거리는 언제나 존재한다. 무엇보다 이론은 현실이 아니기 때문이다. 현실을 고정된 상태의 것으로 상정하는 경우에 있어서도 그 대상은 보는 각도에 따라 다르게 부각되기 마련이다. 더욱 중요한 것은 현실은 고정되어 있는 것이 아니라 끊임 없이 변화·생성된다. 무엇이 '현실'이며 '실태'인가의 형이상학적 논의는 거기서 출발한다. 이러한 현실태를 하나의 분석적 틀 속에 수용한다는 것은 모험이며 일종의 지적 도박이다. 따라서 일상의 세계가 언제나 '단순한 이론적 도식'을 넘어서 있기 때문에 현실을 '이론'으로 환원시켜서는 안된다는 마페졸리의 주장은 타당하다. 그러나 그 주장은 가장 상식적인 것에 불과하다. 현실과 '이론'과의 괴리는 이미 전제되어 있는 것이다. 이 괴리가 있다고 해서 우리가 대상을 인식하지 않고 판단중지의 상태에 머물러 있는 것은 아니다. 어떤 의미에 있어서는 이 '거리'가 있기 때문에 각종의 무수한 이론이 나오는 것이다. 문제는 '거리'를 좁히는 작업이며 실천(praxis)이다. 실태의 무한성에 경탄하고 삶의 다양성에 외경의 느낌을 갖는 것은 바람직하고 정직한 태도이지만, 그렇다고 현실에 대한 관점이 바닥 없는 상대주의에 빠져 '모든' 입장을 다 좋은 것으로 받아들이는 자세는 아무 것도 받아들일 수 없는 허무주의에 불과하다. 극단적으로 말해 그것은 인간의 한계라는 이름 아래 인간의 또 다른 본질을 외면하려는 퇴행적이고 무책임한 태도가 아니면 위선적인 태도이다. 불완전한 존재로서의 인간에게는 결코 '모든 입장이 다 좋을' 수 없는 것이며 우리 각자는 언제나 어떤 형식의 입장과 관점을 선택하기 마련이다. 다만 '실태'와 설명과의 적합성이 어떤 관점에서 더 돋보이며 보장될 수 있는가 하는 문제가 남을 뿐이다.

마지막으로 일상생활의 현재와 미래 또는 현실과 꿈의 문제가 있다.

우리는 일상에 대한 학문적 관심의 바탕에 현재적 삶에 대한 강조가 가로 놓여져 있다는 것을 지적했다. 각종의 구호와 슬로우건이 실제적 삶을 끌어올리는 데 결정적 역할을 하지 못한다는 인식이 깔려 있다. 이 점에 있어서는 르페브르나 마페졸리 양자가 공통적이다. 문제는 일상에 대한 평가와 전망에 있어서의 이들의 견해 차이를 어떻게 받아 들일 것인가 하는 점이다.

결론적으로 말해서 우리는 이 양자의 관점이 변증법적으로 통합되어야 한다고 주장한다. 왜냐하면 르페브르가 일상의 부정적인 측면인 소외를 부각시키면서 그것이 극복되는 미래를 끊임 없이 강조하는 데 반해 마페졸리는 대중의 현재적 삶의 건강성을 아무런 이데올로기적 전제 없이 먼저 받아 들여야 한다고 주장한다. 여기서 우리는 '현재'와 '미래,' 또는 '현실'과 '꿈'의 충돌을 목격하게 된다. 분명히 우리는 허황된 꿈과 이상만으로 살지 못한다. 요원한 미래에 시선을 고정시키고 끊임 없이 행진하지 못한다. 버트런트·러셀의 말대로 어느 누구도 인류의 300년 미래를 걱정하면서 오늘을 살지 않는다. 이 단순한 사실을 무시할 때 각종의 무리가 나타나게 된다. 공동체 전체의 행복이 미래 속에만 있을 때 모든 슬로우건과 운동이 영속될 수 없는 이유가 여기에 있다. 이런 문맥에서 볼 때 마페졸리의 '현재에의 관심'은 강한 설득력을 갖는다. 사실 어느 누구도 대중의 '안일한 태도'와 '사적인 세계로의 침몰'을 꾸짖을 수 없는 것이다. 때때로 일상생활에서의 우리들의 침울과 굴절은 우리의 희망과는 무관한 역사에의 또 다른 저항이기도 한 것이기 때문이다.

그러나 그렇다고 해서 우리의 일상이 언제나 건강하고 만족스러운 것은 아니다. 우리의 일상이 만족한 만큼, 아니 그보다 훨씬 더 우리는 무엇인가가 부족한 것이며 현재의 삶이 불만스러운 것이다. 다시 말해 대중의 지혜를 아무리 강조한다고 해서 그들이 일상에서 느끼는 소외와 좌절을 감출 수는 없는 것이다. 여기에 미래와 꿈에 대한 설계가 잉태된다. 인간이 요원한 미래에만 살 수 없듯이 언제나 '현재'의 질곡 속에 머물 수도 없는 것이다. 삶을 도모하기 때문에 좌절하는 것이며 좌절하기 때문에 꿈을 버리지 못하는 것이다.

모든 종교와 이데올로기는 이러한 꿈의 변형된 모습에 지나지 않는다.

그것이 고대인의 경우처럼 '위대한 시간'으로 끊임 없이 회귀해가는 것이든, 아니면 종국적인 목적을 향해 뻗어나가는 것이든, 꿈은 현실을 넘어서려는 인간의 본질에서 불가피하게 형성되는 것이다. 이렇게 볼 때 일상을 바라보는, 미래적 시각과 현재의 강조가 따로 분리되는 것이 아니라 역동적 관계에서 통합되어야 한다는 것을 알 수 있다.

더욱이 현재라는 시간은 엄밀한 의미에서 존재하지 않고, 과거와 미래가 끊임 없이 상충하는 야누스적인 실존만이 현재라는 이름으로 있을 뿐이라고 할 때, 미래에의 전망이 배제된 현재를 상정할 수 없다. 사실 우리의 시선이 '발아래'에만 떨어질 때, 우리는 걸음조차 계속할 수 없게 되기 때문이다.

5. 맺는 말

일상생활에 관한 학문적 관심이 비단 최근에 와서야 일어난 것은 물론 아니다. 가깝게는, 우리의 일상이 체험된 지식의 축적에 바탕을 두고 우리가 가지고 있는 인식의 '세계'에 의해 구체적으로 형성된다는 슈츠의 현상학적 논의에서도 상당히 심도 있게 다루어지고 있는 것을 확인할 수 있다. 더욱이 자본주의 경제체제 아래에서의 노동자의 '찢겨진' 생활과 자본가 자신도 소외되는 상황에 대한 맑스의 설명 역시 일상생활의 분석에 있어서 필수적인 기초가 된다. 뿐만 아니라 "열광적인 혁명에 이어서 언제나 전통의 일상적인 과정이 되풀이되며 그리고 이때에는 그 신념의 주인공들이 물러나고 특히 그 신념 자체가 포기되거나 아니면, 더욱 비참하게 현학자들과 정치 기술자들의 상투적인 미사여구가 되어 버리는 사실을 잊어서는 안된다"[27]고 지적한 베버에서도 일상의 중요성에 대한 인식을 발견할 수 있다. 그러나 일상에 대한 새로운 관심은 금세기 전반의 제1·2차 대전과 함께 후반기의 두드러진 특징으로 나타나는 한계의식과 깊은 관계를 갖는다. 그것은 서구의 발전 모델이 더이상 보편성을 갖지 못한다는 사실에서 뿐만 아니라, '발전'과 '미래'를 위해 현재적 삶이 더이상 희생될 수 없다는 인식에서도 비롯한다. 그것은 다시 말해 추상적 개념도식에서 언제나 왜곡되는 구체적 삶에 대한 새로운 관심이라고 할 수 있다. 모든 '사건'들은 일상 속에서 배태된다. 따라서 일상의 수준에까지 뿌리를 내리지 못하는 분석은 실태의 핵심을 간과하기 마련이다. 일상은 모든 인위적인 것에 대한 '자연'이며, 순수한 이상에 대한 엄정한 현실이며, 소리높여 외치는 '엘리트'에 대해, 침묵으로 저항하는 '민중'이기 때문이다. 그러나 이러한 일상이 전체 사회구조와 불가분의 관계에 있다는 사실을 간과해서는 안된다. 일상을 증발시킨 사회구조의 분석이 전문적 용어의 나열에 그치기 쉬운 것과 마찬가지로, 전체 사회구조에 대한 조망이 없는 일상의 분석은 잡다한 사실들의 모자이크에 불과할 뿐이다. 일상의 분석이 이처럼 총체적인 시각을 가질 때에야만 비로소 고여 있는 물 속에서 어떻게 해일같은 '사건'이 일어나는가를 알 수 있다. 뿐만 아니라, 그럴 때에만 비로소 우리는 떨어져 앉은 자세로 '민중'이라는 추상에 의해, 쉽게 감동하고 또한 그만큼 함부로 실망하면서 좌절하는 일이 없이, 이 일상의 '민중'이 다름이 아니라, 무수한 '바람'앞에 끊임 없이 흔들리면서도 살아 남는, 바로 우리 스스로의 모습이라는 사실을 깨달을 수가 있는 것이다.

---

27) M. Weber, *Le savant et le politique* Ed.10-18, 1963, p.180.

일상생활의 사회학*

-인식론적 요소들-

미셸 마페졸리

일상생활이 도처에 있기 때문에 새삼 그것을 강조할 필요가 없다는 사람들의 비판에 대해 나는 일상생활의 사회학이 새로운 분석형태라기보다 사물들에 대한 하나의 독특한 조망이라는 사실을 길게 설명한 적이 있다(마페졸리, 1985a). 즉 일상생활의 사회학은 여러 종류의 기관(학교, 관청, 조직체 등)이나 여러 형태의 집합체(가족으로부터 결사체와 정당에 이르기까지), 또는 우리가 일이나 여가를 통해 경험하게 되는 다양한 상황에서 일어나는 순전히 기계적이지 않은 모든 것들을 다루는 하나의 방법인 것이다. 요컨대 일상생활의 사회학은 이른바 사회관계라고 불리는 것을 넘어서는 모든 것과 연관된다(De Certeau, 1979; Maffesoli, 1979; 1985). 그렇다고 이러한 관계들이 결코 존재한 일이 없다거나 더이상 존재하지 않는다고 하는 것은 아니다. 장님이 아니고서는 그들의 존재를 부정할 수 없을 것이다. 그러나 이들 사회관계가 어떤 에토스(ethos), 그 속에서 현대성은 별로 중요하지 않는 어떤 '에토스'에 의존하고 있다는 것을 보여줄 때다. 이것은 내가 사회성이라 부르고자 제안한 것으로서, 사람들이 사회관계에서 최소

---

* 출전: Michel Maffesoli, "The Sociology of Everyday Life(Epistemological Elements)," *The Sociology of Everyday Life, Current Sociology*, vol.37, no.1, spring, 1989(박재환 역).

한의 중요성을 가진 잔여요인으로 할 수 없이 인정하는, 단순한 사교성과는 매우 다른 어떤 것이다. **사회성**은 유기적 연대, 상징적 차원(커뮤니케이션), '비-논리적인 것'(Pareto), 그리고 현재에의 관심을 포함한다. 극적인 것－그것은 무엇인가 진행되고, 구성되는 것을 의미한다－에서 우리는 비극에 반대되는 것을 발견하게 되는데, 그것은 어떠한 모순도 염두에 두지 않으면서 그렇게 생활하게 되는 그 모든 것이다. 현재주의가 미래주의를 계승한다. 이른바 공존의 바로 그 기초를 지칭하는 이 사회성은 우리들로 하여금, 본질적으로 하찮고 얘기거리에 불과하며 무의미한 것이라고 일반적으로 생각되는 모든 것을 고려하도록 한다.

그리하여 우리는 사회적인 것을 경제적·정치적 결정론의 산물로 아직도 생각하는 사람들이나, 또는 그 사회적인 것을 자율적인 개인결사체의 합리적이고 기능적이며 또는 계약상의 결과로 보는 사람들에 대해 이의를 제기할 것이다. 우리에게 **사회성**이라는 주제는 '당연한 것으로 간주하는'(Schutz) 사회체계가 영속적인 상호작용의 산물로 이해할 수 있으며, 자연환경의 기반내에서, 사회적 환경의 다양한 요소들간에 항시 일어나는 역전성의 산물로 이해할 수 있다는 것을 상기시킨다.

이런 류의 전망에서 자기 자신의 역사 또는 사회사의 주인 혹은 대행자로서의 인간은 대중 속에서 '작용을 받거나' 또는 대중 속에 잠겨 있는 존재로서의 인간에게 자리를 내주게 된다. 우리는 현대성을 특징지우는 다양한 활동주의(정치적·생산적 등등)에 대한 불평불만을 심각하게 고려해야 한다. 이러한 불평불만은 다음과 같은 방식으로 해석될 수 있다. 즉 우리에게 관련되지 않는 것은 어떤 것이라도 무관심한 문제가 된다.

그리하여 '수용의 미학'(Jauss)이라고 부를 수 있는 것이 확산된다. 유행, 쾌락주의(hedonism), 신체의 숭상 그리고 이미지의 만연이 사회적 집합의 형식이 된다. 나는 이러한 경향을 디오니소스의 은유속에 요약하려고 했다(Maffesoli, 1982).

아직도 우리들의 도시위에 드리워지고 있는 디오니소스의 '그림자'를 심각하게 생각하지 않는 사람들이 있다. 그러나 그것이 음악이든 스포츠든 다른 소비지향적인 것이든간에, 수많은 사회적 현시가 '사회생활의 감각적 형식'이라고 불리는 것의 발전을 가리키고 있다(Sansot, 1986).

르네상스 이래로 서양의 지적 생활을 추동시키는 힘－ordinatle ad unum－을 요약하면서, 꽁뜨는 유일자에 대한 우리의 거대한 환상의 세속적인 실현이 사회학의 영역이라 했다. 어느 학파가 고찰되느냐에 따라, 이러한 특징적인 태도는 계급, 직업적 범주 그리고 자기정체의 다른 논리(성적·이념적·직업적)를 명료하게 하는 데서 다시 발견된다. 사회학은 개인이 우선적이냐 아니면 사회(개인의 합)가 우선적이냐 라고 하는 전제에 의존한다. 그렇다면 동성애의 도래나 이데올로기의 '합성' 속에서 관찰할 수 있는 다양한 '시선'이나 사회적 충성들을 어떻게 고려할 수 있을 것인가. 여러가지의 많은 가면을 지니고 있는 사람들(또는 personae)에 관련되는 '자아정체확립의 논리(logic of identification)'를 밝혀내는 것이 나에게는 시급한 문제이다.

이런 식으로 말한다고 해서 인간의 지성을 방기하는 것을 의미하지는 않는다. "비논리적"인 것의 작용을 인정하는 것이 어떤 형태의 비합리주의로 이어지는 것은 아니다. 오히려 상상, 즐거움, 꿈과 같은(oneiric) 변수들의 통합은 푸리에가 "초합리주의"라고 부르던 것과 같은 것이다. 내가 방금 지적한 다양한 요소들 중에는 어떤 일치성, 일상생활의 사회학이 우리에게 가져오게 해주는 중심적인 실마리가 있다.

사실 중세의 "내재성" 또는 르네상스의 "현재를 즐겁게 보내다(carpe diem)"의 현대식 진술이면서, 그러나 우리들이 보고(또는 살고) 있는 것 외에 또다른 삶을 찾을 필요가 없다고 강조하는 이러한 "현재주의"는 현상이 유일한 실재라는 것을 상기시켜 준다. 이것은 현상학에서 개인사적 방법과 상호작용들을 거쳐 민속방법론으로 나아가는 불투명한 인식론의 바로 그 기초이다.

여러 학문들 속에 보이는 인식론적인 활기는 현대사회에서 일어나고 있는 여러가지 변화의 가장 분명한 징후임에 틀림 없다. 이러한 생각이 일반적으로 받아들여지고 있기 때문에 거대한 설명체계가 이젠 포화상태에 이르렀다는 것을 되풀이 해서 말할 필요가 없다. 반면에 이러한 사실은 거창한 방법론상의 확실성과 모든 사회적 상황에 선험적으로 적용되어 왔던 기존의 독해방식들을 약화시켰다. 아마도 우리는 고프만이 "작은 개념들"이라고 부른 것들을 다시 찾아보아야 할 것이다. 이들 작은 개념들은 그 대상들과 마찬가지로 유동적이다. 짐멜의 정신에 충실하면서, 현상들을 잘 소화하기 위해서 나는 형식의 분석을 천착하라고 권고해 왔다.

형식의 사회학(Maffesoli, 1985: ch.iv)이 사회생활의 불안정성을 설명하는 데 적합한 것처럼 보인다. 왜냐하면 형식의 사회학은 어떻게 해야 한다는 당위를 주창하지 않고 실제로 존재하는 것이 무엇인가를 강조하는 것으로 자족하기 때문이다. 결국 이것은 일상생활의 사회학이라고 불리는 새로운 평가의 형식에 가장 관련이 있는 것이다. 그것은 우리에게 가장 가까운 것들을 지식의 형식을 통해 또는 그 형식 속에 통합한다. 즉 침전하여 존재의 본질을 구성하는 이러한 단편적인 것들, 소규모의 상황들, 진부한 것들 모두를 만들어내고(in-venire의 의미에서), 그러한 것들을 조명해내는 것이다. 여기에서 우리는 매우 중대한 인식론적 도전에 직면하게 된다. 이 인식론적 도전은 지금 형성되고 있는 새로운 형식이 **사회성**의 핵심, 즉 타인에 대한 인간의 새로운 관계의 핵심에 우리를 인도하게 한다. 이것은 내가 국지적 논리라고 명명한 것 속에서, 우리의 사고방식의 많은 부분을 뒤흔들어 놓을 것이다.

베버가 제시한 역사적 사례가 나의 논의를 특히 잘 조명해 주고 있다. 즉 베버는 루터사상 중 "소명"이라는 관념에 대한 논의에서 서양의 전통에 일어난 질적인 변동을 논증하고 있다. 새로운 어떤 것이 태어났던 것이다. 종교개혁과 함께 세계와 사물에 대한 또 다른 관계가 시작되었던 것이다. 그의 사상의 궤적을 논평하지 않아도 다음과 같은 그의 말을 인용할 수 있다.

> 루터에게 요지부동하게 부하된 교의의 순수성은 그 자체로서 이미 윤리적 영역에서 새로운 관점의 발달을 막는 데 충분한 것이었다(Weber, 1976: 85).

여기에서 함부로 추정할 문제는 아니지만 루터가, 자기 교의를 밝히는 데 전적으로 집착하고 그 엄정성을 유지하는 데만 몰두하여, 당시 토마스 뮌쩌 주위에 발전되고 있었던 사회운동에 대해 아무 것도 이해하지 못했다는 사실은 분명하다. 여기에서의 윤리적이란 말은 가장 강한 의미로 사용되고 있는 것이다. 즉 다른 생활양식은 당시의 고양된 분위기속에서 확실히 불가능했으며, 특정한 이론의 제도화와 수많은 농민 및 도시 봉기속에서 스스로를 드러내 놓았던 사회적 삶 사이에는 양립할 수 없는 심각한 괴리가 있었다. 루터에 의하면 슈베르메르의 통제되지 않은 행위는, 존경받을 수 있는 도정에 있는 어떤 교의의 이미지에 먹칠하는 위험을 저질렀던 것이다. 이런 유형의 예는, 단순히 '그 자체로' 고려되는 이론은 모두 그 이론을 배태하는 운동을 망각하거나 심지어 그 운동에 대립하여 격렬하게 싸우게 된다는 사실을 강조한다.

물론 농민전쟁에서부터 불세비키혁명에 이르기까지 그리고 프랑스혁명과 19세기의 수많은 소요들을 생각해 보아도 '올바른' 이론을 유도한 것은 실로 대중들의 움직임이었으며 그들의 '공통된 경험'이었던 것이다. 우리는 언제나 되풀이하지만, 특히 사회전체적인 틀의 본질적인 특징이 일상의 진부성이라는 점을 고려할 때, 운동의 토대를 이루는 데 있어서 인류역사의 참된 동인이 공통의 경험이라는 사실을 주장하지 않을 수 없게 된다. 경험이, 살아온 삶의 자연스런 결과라는 사실 그리고 사회학자들에 있어서 적어도 이것은 사회적 견지에서만 파악이 가능하다는 사실을 망각해서는 안된다.

사회성의 중요성을 정면으로 다루기 전에 경험과 관련된 문제, 즉 다신교와 연결되는 문제에 관해 한두 마디 이야기를 다시 해야겠다. 여러 갈래로 우리는 감각주의, 상상의 충만성, 현재로 특징짓는 시간관념 그리고 비극적·지적 상대주의 이 모든 것들이 사회적 삶의 복합적 측면과 이들에 대한 접근에 있어서의 다원주의를 강화시킨다는 것을 알고 있다. 보다 현대적인 형태로 다르게 표현하자면, 사고에 있어서의 일차원성은 체험의 다차원성을 이해하는 데 부적합하다고 말할 수 있는 것이다. 어떠한 사회(또는 일단의 사회들)가 지배적인 가치에 따라 기능하는 시기들이 있다. 그러나 이러한 시기들에 앞서, 다른 모순적인 가치들이 상호경쟁하는 것을 뒷받침해주는 것처럼 보이는 또다른 시기들이 주기적으로 있어 왔다. 더욱이 이들 두 측면의 각각은 특정한 힘을 대변한다. 분명히 하나의 통합된 이데올로기, 즉 직접적으로 효과 있는 교의체계가 필요한 활동적인 시기들이 있다. 이 시기들은 지적으로 그 관념을 선호한다. 그러나 우리는 역사에서 보다 소극적이고 이완된 또다른 시기들을 발견하게 된다. 이러한 시기에서는 그 강조점이 확대에 대해서보다는 강도와 관계의 심화를 수반하는 영역의 수축에 놓인다. 그리하여 가치의 다원성이 작용할 수 있게 되는 것이다.

우리는 방금 '추상과 감정이입(Enfühling)'간의 보링거(Worringer)의 모순을 재언급하였다. 당연하게도 이들 범주가 아무리 배타적이라해도 그들은 자주 서로에 감염된다. 그리하여 유일신의 외양 아래에 전적으로 다신교적인 은밀한 관행과 사고방식이 매우 흔하게 존재하는 것이다. 통속적인 카톨릭이 하나의 완벽한 실례가 된다. 동시에, 거대한 일신교들은 그 통일성을 유지하고 흐트러지지 않는 자리를 점유한다. 우리는 경제적인 형식이 더이상 주도적 위치를 점하지 않는다면, 도래하게 될 쾌락적 시기에서도, 이들 일신교들이 적어도 무시할 만한 것들은 아닐 것이라고 상정할 수 있다. 우리와 관련이 있는 영역에서 확실한 것은 일상생활속에서 우리는 종교적 통합주의(syncretism)와 가치의 다신교 모두가 되살아 나는 것을 목도한다는 사실이다. 우리들이 갖는 자연과의 직관적인 관계가 이러한 과정을 강화하는 경향이 있다. 그리고 지적인 논의에서 더이상 이것을 모른 체할 수 없는 것 또한 확실하다(Worringer, 1987; Augé, 1982). 이것이 인식론적 도전이라는 것의 뜻하는 바다. 분명하게도 이러한 전망은 모든 운명에 다양한 갈래들을 나타내 보이는 회의적 전통에 속한다. 사회학의 입장에서 보다 자세하게 얘기하면 그것은 게오르그 짐멜과 막스 베버가 강력하게 예시한 방향에 스스로 자리잡는다. 베버가 요구한 바와 같이 사회적 존재는 가치들의 다양한 서열간의 그칠 줄 모르는 싸움에 의존한다는 사실을 분명하게 인식하여야 한다. 희랍신화에서 얘기하는 제신들의 싸움은 충분한 설명은 되지 않을 지라도 가치들의 모순에 대한 적어도 하나의 이미지로서의 도움은 준다. 신전에 있는 각각의 신은 일상생활에서 전면에 나타나게 되는 일정한 특징 또는 일군의 태도, 관행, 그리고 욕망들을 그 나름대로 정형화하고 있는 것이다. 우리는 막스 베버가 많은 문건속에서 가치들의 다신교라는 생각에 되돌아 오는 것을 발견한다. 그리고 어떤 의미에서 이것은 그의 중심사상의 하나이기도 하다. 이러한 지적 감수성을 놀랍도록 특징 있게 나타내고 있는 구절이 있다. 이것은 길게 인용할만 하다.

> 오늘날 우리가 다시 인식하게 되는 어떤 사실이 있다면 그것은 어떠한 것이 아름답지 않는 것인데도 불구하고 신성화된다는 것일 뿐 아니라, 오히려 그것이 아름답지 못하기 때문에 그리고 아름답지 못한 정도에 따라 신성화될 수 있다는 것이다.
>
> 당신들은 이러한 사실이 이사야서 제8장과 잠언 21편에서 예시되어 있다는 사실을 발견할 것이다. 마찬가지로 어떠한 것은 그것이 좋지 않기 때문에 아름다울 수 있는 것이다. 니체는 이러한 사실을 우리에게 다시 가르쳤다. 그러나 그 이전에 보들레르 역시 자기의 시작품을 위해 스스로 그 제목을 선택한 <악의 꽃>에서 그것을 말했던 것이다. 결국 민중의 지혜는 어떤 것이 비록 아름답지도, 성스럽지도 또는 좋지 않을 수도 있는데도-심지어 참으로 그렇지 않은 경우에도- 그것이 진실일 수 있다는 것을 가르쳐준다. 그러나 이 자리의 우리에게는 단지 서로 다른 서열의 신들과 다른 가치들이 서로 대립하는 싸움 중 가장 초보적인 사례들만 제시되고 있을 뿐이다(베버, 1948: 147-148).

이러한 문장들은 삶에 대한 깊은 회의와 부정할 수 없는 사랑을 동시에 반영하고 있다. 어떻든 같은 페이지에서 베버가 "우리가 순전히 경험으로부터 출발할 때는 다신교로 끝나게 된다"고 주장하는 것은 신과 가치들의 바로 이러한 싸움을 그가 강조하고 있기 때문이다.

상이한 체계간에 이질성과 긴장이 있기 때문에 삶이 존재한다. 따라서 이러한 생명의 이질성이 우리로 하여금 해석의 차이로 돌아가게 한다는 사실에 놀랄 이유가 없는 것이다(Durand 1980: 66; Lévi-Strauss 1983: 15 참조). 그러나 삶과 경험(그리고 나는 진부한 것 그리고 어떤 우연과 사건도 다 추가하고 싶지만)을 강조하는 지적 감수성이 합리성과 감각의 다원성을 더욱 증대시킨다는 사실을 분명히 인식해야 한다. 경험과 비교주의는 통합된다: 그리고 이 둘 모두는 더욱더 그리고 다양한 방식으로 사회적 삶을 특징짓는, 사회적 다원주의의 원인이며 결과이다. 중언부언하고 싶지 않지만 당신이 어느 쪽으로 돌아가든, 다양한 영역속에서 집단정신이 작용하고 있는 것을 발견하게 된다. 여러가지 집합적 모임(스포츠, 음악, 섹스, 협회, 연락망, 부족주의)들이 전면에 나선다. 체험의 강화가 사회성으로 이어진다.

우리가 매일의 생활을 얘기할 때 고려해야 할 상수(常數)는 스스로에게 되돌아 오는 것, 이데올로기적 수축 또는 사회적인 '내키지 않음'이라는 것이다. 요컨대 여기에서 우리는 모든 형태의 퇴폐의 특징인, 문명의 피로한 징후들을 보게 된다. 일상생활에 대한 이런식의 관점은 내 생각으로는 싫든 좋든 르페브르가 주도한 비판 때문이다. 그는 일상생활속에서 허위의식의 현시를 본다. 더욱이 그는 일상의 존재양식이 당위적인 것의 한 징후에 불과하다고 믿는다. 경험과 상대주의(내가 얘기한 바와 같이 근거를 갖게 되는 것처럼 보이는)는 공유하는 것, 공통의 행위와 공통의 감정과 관련이 있는 것 같다. 더욱이 분석의 첫 단계에서는 매일 매일에 대한 주의가, 우리들 시정의 삶을 구성하는 명백히 순수한 몸짓들을 강조하는 것이라는 사실을 상기하는 것으로 충분하다. 그리고 이러한 몸짓들은 걸핏하면 대수롭지 않은 것으로 치부되어온 삶을 구조화하며, 가장 큰 의미에서 사회적 교환이 이루어지는 '잔기(Pareto)'인 것이다. 물론 분석은 이러한 몸짓들이 공존의 부분이라는 사실을 밝힌다. 이러한 몸짓들은 공존의 원인이고 결과이다. 그것들은 형이상학적 범주로서의 주관성을 초월하며, 정치·사회·경제적 범주로서 개인을 초월한다. 보링거가 '감정이입(Einfühling)'에 귀속시킨 특징 중의 하나가 자기자신을 포기하는 '욕구(Selbstentäusserung)'였다는 사실을 상기할 필요가 있는가? 사람이 자기의 개인적 존재를 포기하는 것(Worringer, 1978: 58)은 내가 "혼란된 질서"라고 부른 것으로 진입하는 방식이다. 자기 몸을 집합체 속으로 소멸시키는 것은—그것이 은유적이든, 문자 그대로든— 순전히 공리주의적 '사회'를 대신하는, 감정 또는 정서적 '공동체'의 특징인 것처럼 보인다. 이런 점에서 상징적인 것(sunbolein)은 순수 합리적인 것을 초월하는 하나의 방도가 된다.

사회적, 정치적 또는 종교적 형식이 주기적으로 진행되어 가는 데 있어서(하나에서 다른 형식으로의 대치를 단일 원인으로 설명하는 것이 불가능하지만) 우리는 개별적이고 합리적인 구조화와 사회적·정서적 구조화가 서로 엇바뀌어 변전되는 것을 본다. 물론 이러한 것들은 그 유일한 소망이 사물들을 특정한 전망속에 놓아 두려고 하는 범주들이다. 말하자면 우리는 그러한 것들이 조명되는 특정한 상황과 관행, 그리고 표상 및 환상들을 이해한다. 그리고 이러한 조명 없이는 그러한 것들은 이해할 수 없을 것이다. 그리하여 우리시대에 관하여 우리는 개체적인 것에 대한 사회전체 수준(혹은 집단적인 것)의 우세를 가정할 수 있는 것이다. 더욱이 이러한 강조형식은 사회학에서 우리시대의 이데올로기를 보아야 한다는 나의 주장을 정당화 시킨다. 실로, 그리고 여기에서 우리는 막스 베버의 뒤로 몸을 숨길 수 있다. "사회학적 관점에서 정체성이란 사물들의 단순히 상대적이고 부유하는 상태 그 이상이 결코 아니다." 철학과 다양한 심리학 또는 심지어 경제학과는 다르게 사회학이 개인이나 개인들의 계약적·합리적 집합에 흥미를 갖는다는 것은 확실하다.

모든 인류 역사를 통해 우리는 위에서 기술한 전승들을 관찰할 수 있다. 그리고 퇴폐적인(사람의 관점에 따라 혹은 재생하는) 시기들이 사회전체적(혹은 집단의) 구조화의 강화에 의해 특징지워졌다는 사실은 일반적으로 인정되지 못하고 있다. 따라서 베버가 "감정의 예찬"이라고 불렀던 것이 일어나는 디오니소스의 상징적 모습은 부르주아나 귀족적 지배의 특징인 원자화의 형식과 대립된다. 여기에서 우리는 인민의 (베버의 저작에서는 "popolo"의 개념인) 이념형, 어떤 시기에서는 무대의 맨 앞에 되돌아 오는 대중의 이념형을 볼 수 있는 것이다.

여기에서 잠깐 우리의 용어들을 정의해야 한다: 인민은 무규정의 거대한 실체이다. 그것은 무정형, 비활동 그리고 '비논리적'인 것으로 특징지어진다. 이것은 예를 들면 하나의 정체(맑스주의적 전통에서는 역사적 주체)에 부합하는 프롤레타리아와는 대조되는 것이다. 프롤레타리아는 달성해야 할 어떠한 활동, 그것이 만약 합리적이면, 역사의 의미속에 새겨지는 어떤 활동을 지닌다.

내가 위에서 전망속에 자리매김하는 것으로 기술한 바의 생각을 따르면, 이러한 강조는 일정한 방법론적 결과를 낳는다. 그 하나로 우리는 그 수가 증대되는 친밀집단, 즉 소집단과 대면하게 된다. 더욱이 이들 집단은 우리들에게 특정한 접근방법으로 인도한다. 이것은 합리적 의도, 논리적 활동 또는 미진하지만 공통의 목표를 가지고 함께 활동하는 자율적인 개인들의 상호작용을 분석해 내고자 하는 이론들과는 더이상 밀접한 관계가 없다. 우리는 18세기에서 확립되어 19세기에 그 자리를 굳힌 사회학이 사회적 원자들에 그 철학적 바탕을 두고 있다는 사실을 알아야 한다. 사회학이 그 대상이 어떠한 것이든간에 보다 복잡한 집단을 포괄하려고 하는 것은 개인을 바탕으로 해서 이다. 따라서 이들 다소간 결합된 개인들은 반드시 제도(가족, 직업, 정당, 노동조합, 교회, 국가 등)라는 견지에서 이해되기 마련이다. 일정한 영향력을 지니고 있는 이러한 도식적 조직 대신에 차라리 '일차적 집단'을 모든 사회생활의 참된 기초로 생각해서는 안될 것인가? 개인들이 다양한 방식으로 자기존재를 발견하는 기반인 '기초단체(Grundkôrper)'는 합리적인 사회에 대립하여 어떤 점에 있어서 감정적인 공동체의 주제가 된다. 프랑코 페라로티(1983a: 62-65)는 전망상의 이러한 변화에 대한 개인사적 방법의 중요성을 기초해 놓았다. 이웃, 연대, 그리고 소집단들과 같은 "오래된 가치들의 잔존－요컨대 세계의 합리화에 저항할 수 있었던 '유착' 구조의 잔존을 공정하게 다루기 위해서는 이러한 가설이 다양한 제도주의적 또는 비판적 접근방법보다 확실히 더 나을 수 있는 것이다.

사회학자들에게 있어서 참된 영혼의 가교가 되는 개인과 사회간의 관계에 대한 수많은 궁지(aporias)는 해결되지는 않더라도, 가교가 놓여질 경우 일관되지 않는다는 것이 적어도 인정될 것이다. 남에 대한 관계 또는 사회학적 현상학의 '타인에 대한 지향'은 더이상－인간주의 이데올로기에서 나오는 것이기 때문에 그 비중도 무시할 정도에 불과한－ 그러한 부수현상일 수가 없다. 오히려 그것은 사회의 모든 생활의 본질적 구조로 여겨질 것이다. 사람들은 이것을 진부한 것이라고 말할지 모른다. 그러나 이러한 사회성이 사회이론을 만들어 내는 사람들의 개념적 장치속에 침투해 들어가지 않는다(혹은 매우 적게 들어갈 뿐이다)는 말밖에 우리가 어떻게 설명할 수 있을까. 일상생활의 사회학이 하나의 대상으로서보다 사회를 구조화하는 다양한 계기들에 대한 하나의 횡단적인 독해가 되는 정도에 따라, 내가 사회성이라고 부르는 것이 최소한 우리들의 현재 상황에서는 필수적인 범주라는 사실을 제기할 수 있다. 예를 들면 전체 현상학적 전통으로부터 영감을 얻은 슈츠는 특히 그가 '너에 대한 지향(Du-Einstellung)'이라고 부른 것을 분석할 때, 경험과 타자성을 정확하게 연결시켰다. 타자에 대한 이러한 경험, 즉 내 자신의 삶을 통한 타인의 삶에 대한 경험은 특정 시기를 구성하는 상이한 '세계들'에 대한 이해의 바탕이 된다. 슈츠의 분류를 따르면, 우리 동시대 사람들의 세계(Mitwelt), 우리를 앞선 사람들의 세계(Vorwelt), 그리고 주변세계(Umwelt), 이 모든 것들이 경험세계를 구성하고 모든 사회적 상황의 원인과 결과를 이룬다(cf. Williams, 1973: 78-85).

이러한 '타자 지향'은 내가 여기에서 사용하고 있는 '형식주의적' 전망에서 볼 때, 하나의 순수한 형식이다. 공존의 기반으로서 그것은 우리가 관찰할 수 있는 여러 형태의 투자들을 조건지운다. 우리의 분석에 있어서 결정인자인 집단은 사실 슈츠가 '체험된 이웃(Erlebnisnähe)'이라고 부른 체험에의 근접성으로 구성된다. 이 집단은 그것의 친근성의 정도에 따라, 우리가 이데올로기를 통해서든, 방어의 욕구에 의해서든 서로 밀착하는 집합체인 '우리'로 용해되거나, 아니면 합리적 행위에 대한 생각으로 만들어진 결사체나 생산적 집단이 될 것이다. 자세한 연구가 이들 다양한 특징들을 밝혀낼 수 있을 것이다. 하지만 그 이전에 우리는 우리들 각자를 타인에게 내몰게 하는 것, 즉 그 특징들을 가능하게 하는 조건을 강조해야 한다. 파레토는 이것을 그의 잔기의 하나로 설명했다. 그러나 그에 대한 이름이 무엇이든지간에 그것은 모든 사회적 행위속에서 발견되는 기본구조이다. 세상 현실의 구체적인 또는 경험적인 측면을 강조하는 모든 사람들은 이 '공존'의 기본 역할을 강조해 왔다(예컨대 Mannheim, 1956: 127). 물론 '공존'은 농밀하고 선정적인 형식이나 격렬한 갈등에서와 같이 단순한 사교성 속에서 쉽게 발견할 수 있는 것이다. "사회적 공감"(Max Scheler) 또는 내가 감정이입이라고 부르는 것은, 집단적으로 살아온 경험을 다소 직관적인 방식으로 바꾼다. 경험에 의해 만들어진 삼각대, 즉 집합적이고 체험적인 경험은 특히 개인사적 접근방법을 비롯해서, 보다 특징적으로는 일차집단을 포함하는 접근방법에 이르기까지 사회학의 방법론적 쇄신을 위해 그 함의하는 바가 매우 크다.

그러나 강조해야 할 것은 우리가 방금 언급한 바의 사회성의 분석이 사회학의 유례 없는 초석인 뒤르켐이 도입한 개념들과 같은, 고전사회학의 몇가지 중요개념들을 문제로 삼는 데 동의할 때에만 비로소 이해될 수 있다는 것이다. 이러한 재평가는 이른바 유기적 그리고 기계적이라는 말과 관련되는 어떤 것들이다. 내가 몇년전에 공식화한 의견대로 말하면, 나는 이들 용어를 완전히 뒤집을 수 있다고 생각한다. 사실 인류학자나 역사학자들의 최근 저작을 인용해 볼 때, 등급으로 배열된 전체(ordered whole)의 기능적 유기성이 전통사회의 중요한 특징인 것처럼 보인다. 반대로 원자화로 규정하는 오늘날과 같은 경제적 유형의 사회들에 지배적인 것은 관계들을 주재하는 계산이다. 이것은 메커니즘이란 말로 기술될 수 있는 것이다. 실로 유기적 연대는 개인의 퍼서낼리티가 집합 유기체속에 흡수되고 유실되는 정도에 따라 가능한 반면, 기계적 연대는 전형적인 퍼서낼리티에 의한 결정으로부터 나오는 '선의'에 오직 의존한다고 말할 수 있을 것이다. 이리하여 우리는 뒤르켐이 제시한 정의를 뒤집게 되는 것이다. 뒤르켐의 합리주의에 충격을 준 것은 전통적인 유기성의 '무의식적' 성격이었을 것이다(Maffesoli, 1979a: 210, n.1 참조). 우리가 사회성에 대해서 말할 수 있는 모든 것의 출발점이 여기서 보인다. 즉 유기적인 것의 주제를 다시 생각할 필요가 있다. 예전의 상황과 형식의 잔존, 우리가 관찰하는 세계의 '재신비화,' 어떤 종류의 감각주의 그리고 무엇보다 국지적인 것의 강조, 이 모든 것들의 기원이 여기에서 발견된다. 더욱이 기술발전이 이러한 과정을 조금도 약화시키지 않는다. 오히려 기술발전이 이러한 과정에 보조물로써 기여한다.

그리하여 잠정적인 또는 상대주의적인 개념정의들, 경험에 관련되는 정의들과 같은 것들을 발견하는 것이 필수적일지 모른다. 이러한 정의들은 경험을 그 속에 구속하는 것이 아니라 그야말로 경험과 동행한다. 많은 철학자들과 사회학자들이 인간행위를 조건짓는 환경에 대해 이미 이루어진 이해방식이 존재한다는 것을 이런저런 방식으로 강조해왔다. 이것은 민중의 지혜 또는 상식에 대한 거창한 주제인데 나는 그것을 '사회적 전신감각(coenaesthesia)'이라고 불러왔다. 이것은 우리들이 사회들의 생존에 반드시 목격하게 되는 균형의 구조적 요소라고 인정하는 것이다. 통속적인 지혜는, 술자리의 의논이나 '말하기 위한 말'로 흔히 대수롭지 않은 것으로 치부되기도 하지만, 정서적 또는 '동정적' 집착에서나 죽음과의 관계에서 시간보내기와 같이 운명을 대면하는 데 적잖은 도움이 된다. 물론 이것들은 일반적 범주들이지만 일상의 소소한 일들의 발생에 늘 스며들어 있다. 그렇기 때문에 사회학자는 그의 이론구성에 이러한 '상식'을 반드시 고려해야 하는 것이다. 지적 구성물과 개인들에게 가용한 '축적된 지식의 총체(stock of knowledge)'간에는 하나의 부단한 관계, 항상 왕래가 되는 그러한 관계가 있기 마련이라고 슈츠는 주장한다. 그리하여 슈츠에 있어서는 '사회적 실태를 이해하려는 생각을 가진 사회학자가 구성하는 개념들'은 사회세계에서 생활하고 있는 사람들의 상식에 기초를 두어야 한다는 것이다(Schutz, 1962b: 59).

만약 우리가 사회생활의 유기적 성격에 관해 여기서 제시한 가설에 동의한다면, 지적인 생산도 유기적인 방식으로(말장난하지 않고) 그 사회생활의 토대와 연관되어야 한다. '유기적 지식인'이 그람시시대 이래로 행해진 것과 같이, 정치적 질서에 귀속되어서는 안된다. 도리어 유기적 지식인은 사회성의 질서와 관계를 맺어야 하는 것이다. 이러저러한 사실들을 강조하고 이것과 저것들을 비교하며, 그러한 사실들을 하나의 이미지로 또는 은유로 표현하는, 요컨대 공시적으로 또는 통시적으로 작용할 수 있는 이념형적 태도인 사고의 경험은 집단적으로 생활하는 세계의 경험에 조응한다. 그러나 '자연발생적인 사회학'에 대한 두려움이 그동안 사회학 분야에서 너무나 두드러진 특징이었기 때문에 근본적인 사회성의 중요성을 강조할 필요가 있다. 나는 현재 많은 나라에서 확립되고 있는 일상생활 사회학의 주된 기여가, 바로 이러한 사실에 대한 주의환기라는 점을 부기할 것이다.

크리스토프 라리브 데뻬르나이(1983: 22)의 한 논문은 일상의 이야기에 관한 경험적 연구로부터 이론적 결론을 도출하고 있으며, 또한 그러한 연구계획에 관심을 보이고 있다. 그는 정당하게도 일상생활에 대한 접근에서 권유하는 민중적 관점이, 우리로 하여금 차별적이며 보충적인 탐구를 하게 하는 '방법론적 지렛대'로 생각할 수 있다고 지적한다. 그와 그 연구팀의 계획은 이 분야에서 깨우쳐 주는 바가 크다.

이러한 "민중적(vulgus)"적 관점은 우리가 경험과 사회성간에 정립하려고 하는 관계를 보다 세밀하고 정교하게 해줄 수 있다. 『역사철학에 관한 테제』라는 그의 저작에서 발터 벤야민은(1972) 모든 낟알에 대한 역사연구

－피정복자라고 그가 명명한 것에 관심을 두면서－ 이른바 모든 출현자들, 즉 일상생활의 우리들 각자에 대한 연구를 제안하고 있다. 너무나 당연하게도 일상생활의 사회학, 보다 일반적으로 말해서 새로 재구성되는 과학철학은 역사편찬이 기록에서 무시한 피정복자의 역사를 이해하려고 갈망한다.

사실 중요한 것은 여러 주도적인 관련 세력들(특히 행위자로서의 주체)의 역사가 아니고, 그것이 어떤 것들이든지간에 그리고 아무리 대수롭지 않은 것이라 해도, 사람들의 이야기들이 중요한 것이다. 그러나 내가 이미 지적했던 사실의 하나는, 이 <대수롭지 않음>이 사회성의 보고이며, 어떤 의미를 가진 것(어떤 목적성?)에 집중적인 관심을 가지고 있는 여러 세력에 대해 그 사회성을 보호하는 당사자라는 사실이다. 더욱이 아무 것도 중요하지 않다고 생각할 때, 무의미성은 모든 것이 다 중요하다는 것을 의미한다. 비유적으로 말하면, VIP는 있을지 몰라도 VIP적 상황은 존재하지 않는다고 말할 수 있을 것이다. 이러한 전망에서 진부한 것－말하자면, 어떠한 권력에 의한 부담도 피해가는 것은 무엇이라도－이 참된 탐색의 대상일 수 있는 것이다. 아무리 작은 삶의 상황도 이러한 잘못된 대립들을 해소시킨다. 반면에 그 상황은 스스로 장관을 만들어 낸다. 그리고 그 상황은 스스로의 뿌리 깊은 양면성을 드러냄으로써, 이것이기도 하고 또한 동시에 저것이기도 하다. 이리하여 이러한 이중성을 통해 심지어 이 이중성 때문에 삶이 가능하다는 사실을 인식하게 된다.

사회속의 진부한 것에 대한 인식은 그것의 자연적 공간, 공동체, 군중, 함께 함 그리고 우리들의 무질서하고 여러가지 색깔의 집합생활에 일정한 가치를 부여하게 한다. 그리고 이러한 여러가지 색깔의 집합생활은 사회학자들이 직면하게 되는 복합성의 더할 나위 없는 은유이기도 하다. 그래서 일상생활의 재연은 개인 주체에 대한 분석으로 한정되지 않고 오히려 정반대-사회성의 분석을 내포한다. 물론 사회성 그 자체에 대한 접근방법을 어떻게 정할 것인가 하는 문제는 남아 있다.

일상생활의 사회학이 관심을 두는 생활세계는 이론적 표상 그 이전의 것이며, 그 자체 외의 어떤 것에도 주목하지 않으며, 집합적인 경험에 바탕을 두고 있는 것이다. 그 생활세계는 상식, 현재, 그리고 감정이입이라는 세 가지 표제로 요약할 수 있다. 이 세 가지 표제의 본질적인 특성은 그 공유적 양상이다. 그럼에도 불구하고 역설적으로 보일지도 모르지만, 우리는 이러한 집합체적 의미를 보다 잘 이해하기 위한 방법으로 주관성을 강조하거나, 아니면 전형성이라는 이름 아래 현상학적 관점이 제공하는 주관성의 형식화를 적어도 강조하게 되는, 일련의 사회학적 도구들을 추천할 수 있다. 사실 우리는 예술이 주관과 객관이 불가분으로 용해된 것이라는 점에 동의할 수 있다. 주관은 하나의 객관적 형식으로 정형화되고, 이 객관적 형식은 다른 주체들 속에 일정한 반향을 발견하게 된다. 이것이 특정시기를 가동시키고 거기에 활력을 불어 넣는 운동이다. 우리가 인류의 역사를 살펴볼 때 위대한 창조적 계기들은 이러한 두 구조들간의 끊임 없는 상호작용에 의존한다는 사실을 발견한다. 이 상호작용은 경색된 제도화를 낳을 수도 있고 혼란스런 개인주의적 분열을 낳을 수도 있는 것이다.

우리는 개인주의적 패러다임(개인, 국가)과 사회전체적 패러다임(사람, 공동체)을 구별할 수 있다. 개인의 퍼서낼리티와 전체의 활력은 개인주의의 발달 정도에 따라 반비례한다. 페르소나(persona)라는 에트루리아 말의 어원을 염두에 둘 때, '가면(persona)'은 참으로, 우리가 속한 어떤 전형을 가리킨다. 이 '무대가면' 덕택으로 우리는 우리들이 하나의 구성요소가 되는 극에 참여하는 것이다. 이렇게 규정되는 전형은 각 사람에게 내가 "내재적 초월성"이라 명명한 것을 낳게 한다. 그것은 토대이면서 동시에 그것을 초월하는 어떤 것이다. 더욱이 개인이 단수이며, 하나의 기능을 보유하는 데 반해, 'persona'는 복수일 수 있고("나는 또다른 사람이다") 모든 역할을 차례로 수행할 수 있다. 공동체 내에서의 초월과 다원론이라는 이 두 전망을 가지고 출발하면서, 우리는 조작적 범주로서 전형, 주관성, 상호주관성을 사용할 수 있다. 물론 이것은 단순히 캔버스의 문제, 더 정확히 짐멜(Simmel)식의 어떤 '형식'의 문제가 아니다. 더욱이 경험적인 연구가 이미 이러한 명제들에 피와 살을 주기 시작했다.

따라서 그 주제에 대해 구체적으로 들어가지 않아도 개인사적 방법 또는 사회생활사적 방법을 지적해야 한다. 이러한 전망속에서 하나의 주체(Catani)로서 '소집단(Ferrafotti)'이나 화자(話者)는 가깝거나 먼 그들의 사회적 또는 자연적 환경을 구성하는 모든 것들을 요약한다. 우리는 역사적 자취에서처럼 그러한 모든 것들 속에서 특정한 세계의 특징들을 발견해 낼 수 있는 것이다. 이것이 카타니(Catani, 1982: 11-42)가 더 큰 전체 속에서 '주체로서의 나의 가정'이라고 부른 것을 내 방식으로 이해한 바이다.

물론 현상학적 접근 방법을 사용하는 사람들처럼 개인사적 방법의 지지자들 중에는 상당수가 개인사적 상황에서, 관찰자 자신과 이야기하는 사람 간의 관계가 불투명하다는 점을 놓치지 않고 강조해왔다. 그리고 이 점은 반드시 고려해야 할 변수이기도 하다. 그러나 이것은 두 개의 조그만 세계들이 서로 맞부딪치게 해준다. 그리고 이러한 맞부딪침은 감정적 이해를 위해 도움이 되는 공감적 상황을 만들어 낼 수 있는 것이다.

당연하게도 여기에서의 관찰자는 더이상 실증주의 과학의 초연한 입장이 아니다. 또한 반드시 완전한 참여자인 것도 아니다. 그는 상응관계에 있다고 하자. 그는 분석하려고 하는 어떤 가치들을 이해하고 공감한다. 아마도 그것은 자기 반성에 부분적으로 바탕을 두고 있는 일종의 "심층 사회학"(Durand)과 관계가 된다. 여기에 관해 어떤 확증을 갖고 있진 못해도 우리는 사회과학에서 이 방법을 사용하는 사람들이 어느 정도 '공범자'가 된다는 것을 발견한다. 그들은 이른바 '낭만적 사회학'에 관여하는 것이다. 사회의 이곳 저곳을 탐색하면서 그들은 많든 적든 그들 스스로 이미 지니고 있는 어떤 것을 경험하는 것이다. 이러한 방법에 대해 그의 저서 중 가장 핵심적이라 할 수 있는 장에서 페라로티는 '상호작용으로서의 연대기'를 제시하고 있다. 개인연대기 그 자체가 경험임에 틀림없다는 것은 연대기가 '체험(Erlebnis)'을 고려하게끔 상정되기 때문이다.

그러나 인터뷰에서 일어나고 그 자체가 특별한 연구대상이 될 만한 이러한 상호작용의 형식은 우리가 “어떤 사람이나 상호작용하고 있는 일단의 사람들의 특징으로부터 시작하여 사회적인 것을 이해할 수 있다”는 사실(Ferrarotti, 1983: 51)을 제시하는 데에 특히 적합하다. 여기에서 논자는 과학만의 일반적 관계를 다룰 수 있다고 주장하는 거창한 아리스토텔레스적 전통의 고전적·과학적 관행과 급격하게 단절되는, 과학철학의 입장을 택하고 있는 것이다. 페라로티(Ferrarotti, 1983: 51, 55, 63 등)를 따라, 우리는 각 인간존재가 사회의 ‘개별화된 종합’이라고 말할 수 있다. 이러한 사실에서부터 개인사적 방법은 19세기 이래로 수많은 지식인들이 추구한 현자의 돌인 그 유명한 구체적 보편성을 획득할 수 있게 해준다. 초기의(전체적) 사회학적 계획에서처럼 모든 것에 대한 지식이 겨냥되고 있지만, 이 경우에서는 특정한 작은 마디인 ‘사람’과 그 상호작용들로써 시작된다. 여기에서 우리는 다시 이해사회학이 확고하게도 비교적일 수밖에 없다는 점을 지적해야 할 필요가 있다. 더욱이 그것은 특수성과 보편성의 결합을 잘 나타내고 있는 전형성의 개념을 우리에게 제공해 준다. 이 전형성이라는 말은 베버의 ‘이념형’보다는 덜 자주 쓰이지만, 이러한 철학적 성찰과 관련이 있는 두 차원들의 교섭(interface)에 대해 말하는 것이다. 한편으로 그 말은 일상의 관행이 여러 개의 커다란 중심점들로 조직되는 것이며, 다른 한편으로 그것은 우리가 몇몇의 구조적인 고찰을 시작할 때에 이러한 중심점들을 이해할 수 있다는 것을 가리킨다. 관찰, 개인사, 생활사, 이 모든 것들은 우리로 하여금 기술과정속에 도입시키는 어떠한 전형들을 밝히게 해준다. 이러한 이유 때문에 사람과 그가 스스로를 발견하는 상호작용의 체계는 일정 정도 정형화된 형식인 것이며, 이 정형화된 형식은 그런 식으로 연구될 수 있는 것이다. 이들 전형들 그 자체가 사회전체구조의 자료들에 대한 열쇠를 준다. 잘 알려진 바와 같이, 마르셀 모스는 사회적 삶의 구성요소로서 습관이라는 주제에 관한 이론들을 발전시켰다. 마찬가지로 슈츠는 가용한 지식의 축적에 대해서 말한다. 이러한 ‘지식’－습관, 부호화된 상황, 의례, 통속적 지혜와 문화 그리고 상식—은 집합적 경험에 의해 '유형들'로 조직된다. 그리고 그것은 다양한 형태의 '전형들'로 기술될 수 있는 것이다.

위에서 지적한 바와 같이, 사회성을 얘기하기 위해 사람에서부터 시작하는 데 어떤 역설이 있을 수 있다. 사실 이러한 이유 때문에, 하나의 압축된 형식으로서의 인물속에서 우리가 그 중요성을 알고 있는 생활된 경험을 발견하게 되는 것이다. 그노시스교도들이 인간사회와 우주와의 긴밀한 연결을 지적했을 때, 그들도 같은 직관을 지녔던 것이다. 우리가 아는 바와 같이, 사회학에 깊게 각인된 합리주의와 실증주의는 엄밀성에 대한 관심으로 인해, 존재가 보유하는 어떠한 따뜻함과 분열로부터 스스로를 차단해 왔다. 이것은 '사회학적 사실'과, 그렇지만 그 사회학적 사실의 기초인 '사회구조적 사실'과의 사이에 깊은 심연을 낳는다. 이러한 심연에 완전한 다리를 놓을 수는 없다 해도, 하나 하나의 경험과 상호작용의 기제 및 감정의 교류에 되돌아옴으로써 우리는 최소한 그 심연의 간격을 줄일 수는 있을 것이다. 일상생활의 상황들과 개인사적 접근방법은 확실히 이러한 '고유한 지식'을 추출할 수 있으며, 베르또(Bertaux, 1981: 206)가 인간의 경험에서 인식하고, 현상학이 상징적 구성이라고 부르는 것에서 우리가 엿볼 수 있는 이러한 '예기치 않은 풍성함의 사회학적 기층들'을 끄집어낼 수 있는 것이다.

이리하여 내가 제안하는 전망상의 혁명은 일상생활에서 일어나는 어떠한 인지적 내용도 충분히 인식할 수 있게 해준다. 이러한 점에서 하나의 '방법론적 지렛대'로써 기여할 수 있는 주관성이 자율적이고 고립적인 자아의 감상적인 격앙으로 이해되어서는 안된다. 오히려 그것은 복합적 구조의 유일하게도 전형적인 요소이다. 그러나 여러 방면에서부터 바라볼 수 있는 이 전형적인 요소는 보다 거대한 전체에 대한 지시체로서 자기 자신을 나타내는 데 손색이 없다. 예를 들어 상상의 구조에 대한 연구(Gilbert

Durand)로부터 끄집어 낼 수 있는 사회학적 결과들, 사회적 존재에 있어서의 신화적 차원의 재발견, 생활경험에 대한 관심, 이 모든 것들은 반의도적으로 이해되는 일정한 형식의 주관성 속에 그 기초가 놓여져 있는 것이다. 내가 일상생활과 관련하여 이미 밝힌 바와 같이, 이것은 분화된 유기적 질서속에서의 전신감각(Coenaesthesia)을 통해 또한 이해된다. 우리는 숙달된 '객관주의자'인 에밀 뒤르켐(Emile Durkheim)에 돌아갈 수 있다. 그의 확신과 각주들은 언제나 교훈적이다. 그 중 한 곳에서 그는 영혼의 의미에 대해 곰곰히 생각한다.

> 우리는 오늘날 인간개체가 … 부분들로 구성되어 있다는 것, 그리고 인간 개체가 또한 분할되고 해체될 수 있다는 것을 안다. 그래서 우리가 인간개체를 형이상학적이고 분할할 수 없는 원자로 더이상 생각하지 않기 때문에 퍼스낼리티라는 개념은 사라지지 않는다. 그것은 퍼스낼리티에 대한 일반인의 생각과 같은 것이다…. 일반사람들은, 어떤 형이상학자들이 인간에 대해 상정한, 그러한 절대적 통일성을 인간이 가지고 있지 못하다고 언제나 감지해 왔던 것이다(Durkheim, 1976: 269).

여기에서 우리는 인간의 다원성과 상식과 같은 우리 분석의 다양한 요소들을 재발견하게 된다. 이러한 연결은 결코 자의적이지 않다. 왜냐하면 뒤르켐이 "집합적 유산" 또는 "집합체의 혼"이라고 불렀으며, 내가 본 논문에서 '사회성'이라고 불러 왔던 것의 엄정한 바탕과 기원이 사람이기 때문이다. 이러한 사실로 전형성의 개념을 예외적인 경우들을 넘어 더 일반적으로 사용하는 것이 정당화된다. 사람속에 다원성이 있기 때문에, 그리고 이 다원성이 내가 소여로서의 사회적인 것이라고 부른 것의 다양성과 일치하는 것이기 때문에, 우리는 주관적인 변인들을 통합하는 기술위에서 우리의 연구를 조직할 수 있는 것이다.

그러나 전형성과 주관성의 연결이 개인주의의 논리와는 아무런 연관이 없다는 사실을 강조해야겠다. 오히려 그것은 전체의 다양한 요소들이 그들간에 적응하는 유기적이고 전체적이며, 구성적인 질서를 가리킨다. 그것은 몸, 볼거리, 먹을 것, 의례, 성적 행위, 의상, 자세 등, 요컨대 사회적인 것의 모든 양상에 대한 현재적인 강조가, 어떠한 것도 최신의 것으로 만드는 총괄적인 전망이다. 되풀이 해서 말하자면, 거창하게 압도적인 힘과 대비하여 미시적인 것이라 불릴 수 있는 모든 것은 중요한 방법론상의 방향전환을 요구한다. 게오르그 짐멜에 의해 시작된 이러한 재정향의 효과는 최근에 수행되고 있는 많은 연구에서 목도할 수 있다. 옷입기나 개인적 행위, 동시에 가장 사회적일 수 있는 행위에 대한 연구에서 다룰 수 있었던 것은 인간상황의 총체성으로 추정될 수 있다(Simmel 참조). 이것은 우리가 이 모든 상황속에서 사회성의 모든 특징들을 축약된 형식으로 발견할 수 있다는 것을 의미한다.

이러한 결정화는 유형론적 접근에 대한 합리적 근거를 마련해 준다. 자아중심성과 개인주의의 격화라는 주제 위에서 흔히 주장되는 모든 것들에 대항해서, 여기에서 발전시킨 방법론적 전망은 우리로 하여금 문제가 되는 것은 상호주관성과 내적 주관성간의 끊임 없는 상호작용이라는 점을 이해하게 해준다. 실로 이러한 관계가 공동체이론의 바탕인 것이다. 딜타이는 이것을 특정한 시기에 사회적 총체성의 여러 복합적인 상황, 경험, 표상들 속에 어느새 스며들어 있는 특정의 시대정신의 압축으로서 "개인사적 경험"이라는 말로 요약한다. 슈츠로부터 현대의 생활사에 이르기까지 이 개인사적 경험은 사회학적 전망을 갱신해 오고 있다. 이제 주관성은 더이상 제거되어야 할 장해나 결점이 아니다. 오히려 그것은 전사회적 존재를 보다 완전하게 보게 해주는 도약판이다. 주관성의 길을 택함으로써 주관은 상호주관성, 즉 더욱 더 자주 골몰하고 있는 문제(혹은 실재)가 되고 있는, 타자성 또는 커뮤니케이션을 이해하게 되는 통로일 수 있는 것이다 (Habermas 참조).

그 길을 열어 놓자. 수많은 이론적 또는 경험적 연구계획들이 현재 이 길을 택하고 있고 기존의 정립된 사상을 어김 없이 뒤엎고 있다. 자율적인 자아가 문제가 되지 않듯이 역사는 그렇게 중요하지 않다. 이 거대한 세상 무대에서 우리는 운명에 의해 그려진 것 같은 어떠한 역할을 단지 수행할 수 있을 뿐이다. 사상은 현실을 창조하지만 그보다 더 많이 현실의 실체를 밝혀주기도 한다. 우리는 개념들에 대해서 결코 허세를 부리지 않는다. 그럼에도 우리는 광적이지는 않지만 보다 전체적인 규모의 지적인 도전에 직면하고 있다. 그리고 이러한 도전은 보다 전체적이면서 덜 열광적이다. 어떤 강요로서가 아니라 하나의 암시로서의 이러한 전망속에서 일본의 궁술가들이 그들 스스로에 정신통일을 함으로써 과녁을 맞춘다는 그 전설을 기억하자. 사실 그들은 자신들을 망각하는 기술에 있어서 이전의 대가들이다. 그리고 이러한 의미에서 그들은 그들이 하나의 구성요소에 지나지 않는 전체사회질서의 증인이다. 참으로 이것이 행위와 지식, 인식과 사회성의 새로운 결합에 있어서 문제가 되는 바이다.

현대세계의 일상성*

앙리 르페브르

그러니까 무엇이 문제인가? 철학자들에 의해 무시되고 사회과학들이 자의적으로 멀리한 어떤 사실들에 대한 방대한 한 탐구이다. 세분화된 과학의 전문가들은 각자 자기 방식으로 사실들을 재단(裁斷)한다. 경험적이고 동시에 추상적인 카테고리에 따라 그것들을 분류하는가 하면, 또 각기 다른 분야, 예컨대 가정사회학·소비심리, 현대사회에 적용시킨 인류학 또는 민족학, 습관 및 행동 서술 등에 그것들을 귀속시킨다. 그들은 그림 맞추기 조각들을 한 데 합치는 일을 광고전문가나 기획전문가 같은 실무 전문가들에게 일임한다. 아니면 그들은 가구, 물품, 믈품들의 세계, 시간의 활용, 잡다한 사실들, 신문의 안내광고 등 일상적 사실들을 인식의 가치가 없는 것으로 경멸해 버린다. 이런 식으로 그들은 '일상성(Alltaglichkeit)'에 대한 경멸에 가득찬 채 다른 철학자들과 합류한다.

초안 단계에서의 우리의 의도는 겉보기에 아무런 형태가 없어 보이는 이 일상적 사실들을 인식의 영역으로 끌어들이고, 그것들을 자의적으로가 아니라 개념과 이론에 입각하여 재구성하는 것이다. 인식의 영역으로 몇발짝 전

* 출전: Henri Lefebvre, *La vie quotidienne dans le monde moderne*, 1968, 박정자 역, 『현대세계의 일상성』, 세계일보, 1990, 61-74쪽.

진해 들어가는 것은 이제까지 잘 알려져 있으나 제대로 알려져 있지 않고 분산되어 있으며, 우리에게 매우 친숙하나 무시된 일상적 사실들, 이론의 여지가 있는 이데올로기들의 '가치' 즉 노동 (맑스)과 성(프로이드)이라는 가치에 따라 평가된 일상적 사실들을 반성적 사유에 의해 그 사유속으로 '회수'하기 위한 것이 아닐까? 그러한 방법들은 외관상 무의미한 것을 포착하고 거기에 의미를 부여한다. 일상이란 무의미한 것들의 총화가 아닐까?

그러한 방식은 하나의 비판적 태도를 전제로 한다. 일상에서 약간 뒤로 물러서지 않고는, 다시 말해서 그것을 그대로 수락하고 수동적으로 일상을 살아서는 결코 일상의 본래의 모습을 포착하지 못한다. 만일 우리가 수락해야 할 어떤 체계(사회적·정치적·형이상학적)가 있다면, 만일 진실이 '전체 아니면 전무'의 원칙에 예속된다면, 그리고 만일 현실적이면서도 사실적인 이 체계가 비판적 거리를 금지한다면 우리는 결코 일상을 이해하지 못할 것이다. 우리(당신들도 마찬가지로)는 실존·이성·언어와 같이 본질로서의 일상속에 함몰되어 있을 것이다. 그러면 다른 의식이 생길 가능성이 없고, 아예 의식의 가능성마저 없을 것이다. 우리는 그것을 인식의 초기 단계 상태로 알게 되거나, 아니면 그것은 영원히 우리의 인식을 벗어날 것이다. 인식·예술·철학과 거리가 먼 일상생활은 그런 체계의 부재를 행동으로 증명해주는 것이 아닐까? 일상생활의 그런 체계안에 존재하고, 모든 것은 이미 말해졌다고 볼 수도 있다. 또는 일상생활이 그 체계에서 벗어나는 것이고, 따라서 모든 것을 앞으로 말해야 한다고 생각할 수도 있다. 또 한편으로 생각하면 이 배타적이고 완결된 단일 체계가 존재하지 않는다면 인식과 이데올로기를 폭로해 줄 것이고, 일상에 대한 인식은 이데올로기적 비판과 당연히 영구 자가비판을 포함할 것이다.

우리 생각에 이런 방식은 과학과 비판을 분리시켜 주지 않는다. 그것은 논쟁적이며 동시에 이론적일 것이다. 게다가 사회생활의 부분적 현실—즉 일상성—에 대한 반성으로서, 그러나 이 부분적 현실이 폭로의 기능을 갖고 있다고 이 반성이 생각하므로 분석은 사회전체에 대한 명제와 가설을 갖지 않을 수 없다. 모든 이론적 탐구는 다 이와 마찬가지다. 조만간에 이 이론적 탐구는 사회·'인간'·세계의 일반 개념과 연결될 것이다. 우리가 전체에서부터 출발하지 않지만, 그러나 우리는 거기에 도달할 것이다. 부분의 수준, 그리고 이론적으로 잘 연결이 안된 개념과 사실들의 수준에서만 고의적으로 머물러 있지 않는 한 그러하다. 따라서 일상생활의 비판은 사회 전체에 대한 평가와 개념화를 함축하고 있다. 당연히 일상생활의 비판은 그 길로 유도된다. 이 비판은 인식의 전략과 행동의 전략이라는 다양한 전략과 결합되지 않을 수가 없다. 그러나 이것은 이론적·실천적 방법들이 개성, 즉 저자의 개성과 독자의 개성을 완전히 배제한다는 것을 의미하지는 않는다. 저자는 이 일련의 작업속에서 개인적인 책임을 진다. 그는 연루와 오류의 위험성까지 포함하는 모든 위험성의 책임을 다른 그 누구에게도 돌리지 않는다. 그는 유머나 아이러니의 감각을 잃지 않으려 노력하고 과학성의 속성으로 간주되는 '진지성'속에 머물러 있기를 고집하지 않는다. 그는 다른 사람들의 행동과 진지성 또는 진지성의 부재를 문제삼으면서 자신도 문제로 삼는다.

전체 사회에 관한 명제로 끝나는 이 방법은 분명코 경험주의에 반대이고, 소위 사실들의 끝없는 집적과도 정반대이다. 전체 속에서 관계들에 의해 통합되지 않는 사회그룹이 없듯이 서로(개념적·이데올로기적·이론적) 관계가 없는 인간사 또는 사회적 사실들은 없다. 일상을 다루는 것은 결국 일상성(그리고 현대성)을 생산하는 사회, 우리가 그 안에서 살고 있는 그 사회의 성격을 규정짓는 것이다. 겉보기에 무의미한 듯한 사실들 속에서 중요한 어떤 것을 잡아내고, 그 사실들을 잘 정돈함으로써 이 사회의 정의를 내리고, 또 이 사회의 변화와 전망을 정의해야만 한다. 일상성은 하나의 개념일 뿐만 아니라, 우리는 이 개념을 '사회'를 알기 위한 실마리로 간주할 수 있다. 이것은 일상을 전체속에, 즉 국가·기술·기술성·문화(또는 문화의 해체)속에 위치시킴으로써 가능하다. 그것이야말로 문제에 접근하는 가장 좋은 방법이며, 우리의 사회를 이해하고 또 이 사회에 침투하면서 사회를 정의하기 위한 가장 합리적인 방법이다. 문제의 핵심에서 벗어나는 먼 우회의 길을 차용하기보다는 이런 방식이 훨씬 합리적이고 가치가 있지 않은가? 우회의 방법 중 가장 단순하나 가장 인기가 있는 방법은 민족학의 방법이다. 현대세계를 이해하기 위해서는 보로로족이나 도곤족을 우선 연구하는 것이 유익하다는 것이다. 이 원시주민에 대한 연구에서 문화의 개념, 구조의 개념을 빌어와야만 한다는 것이다. 우리는 물론 이 연구들이 흥미롭다는 것을 부인하지는 않는다. 우리가 이의를 제기하는 것은 이 길을 통해 우리가 우리 사회, 우리 시대, 우리 문명을 마침내 알게 된다는 가능성이다. 우회는 돌아가는 방법, 다시 말해서 회피하는 방법일 뿐이다. 유대-그리스도교 이편으로, 또는 그리스(소크라테스 이전)와 동방(조로아스터교)쪽으로 우리 문명의 근원을 거슬러 올라갔던 니체도 이 민족학적 낭만주의보다 더 큰 폭을 갖지 않았다. 그렇게 추적된 연구는 『상이한 시대의 일상생활』이라는 잘 알려진 저서의 연구방법과 아주 다르다. 이 저서의 몇 권들은 특정시대, 특정사회에 어떻게 해서 일상생활이 없는가를 이해하는 데 도움을 줌으로써 주목의 대상이 될 만했다. 잉카나 아즈텍에서, 그리고 그리스나 로마에서 하나의 양식(style)은 가장 사소한 것들까지, 예컨대 몸짓, 말, 도구, 친근한 주변 물건들, 의상까지를 결정지었다. 항상 쓰는 친근한(일상적인) 물건들은 아직 이 세계의 산문 속으로 떨어지지 않았다. 세계의 산문은 시와 아직 유리되지 않았다. 우리의 일상생활은 양식에 대한 향수, 양식의 부재, 그리고 양식에 대한 악착 같은 추구로 특정지어진다. 우리의 일상생활은 격식이 없고 옛날의 양식을 사용하려는 노력과 그 양식들의 잔재·폐허·추억 속에 머물려는 노력에도 불구하고 스스로에게 하나의 양식을 부여하는 데 실패했다. 그래서 마침내 우리의 양식과 문화를 대립시킬 정도까지 그것을 구별하게 되었다. 일상생활을 다룬 저서는, 19세기에 자본주의가 정착된 데 이어서 상업경제와 화폐경제가 일반화된 이후에 일상이 어떤 특징을 갖게 되었는지를 밝히지 못한 채 그저 개념들을 혼동하고 뒤섞었다. 그래서 세계의 산문은 점점 커져 결국 원전, 글로 쓰인 것,

글쓰기 같은 것 등 모든 것에 침투하기에 이르렀고, 시를 다른 곳으로 쫓아버리기에 이르렀다.

우리의 분석은 그러니까 처음부터, 인생 및 물질적 문화에 대한 연구와는 구분되는 것이다. 사건의 날짜를 기록하는 데 만족하지 못하는 역사가에게 있어서는 그룹과 사회계급과 나라와 시대에 따라 사람들이 무엇을 먹고 무엇을 입으며 어떻게 실내장식을 했는지를 아는 것이 매우 중요하다. 침대, 옷장 또는 혼수의 역사가 매우 흥미롭다.

그러나 우리에게 중요한 것은 시골 옷장－농부들이 옷장을 가지기 시작했을 때부터－에도 어떤 양식이 있으며, 가장 단순하고 가장 일상적인 물건들(그릇, 도자기, 대접 등)도 사회계층과 장소에 따라 서로 달랐다는 사실을 아는 것이다. 다시 말하면 물건의 형태, 기능, 구조들이 서로 분리되어 있거나 또는 혼동되어 있지 않았다는 것이다. 물건의 기능과 형태들은 거의 무제한의 변형을 보였다(그러나 물론 품목별로 분류할 수는 있다). 형태와 기능과 구조의 어떤 통일성이 바로 양식이다. 과거 사회(그리고 우리 사회)의 이해를 위해서는 집, 가구, 의상, 식품 등을 각기 상이한 의미작용의 체계로 분류하면서 그것들을 분리하는 것도 바람직하지 않고, 하나의 전체적인 단일한 개념 안에 그것들을 통합시키는 것도 바람직하지 않다. 예를 들면 '문화'의 개념같은 것으로 말이다. 게다가 시장(생산물의 시장, 또는 자본시장)이 보편화 되면서부터 물건, 사람, 관계 등 모든 것이 변했다. 이것들은 세계를 산문으로 축소시키는 그 지배적 성격을 띠게 되었다.

해방 이후 1946년 초에 쓰인 『일상생활 비판 입문(*l'Introduction à la Critique de la vie quotidienne*)』은 그 당시 사건들의 영향을 받았다. 그때 프랑스에서는 경제생활과 사회생활이 재구성되고 있었다. 많은 사람들은 사실상 예전의 사회관계를 약간 수정하여 재건하는 일에 종사하고 있으면서도 자신들은 다른 사회를 건설하고 있다고 믿고 있었다. 이 저서는 맑스의 사상에 대해 해석을 담고 있었는데, 이 해석에 대해 우리는 다시 한번 언급해야만 하겠다. 그것은 한편으로는 철학주의와 또 한편으로는 경제주의를 거부하고 있다. 즉 맑스가 물려준 유산이 하나의 철학체계(변증법적 유물론)로만 환원되거나 또는 하나의 정치경제학 이론으로만 환원되는 것을 용납하지 않는다. 맑스의 청년기 저술(그렇다고 해서 『자본론』을 제외하지는 않은 채)같은 근원으로의 회귀를 통해 **생산**이라는 용어는 좀더 넓고 강한 의미를 다시 획득했다. 이 의미는 둘로 분리된다. 곧 생산은 제품의 생산으로만 환원되지 않는다. 이 용어는 한편으로는 작품(사회적 시간과 공간까지를 포함해서)의 생산, 즉 '정신적' 생산을 가리키고, 또 한편으로는 물질적 생산, 즉 물건의 제조를 지칭한다. 그것은 또 인간의 역사발전 과정중의 '인간존재'의 생산도 가리킨다. 곧 그것은 **사회적 관계**의 생산을 의미한다. 결국 포괄적인 의미로 이 용어는 **재생산**까지를 포용한다. 생물학적 재생산(인구통계학의 영역)만이 아니라 생산에 필요한 연장, 도구, 기술 등의 물질적 재생산 및 한걸음 더 나아가 사회적 관계의 재생산도 있다. 어떤 파괴가 그것들을 깨뜨릴 때까지, 한 사회에 내재하는 사회적 관계들은 꾸준히 유지된다. 그러나 그것은 수동적·타성적으로 이루어지는 것이 아니다. 그것들은 하나의 복합적인 운동속에서 재생산된다. 생산의 개념이 둘로 갈리어, 아니 차라리 감속되어 사물에 대한 작용만이 아니라 인간존재에 대한 작용, 자연의 지배, 인간이 자연을 제 것으로 삼기, 프락시스(실천: praxis) 등의 의미까지도 포함하게 되었는데, 이 생산 이 운동이 일어나는 장소는 어디인가? 이 운동은 사회의 높은 영역, 곧 국가, 학문, '문화'의 영역에서 전개되지는 않는다. 프락시스의 실제적 중심, 이성적 핵은 일상생활안에 자리잡고 있다. 그것이 이 입문서의 기본적 주장이고 또 이론적 가설이다. 이 주장을 다른 방식으로 해보자. 사회란 무엇인가? 맑스의 분석에 의하면, 거기에는 우선 경제적 **토대**가 있다. 즉 물질적 재화와 물건들을 생산하는 노동이고 분업이며 계획노동이다. 두번째로는 **구조**이다. 사회적 관계는 구조화되고 동시에 구조화하며, 이 관계는 재산관계를 결정하고 또 '토대'에 의해 결정되기도 한다. 마지막으로 사법적 이론화(법률), 제도(특히 국가), 그리고 이데올로기를 포함하는 상부구조가 있다. 그것이 도식이다. 그런데 일반적으로 받아들여지고 있는 해석은 상부구조를 토대의 반영으로 축소시킬 뿐이다. 중첩된 여러 수준들(토대, 구조, 상부구조)은 상호관계 없이 존속할 수 없으므로, 문제는 상층의 단계를 경제적 토대의 반영 또는 표현으로 환원함으로써 쉽게 해결이 된다. 이러한 환원에는 교조적으로 취해진(변증법과는 약간 거리가 멀게) 유물론이라는 철학적인 이름이 붙여졌다. 이 도식은 너무나 단순화되었기 때문에 적용이 불가능하게 되었다. 우스꽝스러운 끊임 없는 논쟁들이 상부구조의 유효성에 가해졌다.

『일상생활 비판 입문』은 이 여러 논쟁들 중의 하나이다. 인식은 상부구조의 수준에서 이데올로기와의 관계 속에서 생겨난다. 그러나 인식들은 효용성이 있다. 과학은 물질생산에 간섭하기 때문이다. 이데올로기란 무엇인가? 세계와 지식에 대한 해석(종교적·철학적), 인식, 그리고 환상의 이 혼합물은 '문화'라고 불릴 수도 있을 것이다. 문화란 무엇인가? 그것 또한 실천이다. 그것은 사회의 자원들을 분할하고, 그에 따라서 생산을 어떤 방향으로 인도하는 하나의 방법이다. 그리고 강한 의미에서의 생산이다. 또 이데올로기적 동기를 가진 행위와 행동의 근원이다. 그러니까 이데올로기의 적극적 역할은 철학주의 또는 경제주의로의 환원을 통해 맑스의 도식을 빈약하게 하는 대신 그것을 풍요롭게 하기 위해 맑스의 도식 속에 비집고 들어가 자리를 차지하는 일이다. '생산'의 개념 속에는 인간존재에 의한 자신의 삶의 생산이라는 강한 의미가 포함된다. 게다가 소비는 특별한 매개작용, 즉 이데올로기, 문화, 제도 및 조직 등과 함께 생산에 종속된 모습으로 도식 속에 다시 나타난다. 특정의 생산관계(자본주의적 생산관계) 안에는 생산과 소비, 구조와 상부구조, 인식과 이데올로기 사이에 (일시적이고 잠정적인 균형인) 피드백(feed-back)이 있다. 여기에는 다음과 같은 두 가지 뜻이 함축되어 있다. 첫째, 문화는 쓸데 없이 끓어오르는 소란이 아니라 사는 방식과 밀접하게 연관이 있는 능동적이고 특수한 역동성(力動性)이라는 것, 그리고 둘째로 계급의 이해(생산관계 또는 재산관계와 구조적으로 연결되어 있는)는 사회 전체의 기능을 확보해 주기에 불충분하다는 것이다. 일상생활은 이 피드백의 사회적 장(場)으로서 정의된다. 흔히 무시되고 있는, 그러나 결정적인 이 장은 두 개의 측면에서 모습을 드러낸다. 즉 그것은 **잔재**(사회적 실천으로부터 사상해낼 수 있고, 또 고찰의 대상인 특정의 미세한 행위들의)이고 사회전체의 **생산물**이다. 균형의 장이고, 동시에 불균형의 위협이 노정되는 장이다. 이렇게 분석되는 사회안의 사람들이 더이상 자신의 일상성을 지속시키지 못할 때 그때 혁명이 시작된다. 오로지 그때만이다. 사람들이 일상생활을 영위할 수 있는 동안 예전의 관계는 언제나 재형성된다.

교조적 도식에 비해 '개량주의적' 또는 '우의적'이라 할 수 있는 개념은 사실에 있어서는 극단적('좌파적')인 정치적 태도를 이끌어낸다. 위기에 처한 프랑스사회를 재건하는 대신, 그리고 재건의 지도자로서의 권력을 열망하는 대신, 이 깊은 위기를 '삶의 변혁'을 위해 이용해야만 하지 않을까?

이 거대한 야망—물론 금방 실망하기는 했지만—에도 불구하고 '일상생활 비판'은 유효기간을 갖고 있다. 현재의 역사적 순간(1946년)에 '인간'은 아직 적어도 프랑스에서는 생산 및 창조활동으로 정의되고 있다. 이런 규정에 대해서는 암묵의 또는 공공연한 '합의'가 이루어져 있다. 물론 악센트는 창조적 행위의 요인들에 서로 다르게 놓여져 있고, 이러한 강조 안에는 계급의 이데올로기가 노정되어 있는 것이 사실이다. 프랑스에서 어떤 사람들은 금리생활자의 이데올로기를 간직하고 있는데, 그들은 노동을 특히 날품팔이 노동을 경멸하고 있다. 종교적 이데올로기에 젖어 있는 다른 사람들은 노고, 수고, 노력을 강조하는 측면에서 노동을 바라보고 있다. 어떤 그룹들은 지적 행위(1946년에 사람들은 '문화적'이라는 말을 하지 않거나, 해도 아주 드물게 했다)를 강조한다. '창조성'의 본질과 성격에 대한 논쟁에도 불구하고 하나의 합의가 이루어져 있다. 사람들은 흔히 노동에 실천적 가치와 함께 윤리적 가치를 부여한다. 많은 사람들이 아직도 그들의 직업 또는 일에서 '자아실현'을 하기를 원한다. 민중과 가까운 사람들, 노동자, 그리고 노동자 중심주의자들은 육체노동에 큰 가치를 부여한다. 이러한 믿음속에서 노동계급은 자신의 계급의식의 정당화를 발견한다. 노동계급은 관련 단체에 의해 마련된 정치적 계획, 즉 노동자와 노동의 '가치'에 따라 사회를 재편성한다는 정치적 계획을 자신의 계급의식에 덧붙인다. 사람들은 이 계급에게 하나의 모델을 제시하는데, 이 모델에 의하면 생산은 근본적 역할을 수행하고, 사회적 합리성은 노동자의 사회적 지위향상과 경제의 계획화라는 두 개의 형태를 띠게 된다. 해방 직후의 사회적 실천속에서, 프랑스의 기성 사회는 아직도 전체(경제-사회-정치-이데올로기적)를 형성하고 있다. 논쟁과 정치적 투쟁을 포함한 악착같은 투쟁에도 불구하고, 아니 그런 투쟁 때문에 더욱 더 그러하다. 이러한 총체성은 위협받는 듯이 보이지만 잠재적으로 충만되어 있는 듯이 보인다. 두번째의 해방, 즉 정치적 해방(외국의 압제자에 대한 승리)에 곧 이어 올 사회변혁은 이 총체성의 도래일 것이다. 계획과 기다림은 어떤 역사적 순간에 서로 일치한다. 그런데 이런 순간은 오지 않을 것이다, 앞으로 결코 다시 오지 않을 것이다. 그것은 점점 멀어져가고, 머리속에서 떠올리기조차 쉽지 않다. 이런 상황 속에서, 이런 역사적 전환기에, 그리고 이미 전조가 보이는 전망 속에서 비로소 소외가 깊은 의미를 지닌다. 소외는 일상을 그 풍요로움에서부터 떼어낸다. 그것은 일상을 경멸함으로써, 그리고 이데올로기의 헛된 광채밑에 일상을 가림으로써 이 생산과 창조의 장을 감춘다. 특별한 소외는 자연과 물질과 직접 맞붙어 있는 노동의 구성적 관계들로부터 풍요로움을 도출해 내는 것을 금하면서 물질적 빈곤을 정신적 빈곤으로 바꾼다. 사회적 소외는 창조적 의식('현실' 속에서의 예술창조의 기초까지도 포함하여야)을 수동적인 불행한 의식으로 바꿔준다.

그와 같은 시기에 작가와 시인들도 역시 진짜 풍요로움을 회복하고 되찾기를 원했다. 그것들을 어디서 찾을 것인가? 자연이나 상상의 편에서, 또는 상상의 허구적 순수나 본원과의 접촉이라는 순수성속에서이다. 초현실주의, 자연주의, 실존주의는 각기 자기 나름대로 현실 고유의 가능성들과 함께 사회적 '현실'을 괄호안에 넣었다. 우리에게 아주 가까우나 잘 알려져 있지 않은 현실, 즉 일상에 대한 비판적 탐구는 따라서 휴머니즘과 연결되어 있다. 해방의 분위기와 관계가 없지도 않지만 일상생활의 비판은 낡은 자유주의적 휴머니즘을 새롭게 하고, 그것을 혁명적 휴머니즘으로 대치시키려는 의도를 갖고 있다. 이 휴머니즘은 상부구조(정체(政體)·국가·정부)를 몇 가지 수정하는 것에 수사와 이데올로기를 분석하는 것을 목표로 하지 않고, 다만 '삶의 변혁'을 목표로 한다.

20년 전부터 사회학과 언론학의 진부한 가설이 되어 버린 몇개의 확인들을 떠올려보자. 1946년에 일상생활은 소득액수로 구분되는 사회계층에 따라 달라지는 것이 아니라, 다만 소득의 성격(지불방식: 시간급, 월급, 연봉 등, 또 임금, 봉급, 사례비, 이자 등)과 소득의 관리 및 그 조직에 따라 달라진다. 중간층과 부르주아지는 높은 합리성에 도달했다. 이 계급에서 남편이며 배우자인 가장은 돈관리를 자기가 한다. 그는 가정의 유지에 필요한 금액을 아내에게 지급하고 남는 것이 있으며 저축을 한다. 그가 만일 돈을 모으지 못하고 투자보다는 즐기기를 원한다면 그는 자신의 의식(意識), 자신의 가정 또는 사회와 갈등관계에 들어간다. 고전적 부르주아 가정은 돈을 절약하며 비교적 안전하고 수익성이 있는 곳에 투자를 했다. 좋은 아버지는 유산을 형성하거나 그것을 늘려 후손에게 상속한다. 물론 경험적으로 부르주아의 재산은 3대에 가서 해체되고 대부르주아지로 이행할 때에만 그런 재난을 피할 수 있다는 설이 있기는 하다. 아내는 소비를 책임지고 있는데 이 기능의 중요성은 끊임 없이 배가되고 있다. 그러나 우리가 고찰하는 시점(1946년)에서는 그것이 아직 제한되어 있었다.

농부들은 자연경제 또는 폐쇄경제의 시대에 살았으며 아직도 그대로 살고 있다. 그들은 마음대로 쓸 수 있는 돈이 별로 없다. 가정의 경영은 여자의 분야인 주택과 그 종속지(채마밭과 가금장 등)의 관리나 남자의 분야인 경작의 관리로 나누어져 있다. 자연상태, 씨앗상태, 또는 통조림상태의 저장식품들은 가끔 축제의 소용돌이 속에서 마구 집어던지며 낭비하는 재료가 된다. 노동계급은 어떤가 하면 하루벌어 하루를 산다. 그들은 앞을 예견할 줄 모르고, 또 예견할 수도 없다. 아내는 임금의 전체까지는 아니라 하더라도 임금의 상당부분을 받는다. 만일 남편이 착한 남편이고 아내가 알뜰한 살림꾼이라면 그녀는 남편의 자잘한 행복을 위해 아주 적은 금액을 남편에게 되돌려 준다. 프롤레타리아의 아내는 돈을 쓰지만 가격을 놓고 싸우지 않는다. 그녀는 흥정을 하지 않는다. 그녀는 반드시 필요한 것만 사고 장사꾼이 그녀에게 요구하는 것을 줄 뿐이다. 자랑스럽게 또는 모멸감을 느끼며 프롤레타리아는 절약을 하지 않는다. 농촌 출신인 그들은 그들나름의 유복함의 취미(맛있는 음식)와 축제의 감각을 농촌생활에서부터 받아 그것을 전수하고 있다. 그런데 프티 부르주아와 부르주아들은 이러한 축제와 음식취미를 뒤죽박죽으로 만들어 버렸다.

이것이 『일상생활 비판 입문』의 '사회학적' 내용이다. 그러나 이 책은 세부사항과 그룹 및 계급간의 차이들에 머물러 있기보다는 공통 의미의 유일한 수준인 전체—총체성—를 찾아 한층 더 깊이 들어갔다.

거기서 아주 대조적인 두 벌 그림이 나타났다. 그 첫번째 그림: 그것은 일상의 비참함이다. 즉 지루한 임무들, 모욕적인 일들, 노동계급의 삶, 일상성에 짓눌리는 여성들의 삶 등이 그것이다. 어린이, 그리고 언제나 다시 되풀이되는 유년시절도 있다. 사물들과의 기본적인 관계, 또 상인 및 상품들과의 관계, 그리고 욕구 및 돈과의 관계도 있다. 결국 숫자가 지배하는 세계이다. 현실의 지배를 받지 않는 분야(건강, 욕망, 자발성, 생명력)와의 직접적인 관계도 있다. 요컨대 반복이다. 궁핍의 존속과 희소성의 연장이다. 곧 경제·절제·박탈·억압·욕망 및 비천한 인생의 영역이다. 두번째 그림: 그것은 일상의 위대성, 즉 지속성이다. 삶은 땅위에 뿌리를 박고 영원히 지속된다. 잘 알려져 있지 않는 것은 육체·공간·시간·욕망 등의 소유이다. 거주지와 집이 있다. 수로 환원될 수 없는 드라마도 있다. 일상의 비극적 잠재성도 있다. 여자들의 중요성도 있다(억눌리고, 역사의 사회생활의 '대상'이 되지만 중요한 '주체'이며 기초이고 토대다). 반복적 몸짓에서부터 실천-감각적 세계를 창조하는 것도 있다. 욕구와 유용성의 만남도 있고, 훨씬 드물기는 하지만 한결 강력한 쾌락도 있다. 작품과 작품들도 있다(일상으로부터, 일상의 충만과 공허로부터 하나의 작품을 만들어내는 능력―개인, 그룹, 계급들을 위해 일상생활을 소재로 작품을 만들어내는 가능성). 앞에서 언급한 바 있는 문화와 생산활동, 인식과 이데올로기 사이의 피드백 같은 기본적 관계들의 재생산, 그리고 이 용어들 사이의 모순이 생겨나는 장(場)·성별·세대별·그룹별 이데올로기간의 투쟁의 장 등도 있다. 소유된 것과 소유되지 않은 것 사이의 갈등, 주체적 삶의 무정형과 세계(자연)의 카오스 사이의 갈등도 있다. 이 항목들 사이의 매개, 그리고 그 사이의 공허한 간격이 있는데 이 간격 속에서 '높은' 수준(제도, 상부구조)의 적대관계가 발아의 상태로 모습을 보인다….

이런 방향에서 중요한 문제가 하나 제기되는데, 그것은 다름 아닌 축제의 문제이다. 놀이는 축제의 한 양상, 한 특수한 경우에 불과하다. '일상생활 비판'은 축제의 농민적 기원과 일상이 정착된 사회에서의 양식과 축제의 동시적 쇠퇴를 증명했다. 양식은 문화로 타락했고, 그 문화는 일상(대중)문화와 고급문화로 세분되었으며, 이러한 분리가 문화의 단편화와 해체를 야기했다. 예술은 양식과 축제의 재탈환으로 간주되지 않고 점점 더 특수화되는 행위, 축제의 우스꽝스런 모방, 일상을 변모시키지 못하는 일상의 장식품 등으로 간주되고 있다. 그러나 축제가 일상성에서 완전히 사라진 것은 아니다. 시합, 향연, 예술제 같은 것들은 비록 옛날 축제의 규모는 되찾지 못했지만 최소한 그것의 재미 있는 축소판이기는 하다. 이러한 것들이 빈곤의 종식과 도시생활이라는 이중의 성격을 가진 사회에서 축제를 부흥시키려는 계획을 부추기고 있다. 그때부터 혁명은 (폭력적이건 비폭력적이건 간에) 새로운 의미를 갖는다. 곧 일상과의 단절, 그리고 축제의 부활이다. 지나간 시대의 혁명들은 모두 축제였다(혁명이 잔인한 것은 사실이다. 그러나 축제에도 언제나 잔인하고 광포하고 폭력적인 면이 있지 않았던가?). 혁명은 일상성에 갑자기 그리고 천천히 호탕과 낭비를 주고 모든 제약을 폭파시켜 버림으로써 일상성을 종식시킨다. 그러므로 혁명이란 경제적·정치적 또는 이데올로기적 측면만이 아니라 더 구체적으로는 일상의 종식으로 정의된다. 과도기에 혁명은 그 자체로 새로운 의미를 지닌다. 그것은 일상을 해체하고 변형시키기 위해 우선 일상을 거부하고 일상을 재구성한다. 혁명은 일상의 위엄과 그 허구적 합리성을 부인하고 사회의 기초로서의 일상과 축제의 대립(노동과 여가의 대립)을 종식시킨다.

20년이 지난 지금 이 책의 의도와 계획을 밝히면서 그것을 요약하는 일이 가능해졌다. 20년이라는 시간은 이 책의 순진성도 보여주면서 동시에 이 책의 내용을 모두 증명해주었다. 이 책이 처음으로 출판되었을 당시에 프랑스는 인민전선 정부와 해방으로부터 갓 벗어났었고, 그 두 사건은 거대한 축제의 모습을 띠고 있었다. 일상과의 단절은 혁명 행위의 일부가 되었고, 특히 혁명적 낭만주의의 일부가 되었다. 그 이후 혁명은 그 자체가 일상성이 되면서 다시 말해서 제도, 관료주의, 계획경제, 생산성 합리화 등이 되면서 이러한 희망을 배반했다. 이런 사실들 앞에서 우리는 '혁명'이라는 말이 그 본래의 의미를 잃지 않았는지 자문하게 된다.

외관상 빈약한 일상성의 밑에 숨겨진 풍요로움을 폭로하는 일, 경박성 밑에 깔린 심오함을 드러내는 일, 정상의 비정상성을 꿰뚫어보는 일, 이것들은 모두 노동자의 생활에 근거를 둠으로써만, 그리고 노동자의 창조력을 부각시킴으로써만 분명해지고, 또 진실이 될 수 있다고 나는 생각했었다. 시골이나 촌락의 생활보다 도시생활에 조사연구의 근거를 두는 것은 훨씬 덜 분명하고 또 훨씬 더 이론의 여지가 많다고 믿고 있었다. 여성의 희생이 위대하고 비참하기는 하지만 가정생활을 연구대상으로 삼는 것은 더욱 더 이론의 여지가 있다는 생각이었다. 그러면 이 책의 순진성은 정확히 어느 부분에 있는가? 이 일상성의 이론은 아마도 민중주의 그리고 노동자 중심주의와 연관되어 있었던 것 같다. 이 이론은 민중의 생활, 거리의 생활, 자기들이 느끼고 행하는 것을 거침 없이 말하고, 즐기고, 열광하고, 모험도 할 줄 아는 그런 사람들의 생활을 찬양했다. 이 이론은 프롤레타리아의 강박관념(일, 직업의 풍부함, 일터에서의 연대성 등의 풍부함)과 '체험'의 애매모호성 속에 감추어진, 그리고 사실성과 불확실성속에 감추어진 정확성에 대한 철학자의 강박관념을 동시에 내포하고 있다.

이러한 주장들, 이러한 조사들, 이러한 계획들은 이제와서 일고의 가치도 없는 것일까? 그것들을 포기해야 할까, 재편성해야 할까, 아니면 앞서의 순진성을 제거하고 다시 공식화해야 할까? 이 문제는 나중에 가서 제기될 것이다. 어떻든 간에 일상성의 비판적 분석은 역사에 대한 어떤 회고적 고찰을 요구한다. 일상의 형성을 보여주기 위해 과거로 거슬러 올라가면서 일상의 역사성이 정립된 것 같다. 물론 우리는 언제나 먹고, 입고, 살고, 물품을 생산하고, 소비가 삼켜버린 부분을 재생산해야만 한다. 그러나 19세기까지, 경쟁자본주의가 생겨날 때까지, 그리고 소위 '상품의 세계'가 전개되기 이전까지에는 일상성의 지배가 없었다. 이 결정적인 관점을 우리는 강조해야만 한다. 여기에 역사의 한 패러독스가 있다. 옛날에는 빈곤과 억압(직접적) 속에서도 **양식**이 있었다. 시대가 아무리 바뀌어도 그 옛날에는 생산물이 아니라 **작품**이 있었다. 착취가 격렬한 억압의 자리에 대신 들어서는 동안 작품은 거의 사라지고, 그대신 제품(상업화된)이 들어섰다. 양식은 가장 하찮은 물건에도, 그리고 인간의 모든 몸짓과 행위, 행동들에도 하나의 의미를 부여해주었다. 추상적(문화적)이 아닌 이 감각적 의미는 곧 상징속으로 포용이 되었다. 여러 양식들 중에서 우리는 잔인성의 양식, 힘의 양식, 또는 지혜의 양식을 구분할 수 있다. 잔인성과 힘(아즈텍과 로마)은 대양식과 대문명을 낳았고, 이집트나 인도의 귀족적 지혜 또한 그러했다. 대중의 부상(이것은 결코 대중의 착취를 막아주지 못한다)과 민주주의(이 역시 마찬가지이다)는 대양식과 상징, 신화, 그리고 기념비나 축제 같은 집단적 작품의 종말을 함께 가져왔다. 벌써 (자신의 현대성을 경탄하고 있는) 현대인은 양식의 종식과 그것의 재창조 사이의 과도기적 인간이 되고 말았다. 양식의 종식과 그것의 재창조 사이의 과도기적 인간이 되고 말았다. 양식과 문화를 대립시키는 것은 당연히 문화의 분리와 그 해체를 강조하게 된다. 하나의 양식을 재창조하고, 축제를 되살리고, 문화의 흩어진 부스러기들을 일상의 변형속에 한 데 모으는 것, 이것이야말로 혁명의 계획을 정당화해준다.

일상생활과 사회학에 있어서 의미의 문제*

토마스 루크만

1. 서론

인간은 그들 존재의 전체 또는 그들 삶의 다양한 범위를 의미있는 것으로 인지할 것이다. 그들이 의미있는 것으로 인지하든지 또는 삶의 지배적 의미가 부족한 것처럼 보이든지간에 그들에게 개인으로서 하나의 문제를 제시할 수 있다. 그리고 그것은 전 사회와 역사적 시기에 있어서 어떤 중요한 문제일 수 있다. 물론 이 문제에 대해 상이한 사회들이 나름대로 그 구성원들에게 제공하는 다양한 해결책들과 그리고 각 개인들이 자기의 삶을 대처해 나가는 데 있어서 그러한 해결책을 이용하는 방식들은 사회과학, 특히 지식과 종교를 연구하는 문화인류학과 사회학에 매우 흥미로운 것이다.

그러나 삶을 지배하는 의미가 개인과 사회뿐만 아니라 그 개인과 사회를 연구하는 과학에 대해서 가지게 되는 관심에 관계 없이, 모든 인간생활에 있어서는 어떤 특정한 학문 분야에 관심을 갖는 것보다도 훨씬 더 원초적

---

* 출전: Thomas Luckmann, "On Meaning in Everyday Life and in Sociology," *Current Sociolgy*, vol.37, no.1, spring, 1989(김희재 역).

인 중요성의 차원이 있다. 인간생활, 평범한 일상의 인간생활은 행위의 연속이다. 그것에 무엇이 덧보태질지 모를지라도 이러한 행위들은 무엇보다도 개개인에 의해 성공적으로 성취된 상호연관된 일련의 계획들인 것이다. 주관적 성취나 실패라는 것 때문에 행위는 행위에 참가하는 개인들에게 의미있는—계획, 성취, 실패로서— 것이고, 행위에 의해 이러저러하게 영향을 받는 모든 다른 사람들에게도 물론 의미있는 것이다. 이리하여 인간의 삶—크게 보아서 의미있거나 또는 무의미한—은 그 세부에 있어서는 의미를 가진 계획임에 틀림없는 것이다. 사실 인간의 삶은 사람들이나 사회가 개인, 집단 그리고 우주적 존재에게 부여하는 지배적 의미의 정도와는 관계없이, 통상적인 의미에 의해 매일 재구성되어진다고 할 수 있다.

마찬가지로 모든 사회과학은 그들 '주제'의 그 본질적이고 구성적인 속성—즉 어떤 사회과학은 종교, 과학, 예술 등과 같은 의미체들이 더욱 더 비판적인 의미와 중요성의 사회적 구성에 특별하고 부가적인 관심을 보여줄지 모른다는 사실로부터 아주 벗어나 기본적인, 인간행위의 본질적이고 구조적 특성에 기초해 있다. 요컨대 의미 있는 행동으로서 행위는 사회과학의 전제이며 기초이다.

19세기 자연과학의 요지부동하게 보였던 물질적 토대에 영향을 받은 심성(mind)들은, 사회과학이—비록 입증가능한 사회과학의 '경험주의적' 논리와 '우주적' 설명이라는 목적에 있어서는 공통되지만— 상이한 주제와 상이한 객관적 기초를 갖는다는 인식에 의해 퇴조하게 되었다. 심지어 오늘날에서도 이러한 사실은 도처에서 인지되지 못하고 있으며 기껏해야 마지못해 인정되거나 또는 불필요한 혼란속에서 인정되고 있을 뿐이다. 몇몇 완고한 갈릴레오주의자들이 사회과학의 체계를 세우기 위하여 그 굳건한 땅을 찾느라고 헛수고를 하고 있는 반면에, 또 다른 사람들은 '의미'를 일상생활의 견고한—왕왕 달갑지 않은— 사실이 아닌 것처럼 낭만화한다.

막스 베버(Max Weber)는 주관적으로 의미 있는 행위로서 행위의 분석보다 사회과학에 더 신뢰할 만한 기초가 되는 것은 없다고 주장한 최초의 사람이다. 그는 (비유물론자이고 비관념주의자인) '상호작용주론자'의 사회과학에 관한 방법론적 중요성을 명백하게 정립시켰다. 사회과학의 최우선의 요구는 행위자에게 유의미한 인간행위를 정확하고 상호주관적으로 검증할 수 있는 서술이다. 막스 베버는 이 요구를 만족시키기 위한 첫 단계는 모든 인간역사에 있어서 행위들이 행위자에게 전형적으로 의미를 가지게 되는 방식의 다양성에 대한 확인과 재구성이라는 사실을 명백하게 알았다.[2)] 막스 베버는 사회과학의 기본적인 방법론적 문제를 깨달았을 뿐만 아니라 그것의 해결을 위한 몇가지 중요한 발자국을 남겼다. 다른 사람들은 그를 따랐다. 비록 해석적 사회학의 프로그램이 힘든 것이고, 다양한 지름길로 목표에 접근하려는 시도는 성공적이지 못하지만, '민속방법론' '상징적 상호작용론'의 분석적 노력과 사회학적 해석학의 몇몇 변이에 대한 분석방법은 같은 방향으로 나아갔다. 오랜 방법은 알프레드 슈츠(Alfred Schutz)에 의해 수행되었다. 경험과 행위에 있어서 의미구성에 대한 그의 섬세하고 정확한 현상학적 분석은 가장 믿을 만한 길로 각광을 받았고 나는 여기서 그의 발자취를 따르고자 한다.

그 문제는 몇가지 문장으로 나타낼 수 있다. 사회적 행위의 분석에 있어서 어떻게 해석적 엄밀성을 이룰 수 있으며 해석에 대해 어떻게 상호주관적 합의에 이를 수 있는가? 행위를 구성하는 의미는 어떻게 인식되고 기술되며, '자료'로 재구성될 수 있는가? 행위가 물질적으로 합치 그리고 분리될 수 없고 시공간의 다양한 영역에서 측정될 수 없는 분명한 상황에서 의미의 '단위'는 무엇인가?

이 마지막 질문은 이미 역사적 시간의 문제에 대한 탁월하고 짤막한 글을 쓴 게오르그 짐멜(George Simmel)에 의해 제기되었다(Simmel, 1957). 그는 (7년전쟁의) 하위사건으로서 그 고유한 의미를 갖는 하나의 역사적

2) 사회학을 설명하기 위해(할 수 있도록) 사회적 행위를 해석하는 과학으로서 "경제와 사회(*Wirtschaft unt Gesellschaft*)"에서 사회학에 대한 베버의 특징은 증명할 수 없는 직관에 대한 어떤 종류의 프로그램처럼 무식하게 또는 고의적으로 잘못 이해되었던 것이다.

사건(짐멜의 예는 1758년 존도르프(Zorndorf)에서의 전투였다)이 어떻게 의미를 가진 하위사건(즉 상호관련된 국지적 공격과 반격)들의 연결고리로 이해될 수 있고, 그리고 이 하위사건들이 다시 특정행위들(지역사령관과 사병들의)의 연결고리로써 이해될 수 있는가? 인간행위에서 '어디까지 내려가야' 의미를 발견할 수 있는가? 그리고 사람들이 계속 물어야 하는 것처럼, 사람들은 의미의 확인가능한 최소단위들을 발견해 낼 수 있는가, 상위의 집합적 사건의 중요성에 대한 하위 사건들의 기여를 어떻게 평가할 수 있는가?[3)]

이 질문들은 모든 사회과학의 존재론적 토대와 연관되어 있고, 그것들에 대한 답은 모든 사회과학에서 인식론적 관심의 대상이 된다. '원형(原形)-물리학'의 원초적인 철학적 질문에 비유하여 이러한 질문은 '원형-사회학'의 핵심질문으로써 간주될 수 있다(Luckmann, 1973 참조).

그러나 그것은 일상생활의 사회학에 대한 방법론적 문제들로서 단순히 논의하는 것이 적절할지도 모른다. 적절하건 그렇지 않건 이것은 논리적 출발점이다. 왜냐하면 행위의 의미에 대한 질문들이 평범한 사람들에 의해서 그들의 말로, 그리고 우리들의 만족에 의해서가 아니라 그들의 만족에서, 처음 만나게 되었고 정립되고 대립되어지는 경우이기 때문이다. 사실상 일상적 행위의 의미에 대한 잠재적이고 실재적인 재구성은 단순히 사후에 부적절하게 부가시키는 것이 아니라 이러한 행위들의 실재적 구성이다. 따라서 그것은 어떤 인간행위의 의미에 대한 제2차의 이론적 재구성을 위해서 필수적이다. 행위에 대한 어떤 종류의 '이론화'는 통상적으로 과학 이전의 인간적인 실행이기 때문에 여기에서 이미 의미하는 이론적 재구성의 본질−철학적(현상학적)이고 과학적(사회학적)인−을 분명히 밝혀야 할 것이다.

---

3) 짐멜의 논문을 명쾌하게 언급하는 베르그만(J. Bergmann)은 다시 이 문제를 제기했고 그것의 방법론적 함축을 따랐다(Bergmann, 1985).

2. 주관적 경험과 행위에 있어서 의미의 구성

'평범한' 생활의 존재론적 우선성과 첫번째의 구성물에 대한 두번째의 구성물의 방법론적 의존성이 주어진다면 의미의 최소 '단위'에 대한 질문은 동어반복적인 대답을 요구하게 될 것이다. 행위는 그 기본요소가 행위자에게 의미하는 것을 멈추는 지점까지 '내려가서,' 또 행위하는 개인의 어떤 경험으로 '내려가서' 분석될 수 있을 것이다. 의미의 이러한 최종의 경계점은 추상적이고 보편적인 잣대에 의해서 확립될 수 없다. 그것은 개인의 행위와 같은 미세한 요소로써 구성되거나 외관상으로는 '대단한 중요성'을 갖는 더 큰 행위로 구성될 수 있다. 이 최소의 분석단위는 개인의 주의력에 달려 있는데, 말하자면 그자신-또는 다른 사람들-의 행위와 그것의 구성적 요소들에 있어서 개인의 (실용적인) 이해 관심에 달려 있다.

의미의 최종의 경계로서 경험이 의미하는 것은 무엇인가? 왜 더 작지만, 여전히 '의식의 흐름'의 보다 기본적인 구성요소들이 의미의 요소로서 정의될 수 없는가? 나는 경험의 의미는 관계에 기초하며, 더욱 정확히 말하면 고립된 상태에서 취해진 경험은 아무런 의미가 없기 때문에 그러하다는 것을 보여 주려고 한다. 그러나 먼저, 경험에 의해 의미되는 것이 정확히 무엇인가를 정의해 볼 필요가 있다. 경험은 일정한 형태의 의식이다. 이러한 의식으로서 우리는 현실-'현실'을 어떤 주어진 것으로서, 의식적 활동과 다소 독립된 것으로서의 현실-이 우리에게 소여된다는 것을 인식한다. 그럼에도 불구하고, 우리는 '현실'이라는 용어가 반드시 단독으로 사용된다는 사실을 당연한 것으로 받아들여서는 안된다. 많은 것들은 어떤 유사성의 부분으로서 경험되는 반면에 다른 경험들은 이상하고 이해하기 어렵고, 위협적이기조차 한 것으로 나타날 수 있다. 분명히 우리의 수많은 경험에서는, 세상은 별 놀랄 일 없는 진부한 것으로 나타난다. 그러나 거기에서 우리는 평범하고 명백하고 당연한 현실을 넘어서는 것같이 보이는 것을 또한 경험한다. 우리는 꿈, 죽음, 환상, 예술의 영역을 흘끗 본다. 이러한 경험이 전혀 다른 현실이 있을 수 있다는 의견을 정당화시킬지의 문제를 접어 둔다면, 그 스스로 우리에게 강요를 계속하는 어떤 종류의 현실은 일상생활의 현실이다는 것이 분명하다. 즉 이 현실은 계속되는 평범한 경험에서 의문 없이 주어진 것으로 나타난다. 그러나 우리가 '자연적 태도'로 남는 한에는 이러저러한 그리고 아무 것도 아닌 것으로 현상하는 것으로서, 단순히 주어지는 것으로 나타나는 경험조차도 곰곰히 생각해 보면 우리 의식의 가장 다양한 활동의 다층화되고 복합적인 결과로 판명될 것이다.

의식속으로 무엇이 매개되든지간에 의식은 아무것도 아니라는 것이 분명하다. 의식 그 자체는 (~에 대한) 의식이다. 의식의 활동－그리고 수동적인 성취－은 다른 현실의 영역에서 다른 경험을 구성할 것이다. 그러나 이러한 경험의 근본적 구조는 같은 것으로 남는다. 완전한 현상학적 분석을 하지 않는다면 의식은 의식 이외의 어떠한 것이 그 속에서 제시되는 지속적인 종합물로 구성된다고 말할 수 있을 뿐이다(Husserl, 1952a, 1952b; Gurwitsch, 1957; James, 1890 참조). 자아(ego)－모든 이러한 과정의 '준거점'－는 내적 시간의 동일성의 종합에서와 같이 '초기'에 발견된다(Husserl, 1966). 의식의 시간적 국면, 방금 지나간 과거, (항상 과거속에서 사라져 가는) 현재, (현재적으로 된) 미래의 국면은 서로 융합되는 어떤 것을 지향하고 있다. 계속적 의식과정(noesis)은 실제 나타나고 있는 현재적 윤곽과는 독립되어 있는 것으로서 조망적 감각인지, 회상, 가상적 제시 등 끊임 없는 원초적 구조속에 의도된 대상(noema)을 드러낸다.

본질적 구조는 개방적 시계로 둘러 쌓여져 있는 주제적 핵으로 구성된다. 특정한 경험에서 그리고 영역이 짜여져 있는 방법에 있어서 무엇이 구성되는가는 주제의 핵심으로서 주체의 적합성 체계에 달려 있다(Schutz, 1970b; Suhutz and Luckman, 1973, ch.3B 참조). 상호관련된 주제적, 해석적 그리고 동기부여적인 적합성은 의식의 소극적 종합에서 미리 구성되는 무엇인가에 주의를 기울이고 이리하여 원형-경험(proto-experience)이라고 불리는 것을 구성한다. 이러한 것은 현재 (인상적인) 국면의 주제적 핵심을 포함할 뿐만 아니라 회상적이고 전망적 국면이 이런 현재의 핵과 융합되어 있다. 게다가 원경험은 단순한 의미에서 나타나는 것이 아니라 현현되는 주제적 구성요소들을 포함한다. 예를 들어 평범한 대상의 눈에 보이는 원형-경험의 부분은 그들의 (현실적이고 직접적 증거에서 주어지는) 전면일 뿐만 아니라 (동시적으로 현현된) 뒷면이다. 원형-경험의 표출된 구성요소의 내용은 다양할 것이다. 형식적으로 그것은 초기 경험의 침전물로서 정의될 수 있다. 경험에 상응하는 유형(상호관련되고 현저한 주제적 요소의 구조로서 주관적 지식의 총체속에 저장된)은 원경험의 구성에서 자동적으로 현현된다. 지식의 사회적 축적에서 유래된 어의(語義)에 관한 분류를 사용하기 '전'(구성적 층의 의미에서 '전(前)')에 감각적 경험의 실제적이고 직접적으로 나타난 인식적 핵심은 촉각, 시각, 후각 그리고 실제적(즉 실천과 관련된) 질의 특징적 구조와 자동적으로 상호관련되어 있다. 이러한 모든 종합과 표상은 외관상으로 일상생활에 있어서 일상적 경험의 자명한 통일성의 원초적 하위구조로 혼입된다.

원경험은 소극적 종합에서 잇달아 일어나게 되고 그러한 의식의 흐름에 있어서와 같이 단지 막연하게 구별된다. 그러나 만일 자아(ego)가 원경험에 주의를 기울이면—비록 아직 적극적으로 반성하지 않는다 할지라도—거기에는 변동이 있다. 이런 종류의 원경험은 가장 중요한 부분의 높은 특수성과 구별성(판별성)의 정도에 의해 특징지어진다. 부유하는 원경험에 자아가 적극적으로 개입하게 되면 원경험은 의식의 흐름에서 보다 분명하게 변형되게 된다. 즉 반사적 행위에서 서로 관련될 수 있고, 원칙적으로는 (기술적 어려움을 인정하는) 독립된 경험으로써 저장되어 있는 기억으로부터 뒤늦게 회복될 수 있는 "항목"이다. 우리는 그것들을 완전히 길러진 경험이라고 해도 좋을 것이다. 물론 이들이 의식적 생활에 있어서 조그만 부분에서 형성된다는 것은 명백하지만 그들은 일상생활에서 특별히 중요하다.

경험은 그 스스로 그리고 그 자체 그 자신의 '의미'를 갖지 못한 의식적 과정이다. 그러나 경험은 사실상 의미의 운반체로서—즉 의미의 기본단위로서— 기여하는 계속되는 의식적 과정의 가장 작은 범위이다. 의미는 자아가 자기의 경험을 반성하고 단순한 수동적 지속을 넘어서는 문맥속에 놓을 때 그리고 놓는 그 순간에 구성된다. 의미는 경험(방금 또는 오래전에 지나쳤던 경험)과 그 어떤 다른 것 사이에 의식적으로 파악된 관계속으로 구성된다. 그 '다른 어떤 것이라는 것'은 문제의 경험이 동일하다든지 비슷하다든지 다른 것으로 파악하고 있는 또다른 과거 경험일 수 있다. 형식적으로 '의미'는 잠재적 의미의 영역을 가진 두 가지 '기본적 단위' 사이에 구성된 관계로서 정의할 수 있다. 물론 또다른 단위는 반드시 하나의 경험일 필요는 없다. 그것은 때로는 경험의 전체적 틀일 수 있다. 심지어 성찰적으로 파악된 경험은 행위의 틀(경구와 같은), 문제의 특수한 해결책(예를 들어 처방전), 도덕적 정당화(예를 들어, 속담) 등등과 같은 정형화의 상위 조직에도 연결될 수 있다. 이 모든 것은 방금 겪은 경험에 어떤 의미를 "부여"할 수 있다.

요약하면, 원형-경험은 의식의 흐름에서 두드러지게 나타난다: 어떤 원경험은 충분히 형성된 경험으로 변형된다. 어떤 경험은 유의미적이다. 이제 어떤 경험은 독특한 시간적 구조를 가지고 있고, 그것에 의해 시간적 구조를 만드는 의미의 차원은 모든 다른 경험에 대하여 그 스스로를 두드러지게 나타내는 의미의 차원을 갖고 있다는 사실을 알아야 한다. 목표, 일(affairs)의 미래상태를 향한 개인에 의해 투사된 일련의 경험은 행위(action)라고 불려질 수 있다(Schutz, 1953; 1959 참조). 행위는 동기화된 경험의 과정들이다. 즉 슈츠가 말하는 바와 같이 동기화되는 것은 투사된 목표에 도달하는 데 있다. 행위가 겨냥하는 목표는 상상속에서 예상된 경험의 연속에서 최종적 경험이다. 이리하여 행위는 두 종류의 의미를 가진다. 하나는 현재 경험과 표출되어 투사된 경험 사이의 관계에 의해서 구성되는, 진행하는 행위의 현실적 의미이다. 또 하나의 의미는 이미 이루어진 행위의 회고적 주제화에 있다. 이 의미는 잠재적으로 첫번째, 두번째 등등의 사후해석에 대한 일련의 수정이다. 이러한 수정은 해석적 문맥의 변화에 의존한다.

사회적 행위는 행위의 특수한 종류이다. 형식적으로 사회적 행위는 타인 또는 어떤 유형의 타인, 그러한 유형에 바탕을 두고 있는 익명의 사회적 실체를 지향하는 투사된 경험으로써 정의될 수 있다. 여기서 우리는 공통의 환경에 있는 동료인간에게 향해진 그러한 사회적 행위, 즉 구체적인 상호주관성의 사회적 행위에 일차적으로 관심을 갖는다. 이러한 경우에 행위의 목표는 구체적이고 특정하고 동시에 전형화되고, 일반적인 인간을 지향한다. 자아의 계획된 행위의 달성은 크고 적든지간에 타인들의 '반응'에 의존한다. 행위자의 원래 계획에 의해 인도된 그러한 행위의 과정은 자연히 그 계획에 대해 장해가 되는 '기술적' 요인들을 고려할 뿐만 아니라 다른 행위자의 '반응'에 어느 정도 그 스스로를 적응시켜야 한다. 이것은 직접성(즉 타인의 신체적 현존)뿐만 아니라 상호성에 의해 특징지어지는 사회적 행위의 경우에서 가장 명백하게 나타난다. 의사소통적인 행위(물론 의미의 사회구성의 분석에 특별한 이해관계를 가지는)는 직접적이고 호혜적인 사회적 행위의 전형적인 예이다.

3. 의미의 특정화－전형적 경험과 행위

형식적으로 경험의 의미는 그밖의 다른 어떤 것과 관련된 경험으로 구성된다고 말할 수 있다. '그밖의 다른 어떤 것'은 다른 특별한(회상되거나 공상된) 경험일 수 있다. 그러나 보통 특별한 경험은 어떤 종류의 하나로서 인식되고, 경험의 구조에 자림잡음으로써 이해된다. 이리하여 경험에 있어서 의미의 구성에 대한 질문은 다른 수준, 즉 유형들과 경험적 구조들이 어떻게 구성되는가로 옮겨간다. 비록 경험적으로 받아들일 만한 '최초의' 경험이 없고, 완전히 전형성을 벗어나는 경험은 없다고 할지라도, 유형과 경험적 구조는 현상학적 환원의 방법을 사용함으로써 구성되는 과정을 묘사하는 것이 가능하다. 이리하여 전형이 기원을 두는 경험의 전(前) 상징적 수준을 구별할 수 있다.

전형(typification)은 되풀이되는 경험의 타당한 측면들에 주의를 기울이고 자동적으로 특정화되어 있는(즉 판단행위가 완전히 포함되어 있는 것은 아닌) 의식의 원초적 성취이다. 특정화는 인식할 수 있고 기억할 수 있는 실체－경험의 형태－로 융합된다. 동시에 자동적으로 부적절한 것으로 가정된 경험의 다른 측면들은 고려대상에서 배제된다. 선택과 특정화의 세부내용이나 특정화된 요소들이 경험적 유형들로 융합된 방식은 여기서 분석될 수 없다. 그러한 분석은 이러한 과정에서 주제, 해석 및 동기상의 적절함이 가지는 역할들에 대한 조심스러운 논의를 가정해야 한다(Schutz & Luckmann, 1973: ch.3B, 3C; Schutz, 1970b 참조).

일반적인 방법으로 유형들은 원래 '문제가 되는 것'으로 경험하는 상황에 대한 '해결'로서 나타나게 되었다고 말할 수 있다. '문제'는 단순한 인지의 하나일 수 있고, 인지평가의 하나일 수 있으며, 행위의 하나일 수 있다. '해결'은 되풀이 되는 그같은 종류의 경험의 적절한 부분으로서, 이러한 종류의 경험과 절충하기 위해서 규칙적으로 주의를 기울여야만 하는 경험의 부분으로서, 특수한 상황에서 경험을 특정화할 수 있는 요소들에 직접적 주의를 기울인다. 이리하여 경험은 더이상 순식간에 지나가 버리는 현실과 비범(특이성)속에 단순히 나타나지 않는다. 실제적 현상으로 현현된 유형으로서의 경험은 또한 어떤 종류의 하나로서, 당장의 순간을 넘어서 '존재'하는 어떤 것의 범례로서, '일반성'으로 포착된다. 이리하여 유형은 실용적(즉 실천과 관련된) 특정화의 일상적 신드롬으로 간주될 것이다.

유형들의 안정성(잠깐동안 어떠한 사회적 안정성으로부터 벗어난 것으로 간주된)은 변할 수 있다. 유형속으로 통합되고 적절한 것으로 여겨졌던 경험의 요소들은 만일 그들이 문제상황에 끊임 없이 대처해 나가는 그 테스트에 아무런 도움이 되지 못한다면 폐기될 수도 있고 '새로운' 전형이 필요한 것으로 신드롬에 덧보태질 수도 있다. 지식의 주관적 축적(그 중에서도 경험유형의 저장소)은 일반화(물론 과잉일반화)와 특정화(물론 과잉특정화) 때문에 변화할 수도 있다.

유형들과 경험적 구조 사이의 경계는 선명한 것이 아니다. '유형'이라는 용어는 꽤 단순하게 관련되어 있는 특정화에 적용될 수도 있고, 특히 비교적(그리고 외형상) 영원한 경험적 대상을 언급하는 곳에 적용될 수 있다. 만일 유형들이 서로 복잡한 방식으로 관련된다면 (예를 들어 '유전적,' '우연적' 또는 다른 적용의 형태에 의해), '경험적 구조'라는 용어는 '유형'이라는 용어보다 더욱 적합할 것이다. 경험적 구조는 유형보다 더욱 '추상적'이다. 경험적 구조들은 적어도 직접적 경험에서 주어진 뚜렷한 징후라는 현실의 전 범위로부터 벗어나 한 발 더 나아간 단계이다(훗셀은 경험적 구조를 '~ 등등'과 '나는 항상 그것을 다시 할 수 있다'로 이상화함으로써 달성되는 반복가능성(iterability)으로 특징지었다). 지식의 주관적 축적 속에 침전되어 있는 전형화와 경험적 구조는 경험의 일상적 과정을 '인도하는' 데 그리고 행위로서 문제에 '대처하는' 데 중요한 역할을 한다. 경험적 구조와 행위구조가 밀접히 관련되어 있다는 것이 강조될 필요는 없다. 행위구조는 상이하지만 상호관련된 일련의 유형들과 경험적 구조를 전제로 함과 동시에 그 둘을 포함한다. 이러한 것들은 전형적인 행위의 과정을 위한 몇가지 '모델'의 수준에서 세워진다. 모델은 수단-목적 맥락에서 단계적인 연속성을 제공하는 의미에서의 모델이다. '순수한' 경험적 구조는 그러한 연속적 수단-목적 모델이 부족하다. 그러나 단순한 경험적 구조와 행위구조 모두는 아마 일상생활의 반복되는 문제들을 풀어주는 해결책으로 간주될 수 있다.

4. 언어에 있어서 의미의 사회적 분절

전형, 경험적 구조 그리고 행위모델은 주관적 중요성의 문제에 '해결'을 제공한다. 그것들은 이러한 이유 때문에 명확히 개인의 지식에 대한 주관적 축적에 침전되어 있다. 개인들은 사회세계에서 생활하기 때문에 많은 문제들이 행위자에 의해 다른 사람에게도 역시 적절한 것으로서 이해된다. 사실상 직접적이고 호혜적인 사회적 행위문제는 그 자신뿐만 아니라 다른 사람에게도 동시적으로 적절한 것으로 이해된다. 문제들에 따르는 해결(유형들, 경험의 구조와 행위모델)은 또한 대면적 상황에서 서로를 지시할 수 있다. 그리고 그것을 넘어서조차 그러한 상황은 주관적 경험의 단순한 지시가 상호전형화되고 상호주관적으로 결합되는 것을 가능하게 만든다.[4] 이리하여 지시는 기호가 된다(Luckmann, 1972: 469-488; 1983b: 68-69). 기호는 의미의 인지가능한 잠재적 운반자(소리형태의 언어적 기호의 경우에)의 직접적 표상의 통일과 동시성 그리고 자아와 타인에 대한 의미의 현현에서 생산된다. 사회적으로 분절된 기의(記意, signification)속에서 이러한 주관적 의미의 상호적 변형 때문에, 전형적인 주관적 경험들은 익명화되고 상호주관적으로 타당한 전형화는 모든 사람에 의해 누구에게나 적용될 수 있는 것이 된다. 이리하여 '의미'는 주관적 경험의 구체성과 단일성으로부터 더욱 더 분리되기조차 한다. 객관화된 기의로써 그것은 어떤 확실한— 항상 일시적인— 개인 내적·외적인 안정을 얻는다.

기호의 형태에서 의미의 상대적 안정성은 복잡한 의미구조, 기호체계, 언어의 출현을 위한 필수적인 조건이다. 언어는 주관적으로 유의미한 경험과 전형적 경험들의 상호주관적 지시 사이의 경계선을 넘어섰을 뿐만 아니라 또한 주관적으로 구성된 전형적 의미와 사회적으로 객관화된 기호 사이

4) 이것을 가능하게 하는 '기제'는 쿨리(C. H. Cooley, 1964: 168ff)에 의해 영향을 받은 이른바 '영상(映像, looking glass)'의 부분이다. 제스추어의 대화라는 과정은 미드(G. H. Mead, 1967)에 의해 분석되었다.

의 그 다음 경계선도 넘어선, 헤아릴 수 없을 정도로 많은 과거의 의사소통적 행위의 침전물이다.

경험적 구조는 사회적 상호작용에 있어서 상호주관적으로 반드시 따르게 되었던 상이한 행위모델에 삽입된 현실의 원초적 전형화에 기원을 두고 있기 때문에, 상호주관적으로 타당한 문제에 대해 사회적으로 받아들여진 해결의 기본적 층을 형성한다. 기호에서 분절되면(전형적인 경우: 口頭) 그들은 의미의 '객관적' 범주와 통합(syntagm)으로 변형된다.

일상경험의 관점으로부터 언어는 역사적·사회적으로 이전에 존재하는 의미의 자원으로 기능한다. 경험적으로, 언어는 경험의 주관적 의미의 구성을 상호결정한다. 의미와 의미의 전형은 물론 주관적 경험에서 나타난다. 이 과정은 항상—그리고 이른바 직접적으로— 사회적으로 분절되고 언어속으로 통합된 어떤 의미에 의한 과정뿐만 아니라 삶의 구체적인 자연적, 사회적인 조건에 의해 영향을 받는다. 그러나, 기의는 의미의 '새로 발견된 영역'에서 만들어지지 않는다. 또한 주관적 경험의 '원료'로부터 상호주관적으로 구성된 문제의 '새로운' 해결은 전에 존재했던 의미의 '전통,' 즉 주어진 언어속에 위치하고 있다. 역사적 기호체계로서 언어는 어의(語音: 소리형태)의 조직(의미를 표출하는 매개체)과 그들에 의해 자동적으로 현현된 의미(또는 더욱 명확하게는 기의)로 구성된다. 언어에 있어서 가장 다양한 현실의 경험의 요소들(대상, 사건)과 영역으로부터의 경험적 구조는 동질적으로 분절되어 있고 계열적 선택구조와 통합적 구조에서 서로 연결되었다. 기본적으로 불안정하고 변하기 쉬운 수많은 다방면의 개인적 경험의 의미는 개인적 경험으로부터 분리된 언어의 유사이념체계의 '객관적' 의미의 예로서 '인식되어짐'으로써 더 뚜렷한 윤곽 및 확실한 안정성이 주어지는 것이다. 개인의 경험과 행위에 있어서 잠재적 의미의 '단위'는 언어에서 사전(事前)에 구성된 것이다.

언어에 있어서 사전에 구성된 것이란? 그것은 언어에 있어서 더 잘 말해질 수 있을 것이다. 언어는 그것이 비록 개인의 생활에 우선한다 할지라도 역사적 기호체계이다. 비록 언어가 사회적 상호작용에 기원하고 그 사회적 상호작용속에서 변한다 할지라도 기의의 체계로서 언어는 주관적인 경험에서 의미의 상황을 상호결정하고 대개 경험과 행위의 의미를 상호주관적으로 재구성하는 것을 결정한다. 비록 변할 수 없고 보편적인 의미와 의미의 '단위'는 없지만, 역사적인 개인들, 집단 그리고 사회의 일상생활에 있어서 경험과 행위의 의미는 개인들 그리고 (은유적으로 말해) 집단과 사회 스스로에 의한 다양한 이야기와 다른 형태들(과 외관들) 속에서 만들어진 의미 재구성에 대한 체계적이고 역사비교적인 해석에 의한 공정한 접근속에서 재발견될 수 있다.

5. 일상생활에 있어서 의미-사회학의 기본적 재료

과학은 인간활동의 역사적 결과이고 인간활동의 결과로서 계속 변화한다. 우주론적 목표에 있어서 과학은 고대 자연과 정치철학의 계승자이고, 고대 자연과 정치철학을 통한 종교적 우주론의 계승자이다. 방법론에 있어서 과학은 회의적 경험론의 전통을 따른다. 기본적인 가정은 과학자들에 의해서만 이해될 수 있는 그들이 관여하는 활동들과는 무관한 어떤 것이 있다는 것과 과학적 활동속에서 구성되는 자료는 근본적인 현실의 재구성이라는 것이다(우리는 여기서, 현실을 반영하기 위해 자료가 선택되는 정도와 그 정도로 그 자료가 과학자들의-아리스토텔레스적인 의미에서- 시민적 행위의 탓이라는 논쟁에 참여할 필요는 없다).

그러나 과학이 인간활동들속에서 구성되어 있다는 것이 분명하다면, 그것은 원래 과학이 인간활동에 관심을 기울이지 않았다는 것 또한 분명하다. 별과 태양의 행로와 바다의 조수간만 또는 인간의 건강에 대한 흥미는 인간문제에 근원을 갖고 있었다. 그러나 이러한 사건들과 사태들은 점점 인간활동과는 무관한 것으로 인식되었고 가장 급진적으로는 현대 후기 갈릴레오학파의 과학에서 그렇다. 주술적 관점에 대한 이 가정의 기술적 우월성의 관점에서 현대 형이상학은 점차 물리주의(논리실증주의)로 되어간다. 이리하여 현실의 한정적이고 특수한 영역에 관심을 기울이고 특별히 인간(즉 인간활동의 역사적 결과로서)으로서 인간의 일들에 관심을 기울였던 그리고 비코(Vico), 마키아벨리(Machiavelli), 아리스토텔레스(Aristole)와 터디데스(Thurdides)까지 거슬러 올라가는 전통위에 그러한 원칙들은 학문분야로서 그들 스스로를 현대적인 학문들로 재구성하기 어렵다는 사실이 확인되었다. 페르그슨(Ferguson), 아담 스미스(Adam Smith) 그리고 이 관점에 가장 영향력이 있는 맑스(Marx) 때문에 상황은 변화하기 시작했다. 그러나 막스 베버(Max Weber)와 슈츠(Alfred Schutz) 이후에조차 유물론자·실증주의자·환원주의자의 형이상학적 뒤섞임은 사회과학의 인식론으로부터 완전히 제거되지 않았다.

그럼에도 불구하고, 인간활동이 '사회과학의 주제다'라는 전제는 오늘날 좀처럼 도전받지는 않을 것이다. 사실상 이것은 사회과학을 정의하는 통상의 방법이 되었다. 하지만 남겨진 것은 이러한 전제에 함축되어 있는 의미들에 대한 심각한 이탈이다. 그러나 만일 사회학적 재구성과 해석의 주제로써의 활동이 행위자에게 유의미-그리고 전형적 방식으로 유의미한-하다는 것이 인정된다면 이러한 의미는 재구성되고 해석되는 현실의 본질적 부분이 될 것이다. 그러므로 활동은 자료로써 재구성되어야 한다. 분명히 이것은 물리학과 어떤 유사성도 갖지 않는 사회이론의 '자료'의 측면에서 어떤 문제를 제기한다.

그 문제는 단순한 해결을 허용하지 않는다. 그러나 그것은 이제 해결을 환원주의와 사회적 실재를 물리주의론적으로 재구성하려는 시도속에서 발견할 수 없다는 것은 분명하다. 사회과학의 '주제'는 말로 나타나지 못하는 것도 아니다. 그것은 과학자에 의해 취해졌던 물음에 대한 단순한 답 이상이다. 인간은 서로 말한다. (또한 단어의 문자적 의미에서) 인간활동이 유의미하게 되는 것은 바로 과학적 이론에 대한 증거로서 과학적 질문의 맥락에서만이 아니라, 그것은 활동하는 인간에 선험적으로 유의미한 것이다. "사회과학의 자료는 미리 해석된 것이다" "행위자는 그의 행위가 유의미한가를 생각한다"…, 이러한 것은 슈츠와 베버의 문장이다. 일단 의미의 '최소 단위'에 대한 질문에 그것의 적절한 최초의 사회학적 답이 주어지면, 방법론적 결과는 분명하고 의미의 '주관성'에 대한 고정관념적 불평에 대한 정당화는 더이상 없다. 주관적 의미의 전형화는 사회학적 탐구의 '주체'에 의해 많든 적든간에 상호주관적인 의무를 지게 되고, 그들은 역사적 언어로써 표현되고, 이야기로써 그리고 사회학적 재구성에 '앞서' 상호교류적 재구성의 많은 다른 쟝르로써 형성된다. '사전해석,' '의미의 구성'은 의심할 바 없이 역사적 언어로 묶인다. 필연적으로 사회과학의 자료는 역사적 자료이다. 그러므로 체계화와 일반화의 문제는 이러한 자료를 시간과 공간의 양으로 환원시키는 측정의 방법에 의해 해결될 수 없다. 이것은 '첫번째' 재구성에 대한 역사적, '일상적 언어'의 특수성으로부터 인간경험과 행동의 원-사회학적인 공식모형에 기초한 사회학적인 '두번째' 개념의 (상대적) 일반성에 이르기까지, 번역의 과정에 의해 해결되어야 한다. 이리하여 사회학에 있어서 역사적 해석의 재구성은 '측정'에 앞서 나오거나 또는 (베버주의자적인 용어로서) 해석은 설명 앞에 나온다. 그리고 역사적 해석의 재구성(사회과학의 자료들이 만들어지는 과정)은 만일 그것이 생활세계의 현상학에 기초한다면 상대주의의 문제(자료의 양립불가능성)는 쉽게 피할 수 있으리라고 생각한다.

일상생활의 사회학*

-하나의 새로운 관점-

쟝 마뉴엘 드 께이로

현상학의 전통에 기원을 두는 일상생활이라는 논제는 영어권의 사회과학계에서는 오래전에 확립되어 있었다. 가핑클(Garfinkel)과 그외의 다른 민속방법론자들은 슈츠(Schutz)의 저작을 새롭게 사용하고 변형시킴으로써 독창적인 경험적 연구성과물들을 산출했으며, 일상생활의 사회학에 새로운 가치를 부여했다. 그런데 불어권 사용지역에서는 매우 다른 양상이 전개된다. (맑스주의는 물론이고 구조주의와 기능주의와 같은) '거대이론'에 대한 불만 때문에 평범한 사람들, 하지만 '피와 살로 이루어진 인간'이라는 통상적인 진부한 말에 관심이 급작스럽게 고조되었으며, 그리고 궁극적으로는 규모가 큰 계량적 조사연구와 통계적 분석이 총체적인 사회적 삶의 핵심적 본질을 간과하고 있다는 생각을 불러 일으켰다. 그 대안적 전략은 단축하고 철회하는 전략이었고, 무엇보다 이른바 질적 접근방법의 재발견, 보다 두드러지게는 생애적 접근방법 같은 것이 제시되었다. 담론 행위에 대한 고프만의 논의를 확대하고 비유적으로 사용해 본다면, 사회 행위의 전체는 '등한시된 상황(neglected situation)'으로 나타난다고 우리는 말할 수

* 출전: Jean Manual de Queiroz, "The Sociology of Everyday Life: a New Perspective," *Current Sociology*, vol.37, no.1, spring, 1989(김문겸 역).

있다. 경험적 연구, 방법론적 쇄신 그리고 이론적 발전 등은 사회 세계를 조사하고, 묘사하고, 설명하는 매우 다양한 새로운 방법들을 창안할 수 있도록 점차 서로를 풍부하게 해 왔다.

그래서 일상생활의 사회학은 하나의 특정 연구대상도 아니고, 학문적 분업에서 하나의 특수한 전공도 아니다. 그것은 오히려 '사회학적 시각'의 새로운 정의이며, 또한 사회질서의 재편과 그러한 재편을 이해하는 하나의 관점이다. 이러한 관점을 성격지우기 위하여, 사례연구 하나를 들어 보겠다. 프랑스의 역사가이며 인류학자, 사회학자인 미셸 드 세르또(Michel de Certeau)의 저작인데, 그는 이 한 권의 짧은 책에서 그것의 핵심적 특성을 종합하고 있다(De Certeau, 1980; cf. also 1974, 1975, 1983).

1. 실천의 형태들

드 세르또는 다음과 같이 말한다.

> 만약 일상적 실천이나 '무엇을 행하는 양식'이 사회적 활동의 밤의 근거(noctural basis)를 나타내지 않는다면, 그 목표는 달성될 수 있을지 모른다. 그리고 일련의 이론적 의문과 방법, 범주, 관점들이 오늘 밤을 지나 그것을 명확히 할 수 있다면, 그 목표가 달성될 수 있을지 모른다(De Certeau, 1980: 9).

이러한 진술은 매우 직접적으로 특정한 분석 대상을 언급하고 있다. 즉 그것은 사회적으로 정의된 내용(쇼핑가기, 텔레비전 보기, 산책하기)을 지칭하는 방식으로 이런 저런 활동이 아니라, 이러한 행위들이 수행되는 방식, 즉 '행위기술(arts de faire)'이다. 선도적 가설은 행위에는 통상적인 기술적·과학적 해석으로는 설명할 수 없는 특정한 행동의 질서가 존재한다는 것이다. 하나의 실례를 들어보자. 노동계급이 텔레비전 프로그램을 시청하는 행위, 즉 시청량, 규칙성, 선호도 등은 잘 알려져 있다. 이러한 데이타는 기호의 사회적 분화 현상에 대해 우리에게 많은 정보를 제공해 준다. 그러나 호가트(Hoggart)가 정확하게 지적한 바와 같이, 그러한 수행의 의미작용은 텔레비전 사용의 구체적 형태(주의집중양식: 비스듬히 누워서 보는 것, 얼핏 얼핏 보는 것; 시청자의 유형: 함께 보는 것)에서 드러나게 된다. 요컨대 그것이 사용되는 방법, 예를 들어 시청자가 텔레비전을 끄면서 하는 코멘트에서도 드러나게 된다(Hoggart, 1957). 호가트는 단순히 보다 정교하고 완벽한 설명을 우리에게 제공해 주는 것만은 아니다. 그는 그 자체의 논리를 가지고 있는 사회현실의 수준에 도달하고 있다(고프만이 그의 저작 전체를 통해 상호작용의 고유한 질서의 일관성을 확립하려고 추적하고 노력하고 있는 것과 같이).

(드 세르또가 언어 철학에서 '담론 행위'라고 분명히 언급하고 있는) 이러한 실천들과 무엇을 행하는 방식들은 국지적이고 가시적인 것일까? 여기에 일상생활 사회학의 영향을 위상지우기 위한 핵심적 질문이 담겨 있다. 평범한 실천들은 그것의 고유한 영역을 가지지 않는다. 즉 그것들은 '다른 것의 영역'에서 보여질 뿐이다. 평범한 실천들은 소외라는 말의 본래적인 의미로 소외되어 있다. 이러한 주장은 몇가지 결과들을 수반한다. 그것들은 결코 '근거지(home)'가 없는 반면, 실천의 형태는 동시에 도처에 존재한다. 즉 그것들은 마페졸리가 창안한 '숨겨진 중심성(underground centrality)' 이란 개념[2]을 차용해 보면, 어떤 사회적 실천의 이면이나 안받침을 구성하는 요소이고, 편재하는 주변적 상태의 구성 요소이다.

> 오늘날의 주변성(marginality)이란 개념은 더이상 작은 집단의 주변성이 아니고, 대중 주변성(mass marginality) 이다. 대중 주변성은 문화적 활동 속에 존재하며, 이것은 기호화되지 않고, 식별할 수 있거나 상징화되지도 않는다… 그러나 … 그것은 보편적인 것이 된다. 이러한 주변적 상태는 '침묵하는 다수'로 성장해

2) '숨겨진 중심성'의 개념은 미셸 마페졸리의 몇가지 저작에서 언급되었다. 주변성에 대해 집중적으로 논의하고 있는 잡지 ≪소시에떼(*Société*)≫ 12호를 보면 종합적인 발전을 발견하게 될 것이다.

왔다(De Certeau, 1980: 18-19).

'대중 주변성'이라는 표현의 역설은 사회생활의 본질적 차원을 구성하는 이러한 실행들의 역설적 상태를 지칭하는 것이다. 비록 그것이 실행들을 형상화하는 이론은 가지지 않을지라도 말이다.

편재하지만 상황지워지지 않으므로 그것들은 가시적이지 않다. 이러한 비가시성은 그 자체가 역설적이다. 즉 그것은 숨겨진 미스테리를 가리키는 것도 아니고, 외양 너머 어떤 깊은 것을 가리키는 것도 아니다. 가핑클은, '보이지만 주목되지 않는' 배경에 대해 언급할 때 이러한 평범성의 속성을 매우 정확하게 정의하고 있다.

그럼에도 불구하고, 비가시성의 정도는 동질적이지 않다. 관찰자의 좁은 안목과 서투른 응시가 대상 그 자체에 의해 유도되는 이른바 특별한 '장면'이라 할 수 있는 그 무엇이 실존한다. 이것은 일상생활의 사소하고 찰라적인 의례들과 함께 일어나는 그 무엇이다. 그것은 일상생활의 연극성과 그것의 가장 스테레오 타입화된 외양이다. 여기에 오스틴(Austin)이 일상적 담화에서 식별한 것과 비슷한 형태의 '집적'이 있다.

> 통상적인 담화의 방식들은 철학적 담론에 상응물을 가지지 않으며, 그러한 통상적 담화의 방식들은 철학적 담론으로 해석될 수 없다. 왜냐하면 전자에는 후자에서보다 더 많은 것이 존재하기 때문이며…, 언어적 역할수행으로 보면, 통상적 담화의 방식들은 학문적 형상화로서는 생각지도 못하는 논리적 복합성을 현시하기 때문이다.[3)]

일상성의 정확한 위상을 명백히 하기 위해(왜냐하면 결국 아이러니칼 하게도 삶의 모든 것과 모든 삶은 일상적이라고 주장될 수 있기 때문이다), 일상성은 무의식이 모든 사람의 눈 앞에 펼쳐져 있으나 비가시적인 것으로 도처에 존재한다는 프로이드 사상의 꿈의 위상과 비교되어야만 한다. 그러

3) 드 세르또는 여기에서 오스틴(Austin)과 까똥(Caton)을 언급하고 있다.

나 권력관계는 잠재의식적 욕망이 현실에 침투하도록 하는 국면이 존재한다. 프로이드에 따르면, 꿈은 무의식에 도달하는 '왕도'이다. 그래서 특정한 분야의 경계를 정하여 인접 분야는 손대지 않은 채로 남겨두기보다는, 일상생활의 형태들을 주목하는 것은, 그것이 접근가능한 곳이면 어디에서나, 사회생활을 구성하고 전체로서의 사회와 같은 폭을 가지는 차원을 조명하고자 하는 의도를 드러낸다.

2. 일상의 비합리적 논리

미셸 드 세르또는 그의 접근방법에 사회과학에서 비판이란 단어가 가지는 전통적인 의미의 어떠한 비판적인 의도도 없다고 주장한다. 그러나 정통적 질서에 의해서 추방되고 또 사회과학자들에 의해 매우 자주 무시되는 평범한 실천에 관한 연구는 사실상 논쟁적인 가치를 지닌다. 그리고 아마도 이것이 사회적 갈등에는 관심을 갖지 않고, 사회질서의 문제를 다루는 민속방법론적 학파와 그것을 구별해 주는 점일 것이다.

언어와 '사용되는 문맥'에 관심 갖는 실용학(pragmatics)에 관한 저술에 대한 비유적인 관련에서, 우리는 두 가지 수준의 현실(하나의 체계로서의 현실과 그것의 사용이라는 현실)은 당연히 구별되어야 한다는 점을 이미 살펴보았다. 같은 방식으로, 일상의 실천을 이해하는 것은 행위자들이 어떤 소여되고 확립된 제도적·상징적 무대배경에서 수행하는 동작들을 고려하는 것에 해당된다. 예를 들어 드 세르또는 대중 종교와 식민지화된 인도인들이 수입된 카톨릭을 수용하고 어떤 새로운 의미를 부여하는 방식에 대해 언급한다. 그러한 예들은 문화이식(acculturation)의 분야에서 쉽게 많이 찾아볼 수 있다. 그러나 기호학적 언급, 그리고 특정한 체계와 그 체계의 실행간의 구분만으로는 이것을 설명하는 데 충분치가 않다. 우리는 그 체계와 그것의 사용자 사이에는 권력관계가 존재한다는 것을 이해할 필요가 있다.

드 세르또는 그것에 대한 자세한 논의 없이, 우리 사회에서 생산주의적 또 기술관료적 합리성의 지배를 당연한 것으로 받아들인다. 일상생활의 '비논리적 논리(non-logical logics)'와 대립되는 것은 바로 이 합리성이다. 그러나 이러한 대립의 본질은 이해되어야만 한다. 그렇지만 이것은 몇가지 이유 때문에 쉽지가 않다.

무엇보다, 엄밀히 말해 사람들은 권력관계에 속박되어 있고, 또 행위자들은 지배적인 제도의 영향력 아래에 있기 때문에, 일상적 실천은 이질적이며 또 시간과 장소에 따라 다양하다. 공식적으로 일상적 실천을 대표하는 어떠한 제도도 없기 때문에, 이러한 실천은 특정 집단이 특히 '함께 함' 또는 '편안함'을 느끼는 환경에 의해 허용되는 자유의 범위와 상황에 따라 조직화된다. '함께 한다'는 것-즉 제도적 압력으로부터 비교적 보호되는 것-은 가장 순수한 형태에 있어서 평범한 실천이 출현하는 양호한 조건들 중의 하나이다(부르디외가 그의 언어에 관한 연구(Bourdieu, 1980)에서 'lieux flancs(자유지대)'라고 표현한 그 용어를 여기에 적용할 수 있다). 우리는 결코 두 가지 분리된 질서를 한꺼번에 이해할 수는 없다. 그러나 단지 얼마간 직접적으로, 그 질서 중 한쪽이 다른 것이 기능하는 데 미친 영향을 이해할 수는 있다.

다음으로, 우리는 이 두 질서가 마치 사회조직의 한 유형이 또 다른 사회 조직의 유형과 대립되는 것과 같이 상호대립된 상태에 놓여 있지 않다는 사실을 이해해야만 한다. 일상의 실천들을 총체적으로 이해할 수 있는 관점은 존재하지 않는다. 즉 일상의 실천들은 어떠한 거시적인 정치적 비전에 맞추어지지도 않고, 반복적인 파편으로써 사회생활의 총체에 산재해 있다. 그것들은 항상 반복되지만 결코 완성되지 않는다. 그러므로 일상의 실천들은 대항문화를 구성하지 않는다. 오히려 그 반대로, 대항문화적 형태는 기존질서에 대한 반응을 세련화하거나 기존질서에 대한 일관된 대안을 모색하면서도 기존질서에 의지한다는 점에서 이러한 실천적 논리의 가장 취약하고 가장 왜곡된 표현이다.

그래서 사실상 갈등이 존재한다. 즉 평범한 실천들은 확립된 질서에 대해 말없이 집요하게 저항한다. 그러나 그 저항은 개혁을 위한 계획이나 사회변동을 위한 어떤 교의와 같은 형태를 취하지는 않는다.

이러한 공공연한 대결의 부재는 바로 일상적 실천 그 자체의 본질이다. 즉 일상적 실천들은 권력을 쥐고 있지도 못하고, 자신의 제도를 소유하지도 못하고, 그것을 현시할 이론적 영역도 가지지 못한 사람들에 의해 수행된다. 뒤르켐은 교육과 관련지워 이 사실을 잘 이해했다. 즉 어떠한 형태의 예술도 "이론 없는 순수한 실천"이다. 여기에 아마도 자연 그 자체와 동식물이 가지는 본능에 바탕을 둔 가장 태고적인 지성의 형태가 존재한다. 그리이스어 "*metis*"는 어떤 이념형의 한 형태를 제공한다:

> 그것이 행사되는 영역은 광범하고, 가치체계에서 그것이 차지하는 위상은 중요하지만, 그것은 그 존재가 진실로 무엇인지를 그 자체 스스로는 드러내 보여주지 않는다. 그것은 그것을 학술적 텍스트가 정의하려고 하는 그러한 명료함이나 사고의 밝은 빛 아래 그 자체를 현시하지 않는다. 그것은 언제나 다소간 후광을 비추는 방식, 즉 그것의 본질을 해명하려고 하거나 그것의 절차를 억지로 정당화시키려 하지도 않는 어떤 실천에 파묻혀서 그 자체를 드러낸다(Detienne and Vernant, 1974).

드 세르또(1980: 85-86)는 전략과 전술 사이의 대립이라는 견지에서 이러한 특수성을 해명하려고 노력했다. 본질적으로 이러한 분석은, 전략적인 계산을 허용하는 제도적 영역에 대한 통제력이 결여된 일상적 실천들은 어떤 시점에 우연히 주어진 것에 의해 움직일 수 밖에 없는 상황의 전술이라는 점을 보여준다.

그렇게 많은 일상 행위들이 관찰자에게 비논리적이고 모호해 보이는 이유는 그것들의 '합리성'이란 기회논리이고, 그것들의 목적은 성취의 순간에 그 자체를 소진해 버리기 때문이다. 무수한 일상의 의례들은 학문적인 분석에서 보면 공리주의적 합리성이 결여되어 있으므로 불합리하고 흥미없는 것처럼 보인다. 그럼에도 불구하고 홉스주의적 의문의 딜레마를 해결하기 위해서는 '일상적 전술'을 연구하는 것보다 더 효과적인 것이 없다.

3. 인식론적 함의

일상생활의 사회학에 의해 드러난 대상의 바로 그 본질은 과학자가 알고 있다고 붙잡고 있는 그 관계의 내부로부터 사회세계에 대한 이념에 이르기까지 모두를 변경시킨다. 실천적 논리에 큰 관심을 지닌 사람은, 비록 그가 성취할 수는 없다 하더라도, 그러한 전환에 대한 필요성을 느낀다. 부르디외(Bourdieu)의 저서 『실천적 의미(*Le sens pratique*)』(1980)의 서문은 확신에 찬 해명을 제공한다. 이 서문은 부르디외에게 매우 중요하다. 왜냐하면, 그 제목('이론적 이성에 대한 비판')은 명백히 칸트의 '순수이성비판'이 지식에 대해 수행한 코페르니쿠스적 혁명을 의도적으로 언급한다. 이 서문 구절에서 부르디외는 어떠한 이론도 실천에 대한 설명에 있어서는 극복하기 힘든 경계가 있다는 점을 강조한다. 즉 개념적 합리성은 정밀하고 순수하게 실천적 논리를 가진 그 대상을 어느 정도 파괴한다. '합리적'인 것이 '이성적'인 것을 전적으로 포괄하지도 않고, 또 과학의 분석적 이성 외에도 다른 '이성'이 존재한다는 것을 반드시 이해해야만 한다. 이러한 전제가 주어지면, 그 책의 나머지와 부르디외의 전체 작업이 가장 정통 합리주의의 문맥속에 속하게 된다는 것을 아는 것은 놀라운 일이다. 그렇지만 이밖에 무엇을 행하고 생각할 것인가? 우리는 드 세르또에 의해 제안된 새로운 지침을 몇가지 명제로 요약해보자.

① 사회과학에 대한 이해라는 것이 단지 사회과학을 가능하게 하는 형식적인 조건만을 문제삼는 것은 아니다. 즉 그것은 과학 자체를 사회적·역사적 사실로 간주한다는 것을 의미한다. 이러한 관점에서 보면, 과학은 그것이 석명(釋明)한다고 주장하는 사회와 성격상 별로 다르지 않은, 정복이라

는 모험과 권력의 행사인 것처럼 보인다. 또 다른 책에서 드 세르또는 평범한 지식을 편견과 미신으로 천대하며 불신함으로써 사회 세계에 대한 과학이 그 자체의 위치를 어떻게 확보하는가를 설명한다(De Certeau, 1974). 그러한 천대는 연구대상인 실천을 그 실천들이 실질적으로 기능하는 문맥에서 분리된 주장들과 데이타의 죽은 집대성으로 변형시킴으로써만 가능해진다. 평범한 문화의 핵심은 그것의 실행성(operativity)이다. 문화는 그것이 실행하는 것이다. 평범한 문화를, 합리적 규범이라는 점에서 평가된 순수한 담론으로 변형시키는 것은 그것의 의미를 곡해하고 왜곡시킨다는 것을 의미한다. 그래서 사회과학과 인문과학의 역사는 과학의 인공적이고 명백한 언어와 평범한 언어의 애매함 사이에 놓여진 틈을 영원한 산물로 만들어 내는 것이다. 그래서 이른바 중립적이고 가치자유적 이라고 주장하는 과학도 어떤 한 전략이 가지는 모든 특성들을 드러낸다. 즉 그것은 생산성의 기준과 전문가의 위계서열에 복속하는 제도들을 창출한다. 그 제도의 제한된 공간은 바깥 세계, 즉 대상이 분석되고 현시되고 명쾌해지는 권력의 원천이다.

② 이러한 합리화 과정으로서 과학의 일반적 분석은 그것의 특정한 수단, 즉 쓰기(writing)의 분석과 결합한다. 쓰기에 있어서 순수하게 도구적인 것은 아무 것도 없다. 즉 쓰기를 관념의 표현을 위한 단순한 외부적 수단으로 간주하는 것은 소박한 생각일 것이다. 어떤 텍스트의 구성은 생산적 합리성의 모델에 기초를 둔다. 그리고 진행(progress)을 의도하지 않는 말과는 달리 쓰기는 사회적 효과성을 추구한다. '말의 요술세계'와는 동떨어진 기술(記述)의 세계는 가상적인 메타-언어의 실존을 허용한다. 글은 말보다 상위에 있고, 그것은 내려다 보면서 총체성의 관점을 창출한다. 드 세르또는 빈 페이지를 데카르트 공간(Cartesian space: 데카르트 공간은 수학용어로서 2차원 좌표공간을 의미한다－역주)으로 간주한다. 즉 자기 자신과 자기의 생각을 통제할 수 있는 주체가 그의 객체도 역시 통제한다고 상

상할 수 있는 그러한 고도의 전략적 위치로 간주한다. 그러고 보면 우리의 기술관료사회에 대한 환상에 적합한 사회 주체의 생산은 오늘날 모든 사회적 '성공'을 위해서는 필수불가결한 쓰기를 배우는 것을 의미한다는 것은 놀라운 일이 아니다.

③ 과학의 이러한 지배적 개념에 반하는 것은 철학적 이론이 아니라, 과학의 이데올로기에 속한 몇가지 믿음들을 포기하는 것을 의미하는 과학을 실행하는 또다른 방식이다. 과학자가 그의 연구대상을 교정하거나 정돈하는 것이 아니라, 그 반대로 그 대상이 과학자를 이끌도록 하는 것이다. 평범한 문화를 읽고 쓰기 위해서는, 새로운 통상적인 실행을 새롭게 배우고, 자신의 분석을 분석대상의 일종으로 만드는 것이 필요하다(De Certeau, 1980: 7). 예를 들어, 프로이드가—그가 명쾌하게 진술한 것처럼— 꿈을 이해하기 위해서는 과학자의 견해에는 대립되고 대중적 견해에는 동조하는 입장에 서 있어야만 했다는,것을 되새길 필요가 있다. 사회과학은 상식에 의해서 실용적인 방법으로 이미 알려지지 않은 어떤 것을 발견하거나 베일을 벗기는 것이 결코 아니다. 이것은 두 가지 다른 의미를 내포한다.

첫째, 어떤 메타-언어도 존재하지 않는다는 것이다. 다른 사람과 마찬가지로 과학자는 일반 언어에 의해 규정되는 초월할 수 없는 범위안에서 작업한다. 과학적 언어는 그것이 가지고 있다고 주장하는 그러한 추상적 보편성을 가지지 않는다. 그것 역시, '삶(*Lebensform*)'의 고유성과 특수성들에 의해 구속된다. 나는 여기서 어떤 종류의 일상생활 사회학에서도 그러한 것처럼 비트겐슈타인의 가르침이 반향되는 것을 발견한다.

둘째, 이러한 접근방법은 인식론적 단절이 있는 총체적 이론으로 하여금 새로운 모습을 갖게 한다. 평범한 말과 과학적 담론 사이의 대립은 더이상 오류와 진실이란 관점으로 고려될 수 없다. 그 단절은 그릇됨에서 옳음으로 나아가는 것이 아니고, 세계를 새로운 방식으로 읽는 것을 목적으로 하는 역사적으로 한계지어진 문화적 실행이다. 이러한 관점에서 보면, 과학은 단지 기술관료사회－그 자신의 성격을 생각하여 그것을 새로운 진실의 규범으로 부과하는 기술관료사회－에 의해 새로운 '상식'의 특정한 구성 양식으로 이루어져 있을 뿐이다. 이러한 분석은 비록 그것이 약간 달리 표현되었다 할지라도, 관련된 여러 다른 관점과 대치되어짐이 틀림없다. 우리는 항상 평범한 지식과 과학 사이에 존재하는 불연속성보다는 연속성을 강조해야만 한다.

가핑클이 과학적 작업에서 수행되는 민속방법론을 연구할 때, 그가 사회학에게 상식을 교정하는 어떤 형태의 '치료적 기능'도 부여하는 것을 거부할 때, 그는 우리와 동일한 관점을 가진다. 또는 마페졸리가 다음과 같이 서술하였을 때,

> 집합적인 삶의 경험세계에 따르면, 단지 이런 저런 특성을 강조하고 그것을 다른 것들과 비교하고, 어떤 정황묘사 또는 은유로써 자리매김하는 사고의 경험에는－요컨대 통시적이거나 공시적으로 수행되는 이념형적인 태도－ 집합적인 삶의 경험에 따른다. 이것은 '상식학(commen-sensology)'이다.

그는 평범한 사고와 학문적인 정교한 가공물 사이에 본질적인 친족관계를 복원시킨다(Maffesoli, 1985: 216).

④ 과학의 위상을 재고한다는 것은 주체를 파악하는 또 다른 개념화를 의미한다. 과학의 이데올로기는 과학자로부터 수장을 만들어 내고, 지식으로부터 권력을 만든다. 과학적 언어와 실천을 그것의 고향(즉 일상생활)으로 복귀시킬 때, 평범한 것에 대한 연구는 또다른 객체들을 가능한 대상의 범위 가운데에서 발견하는 것일 뿐만 아니라, 그것은 그것에 대한 '담론을 재배치하는' 작업을 수행하는 것이기도 하다. 일상생활에 대한 이해는 과학적 작업을 유지하는 위계체계를 온존시키지 않는다. 왜냐하면 아는 주체(the knowing subject)는 평범한 위치로 복귀하기 때문이다. 즉 친숙한 표현을 사용하자면 '제 위치에 놓여지는' 것이다. 개별 주체와 그의 소유물

의 실존을 가장 강력하게 표출하는 저자(authership)란 관념은 허황한 것이 된다. 한 개인이 생각하고 쓰는 것은 그가 혜택을 받고 있는 긴 역사속에서 그가 등록되었다는 사실의 결과에 불과하다. 과학자는 그가 축적을 해왔거나 획득했다고 믿는 것들이 수많고 흔한 익명의 채권자들에게 빚지고 있다. 그러나 이 세상에서 보통사람들과 구별되는 전문가가 된 연구자가, 또 그의 권위에서 발생하는 상징적이고 물질적인 보상을 얻는 전문가가 된 연구자가 어떻게 '특색 없는 사람'의 위치인 그의 참된 자리로 돌아갈 수 있을까? 비판이론의 주장에서 벗어나, 현실을 있는 그대로 받아들이면서도 이른바 연구정책(research policy)을 제공한다는 것은 사회학으로서는 대단한 역설이다. 여기서 요점은 어떤 새로운 이론을 정교화시키는 것보다는 바로 그 평범한 전술의 양식으로 현재 있는 그대로의 과학 분야에서 활동하는 것이다. 즉 과학에 영향을 주고 과학 내부에 새로운 목소리가 전파되도록 하여, 끊임 없이 우리에게 이해되지 않으려 하고 또 개념적으로 표현되거나 가르쳐질 수는 없지만 오직 실행할 수 있는 어떤 것을 감지하도록 하는 것이다.

이러한 '행위기술(art de faire)'은 저술의 생산과 사회적 관계의 양식 속에서 투여될 수 있다. 과학적 글쓰기에 관한 한, 앞서 여기서 언급한 방법들은 완전한 의미를 획득한다. 즉 민속지학적 기술(ethnographic descriptions), 사례연구, 생애연구(life histories) 등 그러한 많은 연구 절차들은 일상생활의 이야기들에 비교할 수 있는 어떤 것을 과학적인 논문 내부에서 수행하는 설화체(narrativity)와 유사한 것이다. 제도에 대한 그의 관련 속에서, 일상생활 '연구자'는 인류학자들이 과거와 현대사회 모두에서 그 지속성을 이미 논증한 증여와 교환의 경제인 학문적 생산주의에 반대할 것이다. 드 세르또는 "규칙과 위계가 과학적 제도 속에서 늘 되풀이해서 일어나는 경제체계와 비교하면서, 우리도 '유용해보도록 하자(embezzle)'"라고 말한다.

과학적 탐구의 영역에서, 우리는 제도에 의해 주어지는 시간을 새로운 방식으로 사용할 수가 있다: 즉 예술이나 연대(solidarity)의 한 형태를 표현하는 문학적 대상물을 만들고 묵인과 책략의 경로를 고안하며 선물(gifts)에는 선물(presents)로 대응하며, 과학의 공장에서 과학적 작업을 기계의 서비스에 종속시키고 또 같은 논리로 더 나아가서 창조의 조건과 공여의 의무(duty to give)를 근절시키는 법을 파괴하는 것이다.

제2부

일상생활의 의미와 연구방법

일상생활의 추상적 개념*

아그네스 헬러

만약 개인들이 사회를 재생산하고자 한다면, 개체로서 그들 자신을 재생산해야 한다. 우리는 일상생활을 자신뿐만 아니라 사회적 재생산도 동시에 가능하게 만드는, 즉 이러한 개인적 재생산 요소들의 집합체로 규정할 수 있다.

어떤 사회도 개인적 재생산 없이 존재할 수 없고 어떤 개인도 자신의 재생산 없이 존재할 수 없다. 따라서 모든 사회에서 일상생활은 존재한다. 사실 모든 개개의 인간은 사회적 분업속의 어떤 위치에 있더라도 자신의 일상생활을 갖는다. 그러나 이것은 일상생활의 내용과 구조가 모든 사회속의 모든 사람에게 똑같다는 것을 뜻하는 것은 아니다. 사람의 재생산은 언제나 구체적인 사람의 재생산을 의미한다: 구체적 인간은 주어진 사회속에서 주어진 위치를 차지하고 있는 사람이다. 노예 혹은 양치기를 재생산하려고 요구되는 활동과 폴리스(polis)의 거주자나 도시 노동자를 재생산하려고 요구되는 활동 사이에는 많은 차이가 있다.

아주 극소수의 활동 유형이 불변의 것이고 또한 이것들조차도 모든 인간

---

* 출전: Agnes Heller, “The Abstract Concept of ‘everyday life’,” in Agnes Heller, *Everyday Life*, Routledge and Kegan Paul, 1984(노영민 역).

의 삶에서 추상성으로서만 불변하는 것이다. 우리는 모두 자야 한다(똑같은 상황에서, 똑같은 방식은 아닐지라도), 그리고 우리는 먹어야만 한다(비록 같은 음식이 아니고 같은 방법이 아닐지라도). 그리고 우리가 만약에 인구 전체를 살펴보게 되면, 우리들과 동일한 종류의 대상을 재생산해야만 한다. 다시 말하면 자식을 번식시켜야 한다는 것이다. 따라서 이와 같은 활동들은 동물도 공유하고 있다. 구체적 내용으로부터 우리가 추상화할 수 있는 한, 그것들은 자연적 존재로서의 인간을 지탱하게 해주는 행위들이다.

앞으로 들 예로부터, 우리는 사람의 본능적·자연적인 살림살이(sustenance)의 범위가 사회적으로 결정된다는 것을 볼 수 있다. 그러나 가장 '원시적인' 사회에서조차도, 인류의 생계는 행위의 다양한 유형을 보다 더 많이 요구한다. 왜 그렇게 되는 것일까?

위에서 이야기했다시피, 인간은 인간으로서 자기 자신을 재생산할 때만 사회를 재생산할 수 있다. 그러나 사회의 재생산은 가축류들이 그 개별 구성원들을 재생산하는 것에 의해 자동적으로 재생산되는 방식처럼 인간 자신의 재생산으로부터 자동적으로 이루어지는 것은 아니다. 인간은 그의 사회적 기능을 담당함으로써만 자신을 재생산할 수 있고 그리고 자신의 재생산은 사회의 재생산에 대한 자극이 된다.

개인의 수준에서 볼 때, 우리의 일상생활은 일반적으로 해당사회의 재생산을 나타낸다: 그것은 한편으로 본능의 사회화를 그리고 다른 한편으로 인간화의 정도와 방법을 표현한다.

인간은 자신과 독립적으로 존재하는 세상에 태어난다. 이 세상은 이미 만들어진 하나의 소여(datum)로서 인간에게 나타난다; 그러나 그가 스스로를 지탱해 나가야 하고 그 자신의 생존능력을 시험할 곳은 이 세상이다. 사람은 구체적인 사회적 조건, 선결조건과 욕망의 구체적 틀(sets), 구체적인 사물과 제도속에서 태어난다. 무엇보다도 최우선적으로 인간은 사물을 '사용하는 법'을 배워야 하고, 관습을 습득하여야 하고, 사회의 요구와 직면해야 한다. 그럼으로써 인간은 그들 사회의 주어진 환경속에서 기대된,

또한 가능한 방식으로 처신할 수 있게 된다. 따라서 인간의 재생산은 언제나 구체적 세계에서 존재하는 어떤 역사적 인간의 재생산인 것이다. 일반적으로 우리는—어느 정도 용인되는 범위안에서— 인간이 태어난 세상의 구체적 사물을 '사용하는' 법과 관습유형을, 그것이 아무리 다양하고 복잡하더라도 배워야 한다고 말할 수 있다.

'어느 정도 용인되는 범위안에서'의 규정은 중요하다. 모든 사람이 똑같은 방식으로 사물과 제도를 이용하는 법을 배우거나, 관습의 연결속에서 자신의 방법을 발견하는 것은 아니다. 그러나 우리는 우리 주변의 대상, 습관, 제도의 체계에 대한 평균적인 능력을 습득해야 한다; 그러한 기술의 개발에 있어서도, 우리는 생존이 가능한 최소한의 능력의 수준에는 도달해 있어야 한다.

획득과정은 자연스럽게 진행된다; 그것은 항상 쉬운것만은 아니다. 그리고 사람은 소질에 있어 다양하다. 그러나 보통의 모든 인간은 과정 전체를 보고 또한 볼 수 있다.

사물, 습관 그리고 제도체계를 자기 것으로 하는 것은 결코 동시적이지 않을 뿐더러 아이가 어른이 되었다고 해서 끝나는 것도 아니다. 엄밀하게 말하면, 그 유형들이 고도로 발달되어 있고, 정교하면 할수록, 그 습득과정은 더디고 효과적이지 못하다. 정적인 사회에서, 혹은 이들 사회속의 정적인 집단들내에서 일상생활의 최소한의 능력단계는 성인이 되면서 도달된다. 이렇게 소양이 갖추어진 인간에게 남아 있는 것은 직접으로 혹은 간접적으로 삶의 경험을 축적하는 것이다. 그러나 그가 성인이 되면서 하나의 인간으로서 자신을 성공적으로 재생산시킨다는 것은 더이상 의심할 여지가 없다. 그러나 비록 정적인 사회에서조차도 만약 인간이 자신의 본래 환경에서 분리되었다면—예를 들어 군대에 입대했다고 한다면— 이것은 변용되어야 한다. 군대에서 그는 자기 자신의 임무를 다하고, 또한 인간으로서 자신을 재생산하기 위하여 많은 새로운 것을 배워야 하는 것이다.

사회가 더욱 동적이 되고, 그가 태어난 사회와 인간간의 관계가 더욱 우연적이 될수록(이것은 18세기 이래의 자본주의 사회에서는 특히 그러하지만), 생존을 보장받기 위하여 인간에게 살아가는 동안 요구되는 노력은 점점 지속적인 것이 되며 주어진 세계를 자기 것으로 하는 것이 성인이 되면서 완결되는 경우도 점점 없어진다. 현대인에게 있어서, 모든 새로운 상황, 직업의 전환, 새로운 사회적 환경에의 가입은 문화변용(acculturation)의 새로운 문제를 인간에게 던져준다; 그는 새로운 관습과 새로운 예법을 '사용하는' 법을 배워야만 한다. 더나아가 그는 지속적으로 변화하는 사회적 요구의 유동적 배경속에 살기 때문에 사회의 수많은 전형적인 유형(stereotype)의 어느 누구에게도, 필요하면 언제든지 '기어'를 바꿀 줄 아는 능력을 개발해야 한다. 전생애를 통한 매일의 그의 실존은 세상의 날카로운 모서리와의 투쟁이다.

그러나 만약 더욱 역동적 사회유형이 세상의 모서리와의 영속적인 투쟁속에 인간을 끌어들인다면, 그것은 인간에게 동시에 보다 넓은 대안적 선택을 제공한다. 동적인 사회, 즉 비공동체적 사회의 출현이래로, 인간이 태어난 기성의 사회는 그 개인의 좁은 지역사회와 동일한 것이 아니다. 그가 성인이 되면서 이 좁은 사회의 기술들을 또다른 최소한의 수준에서 자기 것으로 한 것이 성공적인 만큼, 그가 스스로를 위하여 비교적 새로운 세계를 선택할 가능성은 많아진다.

그러나 인간이 자기 환경에 대한 가용한 기술을 찾고 조정하는 과정이 언제 어디에서 완성되든지간에, 이 기술들의 연습은 지속적이고 간단 없는 것이다. 그것들은 매일 일어나는 것이라고 말할 수 없다. 어떤 시대나 어떤 사회에서는 여자들이 바느질하는 법을 배워야 한다. 그렇지 않으면 주어진 시대의 주어진 사회에서 여자로서의 그들의 역할을 못하는 것이다. 바느질하는 것은 그들의 인간으로 재생산인 다음세대로 넘어가고 그리하여 그것은 변치 않고 계속된다-이것은 그들이 바느질로 모든 날을 보낸다는 것은 아니다! 불변성(constants), 즉 변치 않고 지속적으로 수행되는 활동은 언어의 협의적 의미에서의 물론 일상적인 활동을 표함하지만 그것은 또한 인간의 삶에서 단지 일정기간 동안만 연관될 수 있는 활동들을 포함하는 것이다.

삶의 주어진 기간동안에 무조건적인 연속성(continuity)은 수많은 일상적 활동의 특징이다. 이것은 우리들의 삶의 방식에 지속적인 기초인 것이다. '삶의 주어진 시기'라는 조건은 매우 중요하다. 나이는 자신의 종족, 혹은 심지어 가족에서조차도 노동과 행위의 배당물을 습득하는 데 있어서 인간이 어떤 역할을 해야 하는가를 결정하는 데 중요한 역할을 한다. 현대사회 조건-생산성의 발달-속에서 노동배당물을 실질적으로 차지하는 위치와 인간이 태어난 위치 사이의 연관은 일시적인 것이고 그리고 그 연관성은 주어진 자연적 연령기(젊음, 혹은 성숙) 안에서도 변화하기 쉽다. 그리고 그것은 또한 수많은 일상적 활동들의 재조정을 포함한다.

일상생활에서 인간은 여러가지 형태로 그 자신을 객관화시킨다. 인간은 자신의 세계(자신의 직접적인 환경)를 형성하고 이와 같은 방식으로 그 자신을 형성한다. 첫눈에 '형성(shape)'은 매우 강한 단어처럼 보일 것이다; 결국 우리는 일상적 행위를 기성세계와의 결합과정, 즉 세상의 요구에 대한 내적 조정과정인 것이라고 규정했다. 물론 '결합'은 성장뿐만 아니라 인과적인 구성요소(causative component)를 포함하는 것이다. 일상은 나의 아버지로부터 배운 삶의 기본 법칙뿐만 아니라 내 자식에게 가르치는 것도 포함한다. 내 자신이 다른 사람들이 태어나는 세계의 표상인 것이다. 내 자신의 개인적 삶의 경험은 내가 키우는 방식에 일정한 영향을 미치게 된다. 즉 다른 사람에게 기성세계를 표현함으로써 다른 사람을 키운다; 나의 세상을 다른 사람과 연결시킬 때 나는 그 세계에 대한 나의 경험을 표현하는 것이다; 나의 세계를 전할 때 나는 동시에 이 세계를 전유했던 내 자신을 객관화시키는 것이다. 그리고 이것은 교육으로 뿐만 아니라, 일과 같은 모든 경험의 교환에서, 모든 형태의 상담에서 일어나는 것이다. 사실 인간은 어느 때나 의식적으로 표본에 맞추려고 한다. 일상적 소여와 나의 관계속에서, 이 관계와 연관된 영향속에서, 그것에 대한 나의 반작용에서, 일상행위의 단절 가능성속에서–이 모든 것에서 우리는 객관화과정을 나눈다(여기에서 나는 협의의 의미로써 객관화를–즉 바느질, 벽난로속의 불꽃, 남비속의 스프– 이야기하는 것은 아니다).

일상생활은 항상 인간의 눈 앞의 환경속에서 그리고 그것과 연관되어 일어난다. 왕의 일상생활의 지형(terrain)은 그의 국가에서가 아닌 왕궁에서이다. 개인과 혹은 그의 눈앞의 환경과 연관되지 않은 모든 객관성(objectivation)은 일상생활의 문턱을 넘어가는 것이다. 이것은 일상생활의 객관화의 효과적 활동범위가 그 개인과 혹은 그의 눈 앞의 환경에서 바로 그쳐버린다는 것이 아니다; 반대로 우리가 뒤에 좀더 자세히 살펴보겠지만 그것은 객관화의 가장 높은 수준까지 도달한다. 그것도 내가 나의 환경을 초월하고 전세계를 나에게 다가설 수 있게 연결시켜주며, 나 자신을 객관화시키게 해주는 모든 기초적 기술과 기본적 정서와 태도들을 내가 나의 일상생활속에서 자기 것으로 하기 때문에 그러한 것이다. 여기에서 나는 단지 기본적 애정과 태도–용기(만약 내가 어린애일 때, 어두운 방안에 들어가는 용기를 북돋우는 것); 자아통제(만약 다른 사람이 있다면 음식을 많이 먹지 않는 것); 문제에 잘 대처하는 것; 성공에 대해 기쁨을 느끼는 것; 충성심; 감사의 마음 등등–의 단지 몇가지만 언급한다. 그래서 문제가 되는 것은 내가 내 환경에 미친 영향이 암암리에 계속된다는 것이 아니다; 문제가 되는 것은 이 환경에서 자기 것으로 할 기술 없이 그리고 매일의 생활에서 내 자신을 객관화시키지 않고서는, 나는 더 나은 형태로 나의 능력들을 객관화시킬 수 없다는 것이다.

지금까지의 인간역사에 있어 자발적이며 동시에 의식적인 '발생적 활동'–우리가 다음에 살펴볼–은 예외적으로만 가능했다. 평균적인 인간을 고려해 볼 때, 우리는 퍼스낼리티의 통일성이 언제나 일상생활속에서 그리고 일상생활에 의해서 구성되어 왔다고 어느 정도 확신을 가지고 말할 수 있다. 바로 이 일상생활속에서 인간은 괴테의 말대로, '알곡인지 쭉정이인지'를 테스트 받게 되는 것이다.

구체성과 역사*

카렐 코지크

1. 관심[1)]

경제가 인간에게 존재하는 일차적이고 기본적인 방식은 관심(關心, Sorge)이다. 인간이 관심을 갖는 것이 아니라 관심이 인간을 돌본다. 인간이 관심을 기울이거나 관심이 없는 것이 아니라 오히려 관심은 관심을 기울이는 상태(Besorgtheit)와 무관심의 상태(Sorglosigkeit) 모두에 존재하는 것이다. 인간은 관심을 면할(befreien) 수는 있으나 관심을 없애버릴(ablegen) 수는 없다. 헤르더는 "인간의 삶은 관심에 귀속된다"고 말했다. 그러면 관심이란 무엇인가? 우선 관심이란 심리학적 상태도 아니고, 다른 적극적인 것으로 교체될 수도 있는 소극적인 마음상태도 아니다. 관심이란 객관적 주체(objektive Subjekt)로서의 인간이 지니는, 주관적으로 바뀌어진 현실이다. 인간은 언제나 그의 실존을 통하여 어떤 상황과 관계속에 이

---

* 출전: Karel Kosik, 『구체성의 변증법』(박정호 역), 거름, 1985, 58-76쪽.

1) 이 절에서 코지크는 하이데거 존재론의 용어를 빌어 쓰면서 그것을 비판하고 있다. "Sorge"는 우려(憂慮)로도 번역된다. 하이데거에 의하면 Sorge(관심)는 세계내 존재로서의 현존재(인간)의 본질적 구조 전체이다—역자.

미 얽혀 들어가 있다. 여기서 인간의 실존은 설사 그것이 절대적 수동성과 회피로 드러난다고 할지라도, 활동하는 실존이다. 관심이란 개인이 자신에게 실천적-공리적(praktisch-utilitäre) 세계로서 마주 서 있는 관계망 속에 얽혀 있음을 말한다. 그러므로 객관적 관계들은 개인의 직관을 통해서가 아니라 '실천'을 통해서, 개인에게 배려(配慮, besorgung)의 세계, 수단·목적·계획·장애 그리고 성공의 세계로서 드러난다. 관심이란 고립되어 있는 사회적 개인의 순수한 활동이다. 현실은 관여되어 있는 이 주체에게, 그가 종속되어 있는 일련의 객관적 법칙으로서 일차적이고 직접적으로 드러날 수는 없다. 그 반대로 현실은 활동과 간섭으로서, 오직 개인들의 적극적 관여(Engagiertheit)에 의해서만 움직여지고 의미가 주어지는 세계로써 나타난다. 이 세계는 개인들의 관여를 통하여 형성된다. 그것은 결코 단순한 표상들의 집합이 아니며, 무엇보다도 극히 다양한 형태로 나타나는 일정한 종류의 실천이다.

관심이란 분투하는 개인들의 일상의식, 즉 쉬는 동안에 떨쳐버릴 수 있는 그런 의식이 아니다. 관심이란 개인의 개별적이고 주관적인 관여의 입장에서 이해된 사회적 관계망 속에, 개인이 실천적으로 얽혀 있음을 말한다. 이러한 관계들은 객관화되지(objektivieren) 않는다.

즉 그것들은 과학이나 객관적 연구의 주제가 아니라 오히려 개인적 관여의 영역인 것이다. 그러므로 주체는 그 관계들을 과정과 현상의 객관적 법칙으로써 직관할 수가 없다. 그는 주관적 관점에서 그것들을 주체에 관계된 세계로 보며, 이러한 주체를 위해 의미가 있고 주체에 의해 창조된 세계로 본다. 관심은 관여된 주체의 관점에서 보인 사회관계속에 개인이 얽혀 드는 것이므로, 이는 또한 그 주체에 의해서 보인, 주체를 초월한(übersubjektiv) 세계에 해당한다. 관심이란 주체속의 세계이다. 개인은 그가 파악하는 자기 자신 혹은 그가 파악하는 세계일 뿐만 아니라, 스스로는 전혀 깨닫지 못한다 해도 그가 그 안에서 객관적인 초개인적(überindividuell) 역할을 수행하고 있는 어떤 상황의 일부이기도 하다. 관심으로서의 인간은 그의 주체성을 통해, 다른 어떤 것을 추구하고 주체성을 초월하는 가운데 항상 자기의 밖에 있게 된다. 그러나 인간은 그 자신의 밖에 있건, 그럼으로써 그 자신을 초월하건 여전히 주체성이다. 인간의 초월이란, 인간이 활동을 통하여 초주관적이고 초개인적으로 됨을 의미한다. 인간의 일생을 통하여 계속되는 관심(라틴어로는 cura)은 물질적인 것을 지향하는 지상적 요소와 위를 향해 성스러운 것을 갈망하는 요소, 둘 다를 포함한다.[2] 이처럼 '관심'은 이중적인 의미를 지니며, 따라서 왜 이러한 이중적 의미가 생기는가 하는 의문이 떠오른다. 그것은 이 세상의 시련만이 신에 이르는 유일한 길이라고 생각하는 기독교 신학의 산물이며 찌꺼기인가? 신학이란 신비화된 인간학인가 아니면 인간학이 세속화된 신학인가? 신학이 세속화될 수 있는 것은 오로지 그 신학적 문제들이 실제로는 인간학의 신비화된 문제이기 때문이다. 인간이 지상적 요소와 성스런 요소들에 얽히게 되는 것은 인간 실천의 이중적 성격에서 비롯된 것이다. 이 이중성은 주관적으로 신비화된 형태를 띠고 '관심'의 이중성으로 나타난다.

주체는 객관적 관계들의 체계에 의해 규정된다. 그러나 주체는 그의 활동 속에서 관계들의 망을 형성하는, 관심을 가진 개인으로서 행동하는 것이다. 관심이란, ① 사회적 개인이 그의 관여와 공리적 실천을 기초로 하여 사회관계의 체계속에 얽혀 있음, ② 기본적인 형태로서 배려(配慮, Besorgen)와 고려(顧慮, Fürsorgen)[3]로 나타나는 이 개인의 활동, ③ 무차별성과 익명성(Anonymität)으로 나타나는 활동(배려와 고려)의 주체이다.

배려는 추상적 노동의 현상 형태이다. 노동은 극도로 분화되고 탈인격화

---

2) "라틴어 cura는 중의적이다. …인간의 일생 동안 계속되는 cura는 물질적인 것을 향한 지상적·세속적 요소와 또한 신을 갈구하는 요소를 포함한다." K. Burdach, "Faust und die Sorge," *Deutsche Vierteljahrsschrift für Literaturwissenschaft und Geistesgeschichte*, 1923, p.49.

3) Besorgen(배려)과 Fürsorgen(고려)도 하이데거 존재론의 용어다. 현존재로서의 인간 존재의 근본 성격은 '세계내 존재'이며 그 평균적 일상성은 das Man(세인, 世人)이다. das Man은 세계 내에서 만나는 사물에 대해 배려하며, 타인에 대해 고려한다—역주.

되어 그 모든 영역—즉 물질적이고 관리적이며 지적인 영역—에 걸쳐서 단지 배려와 조작으로서만 나타나게 되었다. 독일 고전철학의 노동이란 범주가 20세기에는 단순한 배려에 의해 대체되는 것을 확인하거나, 또한 이러한 변형을, 헤겔의 객관적 관념론에서 하이데거의 주관적 관념론으로의 이행에 특징적인 어떤 해체과정으로 보는 것은, 역사적 과정의 일정한 현상적 측면을 고정하는 것이 된다. 노동이 '배려'에 의해 대체되는 것은 어떤 특정한 철학자의 사고의 성격이나 철학 일반의 성격을 반영하는 것이 아니다. 오히려 그것은 그 나름의 방식으로 객관적 현실 자체에서 일어난 변화를 표현하는 것이다. '노동'으로부터 '배려'로의 이동은 인간관계의 강화된 물신화(fetishization)의 과정을 신비화된 모습으로 반영하고 있다. 이러한 물신화를 통해서, (철학적 이데올로기속에서 고정되는) 일상적 의식에는 이 인간세계가 장치·도구·관계들로 된 이미 만들어져 있는 세계로서, 즉 개인의 사회적 운동이 기업심·종사·땀흘림 등으로써, 한마디로 말해 배려로써 연출되는 무대로 보이는 것이다. 개인은 이미 만들어져 있는 장치들과 도구들의 세계 속을 돌아다니면서 그것들을 배려하고 또 반대로 그것들에 의해 배려되지만, 이미 오래 전에 그는 이 세계가 인간의 생산물이라는 것을 완전히 '잊어버렸다.' 배려는 그의 일체의 삶에 침투해 있다. 작업은 수많은 독립된 조작들(Operation)로 갈라져 버렸고, 그 각각의 조작은 그것이 생산직 일이건 혹은 사무직 일이건 그것만을 담당하는 조작자와 수행기관을 갖는다. 조작자는 작품을 대하는 것이 아니라 그 작품의 추상적으로 흩어진 한 부분만을 대하게 되므로, 전체작품에 대한 조망을 가질 수 없다. 조작자는 그 전체를 이미 만들어져 있는 것으로써 지각한다. 발생(Genesis)은 조작자에게는 오직 세분된 조각들 속에만 존재하며, 이 조각들은 따라서 그 자체가 불합리한 것이다.

배려란 현상적으로 소외되어 있는 형태를 갖는 실천이며, 이는 인간 세계(인간과 인간문화의 세계, 즉 인간화된 자연의 세계)의 발생을 보여 주는 것이 아니라 이미 만들어져 있는 '사물들,' 즉 도구들의 체계에 고용된 인간이 수행하는 일상적 조작이라는 실천을 표현해주고 있다. 이러한 도구들의 체계속에서는 인간 자체가 조작의 대상이 된다. 조작의 실천(획득)은 사람들을 조작자들과 조작의 대상들로 변화시킨다.

배려는 (사물과 사람에 대한) 조작이다. 그 활동은 날마다 반복되고 이미 오래 전에 습관이 되었으며 기계적으로 수행된다. '배려'라는 말로 표현되는 실천의 물화된 성격은, 조작이 작품의 창조에 관한 일이 아니라 배려만 할 뿐 작품에 대해 '생각하지 않는' 사람의 일임을 의미한다. 배려는 이미 만들어져 있는 주어진 세계 속에서의 인간의 실천적 행위이다. 그것은 세계속에서 도구를 가지고 조작하는 것이지만 결코 인간세계를 형성하는 과정은 아니다. 고려와 배려의 세계에 대한 묘사를 제공해 왔던 철학은 유례 없는 찬사를 받았다. 그것은 이 특이한 세계가 20세기 현실의 보편적인 표면적 영역인 데서 비롯된 것이다. 이 세계는 인간에게, 그가 형성했음직한 현실로서가 아니라 이미 만들어진 침투할 수 없는 세계, 그 안에서는 조작만이 관여와 활동으로서 나타난 세계로 보인다. 한 개인은 전화, 자동차 혹은 전기 스위치를 평범하고 아무런 의심도 가지 않는 어떤 것으로 조작한다. 고장이 있을 경우에만 그는 자신이 상호규제적이고 상호연관되는 체계를 구성하는 기능적 장치들의 세계에 살고 있음을 알게 될 것이다. 고장은 그에게 '장치(Einricatung)'가 하나로서 존재하는 것이 아니라 다수로서 존재함을 보여준다. 전화는 수화기가 없으면 쓸모가 없고 수화기는 전선이 없으면, 전선은 전류가 없으면, 전류는 발전소가 없으면, 그리고 발전소는 석탄(원자핵)과 기계가 없으면 쓸모가 없어진다. 망치나 낫은 장치가 아니다. 망치를 부순다는 것은 한 사람만으로도 처리할 수 있는 극히 투명하고 분명한 일이다. 망치는 장치가 아니라 도구(Wergzeug)이다. 망치는 그것이 기능하기 위한 전제로서의 장치들의 체계와는 관계가 없고, 아주 작은 생산자들의 그룹에만 관계된다. 대개 망치·톱을 쓰는 종족사회에서는 20세기의 근대적인 산업세계가 창조해낸 장치들의 문제를 포착할 수가 없다.[4)]

추상적 노동의 현상형태로서의 배려는, 그 안에서는 모든 것이 공리적(功利的) 장치로 전화되어버리는 똑같이 추상적인 유용성의 세계를 창조한다. 이 세계에서 사물은 어떠한 독립적 의미도 독립적 존재도 갖지 않는다. 사물들은 그것이 조작가능한 경우에 있어서만 의미를 얻는다. 실천적인 조작(즉 배려) 속에서 사물들과 사람들은 장치이고 조작 대상이며, 오직 일반적 조작가능성의 체계속에서만 그 의미를 얻는다. 세계는 관심을 가진 개인들에게 의미들의 체계로서 드러난다. 여기에서는 각각의 의미가 다른 모든 의미를 지시하며, 거꾸로 전체로서의 체계는 사물들이 그에 대해서 의미를 갖는 주체를 지시한다. 이는 첫째로, 특수성이 초월되어 절대적 보편성으로 대체되어 버린 현대문명의 복합성을 반영하는 것이다. 둘째로, 의미들의 세계라는 현상형태(이것이 절대화되어 객관적 타당성(objektive Gegeuständlichkeit)과 분리되는 데에서 관념론이 생긴다) 뒤에는 인간의 대상적 실천과 그 산물들의 세계의 윤곽이 드러난다. 이러한 의미들의 세계에서 대상적-물질적 실천은 사물들의 감각(Sinn)으로서의 사물들의 의미만 형성하는 것이 아니라, 사물의 객관적 의미에로 인간이 접근할 수 있게 해주는 인간적 감각도 형성해준다. 대상적-실천적(gegenständlich-praktisch) 세계와 감각적-실천적(sinnlich-praktisch) 세계는 관심이라는 관점 속에서 용해되어 버렸고 인간의 주체성에 의해 틀지어진 의미들의 세계로 전화했다. 이것은 그 발생이 은폐되어 있는, 이미 만들어지고 고정화된 현실 속에서의, 관심을 지닌 개인들의 운동이 조작·배려·공리적 계산에 의해 대변되는 정적 세계이다. 개인과 사회현실과의 연결은 관심을 통해서 표현되고 실현된다. 그러나 이 사회현실은 관심을 지닌 개인들에게 조작과 배려의 물화(物化)된 세

4) 따라서 『존재와 시간』 속에서 후진 독일의 가부장적 세계를 보는 비판은 하이데거의 예의 신비화에 희생물이 된다. 하이데거는 현대 20세기 자본주의 세계의 문제점을 기술하고 있지만, 그것을－낭만주의적인 은폐의 정신속에서－ 대장장이와 단조(鍛造) 작업을 예로 들어 보이고·있다. 이 장(章)은 하이데거 철학을 분석하는 것이 아니라, '경제적 요소'나 '경제적 인간'처럼 실천의 물화된 계기를 대변하는 '관심'을 분석하는 것이다.

계로서 나타난다. 인간 실천의 보편적이고 물화된 형태로서의 배려는 대상적-실천적 인간세계를 생산하고 형성해가는 과정이 아니라 이미 만들어져 있는 장치들의 조작이다. 인간적 실천의 세계는 그 발생, 생산과 재생산에 있어서의 대상적-인간적 현실이다. 반면에 배려의 세계는 이미 만들어져 있는 장치들과 그것의 조작의 세계인 것이다. 자본가와 노동자 모두가 이 20세기의 배려의 세계에 살고 있기 때문에, 이러한 세계의 철학은 인간적 실천의 철학보다 더 보편적인 것으로 보일지도 모른다. 이러한 철학의 허구적인 보편성은 그것이 인간적 변혁 활동으로서의 실천의 철학이 아니라, 신비화된 실천, 즉 사물과 사람들에 대한 조작으로서의 실천의 철학이라는 데에서 비롯된다. 관심으로서의 인간은, 완성된 현실로서 이미 거기에(da) 있는 세계에 단지 '던져져 있을' 뿐만 아니라, 그 자체가 인간의 창조물인 이러한 세계속에서 마치 장치들의 복합체속에서처럼 이리저리 움직인다. 즉, 인간은 비록 장치들의 기능과 그 존재의 비밀은 모른다 할지라도 그것들을 어떻게 조작해야 하는가를 아는 것이다. 배려의 과정에서 관심으로서의 인간은 그 기술적 현실과 장치들의 의미를 의식하지 못한 채, 전화·TV세트·자동차·엘리베이터·지하철 등을 조작하는 것이다.

관심으로서의 인간은 사회적 관계에 얽혀 있음과 동시에 자연과 어떤 특정한 관계를 가지며 자연에 관해 특정한 관념을 형성한다. 인간적 세계를 유용성의 세계로 인식하는 것은 하나의 중요한 진리를 보여준다. 즉 이 세계는 사회적 세계로서 이 속에서 자연은 인간화된 자연으로서, 즉 산업을 위한 대상 그리고 물질적 기초로서 나타난다는 것이다. 자연은 배려를 위한 실험실이고 재료창고이며, 자연에 대한 인간의 관계는 정복자와 창조자의 그 재료와의 관계와 유사하다. 그러나 이는 모든 가능한 관계들 중의 단 한 가지에 불과한 것이며, 그 단 하나의 관계에 입각한 자연에 대한 이미지는 자연의 진리도, 또 인간의 진리도 완전하게 드러내줄 수 없다. "자연은 때때로 인간의 생산적 활동을 위한 작업장이 된다거나 그 원료를 제공해 주는 것으로 환원된다. 이것이 실제로 자연이 생산자로서의 인간에게 나타나는 방식이다. 그러나 자연과 그 의미의 총체는 이러한 하나의 역할만으로 환원될 수는 없다. 인간과 자연과의 관계를 생산자와 그 원료와의 관계로 환원시킨다면 이는 인간의 삶을 무한히 빈곤화시킬 것이다. 그러한 환원은 인간의 삶과 인간의 세계에 대한 관계의 미학적 측면이 근절됨을 의미한다. 더 나아가서 인간에 의해서도 또 다른 누구에 의해서도 창조된 것이 아닌 영원한 어떤 것으로서의 자연을 상실한다는 것은, 곧 인간이 더 거대한 전체(이 거대한 전체를 봄으로써 인간은 그의 왜소성과 또 위대성을 깨닫게 된다)의 한 부분이라는 자각을 상실하는 것이 된다."[5)]

관심 속에서 개인은 언제나 이미 미래속에 있는 것이며, 현재를 계획의 실천을 위한 수단이나 도구로 변화시킨다. 개인의 실천적 관여로서의 관심은 이렇게 미래를 선호하여 미래를 근본적인 시간 차원으로 변화시킴으로써 그 미래의 빛 속에서 현재와 과거를 파악하고 '실현한다.' 개인은 그가 바로 그것을 위해 살아가는 실천적 계획들과 희망, 공포, 기대, 목표에 의해서 현재와 과거를 평가한다. 관심은 선취(先取))이기 때문에 현재를 무시하고 아직 일어나지 않은 미래에 매달린다. 인간의 시간차원 그리고 시간 속의 존재로서의 인간존재는 관심 속에서 물신화(物神化)된 미래와 물신화된 일시성으로 드러난다. 관심은 현재에 앞서 있기 때문에 현재, 즉 '가까이에 있는 존재(nahe dabei Sein)를 본래적인 실존으로 여기는 것이 아니라 떨치고 벗어나야 할 것으로 여긴다.[6)] 관심은 인간적 시간의 본래적 성

5) S. L. Rubinstein, *Printsipi i Put'i Razvit'ia Psikhologii*, Moskau, 1959, S.204. 여기에서 저자는, 맑스의 「경제철학수고」에서의 어떤 통찰들을 관념론화하는 데 대해 논박하고 있다(독일어역: *Prinzipien und Wege der Entwicklung der Psychologie*, Berlin GDR, 1963).

6) 가세트(Ortegay Gasset)는 자신이 하이데거보다 먼저 인간을 관심으로서 파악했다고 생각하고 있다. "우리는 인간을, 그 일차적이고도 결정적인 실재가 그의 미래에 대한 관심이며 선취(先取)인 존재로서 정의하기에 이르렀다. 인간의 삶이란 무엇보다도 먼저 바로 이러한 것이다. 선취 혹은 나보다 13년 후 나의 친구 하이데거가 표현한 바 관심이 그것이다." *La connaissance de l'homme au siècle*, Neuchâtel, 1952, p.134를 보라. 그러나 문제는 오르테가 이 가세트도 하이데거도 실천을, 진정한 시간성을 내포하는 인간의 근원적인 규정으로 인식하지 않았

격을 드러내지 않는다. 미래 그 자체는 낭만주의와 소외를 극복할 수 없다. 어떠한 의미에 있어서 그것은 소외로부터의 소외된 탈출, 즉 허구적인 소외의 극복이라고까지 말할 수 있다. '미래에 산다는 것,' '선취한다는 것'은 어떤 의미에서는 삶을 부정하는 것이다. 관심으로서의 개인은 그의 현재를 사는 것이 아니라 미래를 산다. 그리고 그는 지금 있는 것을 무시하고 지금 있지 않는 것을 선취하기 때문에 결국 그의 삶이란 무(無) 속에서, 비본래성 속에서 일어나는 것이 되고, 여기에서 그는 맹목적인 '결단'과 체념적인 '기다림' 사이에서 비틀거리게 된다. 몽떼뉴는 이러한 형태의 소외를 잘 알고 있었다.7)

2. 일상성과 역사

인간 실존(Existenz), 혹은 세계내 현존재(Dasein)의 모든 양식은 제각기의 일상성(日常性, Alltäglichkeit)을 갖는다. 중세는 상이한 계급들과 장원, 집단들로 나누어진 그 나름의 일상성을 갖고 있었다. 비록 농노의 일상성이 수도사나 방랑하는 기사, 영주들의 그것과는 다르다 할지라도 이들 모두의 일상성은 봉건사회라는 하나의 공통된 이름을, 즉 삶의 빠르기, 박자, 조직을 규정하는 통일적인 토대를 가지고 있었다. 산업과 자본주의는 새로운 생산수단, 새로운 계급들과 정치제도만 도입한 것이 아니라 그 이전의 시대와는 근본적으로 구별되는 새로운 일상성의 양식을 가져왔다.

일상성이란 무엇인가? 일상성이란 공적인 생활에 대립되는 것으로서의 사생활은 아니다. 그것은 또한 고상한 공식적 세계에 대립되는 이른바 저속한 생활도 아니다. 서기건 황제건 모두 일상성 속에서 살고 있다. 모든

다는 데에 있다. 관심의 시간성은 실천의 파생적이고 물화된 형태들인 것이다.

7) "우리는 결코 편안하지 않다. 우리는 언제나 저 너머에 있다. 공포, 욕망, 희망은 우리를 미래를 향해 내던지며 우리에게서 지금 있는 것에 대한 느낌과 고려를 박탈해 버린다." *Complete Works of Montaigne*, Stanford, 1958, p.8.

세계들과 수백만의 사람들은 그들 생활의 일상성을 마치 그것이 자연적인 분위기인 것처럼 살아왔고 아직도 살아가고 있으며, 결코 그것의 의미를 물어볼 생각조차 하지 못한다. 일상성의 의미를 묻는다는 것은 무엇을 의미하는가? 혹시 그러한 물음이 일상성의 본질에 접근할 수 있는 길을 제시하는 것은 아닐까? 어떠한 점에서 일상성이 문제화되며 또 이를 밝히는 것은 무슨 의미가 있는가? 일상성은 무엇보다도 사람들의 개별적 삶을 매일 매일의 테두리 속에서 조직하는 것(Gliederung)이다. 그들의 삶의 기능의 반복가능성이 매일 매일의 반복가능성, 매일 매일의 시간배분 속에서 고정되는 것이다. 일상성이란, 개인의 삶의 역사의 진행을 지배하는 시간의 조직이며 리듬이다. 일상성에는 그 고유의 경험과 지혜, 세련화, 예측이 있다. 일상성에는 반복이 있지만 특별한 경우도 있고, 또 판에 박힌 일뿐 아니라 축제도 있다. 따라서 일상성이란, 비일상적인 것, 축제적인 것, 비범(非凡)한 것에, 또는 '역사'에 대립되는 것을 의미하지는 않는다. 일상성을 비범한 것으로서의 역사에 대립되는 판에 박힌 일로 고정시키는 것은 그 자체가 이미 어떤 신비화의 결과인 것이다.

일상성 속에서 활동과 생활양식은 본능적이며 잠재의식적이고 무의식적이며 무반성적인 행위와 생활의 메커니즘으로 전화된다. 사물들, 사람들, 운동, 일, 환경, 세계—이들 모두는 그 근원성과 진실성에서 지각되지 않으며 또 검토되거나 발견되는 것이 아니라, 단순히 거기에 있을 뿐이며 이미 알려진 세계의 구성물로서, 또 재고품으로서 받아들여진다. 일상성은 무관심하고 기계적이고 본능적인 것들의 밤으로, 혹은 친숙성의 세계로 나타난다. 동시에 일상성은 한 개인이 그의 능력과 자질을 가지고 그 넓이와 가능성들을 지배하고 계산할 수 있는 세계이다. 일상성에 있어 모든 것은 '손쉬운' 것이며 개인은 자신의 의도를 실현할 수 있다. 이것이야말로 일상성이 신뢰·친숙성·일상적 행위의 세계인 이유이다. 죽음·병·출생·성공·실패 등은 모두 계산에 넣을 수 있는 일상생활의 사건들이다. 일상성에 있어서 개인들은 그 자신의 경험, 그 자신의 가능성, 그 자신의 활동을 기반으로 한 관계들을 발전시켜 나가며 따라서 개인들은 일상적 현실을 그 자신의 세계로 간주한다. 개인이 계산하고 지배할 수 있는 이러한 신뢰·친숙성·직접적 경험·반복성의 세계가 시작된다. 이들 두 세계의 충돌은 그 각각의 세계의 진실을 드러낸다. 일상성은 그 자신이 붕괴되었을 때에 비로소 문제화되며 자기자신을 일상성으로서 드러낸다. 그것은 예기치 않은 사건이나 또는 부정적 현상들에 의해 붕괴되는 것이 아니다. 일상성의 수준 위에서의 예외적인 것도 혹은 축제적인 것도 모두 일상성의 일부분이기 때문이다. 일상성이 수백만의 사람들을 일과 행위와 생활의 규칙적이고 반복적인 리듬으로 조직하는 것을 의미한다면, 그것은 오직 수백만의 사람들이 이 리듬밖으로 쫓겨날 때에만 붕괴된다. 전쟁은 일상성을 붕괴시킨다. 그것은 수백만의 사람들을 그들의 환경으로부터 강제로 끌어내고, 그들의 일로부터 떼어내며 그들의 친숙한 세계로부터 몰아낸다. 비록 전쟁이, 일상생활의 기억과 경험 속에서, 그리고 그 지평 위에서 '살고 있는' 것이라 할지라도 그것은 일상성을 넘어서는 것이다. 전쟁은 역사이다. 전쟁('역사')과 일상성의 부딪침 속에서 후자는 압도당한다. 수백만의 사람에게 있어서 생활의 익숙한 리듬이 끝장나는 것이다. 하나의(특정한) 일상성은 파괴되고, 다른 습관적이고 기계적이며 본능적인 생활과 행위의 리듬은 아직 수립되지 않고 있는, 이러한 일상성과 '역사'(전쟁)의 충돌은, 일상성과 역사 양쪽의 성격 그리고 그들의 관계 모두를 드러낸다.

우리는 흔히 '사람은 교수대에조차도 익숙해질 수 있다'라는 말을 듣는다. 즉 가장 예외적이며 전혀 자연스럽지 않고 전혀 인간적이지 않은 환경 속에서조차도 사람들은 생활의 리듬을 만들어 낸다는 것이다. 집단수용소에도 그나름의 일상성이 있으며 실제로 사형대로 나가는 사람조차도 자신의 일상성을 갖고 있다. 일상성에는 두 종류의 반복가능성과 대체가능성이 작용한다. 매일매일 일상적인 모든 나날들은 다른 대응하는 날로 대치될 수 있으며 이번주 목요일은 지난주 목요일 또는 작년 목요일과도 구별되지 않는다. 목요일은 다른 목요일들과 섞여 버리며 단지 그 목요일에 특별하고 예외적인 어떤 것이 있을 때에만 별달리 남게 되어 기억에 떠오를 것이다. 동시에 주어진 일상성의 어떠한 주체도 다른 주체로 대체될 수 있다. 일상성의 주체들은 상호교환적인 것이다. 그들은 기껏해야 번호와 도장으로 기술될 뿐이다.

일상성과 역사의 부딪침은 격변을 초래한다. 역사(전쟁)는 일상성을 붕괴시킨다. 그러나 일상성은 역사를 압도해 버린다. 왜냐하면 모든 것은 자신의 일상성을 갖기 때문이다. 이 부딪침 속에서, 일상적 견지(見地)의 출발점이며 영원한 요지인, 역사로부터의 일상성의 분리는 실제로는 신비화임이 증명된다. 일상성과 역사는 상호 침투한다. 서로 얽혀져서 그들의 사념(私念)된 혹은 겉보기의 성격들은 변화한다. 일상성은 더이상 일상적 인식이 간주하는 바와 같은 것이 아니며, 마찬가지로 역사 또한 더이상 일상적 의식에 나타나는 바가 아니다. 소박한 의식은 일상성을 자연스런 분위기 혹은 친숙한 현실로 간주한다. 반면에 역사는 자기도 모르게 진행되어, 마치 가축이 도살장에 끌려가듯이 개인이 '숙명적으로' 내던져져 들어가는 파국의 형태로 일상성에 불쑥 뛰어 들어오는 어떤 초월적 실재인 것처럼 그에게 나타난다. 이러한 의식은 일상성과 역사 사이에서의 삶의 분열을 숙명으로써 경험한다. 일상성은 마치 '내집'처럼 신뢰·친숙성·친근성으로 나타나는 반면에 역사는 탈선·일상성의 파괴·예외적인 것·낯선 것으로서 나타난다. 이 균열은 동시에 현실을 역사의 역사성과 일상성의 비역사성으로 갈라 놓는다. 역사는 변하나 일상성은 지속한다. 일상성은 역사의 받침이며 원료이다. 일상성은 역사를 지탱해주고 그것에 자양분을 주지만 그 자신에게는 역사가 없으며 역사를 벗어나 있다. 일상성을 '평일(平日)의 종교(Religion Alltags)'로 바꾸어 버리고, 인간생활에서의 불변적이고 영원한 조건의 형태를 취하게 만든 사정은 무엇인가? 어찌하여 역사의 산물이며 역사성의 그릇인 일상성이 역사로부터 분리되고 역사에, 즉 변화와 사건에 대립되는 것으로 간주되게 되었는가? 일상성은 현실을 은폐하면서도 동시에 일정한 방식으로 그것을 드러내는 현상적 세계이다.[8)]

어떤 방식으로 일상성은 현실에 관한 진리를 드러낸다. 일상성의 외부에 있는 현실이란 초월적인 비현실, 즉 힘과 작용이 없는 구성물에 지나지 않기 때문이다. 그러나 또한 그것은 어떤 방식으로 현실을 은폐한다. 현실은 일상성속에 직접적으로 또 총체적으로 포함되어 있는 것이 아니라, 매개적으로 그리고 단지 몇몇 국면에 있어서만 포함되어 있다. 일상성에 대한 분석은 현실을 파악하고 기술하는 데 어느 특정한 정도까지만 도움을 줄 뿐이다. 이 '가능성'의 한계를 넘어서게 되면 그것은 현실을 왜곡하게 된다. 이러한 의미에서, 개인은 일상성으로부터 현실을 파악한다기보다는 현실로부터 일상성을 파악한다.[9)]

'관심의 철학'의 방법은 그것이 한 특정한 현실에서의 일상성을 마치 일상성 자체인 것처럼 제시했다는 점에서 신비화이기도 하면서 탈신비화이기도 하다. 그것은 일상성과 평일(平日)의 '종교,' 즉 소외된 일상성을 구별하지 않는다. 이 방법은 일상성을 사이비 역사성으로 간주하며 진정한 역사성으로의 이행을 일상성의 거부라고 생각한다.

만약 일상성을 현실의 현상적 '층'(Schicht)이라고 한다면 물화(物化)된 일상성은 일상성으로부터 진실성으로의 도약에 의해서 극복되는 것이 아니라, 일상성의 물신화(物神化)와 역사의 물신화 양쪽 모두를 실천적으로 폐지함으로써, 즉 물화된 현실을 그 현상적 형태와 진정한 본질 모두에 있어서 파괴함으로써 극복될 것이다. 지금까지 살펴본 바에 따르면, 일상성을 그 가변성과 역사성으로부터 근본적으로 분리할 경우 한편으로는 역사의

8) 현대 유물론에 의해 비로소 일상성과 역사의 이율배반이 제거되었으며, 사회-인간적 현실에 대한 일관되고 일원론적인 관점이 구성되었다. 오직 유물론적 이론만이 모든 인간적 사건을 역사적인 것으로 간주하며, 그렇게 함으로써 비역사적 일상성과 역사의 역사성과의 이원론을 극복한다.

9) "일상성의 비밀이란 … 결국 사회적 현실 일반의 비밀임이 드러난다. 그러나 이러한 개념에 내재된 변증법은, 평일이 이러한 사회적 현실을 드러내면서 동시에 은폐한다는 사실에서 표현된다." G. Lehman, "Das Subjekt der Alltäglichkeit," *Archiv für angewandte Soziologie*, Berlin, 1932-33, p.37. 하지만 이 저자는 부당하게도, '일상성의 존재론'은 사회학을 통해서 파악될 수 있으며 철학적 개념은 간단히 사회학적 범주로 바꿀 수 있다고 생각한다.

신비화에 빠져서 역사가 마치 말탄 황제로 보이게 될 것이며, 다른 한편으로는 일상성의 공허화로 빠져 일상성이 진부성과 '평일의 종교'로 떨어진다는 것을 알 수 있다. 역사로부터 분리된 일상성은 공허해져서 터무니없이 불변적으로 되어버린다. 일상성에서 분리된 역사는 우스꽝스럽게 무력한 거인이 되어버려서, 하나의 파국으로서 일상성에 뛰어들기는 하지만 그럼에도 불구하고 일상성을 변화시키지는 못하게 되며, 일상성의 진부성을 제거하거나 그 진부성에 내용을 채우지는 못하게 되어버린다. 19세기의 비속한 자연주의는, 역사적 사건들의 중요성은 그것이 어떻게, 왜 생성되었는가에 있는 것이 아니라 그것이 '대중들'에게 어떻게 영향을 미쳤는가에 달려 있다고 믿었다. 그러나 '거대한 역사'를 평범한 사람들의 생활속으로 투사하는 것만으로는 역사에 대한 관념론적 관점을 불식하지 못하며 어떤 의미에서는 더욱 강화시키기조차 한다. 공식적 영웅들의 관점에서 보면, 오로지 소위 고양된 세계, 위대한 행위의 세계, 일상생활의 공허함에 그림자를 드리우는 역사적 사건들의 세계만이 정당하게 역사에 속할 것이다. 거꾸로 자연주의적 개념은 이러한 고양된 세계를 부정하고 일상적인 사건들의 엉킴에, 평범한 사실에 대한 단순한 기록과 기록물적인 스냅사진에 초점을 맞춘다. 그러나 이러한 접근은 관념론적 접근만큼이나 일상성으로부터 역사적 차원을 박탈해 버린다. 일상성은 영원하고 원칙적으로 불변의 것이며 따라서 역사의 어떠한 시대와도 조화될 수 있는 것으로 간주된다.

일상성은 모든 개인의 행동·사고·취향, 심지어는 평범성에 대한 반항까지도 명령하는 비인격적 힘의 전제(專帝)와 익명성으로 나타난다. 일상성의 이러한 익명성의 주체 속에서, 즉 어떤 사람(irgendwer)/아무도(niemand) 등에서 표현되는 익명성은 소위 '역사를 만드는 자,' 즉 역사적 행위자들의 익명성 속에 그 상관물을 갖는다. 결과적으로 역사적 사건들은 누구의 작업도 아닌 것으로, 따라서 모두의 작업으로, 일상성과 역사 양쪽에 공통된 익명성의 결과로 나타난다.

개인의 주체가 최초로 그리고 무엇보다도 익명성이라는 것은, 그리고 인간은 무엇보다도 그가 빠져들어가 있는 조작의 세계를 바탕으로, 또한 관심과 배려를 바탕으로 자기자신과 세계를 이해한다는 것은 무엇을 의미하는가? '인간은 그가 종사하는 바이다(Man ist das, was man betreibt)'라는 명제는 무슨 뜻인가? 개인은 처음에는 익명의 얼굴 없는 '어떤 사람/아무도'에 빠져들어가 있으며, 이것이 그의 이름으로 그리고 나의 이름으로 그 자신 속에서 생각하고 행동하며 그 자신 속에서 저항한다는 것은 대체 무슨 의미인가? 인간이란 바로 그의 실존(Existenz)을 통하여, 항상 이미 사회관계의 그물에 얽혀 있는 사회적 존재일 뿐만 아니라, 그가 사회적 현실을 알기 이전, 혹은 알 수 있기 이전에조차도 이미 사회적 주체로서 행동하고 생각하며 느끼고 있는 사회적 존재다. 일상성에 대한 통상적 의식('종교')은 인간 존재를 조작할 수 있는 사물로 간주하며 그런 것으로써 취급하고 해석한다. 인간은 그가 처한 환경, 그가 손에 쥐고 있는 것, 그가 조작하는 것, 그에게 사물적으로 가장 가까운 것 등과 동일시되기 때문에 인간자신의 실존과 그에 대한 이해는 무언가 멀고 잘 알려지지 않은 것으로 되어버린다. 친숙성은 인식에 대한 장애다. 인간은 배려와 조작의 세계, 가까운 환경세계(Umwelt)에는 정통해 있지만 그 자신에 대해서는 '정통해 있지' 못하다. 왜냐하면 인간은 조작가능한 세계에 동화되어 그 속에서 사라져 버리기 때문이다. 신비화하기도 하면서 또한 탈신비화하기도 하는 '관심의 철학'은 이러한 현실을 기술하고 고정시키지만 그것을 설명할 수는 없다. 왜 인간은 무엇보다도 '외적인' 세계 속에서 사라지며 외적인 세계로부터 자기자신을 해석하는가? 인간은 우선 첫째로 그의 세계(was seine welt ist)이다. 이러한 비본래적인 존재가 인간의 의식을 규정하며 그가 자신의 현존재를 해석하는 방식을 제시해준다. 주체는 무엇보다도 우선, 허위적 개인성(허위적인 나)의 형태에 있어서나 허위적 집단성(물신화된 우리)의 형태에 있어서나 비본래적인 주체이다. 인간이란 사회적 관계들의 앙상블이라고 말하면서도 이들 '관계들'의 주체는 누구인가에 대해서는 언급을 회피해 버리는 유물론적 주장[10]은, 빈 칸을 현실적인 주체로 채울 것인가 아니면 신비화된 주체, 즉 신비화된 나나 신비화된 우리로 채울 것인가를 '해석'에 내맡겨 둔다. 신비화된 나나 신비화된 우리는 현실적 개인을 도구나 가면으로 전화시켜 버린다.

인간실존에 있어서 주체-객체 관계는, 내적인 것과 외적인 것의 관계도 아니며 고립된 전(前)사회적 혹은 비(非)사회적 주체와 사회적 실재(Entität)와의 관계도 아니다. 주체는 이미 인간적 실천의 대상화(Vergegenständlichung)인 객관성(Objektivität)에 의해 구성적으로 침투되어 있다. 개인은 객관성에, 즉 조작과 배려의 세계에 너무나 완벽하게 함몰되어서, 그의 주체가 그 객관성 속에서 사라져버리고 객관성이 마침내 신비적이긴 하지만 실제적인 주체로서 등장할 수도 있다. 따라서 인간은 외적인 세계 속에서 사라질지도 모른다. 왜냐하면 인간 존재란 주체-객체적인 역사적 세계를 생산함으로써만 존재하는 대상적 주체이기 때문이다. 현대 철학은, 인간은 '그에게 고유한' 상황속으로 태어나는 것이 아니라 언제나 세계속으로 '던져진다'[11]는 위대한 진리를 발견했다. 인간은 스스로, 투쟁과 '실천' 속에서, 현실을 자기화하고 변화시키며 생산하고 재생산하는 삶의 역정(歷程) 속에서, 그 세계의 진실성(Echtheit)과 비진실성을 확인해야 된다.

익명성의 무차별적이고 만능적인 지배는 개인과 인류의 실천적-정신적 발전의 과정속에서 결국 붕괴된다. 개체발생과 계통발생의 과정속에서 익명성의 무차별적 성격은 분화되어 한편으로는 인간적인 것과 일반적으로 인간적인 것이 형성되고, 다른 한편으로는 특수하고 비인간적이며 역사적으로 일시적인 것이 형성된다. 전자를 자기화(Aneignung)함으로써 개인은

---

10) 이러한 주체의 생략과 망각은 '인간 소외'의 한 유형을 형성한다.

11) 실존주의적 용어는 흔히 관념론적-낭만주의적이라는 점을, 즉 혁명적-유물론적 개념들을 은폐하고 극적으로 만드는 둘러댄 말이라는 점을 잊어서는 안되겠다. 이러한 열쇠를 발견하게 되면 맑스주의와 실존주의 사이에 성과 있는 대화가 있을 수 있다. 필자는 1962년 12월에 체코슬로바키아 작가 연맹 클럽에서 행한 '맑스주의와 실존주의'라는 강연에서, 하이데거에게 은밀하게 감춰진 맑스와의 갈등이 몇가지 측면들을 드러내려고 시도했었다.

인간적 개인이 되며, 개인이 진실성에 도달하기 위해서는 후자로부터 자유로와져야 한다. 이러한 의미에서 인간의 발전은 인간적인 것과 비인간적인 것을, 진실한 것과 진실하지 않은 것을 분리하는 실천적인 과정으로서 진행된다고 하겠다.

우리는 일상성을, 그 안에서 인간이 기계적인 본능에 따라 친숙한 느낌을 가지고 돌아다니는 규칙적인 리듬을 가진 세계로 성격지었다.

일상성의 의미에 대한 반성은 일상성에는 아무런 의미도 없다는 부조리한 의식에 이르게 한다. "아침에 일어나 셔츠를 입는다. 그리고는 그 위에 겉옷을 걸친다. 밤에는 침대 속으로 기어들어가고 아침에는 다시 기어나온다. 계속해서 한 발을 다른 발 앞에다 놓는다. 전혀 변화할 아무런 건더기도 없는 이 모든 것은 얼마나 지겨운 일인가. 수백만의 사람들이 우리 이전에도 이렇게 해왔고, 또 수백만의 사람들이 앞으로도 그렇게 할 것이다. 생각해보면 얼마나 슬퍼지는가…."[12] 그러나 본질적인 것은 일상성의 부조리(Absurdität)에 대한 의식이 아니라, 언제 인간이 일상성에 대해 반성하게 되는가라는 문제다. 인간은 기계적이고 변함이 없는 일상성의 의미에 대하여, 그 자체가 문제가 되기 때문에 묻는 것은 아니다. 오히려 일상성이 문제시되는 것은 현실이 문제시됨을 반영하는 것이다. 애초부터 인간은 일상성의 의미를 찾았던 게 아니고 현실의 의미를 찾았던 것이다. 부조리의 느낌이 일상성의 기계적 반복에 대한 반성에서 비롯되는 것이 아니라, 오히려 역사적 현실이 개인(당통, Danton)에게 강요한 부조리에서 일상성에 대한 반성이 결과한 것이다.

인간은 그가 여러가지 생활상의 기능을 자동적으로 수행할 수 있어야만 비로소 인간일 수 있다. 이러한 활동들이 그의 의식과 반성에 적게 충돌하면 할수록, 그것들은 더욱 완전하고 인간에게 더욱 잘 봉사한다. 인간의 생활이 더 복잡해지고 그가 맺어야 할 관계가 더 많아지며, 그가 수행해야

12) Georg Büchner, "Dantons Tod," in *Werke und Briefe*, Wiesbaden 1958, S.33f("Danton's Death," Plays of Georg Büchner, London, 1971, p.27).

할 기능이 더 많아질수록 인간의 기능, 습관, 절차들의 자동화가 필요한 영역은 더 넓어진다. 일상적인 인간생활을 기계화하고 자동화하는 과정은 역사적 과정이다. 따라서 자동화의 가능성과 필요성이 있는 영역과 인간적인 입장에서 자동화될 수 없는 영역 사이의 경계는 역사의 과정속에서 변화한다. 점점 더 복잡해져 가는 문명 속에서 진정한 인간적 문제들에 충분한 시간과 공간을 계속해서 할애하기 위해서는, 더욱더 넓은 활동영역을 자동화해야 된다.13) 일정한 삶의기능들을 자동화할 수 없다면 인간생활 자체에 장애가 올 수도 있다.

비진실성으로부터 진실성으로의 이행은 인류(사회, 계급)와 개인 양쪽에 의해서 실현되는 역사적 과정인 만큼, 그 구체적인 형태들에 대한 분석은 이 두 가지 과정을 모두 포괄해야만 한다. 한 과정을 다른 과정에 강제로 환원시키거나, 또는 두 과정을 동일화하게 되면, 그 두 과정이 제기하는 문제에 대해 철학이 제시하는 대답들은 빈약하고 진부하게 될 것이다.

소외된 일상세계의 사이비 구체성은 소원화(Verfremdung)를 통하여, 실존적 수정을 통하여, 혁명적 변혁을 통하여 파괴된다. 비록 이러한 열거에는 위계(位階)적 측면이 있기는 하지만, 이러한 각각의 파괴 형태는 상대적인 독립성을 갖고 있으므로 그러한 한에 있어서는 다른 형태로 대체될 수 없다.

일상적인 친숙성의 세계는 알려지고 인식된 세계가 아니다. 그 세계의 현실을 드러내기 위해서는 그 세계로부터 물신화된 친근성을 벗겨버리고 소원한 야만성 속에서 폭로시켜야 한다. 일상적 현존재(Dasein)를 마치 그것이 자연적인 인간적 환경인 것처럼 소박하게 무비판적으로 체험한다는 것은 철학적 허무주의의 비판적 태도와 결정적인 특성을 공유한다. 즉 양쪽 모두 일상성의 특정한 역사적 형태를 모든 인간적 공존을 위한 자연적

---

13) 사이버네틱스에 대해 아직 잘 인식되고 있지 않은 측면 중의 하나는 그것이 특별히 인간적인 것이 무엇인가라는 질문을 새로이 제기했으며 또 실제로 창조적인 인간활동과 비창조적인 것 사이의, 즉 예전 고대인들이 “scholé”와 “ponos, otium”과 “negotium”이라고 정의한 영역들 사이의 경계를 이동시켰다는 점이다.

이고 불변적인 토대로 간주한다. 앞의 경우에서는 일상성의 소외가 무비판적 태도로써 의식 속에 반영되고, 뒤의 경우에는 부조리의 느낌으로서 반영된다. 소외된 일상성의 진실을 파악하기 위해서는 일상성으로부터 일정한 거리를 유지해야 한다. 그것에 대한 친숙성을 제거하기 위해서는 그것에 '폭력을 가해야' 한다. 인간이 자신의 진짜 이미지를 제대로 드러내기 위해서는 고양이나 강아지나 원숭이로 '변화되어야' 하는 이 사회, 이 세계는 도대체 어떤 종류의 사회이며 어떤 종류의 세계인가? 사람들이 그 자신의 얼굴을 바라보고 그 자신의 세계를 인식하게 하기 위해서는 어떤 '폭력적인' 은유와 우화로 인간과 세계를 드러내야 하는가? 시와 연극, 회화와 영화 등 현대예술의 주된 원리 중의 하나는 일상성에 '폭력을 가하는' 것, 즉 사이비 구체성의 파괴에 있지 않은가 생각된다.[14)]

인간현실의 진리를 드러낸다는 것은 물론 현실 자체와는 다른 어떤 것으로 느껴진다. 따라서 그것만으로는 불충분한 것이다. 현실의 진리가 인간에게 드러난다는 것만으로는 충분하지 않다. 인간은 이 진리를 실현해야 된다. 인간은 진실성(Authentizität) 안에 살고 싶어하며 진실성을 실현하고 싶어한다. 한 개인은 혼자서는 상황에 대한 혁명적 변화를 가져오거나 악을 제거할 수 없다. 이것은 한 개인으로서의 인간이 진실성과 직접적인 관계가 없음을 의미하는 것인가? 인간이 진실하지 않은 세계에서 진실한 삶을 살 수 있겠는가? 인간이 자유롭지 않은 세계에서 자유로울 수 있겠는가? 하나의 유일한 초개인적이고 초인격적인(überper-sönlich) 진실성만이 존재하는가, 아니면 진실성은 누구에게나 그리고 모든 사람에게 열려 있는 영원한 기회인가? 실존적 수정에 있어서, 개인의 주체는 그 자신의 가능성

14) 소원화(疏遠化, Verfremdung)의 원리에 입각한 '서사극'의 이론과 실제는 사이비 구체성을 파괴하는 예술적 방식 중 단 하나에 불과하다. 20세기의 지적인 분위기와 브레히트(Brecht)의 관계, 20세기의 소외에 대한 저항과 브레히트와의 관계는 명확하다. 또한 프란츠 카프카의 작품을 사이비 구체성에 대한 예술적 파괴라고 간주할 수도 있다. G. Anders, *Franz Kafka*, London, 1960; W. Emrich, *Franz Kafka*, Frankfurt, 1957 등을 보라.

을 일깨우고 그것을 선택한다. 그는 세계를 변화시키는 것이 아니라, 세계에 대한 자신의 태도를 변화시키는 것이다. 실존적 수정이란 세계의 혁명적 변혁이 아니라, 세계 속에서의 한 개인의 극적 사건(Drama)이다. 실존적 수정 속에서 개인은 일상성을 죽음의 상하(相下, sup specie mortis)에서 고찰함으로써 비본래적 실존으로부터 자신을 해방시키고 진정한 실존을 위해 결단한다. 이리하여 그는 소외를 지닌 일상성을 무가치하게 만들고 일상성을 넘어선다. 그러나 이와 동시에 그는 자신의 행위의 의미를 부정하게 되는 것이다. 죽음의 상하에서 진실성으로 결단하는 의지는 귀족적이고 낭만적인 금욕주의(Stoizismus, 왕좌에 있건 사슬에 묶여 있건 죽음의 표지 아래서 나는 진실하게 사노라)로 향하게 되거나, 혹은 죽음에의 결단을 내리는 것으로 실현된다. 그러나 이러한 형태의 실존적 수정은 개인의 진정한 실현을 위한 유일한 길이 아니며 가장 흔하거나 가장 적합한 길도 아니다. 그것은 역시 뚜렷이 한정된, 사회계급에 얽매인 내용을 지니는 역사적인 결단에 불과하다.

의미의 추구인가 의미의 부정인가*

로라 보본느

1. 테제

우리는 현대 일상생활의 사회학에 대한 이론적 성과를 이루어왔다. 이러한 성과는 인식론적 요소는 물론 윤리적인 요소에 대한 고려를 통해 이룬 것으로서 베버류(Weberian)의 목적 합리성(purposive rationality) 패러다임을 넘어서는 의미에 대한 개념의 확장을 허용할 수 있게 했을 뿐더러 이를 더욱 복합적인 양상으로 윤곽을 잡을 수 있게 했다.

본고에서 필자는 의미가 일상생활에서 드러날 수 있는 모든 다양한 방식들을 결합할 수 있는 기회를 강조할 것을 제안하게 될 것이다. 이러한 조합된 양상들은 바로 그 차이로 하여 인간 행위의 인지 가능성의 원천(*origins of intelligability*: 인식론적 요소)과 실천도덕적 의미성(*practical moral meaningfulness*: 윤리적 요소)의 지극히 구체적인 상과 나아가서 사회적 행위자에 대한 지극히 구체적인 상을 우리가 갖도록 한다.

이미 우리가 주목한 바처럼, 베버에게 있어 행위의 의미에 대한 이해라

---

* 출전: Laura Bovone, “Theories of Everyday Life: a Search for Meaning of Meaning?,” *Current Sociology*, vol.37, no.1, spring, 1989(김동규 역).

고 하는 것은 (배타적인 방식으로서가 아니라 특별한 방식으로) 행위자의 의도를 이해하는 것을 의미한다. 이는 동기에서 출발하여 합리적인 행위조직과 미리 설정된 목적을 달성하기 위해 취해진 수단을 추적하는 것을 포함한다. 그러나 논구의 대상이 되는 저자들에게 있어서 일상생활론은 사회성(the social)의 의미가 생성되고 이해되는 맥락인 것이다. 그러나 뒤에서 보게 되겠지만 이는 명시적이든 암묵적이든간에 늘 베버류의 행위이론을 논박하는 방식으로 이루어지는 것이다. 그러나 이 이론 전체를 논박하는 것이 거의 불가능하기 때문에－물론 베버가 명료화하고 그 이후의 논객들이 강조한 바처럼 예의 이론이 갖는 유용성은 상당히 제한적이지만－ 다음의 주장은 전면으로 부각된 현대 일상생활 이론들의 어떤 측면들과 베버주의 이론의 통합을 주창한다.

2. 일상성의 사회학－주요 이론적 접근들

'일상생활'[1]이라고 하는 용어는 매일이라고하는 리듬, 즉 문자 그대로 '매 24시간마다 일어나는 것'이라고 하는 것을 상기시켜준다. 사실 이 개념의 역사는 (최근년에서야 광범위한 이론적 상관성을 갖게 된 것으로 여겨지기 때문에 그 역사가 오래되지는 않을지라도) 그 용어가 아주 광범위한 의미를 부여받아왔다는 것을 보여준다. 엘리아스(Elias, 1978)가 주목한 바처럼 이따금 이와 대조를 이루는 개념이 확인될 때 그것은 더욱 명료해지는 것이다.

의심의 여지 없이 일상성에 대한 이러한 관심은 실증주의, 맑시즘 그리고 기능주의와 같은 고전사회학 영역을 총체화(totalizing)하는 데서 오는

1) 과거에 이 용어에 주어진 다양한 의미들을 이해하기 위하여 나는 이들의 의미를 고찰해보는 것이 중요하다고 생각한다: 일상성, 일상생활, 일상생활세계, 그럼에도 불구하고 우리들이 보다시피 나중의 두 정의에서 '일상(everyday)'보다는 '생활(life)'에 더 강조가 주어져 있다.

위기와 관련을 지어야 한다. 그러므로 이러한 관심은 사회적 행위의 다양한 측면들을 거대모델(macromodels)과 거대체계(macrosystem)로 합리적 조직화를 피해야 한다는 주장들의 위기와 관련지어야만 한다. 유사하게, 사회경제적 진보가 집단적으로 추구되는 이유로 하여 목적론적 역사개념은 '전세계적인 계획(global planning)'이라는 범위안에서 일상성을 무시할 만한 것으로 만들어 버렸다. 그리고 일상성이라고 하는 순환적(cyclical) 시간은 선적(linear) 시간이라는 목적론이 포기되어야 한다는 것을 의미한다.

따라서 일상성의 이론이 앞에서도 윤곽을 그린 것처럼 서구의 사상이 가장 위기에 처해 있는 정확히 그러한 지역—다양한 비정통 맑시즘의 흐름 안에서, 현상학적 전통의 흐름 안에서 그리고 후기기능주의 미국사회학 안에서—에서 비롯된다는 것은 놀랄만한 사실이 되지는 않을 것이다. 위에서 개관한 바에 관한 한, 일상성에 대한 관심은 그러한 영역 안에서 의미의 특별한 잉태라는 견지에서 늘 정당화된다.

1) 네오 맑스주의 흐름

이러한 논의의 관점에서 볼 때, 여전히 맑스의 개념적 장치를 활용하고 있는 가장 중요한 저술가들로는 하버마스(Harbermas)와 헬러(Heller)를 들 수 있다. 프랑크푸르트학파(Frankfurt School)의 '비판이론(critical theory)'의 중심된 주제는 개인이 체제에 의해서 이데올로기적으로 포위되어 있다는 사실과 이러한 포위상태는 일상생활의 모든 범위에서 발생한다는 사실에 대한 인식에 있다. 비록 하버마스가 이 지점에서부터 출발은 하지만 그는 다음으로 급속히 전이해간다. 즉 맑시즘을 현상학과 언어학 이론과 함께 연계시키는가 하면 일상적 행위 자체에 바탕을 두고서 하나의 출구를 제안한다.

하버마스 이론에서 일상적 상황, 즉 '생활세계(life world; *Lebenswelt*)'는 '의사소통행위(communicative action),' '제도적 틀(institutional framework)' 그리고 전략적 행위 혹은 목적적 행위와 대비되는 상호주관적으로(intersubjectively) 유용한 행위규범이 형성되는 유의미한 상호작용의 상황이 된다.[2] 따라서 후기자본주의 사회에 대한 비판은 자율의 상실에 대한 비판과 '도구적 합리성(instrumental rationality)'에 의해 흡수된 (따라서 이와 변별되는) '실천적 도덕적 합리성'의 우위의 상실에 대한 비판에 기초를 둔다. 그리고 제안된 정치적 프로그램을 통제가 없는 의사소통행위의 재구성과 새로운 공통가치의 예고에 근거를 둔다.

그런데 여기서 베버와는 공공연하게 이견을 보이는 하버마스에 따르면,[3] 의미란 무엇보다도 목적적 행위에서 존재하지 않는다는 것이다. 행위자의 의도가 갖는 합리성의 발견에 상응하는 의미의 추구도 존재하지 않는다. 반면에 목적의 달성에 관심을 두는 목적적 혹은 전략적 행위, 공리주의적 행위는 그 자체가 윤리적 계기와 상호작용적 인식과정(가치에 관한 의사소통)이라는 측면에서 의미의 맥락이 되는 의사소통 행위에 대한 장애물이다.

두 가지 상이한 행위유형들은 루만(Luhmann)과의 논쟁에서 더욱 명확해지는 것처럼 체계성(the systemic)과 사회성(the social)이라고 하는 두 가지 상이한 수준의 통합으로 이끈다. 이는 두 가지 상이한 실재의 수준인 체계와 생활세계라고 하는 것을 특징지운다(Habermas and Luhmann, 1971; Habermas, 1981a: Ⅲ, 173-293).

일상성이라는 주제는 맑스주의 전통안에 있는 다른 학파, 즉 루카치(Lukacs)의 헝가리학파(Hungarian School), 그 중에서도 헬러(Heller)에 의해서 더욱 명확히 부각된다.

루카치에 따르자면(1963a: introduction), '일상의 인간행위는 모든 인간 실천(praxis)의 출발점이 되는 이유로 하여 초유의 것(the primun)이다'라는 것이다. 따라서 우리는 대단히 다양한 매일의 인간작용과 반작용에 대

2) 마르쿠제를 기리기 위한 논문("Technology and Science as Ideology" in Harbermas, 1970)에서, 전략적 행위는 전적으로 일과 동일시 된다. 의사소통행위 이론에 대한 보다 형식화되고 완전한 처리를 위한 것이다.

3) 베버와의 이견은 하버마스에서 명확해진다(1970).

한 세심한 고려 없이 사회의 경제적 및 사회적 발전에 대한 이해를 할 수 없다(즉 사회경제적 삶에 대한 인간의 적응은 물론 인간의 기여도 역시 이해될 수 없다).

이러한 통찰은 헬러의 『일상생활의 사회학(*Sociology of Everyday Life*)』에서 상세하게 간파되고 있다. "일상생활이란 개별인간의 재생산을 종합한 것을 나타내는 모든 행위이며, 또한 이것은 사회적 재생산의 가능성을 만들어낸다"(Heller, 1975: 21). 일상적 행위는 나름의 역사를 갖고 있는데, 이 역사와 충돌하는 것이 아니라 오히려 역사의 '부활절'인 것이다(Heller, 1975: 22). 계급의 역사라는 맥락 속에서 특히나 부르주아 계급의 맥락 속에서 단지 소수만이 자신과 '발생론적 의식적 행위(genetic conscious action)'를 통해서 자신이 살아가는 사회에 대한 의식을 획득함으로써 특수자로부터 유적인 것으로 성장한다. 이러한 발생론적 의식적 행위는 다름 아닌 도덕성, 정치, 예술, 과학 혹은 철학과 같은 사회적 욕구를 충족시키는 노동인 것이다. 대부분의 인간은 일상생활의 개별적인 것들을 초월할 수 없으며, 분업으로 초래된 소외로 하여 수동적인 상태로 머물게 된다.

헬러에 따르자면 일상성은 공적 영역에 대별되는 사적 영역을 의미하지 않으며(일상성의 양상들은 양 영역에 존재한다) 또한 비생산적인 노동 외적 영역도 아니다(대부분의 노동은 늘 일상적 의식으로 수행되어 왔는데, 이 일상적 의식의 경우, '발생론적' 의식과 대응하는가 하면, 지금은 대개 소외된 의식과 대응한다)(Heller, 1975: 133). 또한 그것은 소외라는 옷을 입고 늘 나타나지도 않는다(인간은 일상성을 자신의 개별의식의 발전에 있어 출발점으로 사용하고, 극도로 소외된 경제적 환경의 경우에조차도 소외 자체에 대항하여 '주체적으로 반역할' 수 있다).[4)]

---

4) Heller, 1975, p.415. 소외는 르페브르(1958)의 이론에서 훨씬 더 중심적인 개념이다. 르페브르의 접근방식은 일상생활에 대한 비판인 바, 이러한 문맥에서 일상생활이 '의미의 전달자'가 아닌 것은 확실하다. 그것은 일상생활이라는 것이 사적이며 친밀성의 영역, 그리고 소비의 영역, 그래서 생산이라는 것과는 또다른 것으로 재생산의 영역으로서 규정되는 르페브르의 개념체계로부터 어느 정도 기인하

욕구는 여전히 일상생활에서 비롯된다. 특정욕구처럼 개인이 위계(hierarchy)를 만드는 욕구는 자유라는 이상에 종속되었다. 이러한 활동은 정의에 따르자면 개인이 의식적 일반활동 동안에 자신이 갖는 특수성을 넘어설 때 발생한다. 그리고 이러한 현상은 이른바 근본적 욕구, 혹은 더욱 정확히 표현해 소외되지 않은 인간 욕구를 만족시키는 것이다(Heller, 1976). 그래서 헬러의 일상성 개념은 대부분의 사람들이 매일의 삶을 꾸려가는 소외된 상황의 개별화에 의해서 뿐만 아니라 그러한 상황에 현존하는 거대한 잠재성에 대한 역점을 통해 특징지어진다. 그 결과로 그러한 입론이 나타내는 용어들이 그것들만으로서는 헬러류의 어휘목록에 포함되지는 않을지라도 일상성은 의미의 재구성을 위한 피할 수 없는 출발점이 된다고 할 수 있다.

이러한 '재구성'이 어떤 의미에서는 무엇보다도 실천적이며 도덕적인 것으로 보일지 모르지만, 그것은 분명히 소외된 인간의 삶을 특징짓는 그러한 무의식에 대한 우선적인 극복을 의미하게 된다. 더군다나 이것은 맑스주의 사상에 있어 전형적인 이론과 실천 사이의 일치에 조응한다.

2) 현상학적 접근

'일상생활세계(the everyday life world; *Alltagliche Lebenswelt*)'의 지식에 대해 부여하는 관심으로 성격이 규정되는 현대 사회학의 한 주요 학파는 현상학이라는 이름으로 나아가는 철학유파의 창시자인 훗설(Husserl)의 저작에서 비롯된다. 훗설(1954)의 경우에 일상세계의 지식이 논리적으로 과학적 탐구를 선행하는 것과 꼭 마찬가지로 슈츠(Schutz)의 경우에서

는 것이라 할 수 있다(이 점에 관해서는 Donati, 1982를 참조하라). 그러나 그 반면에, 헬러에 있어서는 이같은 이분법은 존재하는 것 같지 않으며, 어떤 특수한 수준에서 재생산으로 규정되는 일상생활은 통상적인 의미의 생산과 대조를 이루기는 하지만 '일반적인 것'과 훨씬 더 대비되는 것이라 할 수 있으며, 그래서 개인적 차원에서든 혹은 사회적 차원에서든지 일상생활은 재생산 그 자체를 위해 필요한 것으로 간주된다.

도 일상의 세계에 관한 지식은 상호주관적이고 사회적으로 구성되며, 유형적인 것으로 즉각 받아들이는 유용한 지식에 대한 기존체계이다. 이러한 지식으로 해서 우리는 우리의 행위를 방향지을 수 있다(Schutz, 1962b). 따라서 일상생활의 세계 혹은 '당연시되는 세계(world taken for granted)'는 유한한 의미의 영역인 것이다(Schutz, 1962b: '복합적 현실에 관하여'). 이 영역은 다른 방식들로 그리고 (상상적, 예술적, 종교적, 과학적 등등의) 다른 의미들을 통해 고려될 법한 '대상들에 관계되어 있을지라도 그것은 있는 그대로의 외부 세계를 즉각적으로 그리고 의문의 여지 없이 받아들이면서, 그러한 의미들에 대하여 '삶에 대한 관심'의 견지에서 자연스러운 태도를 갖기 때문에 특히 중요하다. 그러나 슈츠에 있어 일상성과 비일상성이 사실상 두 개의 대척적 위치에 있는 존재론적 구조가 아니라면, 그 양자는 다른 유형의 경험이며 따라서 주관주의적 현상학 용어로 말하자면 다른 실체들인 것이다.

여전히 건재함을 보여온 슈츠(1970a)는 베버주의적 방법론의 입장에서 의미의 문제를 다루었다. 그러나 이 방법론은 반박되기보다는 오히려 사회적 행위를 상호작용으로 분석한 슈츠의 노력에 의해 풍부해진 셈이다. 그러나 후에 그는 일상생활의 상식이 모든 과학적 유형의 해석을 위한 근간이며 출발점이라는 것을 분명히 하였다(Schutz, 1962b). 그러나 우리가 베버 자신이 의미가 가장 풍부한 것으로 간주한 목적적 행위의 그러한 특징들과 만나게 되는 곳은 상식의 영역내에서가 아니다. 슈츠에 따르자면 합리성 공준(postulate)은 '과학적 관찰에 있어 이론적 수준'에서만 나타나는 순전히 방법론적인 구성물인 것이다(Schutz, 1964: 80). 사회적 행위자는 하나의 이념형이며 실제 행위자와 비교하면 일종의 '꼭두각시'이다.

지식사회학의 문맥 내에서 슈츠의 족적을 따라 버거와 루크만(1967)은 일상생활에 대한 현상학적 분석을 제시한다. 이 후자는 질서 잡혀 있고 (일상이 깨뜨려지지 않는 한) 당연시 여겨지며, (개인이 작용하는) 타자와 공유되는 '더할 나위 없는 실재'(1967: 21)로, 그리고 개인의 정체성의 근간으로 보인다. 더군다나 습관적 상호작용은 행동유형의(1967: 100) 전형화와 제도화의 원천이다. 자신들의 상황의 복합성을 단순화하려는 개별주체들의 욕구에 연원을 둔 이 과정은 역사의 과정 속에서 자신들에 의해 조합되며, 언어라는 상징수단을 통해 일관성이 부여되고, 정당화되며, 전수되는 객관적 실재의 일부로 바라보는 뒤를 계속해 잇는 세대들이 사회화될 역사적 퇴적물을 형성한다.

제도의 분절화, 분업 그리고 단일하고 지속적인 개인의 정체성[5)]의 형성과 인지를 이루기 위한 관련 역할의 복합성은 모든 개인이 아닌 일부가 공유하는 제도적 하위체계들을 만들어냄으로써 가능하다(Berger and Luckmann, 1967: 84-86, 138). 이러한 말은 마치 파편화되고 복잡화된 일상생활세계가 더이상은 결코 명백하지도 당연시되지도 않다는 것을 의미한다.

따라서 이러한 접근은 비성찰적인 습관적 사고유형에 역점을 둔다. 그러나 그러한 사고유형은 일상생활에서 전형적인 '상식'에 의해 형성되므로 기본적이다. 이와 대립되어 있는 것은 고도로 상징적인 지식의 유형이다. 즉 그 언어는 신화학, 신학, 철학 그리고 과학과 같은 이론들과 상징적 세계를 정교화한다(그리고 이와 같은 상징적 세계를 정당화한다)(Berger and Luckmann, 1967: 92-128). 그러나 존재론적 관점에서 일상세계는 어떤 아주 정확한 경계를 갖고 있는 것으로 보이지는 않는다. 그 생활세계는 내적으로 하위 분화되지만 꿈의 형태이건 광기의 형태이건 간에 비실재의 영역을 배제하는 것처럼 보인다(1967: 96). 그리고 그 영역은 일상생활의 관점에서 설명될 수 있음에도 불구하고 생활세계로 통합되지 않는 상징적 세계인 것이다.

아르디고(Ardigo, 1980: 15)는 슈츠의 현상학을 다시 상고하지만 동시에 공공연하게 견해를 달리하면서(Izzo, 1983 참조), 일상생활세계를 행위의 의미와 상호주관적 커뮤니케이션에 대한 충분하고도 상호적인 이해를 갖춘

5) 이것은 더 최근의 문제이다. Buger & Kellner(1973a)를 참조.

친밀하거나 절친한 관계와 일상적 상호작용의 복합으로서 기술한다. 이 영역은 제도들에 의해서 조직화되고 체계 자체의 안정성과 자기 지도를 보장하는 그 모든 고정화된 사회관계들로서 서술된 사회체계와 충돌한다. 생활세계는 인지적 의미의 특별생산자일 뿐더러 또한 윤리적 행동의 (즉 뚜렷이 구별되지 않고 타율적인 체계의 규범들과 충돌하는 명백하고 자율적인 행동규범[6]의) 특별 생산자이다. 어쨌든 아르디고는 양자간의 화해는 가능할 뿐만 아니라 필요하다고 믿는다. 그리고 그는 이를 서구 사회내에서 정당화와 통치능력의 위기를 해소하는 한 가지 방법으로 제시하고 있다.

그래서 아르디고는 현상학과의 연계에도 불구하고 기본적으로 윤리학에 대해 관심을 두고 있다. 따라서 일상세계로부터 생겨날 것으로 기대되는 산출물은 무엇보다도 규범과 가치의 형태를 띤다. 생활세계는 인지적 의미에 의해 고려된다면 하버마스적 용어로는 가치에 대한 커뮤니케이션에 해당하는 특별한 상호주관적 커뮤니케이션 맥락에 위치지어진다. 더구나 하버마스의 경우와 마찬가지로 아르디고의 경우에 생활세계는 체계와 대조를 이룬다. 그러나 (본질적으로 하버마스의 정치적인 관심과는 다르게) 아르디고는 일차적 관계의 사적 문맥으로서의 생활세계의 특성에 역점을 두고 있다.

3) 북미의 미시사회학

최근에 '급진적 경험주의'라고 불려온 한 사상학파가 (어쨌든 늘 근본적으로 경험적이었던) 북미 사회학계내에서 생겨났다. 한편으로 이 학파는 일상성과 면접적 관계에 대한 예의 관심과 관찰된 현상을 양화시키는 데

6) 이런 일상성의 개념은 많은 점에서 알베로니(Alberoni, 1970)에 의해 제기된 것과 반대된다. 솔직히 아르디고는 일상성의 개념과 일치하지 않는다. 비록 알베로니가 의미와 새로운 가치들이 생산되는 사회적 영역에 대해 우선적으로 다룬다고 하지만, 그는 이 영역을 일상성으로가 아니라 베버에 있지만 아르디고에는 직접적으로 반대가 되는, 모든 반복의 함축과 관료적 제도화를 요구하는 일상적 궤도를 깨뜨리는 예외적인 운동과 동일시된다.

대한 예의 거부를 통해 현상학과 관련을 짓는가 하면, 다른 한편으로 개념적 장치를 사용함으로써 나름의 경로를 밟고 있다. 미국의 미시사회학 안에서 우리는 서로 다른 두 가지 경향을 구분해 낼 수 있다. 즉 미드(G. H. Mead)에 의해 시작된 전통에 귀속되며, 우리의 관점에서 가장 탁월한 인물이 고프만으로 꼽히는 상징적 상호작용론과 가핑클에 의해 초석이 닦인 민속방법론이 바로 그 경향들이다.

고프만(1959)의 경우도 마찬가지로 실재는 사회적 구성물이지만 그러한 구성의 맥락이 되는 일상생활은 본질적으로 '연기'로 정의된다. 때로 이 연기는 문제 없이 계속된다. 그러나 접촉과 습관적 삶의 규칙들이 침해되자마자 사람들은 자신과 타자를 의식하게 되며 당혹감이 생겨나고 개별 행위자들, 다른 사람들의 응시에 노출되어 무대 위에 있는 자신을 보게 된다. 이와 같은 경우에 연기자들은 연기를 계속하기 위해 즉각 규칙을 재정립하고, 아마도 막후에서 일어나는 친밀한 친구들의 소집단 내의 다른 '하위연기(sub-performances)'를 재정립할 것이다. 조직들은 또한 그 자체가 다른 상황에서 내놓게 되는 연기를 통해 적절히 유지된다. 그리고 이러한 연기는 사회통합의 기저에 놓여 있는 의례 혹은 상징적 의식으로 정의될 수 있다.

판에 박힌 집단감응력 훈련(공개적인 행동)에 대한 고프만의 관심 (1961; 1971)은 사회적 연속성과 통합의 원천이 얼마나 자신에게 중요한가를 나타내준다. 최근에 이러한 관심으로 해서 고프만에 대한 새로운 해석을 할 수 있게 되었다. 이러한 해석에 따르자면 고프만은 더이상 상호작용론자로보다는 사회규범을 일상적 규범성과 상호작용 그 자체의 가능성의 기저에 놓여 있는, 암묵적인 도덕적 합의를 형성하는 것으로 바라보는 뒤르켐주의자[7]로 설명될 수 있다는 것이다. 이러한 상호작용은 무에서 새로운 규범을 재

7) 이것은 A. Gouldner, *The Coming Crisis of Western Sociology*, New York: Basic Book, 1970, pp.378-390에서 잘 알려진 해석과 반대된다. 이 분석에 따르면 고프만의 사회적 행위자들은, 비록 더이상 중간계급의 가치가 아닐지라도, 적어도 여전히 체면을 지키기 위해 시도하는 실용주의자적인 중간계급의 최후의 반

생하기보다는 규범에 자체를 적응시킨다. 따라서 이러한 도덕적 통합이 실재로 얼마나 심오하며 그리고 얼마나 멀리까지 연기 그 자체를 넘어설 수 있는지 정확히 말하기는 어렵다.

> 연기자로서 개인은 표준적 규범들을 실현하는 도덕적 문제보다는 이러한 표준적 규범들이 실현되고 있다고 확신시키는 인상을 꾀하려는 비도덕적 문제에 관심을 두고 있다(Goffman, 1959: 251).

사회는 살아남기 위해서 이러한 허구에 대한 필요를 갖고 있는데, 기존의 암묵적인 사회규칙에 대해 말할 수 있는 것은 다름아닌 이렇듯 지극히 일반적이며 기능적인 수준에서 뿐이다(Collins, 1981: 230). 마찬가지로 계기의 체계에 대한 실천적 합의인 행위자의 능력에 대한 자각을 제외하고서는 어떠한 실재적인 의미에서도 의미가 상호작용에서 비롯된다고 얘기하기가 실제로 불가능하다. 즉 연기에 의해 조성된 실재에 대한 인상은 미묘할 뿐더러 아주 사소한 불운에도 깨질 수 있는 약한 것이다(Goffman, 1959: 56). 이러한 사실은 규칙이 '게임의 규칙'이라든지 다른 사진들을 재생시키는 사진틀(Goffman, 1974)과 같은 관습적이고 무한한 구성물처럼 명백하게 표현되는, 특히나 고프만의 후기 저작의 경우에 해당된다.

고프만의 최근 저작들과 민속방법론자들-그들로서는 더욱 명확하게 슈츠류의 현상학에 연계되어 있는-의 저작들 사이에는 명백한 친화성이 있다. 진정으로 가핑클이 상호작용론의 관점에서 슈츠의 방법론적 개인주의를 변형시키고 있다고 얘기하는 것은 있을 법하다(1967). 개인의 행위는

격을 끝내고 있다. 기든스는 고프만의 작업이 파급적인 몇몇 경우들을 주장하는데, 특히 그것은 사회적 상호작용의 부재의 메커니즘으로서 체계적 통합을 다루는 이론의 범위에서 빛을 발하는 일상생활에 있어서 사회적 통합의 현재(presence)라는 것으로 고프만이 진전시킨 개념 때문이다. 콜린스(Collins, 1981)는 더 엄밀하게는 고프만과 지그리올리(Giglioli, 1984a)에서 도입되었는데 처음으로 고프만을 더욱 일반적으로 사회가 개인에 우선한다고 사회학적 전통속에 위치시킨 것으로 밝힌다.

그러한 행위를 만들어내는 맥락내에서 의미를 갖는다(지표성, idexicality). 자신들만의 상호작용의 의미를 설명하는 데 있어(성찰성, reflexivity) 일상생활에서 적적한 것을 만드는 사람은 다름 아닌 행위자들 자신이다. 가핑클은 행위를 위한 동기로서 늘 보아오던 이해관계, 규범 그리고 규칙을 행위자들이 자신들의 행위를 후험적으로 정당화하는 데 사용하는 해석적 체계로서 바라본다.

슈츠와 마찬가지로 가핑클(1967)은 베버의 합리성 모델을 거론하지만 그는 이에 대한 논박을 하는 방식에서 더욱 철저하다. 보통사람의 합리성은 실제로 이미 벌어진 일을 확인한다거나 합리화하려는 시도인 것이다. 연구자는 자신들의 입장에서 사회적 실천을 단순한 수단-목적 모델로 환원시키려 한다.

그러나 더욱 일반적인 관점에서 민속방법론자들은 일상생활이 경험되는 방식이 모두가 이미 이루어진 일들을 정당화하려는 시도에 가담하는 사회적 행위자들 그리고 과학자 혹은 연구자들을 공히 동일하다고 주장한다. 어쨌든 일상성은 무의식적이거나 당연시 여겨지는 규칙에 기초하고 있어서 당혹스럽게 혹은 최소한 어렵사리 합리화된다. 이런 식으로 커뮤니케이션이 가능한 사회적 산물이 형성된다. 어떠한 형태의 사회질서이건 연구하는 것이 힘들다고 하는 것은 마치 그러한 질서에 대한 모델이 공통의 일상생활 혹은 일상적인 전문적 연구생활에서 그러한 질서가 만들어지는 방식위에 그리고 그것을 넘어서 존재했던 것과 같다. 민속방법론적 연구는 공통적으로 인지되는 사회질서가 사실상 존재한다는 점을 서로에게 입증하기 위해서 구성원들이 특정 장면들을 수집하는 방식들을 구별해야만 한다(Zimmermann and Pollner, 1970).

그러므로 가장 급진적 유형의 미국 미시 사회학은, 이미 현상학에서는 존재하는, 일상성의 영역이 이와 대극의 위치에 있는 영역에 대해서 어떠한 여지도 남기지 않은 채 살아온 경험 전체와 동격이 되는 지점까지 일상성의 영역을 극단적으로 확장하려고 한다.

마지막으로 우리는 의미문제를 다루어야만 한다. 슈츠와는 달리 고프만에 따르자면 사회적 행위자의 실재적인 상식과 방법론적으로 구성된 '꼭두각시'의 의미는 존재하지 않는다. 행위자는 늘 가능한 한 최선의 행동을 하려는 '자아'인 것이다. 그는 사회학자가 그러리라 여기는 '꼭두각시'가 아니라 사회적 삶에 해당하는 연기게임에서의 연기자인 것이다. 민속방법론자들에게는 행위의 의미가 한층 더 난해한 것이다. 행위는 연기와 부합한다. 고프만에게 있어 행위자는 나름의 일관된 역할을 수행하는 반면에, 가핑클의 경우에 행위자는 자신의 명확한 일상적 활동 가운데 일관되게 자신의 상을 그리는 것을 제쳐 놓고는 그 어느 것에도 무관심한 것처럼 보인다. 이러한 언어-커뮤니케이션에 대한 관심사내에서 담화의 가능성이란 하버마스가 갖는 그 단어에 대한 의미에서는 유효하지 못하다. 왜냐하면 규범과 가치가 출현하지 못하거나 혹은 그것들에 대한 합의를 어떤 류에서건 기획하는 것이 가능하지 못할 것이기 때문이다.

4) 현재성 및 일상성연구소

미셸 마페졸리는 소르본느 대학의 현재성 및 일상성연구소(*The Centre d'etudes sur l'actuel et le quotidien*)의 소장이다. 비록 미국의 미시 사회학의 영향을 그의 사상에서 찾을 수도 있지만, 프랑스의 인류학 특히 그가 창조적 자발성에 역점을 두고 있는 한 니체주의 철학에 가장 큰 영향을 받았다. 마페졸리(1979)는 이해관계나 규범에 의해 동기지어진 전통적인 행위유형을 사용하는 것이 가능하지 못하다고 믿는다. 합리성은 일상생활의 의미를 설명하지 못한다. 마페졸리는 그 생활세계를 개인이 경색된 제도들을 유연하게 거부하고 게임의 부당한 원천들과 살려는 의지를 이용하면서 그러한 제도들을 다루기 위해 자신의 기지를 사용하는 고도로 애매한 맥락으로 바라본다.

마페졸리가 역사적 항상성을 형성하는 것으로 여기는 이 특정 차원은 현재라고 하는 시간의 경계내에서 자체를 성취하는 가운데 기획을 부정하는 바로 그것이다. 그 차원은 차이를 강조하지만 또한 더욱 의미 있는 언어를 위한 토대를 제공하기도 한다. 왜냐하면 불평등하거나 상징적인 교환이 경제적 교환에서 보이는 개인주의를 부정하기 때문이다(Maffesoli, 1983). 현대 사회는 연극, 지속적인 게임, 욕구충족적 의례주의라고 하는 분위기로 특징지어진다. 마페졸리(1979a)에 있어 게임이란 개념은 그에게 있어서 '기본적인 인류학적 규칙'이란 것이 무엇인가를 상기시켜 준다. 즉 게임과 진지함은 똑같이 무의미한 두 가지 등가적 계기이다. 더 중요하고 덜 중요한 것이란 존재하지 않는다. 즉 가치들의 위계서열이란 없다.

따라서 일상생활은 특별히 생명의 약동(*élan vital*), 상상력과 상궤를 벗어나는 것을 강조하는 비제도적이며 전적으로 자발적인 사회생활의 면면과 부합한다.[8] 마페졸리(1979a)가 의도적으로 부각시키려고 애쓰는 이러한 대비속에서는, 인지적 넌센스(환상, 허구…는 현실을 구성하는 일부분이다)는 인지적 감각과 도덕적 의미의 비도덕성을 조장한다('그 의미가 단순히 함께 산다는 것이기도 한 심오한 윤리적 욕구의 표현인 역동적인 비도덕성이 당위성의 도덕적 구속을 넘어서 존재한다').

사회학적 상대주의와 유추적 절차는 과학적으로 주장되는 모델에 내포된 현격한 구분들에 의지함이 없이 사회생활을 두드러지게 이해할 수 있도록 하는 방법론적 필요조건이다.

---

8) 발랑디에(Georges Balandier, 1983)는 조금 더 상세하게 일상성의 중심부(일상의 수준에서 가장 강렬한 관계가 발상하는 곳으로서 매우 빈번하며 아주 사적이고 선택적인 성격을 지닌다)와 주변부를 구분할 것을 제안한다. 이러한 위계적 개념 분류는 논의의 초점이 마페졸리로부터 상당히 벗어나는 것을 의미한다.

3. 베버류 패러다임과의 비교—더 많은 의미인가 더 적은 의미인가?

1) 일상성 이론의 비교

아주 간결한 이 설명으로부터, 위에서 기술한 논자들의 이론들간의 비교표를 그려볼 수 있다. <표 1>의 제1란은 일상성이 무엇으로 구성되는가에 대한 학자들의 생각을 보여주며 제2란은 일상성의 구성요소에 포함되지 않는 것은 무엇인가에 대한 것이다. 제2란의 내용은 두말 할 것 없이 가장 정식화하기 어려운 것이었는데 이는 위에서 제시된 모든 학자들이 일상성이라는 주제에 초점을 맞추었지만 그들 모두가 그것의 반대요소가 무엇인지에 대해 의무적으로 피력해야 할 필요성을 느낀 것은 아니었기 때문이

<표 1> 일상성 이론들의 비교

저자	① 일상성	② 비일상성	③ 일상성에서 발현되는 의미유형	④ 일상성에서 발현되는 윤리적 의미유형
하버마스	생활세계, 의사소통행위의 영역	체계, 전략적 행위의 영역	의사소통	공통가치의 구성
헬러	개별적 재생산을 위한 활동	발생적인 의식적 활동	의식	근본적 욕구의 출현
슈츠	당연시되는 세계	여타 유한한 의미의 영역(과학, 종교, 광기)	상식: 의미의 즉각적, 공동 수용	
버거와 루크만	당연시되는 더할 나위 없는 실재	비실재성 (꿈, 광기)	비성찰적 지식	
아르디고	생활세계(사적)	체계	상호적 이해	자율적 규범화
고프만	수행		능력	
가핑클	당연시되는 세계		성찰성, 의미의 후험적 재구성	
마페졸리	현재성		(애매성)	(비도덕주의/연대)

다. 어쨌든 이런 식의 해석은 비록 때로는 약간 강제적인 성격을 띠더라도 제1란에 기술된 일상생활의 다양한 실증적 구성요소들에 대해 일정한 '깊이'를 더해주기 때문에 나는 그러한 시도가 전혀 소용 없는 것이라고는 생각하지 않는다.

그런데 내가 주목하고 싶은 곳은 마지막의 두 칸이다. 그것은 이 마지막 두 칸속의 내용을 통해 베버의 패러다임과 일종의 전면적 비교가 가능하기 때문이다.

일별하는 것만으로도 현대 사회학이 갖는 전형적인 인지적 경향이 이미 명백해 보일 것이다. 대체로 보아 한쪽에는 가치의 문제가 제시되어 있고, 인간 지식의 대상물로서의 의미가 순수하고 단순한 형태로 다른 한쪽에는 다뤄지고 있는 것으로 보인다. 이런 관점에서 보면, 의미의 출현에 있어서 일상생활이라는 공간이 중요한데(<표 2> 참조), 그 이유는 일상생활이 ⓐ 즉각적이고, 비성찰적 지식의 원천이면서도 공통적이며 다른 각각의 형태의 한층 더 복잡한 의미의 기초를 이루기 때문이고(슈츠, 버거, 루크만), ⓑ '인생이라는 연극(life-performance)'에서 행위자들의 능력이 도드라져 보이는 상호작용이고, 언술행위를 통해 후험적으로 의미가 구축되는 맥락이기 때문이며(고프만, 가핑클), ⓒ 일반적 규범과 가치를 정식화하기 위한 의사소통이며 호혜적 이해의 계기이기 때문이다(하버마스, 헬러, 아르디고).

<표 2>의 ⓐ란에 조합된 접근들은 가장 순수한 형태라 할 수 있을 것이다. 왜냐하면 이들이 지식사회학의 입장에서 나온 것이기 때문이다. 이들은 윤리적 문제에 대해 언급하지 않기 때문이 아니라, 주로 인지적 관점에서 이를 바라보기 때문에 윤리적 문제를 부차적으로 다룬다.

슈츠(1962b; 1970b)는, 다양한 계획들과 관련된 모든 가치선택이 자유롭게 이뤄지지만 한 개인의 앞선 경험에 의해 조건지어지는 지적 상황의 인과론적 기초 위에서 존재한다고 보았다. 슈츠는 가치와 합리성이라는 문제와 합리성의 딜레마라는 문제를 순수한 방법론적 견지에서 가치와 목적의 문제로 보면서 이들을 인지과정의 분석의 수준 이상으로는 다루지 않고 있다.

<표 2> 일상생활로부터의 의미의 출현

일상생활	ⓐ →	슈츠 버거 루크만	상식 비성찰적 기본지식	인지적 의미
↓	ⓑ →	고프만 가핑클	능력 재구성	상황 속에서 출현하는 인지적 의미
의미	ⓒ →	하버마스	가치에 관한 의사소통	도덕적(및 인지적) 의미
		헬러	욕구의 출현	
		아르디고	호혜적 이해	

버거와 루크만(1967: 109)은 가치가 상징적 세계에서 이루어지는 '실재에 대한 정의들'이라고 한다. 다시 그들의 문제는 지식의 전이의 문제가 된다. 따라서 '인지적 개념화와 규범적 개념화 사이의 관계는 경험적으로 유동적이다.

<표 2>의 ⓑ란을 강조하는 시각들에 관해 크노르세티나(K. Knorr-Cetina, 1982)는 사회학이 지나치게 인지적 관점의 경향으로 치우치는 것이 아닌가 하는 의문을 제기했다. 여기에 대해서는 명확한 대답을 하기가 매우 어렵다. 미국의 미시사회학의 영향이 본래 인지적인 것이었으며 따라서 상호작용을 통한 의미의 구축과 이의 공유의 중요성을 강조하고, 개인이 적절한 방식으로 스스로를 적응시켜야 하는 선행적인 위계적 가치/규범체계를 인정하지 않으며 질서라는 것이 요령 있게 통제되는 일상적인 상호작용의 산물과 다른 것이라는 점을 인정하지 않거나(고프만), 또는 비성찰적 행동양식에 대한 공유된 정당화와 질서가 서로 다른 것이라는 점을 인정하지 않는다(가핑클).

한편 지글리올리(Giglioli, 1984b: 149)가 적절하게 지적하는 바와 같이 미시적 접근은 인지의 범주와 행위의 범주 사이의 전통적인 구분을 약화시킨다. 상식에 기초하든 과학적 인식(scientific sense)에 기초하든, 지식이 획득되는 주된 방식은 사회적 실천과 행위를 통해서이다. 크노르세티나

(1981: 7-15)가 미시사회학에서 '방법론적 상황주의'가 '방법론적 개인주의와 전체론' 또는 방법론적 집합주의를 극복하는 방법이라고 주장하면서 생각하고 있던 결론의 형태는 바로 이것이다. 그렇지만 이것도 본질적으로는 방법론적 접근에 머무르고 있고 따라서 지식이 획득되는 방법을 판별하기 위한 기호화와 해독의 방법을 고안하는 데 주된 관심을 두고 있다.

ⓒ란의 내용을 주장하는 세 명의 학자들은, '도덕적' 또는 '양식 있는' 따위의 말에 통속적인 말로 덧붙여지는 피상성과 천진성 (그리고 다소 인지적인 의미의) 암시를 제거(사상)시킬 수만 있다면, 일상성이 가지는 '도덕적 의미' 혹은 사회의 일반적 양식(good sense)의 '생산자'로서의 지위에 관심을 두고 있는 유일한 그룹으로 볼 수 있다. 이 세 사회학자들은 인지보다 도덕성에 관한 관심을 명백히 더 중요하게 여기며 인지는 흔히 도덕적 의미에 종속된다. 인지적 의미가 일상생활에서 나온다고 할 때, 하버마스는 이 점을 가치에 관한 의사소통으로, 헬러는 아마 근본적인 욕구에 대한 의식으로 볼 것이고, 아르디고는 일종의 상호작용적 이해과정으로 생각할 것이다. 이러한 상호작용적 이해는 대부분 사적(私的) 맥락에서 일어나기 때문에 의미보다는 감정(feeling)에 더 가깝게 보일 것이다. 이처럼 일상생활이 가치의 생산자로 되는 경우에는 인지에 대한 공급은 대체로 수단적 역할을 한다.

이 다소 문제스러운 문맥에서, 마페졸리의 기고문(글)은 해석하기가 더욱 어렵다. 애매성을 현대를 특징짓는 인식적 범주로 정의내리는 것은 어떤 형태로든 의미있는 지식을 변별할 수 있다는 가능성 자체를 배제하는 것으로 보인다(모든 회의론적 언명들에서 명백히 그런 것처럼, 비록 이 설명이 자체로 모순적이라 해도).

그런데도 마페졸리의 '자발성' 개념은 비록 그것이 논의의 중심에 있으면서도 명백히 앞뒤가 맞지 않다는 점을 감안해도, 절대적 부도덕주의(absolute immoralism)와 가치체계에 기반한 위계서열 구축의 불가능성에서부터 가장 관대한 사회적 연대까지를 포함하는 창조적 에너지의 주목할 만한 원천이다.

하지만 이것은 의미의 실용적 형태이다. ⓒ란의 범주에 해당하는 사회학들과는 달리 '자발성' 개념은 어떠한 종류이든간에 계획이라는 것을 허용하지 않는다. 정치적 수준에서의 투쟁을 요구해가며 사회 자체가 적응해야 할 규범과 가치가 창조되는 일은 없으며 그러한 것에 대한 '더 높은' 욕구가 나타나는 것도 아니다.

때문에 <표 1>에서 ③란과 ④란을 채우려는 시도가 행해졌음에도 실제에 있어서는 마페졸리에게는 일상생활에서 나오는 어떠한 인식적 및 도덕적 의미도 출현하지 않는 것으로 간단히 분류해버릴 정도로 모호해 보였을 것으로 생각된다.

2) 베버류 패러다임과의 비교-다른 의미

이런 점에서, 일상성 이론의 특징들과 관련해서나 목적(의식적) 행위이론에 있어서나 (인식적 의미를 다루고 있는) <표 1>의 ③란에 있는 내용과 베버적 패러다임을 비교하는 것만이 의미 있어 보일 것이다.

나는 『경제와 사회(*Economy and Society*)』의 유명한 이해의 공식(*Verstehen formula*)의 몇가지 점을 강조하고자 한다.[9] 즉 이것은 인식적 의미란 주어진 정황에서 행동하는 주체의 행위를 통제하는 의도에 대한 관찰자의 해석으로 요약될 수 있다.

이 패러다임에 대해 최근 부동(R. Boudon)이 가한 풍부한 자격규정과 엄격한 제한은 우리에게 이 패러다임의 색출적 효용에 대한 분명한 형태의

9) 다음과 같은 베버(1956, vol.1:1)의 글귀를 참조하라.

> "사회학은 … 사회적 행위를 해석하는 방식의 윤곽을 잡아 그것의 기능과 결과를 인과적으로 설명하는 과학이어야 한다. 덧붙여 말해, 행위라는 것은 '인간행위'를 의미하는데 이것은 행위하는 개인이나 개개인들이 이 행위에 주관적 의미를 부여하는 방식에 달려 있다. 즉 사회적 행위가 의미하는 것은 행위자 또는 행위자들의 의지와 의도에 따라 타인의 행위와 관련되어, 이것에 기초하여 지향되는 행위를 말한다."

보증을 주고 있다고 생각한다. 부동의 재구성은—이 공식에 따르면, "간략히 말해 행위의 의미란 주어진 상황과 관련하여… 행동유형의 적응성을 집중조명하는 것으로 이해된다"(Boudon, 1084: 61)— 베버가 그의 방법론에 관한 에세이에서 말한 엄격한 공식과 어느 정도 동등하다. 베버의 공식은 다음과 같다.

> 의미 있는 행위구조에 대한 직접적인 '인식가능한 방식'은 (주관적으로) 세워진 목적을 명료하고 정밀하게 수행하는 데 적합하다고 (주관적으로) 판단되는 방법에 따라 엄격한 합리적 양식으로 행하는 주관적인 행위이다(Weber, 1951: 432).

합리적 행위의 두 가지 이상적인 형태들—목적 합리성과 평가적 합리성— 중 베버는 목적 합리적 행위를 방법론적 측면에서 더욱 풍부한 것으로 본다. 더욱이 그가 많은 논문들에서 확인하고 있는 바, 이 점은 근대사회의 합리화의 본성에 따라 점차 보편적인 것으로 된다.

우리가 이미 앞에서 언급한 것처럼 합리적 행위의 목적형태 혹은 적응적 형태는 현상학파 학자들이 지적하는 것처럼 일상생활에서 나타나는 자발적이고 비성찰적인 의미와 일치하지 않는다. 그렇다고 하버마스가 목적 합리성보다 명백하게 우위에 있는 것이라고 보는 자유로운 의사소통으로부터 나타나는 의미와 일치하는 것도 아니며 고프만이 비유적으로 지칭하는 배우들의 연출능력과도 일치하지 않는다. 그것은 가핑클의 용어로 하면 '구성원'들이 그들 자신의 일상에 부여하는 스테레오타입화된 의미와도 다르다.

다른 곳에서도 언급했지만, 현대에 전형적인 형태로 보이는 절충적 접근의 경향속에서, 이러한 의미의 여러가지 형태들이 상호배타적인 것으로 보이지는 않는다. 그렇다고 이들을 가치체계상의 위계(value-based hierachy)에 놓는 것이 하버마스가 하는 것처럼 그렇게 쉬운 것으로 보이지도 않는다(1981: vol.1, 114-151).

위에서 제시된 일상생활이론들 중 특정한 종류의 것들은, 각각이 (일상성에) 참조하는 바로 그 상황 때문에 베버적 패러다임에서와는 다른 방법으로 특징지어진다고 충분히 말할 수 있다. 그러나 이에 대한 반대 주장은 다음과 같은 근거에서 쉽게 성립될 수 있다. 즉 위에서 언급된 사회학자들 중 일부 학자들(슈츠, 버거와 루크만, 고프만과 가핑클, 그리고 마페졸리)에게 일상성이란 실질적으로 존재하는 현실성의 유일한 형태라는 것이다. 따라서 이것이 유효한 의미의 형태를 나타내는 유일한 형태이고 베버적 패러다임은 공공연히 배척된다.

더욱이 이들 학자들에게 있어 존재하는 유일한 범주(즉 일상성의 범주)로부터 서로 의미의 형태들이 산출되는데, 이 의미의 형태들은 일치점이 거의 없기 때문에 이 의미의 형태들이 어떤 형태로든 행위이론과는 거리가 먼 것이라는 사실을 일상성 자체의 속성 탓으로 보는 것은 용인할 수 없는 것으로 여겨진다.

거기에다 부동이 지적하듯이 베버적 패러다임은 미시적 의미로부터 거시적 의미로 옮겨가는 데 특히 유용하고, 그 속에서 행위자가 적응해야 할 행위자심리학(actor psychology)의 요소와 계통적·상황적 요소들을 포함하고 있다면 거시적 의미를 개인의 행동양식을 통해 설명하는 데도 유용한 것으로 보인다.

이 점을 정리해 보자. 문제틀로서 거시현상 M이 존재할 때 이것은 개별적 행동을 나타내는 m의 함수로 해석될 수 있는데, 후자는 언제나 상황 S(의 함수)에 적응하는 것으로 보일 수 있다. 이 때 S는 또한 M 자체에도 포함되는 것이며 M′라는 체계에 의해 거시적 수준에서 정의되는 것이다. 이를 통해, M=M{m[s(M′)]} 또는 M=MmSM′라는 공식을 얻을 수 있다(Boudon, 1984: 40). 이 공식은 비록 순수한 목적 합리성에 의해 제시되는 일반적인 견해 이상의 것이라 해도 절대적인 것으로 간주하거나 보편적 효용을 가진 것으로 여겨져서는 안된다. 우리가 목적합리적 행위에 대해 이야기할 때는, 목적에 대한 행위자의 선택은 배제한다는 것을 의미한다. 또한 목적 자체가 있는 그대로 수용되어야 할 주어진 대상이라는 것을 의미하며, 우리가 단지 목적으로 나아가는 적응과정만을 판단한다는 것을 의미한다. 그리고 '합리성'의 공식적 범주는 단지 경제학적 용례의 실용적 목적에만 적용가능한 것은 아니다. 그것은 도덕적, 전통적 혹은 다른 목적들[10]을 다룰 때도 사용될 수 있으며, 일반적으로 말해서 행위자에 의해 선택되거나 그에게 부과되며 어떤 경우에도 그 행위자 자신에 의해서는 이의를 제기받지 않는, 그래서 거시적 맥락에 속한다고 간주될 수 있는 상황에 대한 행위자의 의식적 적응에 대해 다룰 때도 사용될 수 있다.

그러나 우리가 이런 식으로 의미를 변별할 수 없는 사회적 계기도 많이 있다. 이런 경우 이와 같은 일상성 이론들에 의해 그려지는 의미의 형태들은 가치 있는 본질적 내용과 방법론적 지표를 가져다 준다. 즉 상호작용 자체에 방해가 가해지지 않는 한 오직 상호작용 내에서만 출현하는 의미의 유형이 존재한다는 것, 친밀한 또는 우호적인 의사소통—경우에 따라 감정의 교환과 가치의 교환이 일어날 수 있는 베버의 '공감' 개념과 비슷한—(Weber, 1956: 1, 2)과 연관된 의미의 유형이 존재한다는 것, 그리고 평등한 주체들간의 자유로운 의사소통에서 나오는 의미의 형태가 존재한다는 것, 우리가 아무런 의문의 여지 없이 받아들이는 현실로부터 출현하는 비성찰적이며 문제를 내포하고 있지 않은 의미의 형태가 존재한다는 것, 우리에게 의식적 사유과정의 여지를 전혀 남겨두지 않고, 우리가 우리의 일상적 행위들을 그 속에 부여하는 고정관념적이고, 후험적 의미의 유형들이 존재한다는 것 등이 그 지표들이다.

그러면 베버가 왜 많은 사람들이 현대에는 비실재적이거나 드물거나 기껏해야 아주 널리 퍼져 있는 것으로 여겨지는 의미의 형태를 그토록 강조했는가에 대해 자문해 보아야 할 때인 것 같다. 이에 대한 대답은 부분적으로 베버가 연구했던 한참 팽창해가던 산업사회와 오늘날 우리가 다루어

10) Boudon, 1984, pp.56-62. 부동은 베버류의 패러다임으로부터 법칙을 추론하려는 명명적 오류에 대해 장황하게 경고하고 있다(ch.III). 게다가 부동의 재구성은 제한된 합리성의 가장 최신이론으로 부각되고 있다(Simon, 1983 참조).

야만 하는 '후기산업사회' 사이의 역사적 거리에 존재한다(Bovone, 1982). 그러나 내가 생각하기에 이러한 대조는 과장된 것이며 어떤 의미에서는 반작용적인 것이다. 오늘날에는 부동에 의해 이미 주어진 표본으로서의 '절충적 균형'이라는 입장을 취하는 것이 확실히 가능하다.

4. 의미와 정체성—차이를 해소하기 위한 가설

지금까지 일반적으로 논의된 것들이 비록 많은 특별한 방법으로 응용될 수 있겠지만, 나는 결론을 맺는 의미에서 정체성에 관해 논의하는 것이 가장 좋은 길의 하나라는 가설을 제시하고자 한다.

여기서 정체성에 관한 세세한 설명을 하거나, 정체성 위기에 의해 현대인들과 사회학자들[11]에게 공히 종종 촉발되는 불안에 대해 언급하려는 것은 분명 아니다. 그러나 나는 정체성 개념이 '개인적 의미'의 개념과 동등한 것이라고 주장하려 한다. 이런 의미에서 일상성 이론들이 제시하는 의미의 윤리적 형태를 제기할 수도 있는데, 나는 그 이론들이 합리적 행위의 패러다임과 관련한 의미의 인식적 형태들과 일치하지 않았기 때문에 지금껏 이것을 대체로 무시해왔다.

무엇보다도, '정체성'은 그 자신을 대상화 할 수 있는 개인의 능력과 관련이 있다. 스키올라(Sciolla, 1983b)가 지적하는 것과 같이, 모든 학자들은 자기인식의 순간이 관찰자와 관찰대상이 일치되는 특별한 순간이라고 인지하고 있다. 따라서 정체성은 이를 통해 사회학의 가장 기초적인 방법론적 문제를 해결할 수 있는 잠재적으로 가장 가까운 지점까지 갈 수 있는 개념으로 보일 것이다. 그 방법론적 문제란 베버의 이해(*Verstehen*)의 개념이 그것의 모든 의미의 층위에서 포착하고 있는 것이다(Ammassari, 1985 참

---

11) 나는 이태리에서 있을 토론에 참여할 때, 두 가지를 가장 중요한 것으로 언급할 것이다(Sciolla, 1983b; Balbo et al., 1983).

조). 그러나 정체성은 상호작용에 의해 또한 생성되며, 주체가 자기자신의 항구적인 정체성을 발견할 수 있는 것도 오직 상호작용을 통해서이다. 그리고 마찬가지로, 그 주체가 다른 사람과 구별되는 것도 바로 이를 통해서이다(Melucci, 1982: 61-72). 이것들은 정확히 정체성에 관한 가장 대표적인 인식적 견지들이다. 하지만 이와 다른, 명확하게 윤리적인 범주들도 있다. 예를 들어, 파슨즈(1968)가 인지했던 바 정체성은 의미들의 체계이기도 한 것이다. 왜냐하면 정체성 또한 가치와 동기들에 대한 명령적 요소로 기능하기 때문이다.

정체성의 인식적 및 윤리적 요소는 루스코니(G. E. Rusconi)의 최근 저작에서 함께 다루어졌다. 그러나 이 저작에서는 합리성을 출발점으로 이용하고 있다. 즉 정체성은 단지 합리성의 여러 측면 중의 하나로 되는 것이다. 루스코니(1985: 13)는 합리성의 기준을 더욱 복잡한 것으로 만들고자 한다. 합리성은 단순히 수단을 목적에 적응시키는 방법만인 것이 아니라, '그 자신의 정체성에 대한 몰입,' 행위자 자신의 가치체계의 '일관성과 적합성의 정도'인 것이다. 자기 정체성을 만들어 가려는 가치체계와 만들 수 있는 것을 선택하는 것과 관련해서 상호작용을 실제로 시작하고, 의사소통을 하며, 때에 따라 수정되기도 하는 것은 바로 복합적 합리성(complex rationality)이라는 것이다. 그러나 나의 생각으로는 정체성을 합리성 안에 가두는 것은 또다시 의미의 인식적 형태를 우대하는 것이거나 심지어 합리성을 띠는 것에만 의미를 부여하는 것 같이 보인다.

다른 방식으로 문제를 다룬 시각에서 보면, 정체성은 베버에게 책임이 있는 '유형적 인식론적 구분'을 행위자와 그를 연구하는 관찰자가 어떻게든 해결하는 공간이 될 수도 있다(Rusconi, 1984: 254). 베버의 목적 합리성은 사실상 인지적 의미와 의미에 동기를 부여하는 가치를 분리시키자는 제안이며, 기계적인 선택의 척도와 의미를 가동시키는(motivates) 선택행위를 분리시키자는 것인데, 이것은 개인적 수준에서건 사회적 압박에서 기인하는 경우이건 베버가 말한 관료제의 철장이라는 합리적 용어로도 이해할 수 없는 것이다.

정체성의 개념은 아마도 우리가 정체성 자체내에서, 분석적으로 재구성될 수 있다는 이유로 의미를 가지는 요소들뿐만 아니라, 감정이입(empathy)이라는 관점에서만 이해될 수 있는 요소들로 인식할 때 이 차이를 해소할 수 있게 해줄 것이다. 즉 합리적 요소뿐만 아니라 이질적이거나—합리성의 가치들과— 부적합한 방식으로 조직된다(따라서 관찰자에게는 명백하게 비합리적인 것이다). 나는 이것이 비록 처음에는 완전히 혹은 부분적으로 관찰자에게 숨겨진다고 해도, 정체성 자체에 마이너스가 된다거나, 혼란스럽고 위기에 처한 정체성과 동일하다고는 생각하지 않는다.

왜냐하면 비록 한편으로는 비록 주체의 정체성이 완전히 관찰될 수 없다는 것이 분명하더라도,[12] 다시 말해 그것은 해석되어야 할 행위와 다른 것이라고 해도, 다른 한편으로는 합리적 개념들로 정체성의 완전한 환원에 도달하기 위해서는 '어떤 종류이건' 의미를 동반하는 가능한 측면들에 대한 탐색을 포기하지 않는 것이 중요하다.

12) 스키올라(Sciola, 1983a), 더 일반적인 의미로는 몽가르디니(Mongardini, 1985: 20-21)를 보라. 몽가르디니는 짐멜을 따라서 '중요한 방식으로 그들의 관계에 영향을 주는 사회적 관계의 외부에 존재하는 퍼서낼리티의 한 부분이 분석에 포함되는 것보다 배제되는 실재의 영역'을 갖는다고 본다.

일상생활의 비판과 이해*

빠뜨릭 따뀌셀

금세기가 시작된 이래로 일상생활은 많은 연구의 주제가 되어 왔다. 어떤 정의로도 그 내용이 전부 밝혀질 수 없는 이 분야를 탐색해온 모든 업적들을—심지어 가장 예시적인 업적들조차도— 여기서 일일이 나열하기란 불가능하다. 또한 그러한 나열은 이들 다양한 연구들을 각각의 학문별로 분류하는 데에도 도움이 되지 못한다. 일상생활의 경험을 이해하고 기술하는 방식과 그것이 각 저자에게 불러 일으키는 생각들은 이러저러한 대학의 학과나 특정 학습분과에 소속되어 있다는 것보다 그 문제에 대한 저자의 접근방법에 대한 더 좋은 지표가 된다.

인간 심성에 대한 모든 위대한 저작들은 인간존재의 평범한 일상적 사건들에 주의를 기울여 왔다. 그리고 이러한 저작들이 사회적 실체를 그 집합적 운명의 모든 범위에서 바라보는 한, 우리는 이 저작들을 당연히 사회학적 영역에서 고찰할 수 있는 것이다. 이성에 기초한 보편적 법칙의 확립에 기여하려고 한 칸트의 저작과 같은 철학적 작업은 삶의 가장 물질적이고 구체적인 측면들로부터 그렇게 많이 빗나가 있지 않으며, 매일 매일 우리

---

* 출전: Patrick Tacussel, "Criticism and Understanding of Everyday Life," *Current Sociology*, vol.37, no.1, spring, 1989(오재환 역).

의 기쁨과 슬픔을 구성하는 작은 일들에 아주 밀착해 있다. 칸트가 우리에게 궁극성의 지배-즉 개인적 이익들을 초월하는 하나의 도덕적 바탕위에서, 모든 사람들을 묶는 공통된 원리들-에 대해 말할 때, 그러한 체계속의 가치와 위엄이, 세련되지 않고 진부한 행동들속에 뿌리박혀 있다는 것을 정확하게 지적했던 것이다. 그는 "작업에서의 기술과 노력이 어떻게 시장가격을 갖게 되는지, 그리고 마음의 예민함, 상상의 생동감, 기지가 어떻게 정서적인 대가를 갖게 되는지, 다른 한편, 약속에의 충실, 원칙에 바탕한 호의가 어떻게 본질적인 가치를 갖는가"를 주목한다. 이런 점에서 칸트의 저작은 철학적인 방식에 대한 좋은 지침서인 것과 마찬가지로 평범한 태도들에 대한 연구인 것이다.

이와 비슷한 요지의 말을 헤겔(1986)에 관련해서 볼 수 있다. 그는 잠, 직관, 복수, 단순한 쾌락 등등에 대해 말한다. 금세기에 들어 와서, 마르셀 프루스트(Marcel Proust), 로버트 뮤질(Robert Musil), 엘리아스 카네티(Elias Canetti), 시적 반란의 '초현실주의자'들, '신소설' 작가들의 작품들과 같은 그러한 다양한 문학상의 업적들은 모두 일상적 일과 사건들을 세밀하게 기술한다는 점에서 본질적으로 공통적이다.

인문과학에서 두 가지 경향이 눈에 띈다. 첫째, 비판적 접근방식으로서, 이에 따르면 개인의 소외가 일상적 실존의 핵심이 된다. 이러한 견해는 프로이드식 정신분석가들, 그리고 현대의 맑스주의자들-앙리 르페브르(Henri Lefebvre), 허버트 마르쿠제(Herbert Marcuse), 아그네스 헬러(Agnes Heller), 카렐 코지크(Karel Kosik)와 기타 상황주의자들-이 주장하고 있다. 둘째, 이해사회학으로서 어빙 고프만(Erving Goffman)과 그의 추종자들이 대표하는 상호작용론자들, 에드가 모랭(Edgar Morin)과 쟝 보드리야르(Jean Baudrillard)와 같은 초비판가들, 미셸 마페졸리(Michell Maffesoli), 알랭 메당(Alain Medam), 삐에르 상소(Pierre Sansot) 등의 미적 직관론자들이 이러한 사회학을 발전시키고 있다. 이 관점의 세 흐름들은 매우 자주 서로 중복되는데 그것은 그들이 동일한 지적 뿌리를 갖고 있기 때문이다. 이 지적 뿌리는 현대 현상학, 알프레드 슈츠(Alfred Schutz), 막스 베버(Max Weber), 서구 네오 맑스주의－발터 벤야민(Walter Benjamin)과 프랑크푸르트학파－ 그리고 특히 이러한 사상의 계보에서 선구자인 게오르그 짐멜(Georg Simmel)에까지 소급된다. 이러한 명부에 '생활사' 방법을 채택하는 프랑코 페라로티(Franco Ferrarotti) 등과 같은 사상가들을 추가하는 것이 적절하리라.

1. 일상생활 속에서의 소외

1) 임상적 대상

매일의 생활은 우리가 사람, 장소, 그리고 사물들에 대해 어떤 유형의 불확실한 의미들을 부여하는 방식들을 처리해야 한다. 그것은 우리의 의식이 일정한 사용, 장소 또는 기능을 부여하면서 고정된 확실성을 갖게 하는 것을 넘어서는 불명확한 영역이다. 그것은 생활의 평범한 진행이 갖는 무목적적 성격이다. 다른 말 대신에 말해 버린 어떤 말, 잊어버린 약속, 잃어버렸거나 파기된 어떤 것, 다다를 수 없는 세상의 시간이 매일 매일을 낳는다. 실수나 우연한 행동들에 대한 연구에서 출발하여 지그문트 프로이드(Sigmund Freud)는 우리의 무의식적, 꿈같은 행동과 대낮에 행한 행동간에 방법론적 일치를 끄집어 냈다. 이러한 일치에 대해서 우리는 보통 별다른 주의를 기울이지 않는다. "꿈의 내용에서 가장 분명하게 나타나는 특정한 일들은 우리의 심리적 에너지의 수면상태에 의해서만 설명할 수는 없다. 왜냐하면 심지어 깨어 있을 때도 똑같은 일들이 나타나는 것을 보기 때문이다"라고 그는 기술했다(Freud, 1914: 336).

심지어 비판사회학이 실존의 '사소한' 수준이라는 개념을 이어받아 사회관계에서의 일반적 소외에 대한 진단에 끌어들이기 전에, 프로이드는 이러한 '사소한' 실존의 유형에 뒤섞여 있는 다양한 결함들을 우선적으로 다루었던 것이다. 일상생활의 증후학은 어떻게 우리의 가장 평범하고 무미건조한, 그리고 때때로 모순된 몸짓들이 무의식적인 갈등의 증거가 되는 결과들인가를 밝혀주려고 한다. 이 이론의 한계는 그 기본적인 가정에 있다. 그 가정은 말의 실수나 잘못된 행동과 같은 징후속에서, 우리의 행동과 그 행동의 상징적 문맥의 궁극적 의미를 집중적으로 나타내는 현상을 판독하기 위하여 징후를 고립시킨다. 프로이드는 말한다.

> 우리의 징후적인 우연한 행동에서, 내부적 갈등이 점차 신중한 몫을 연출한다. 그러한 밖으로의 현시들은-우리의 의식이 그것에 단지 하찮은 의미밖에 부여하지 않거나, 아니면 그러한 현시가 심지어 전혀 눈치채지 않은 상태에서 일어날 수 있다- 그리하여 가장 무의식적인 혹은 가장 억압된 경향들을 나타내는 데 기여한다. 그러한 것들은 흔히 꿈과 욕망의 상징적 표상을 구성한다(Freud, 1914: 333).

따라서 일상생활은 개인의 의식적 그리고 무의식적 동기들이 만나는 장소로서 나타난다. 일상생활의 비연속적 또는 반복적 유형은 동기화되어 있지 않았던 요소들이 무의식이라는 숨겨진 힘에서 합리화의 근거를 끌어낸다는 사실로부터 기인한다.

프로이드에 의하면, 우리는 매일의 생활에서 의식적인 이성의 힘을 평범하고 무의미한 행동들에까지 확장시키는 것이 불가능하다. 그리하여 특정한 의도가 없는듯이 보이는 모든 것들은 심리적 과정속에서 부적당한 것으로 치부되어야 한다. 정신분석학에서는 이 의도되지 않은 요소들이 의식에 대해 반역을 일으키는 충동들에 의해 결정되는 것이라고 해석한다. 결국 정신분석학은 합리성을 개인의 모든 영역에까지 확대시키는 것으로써 그 명료함을 주장한다. 이러한 맥락에서 볼 때, 분석적 치료는 인간 주체가 세계와의 관계에 대해 자기의 완전한 책임을 수행할 수 있기를 희망한다. 프로이드는 다음과 같이 적절하게 부언한다.

> 그것은 우리가 내적 진실성을 결여한 것에 대한 징벌이다. 망각이나 실수라는 핑계아래 스스로를 정당화하는 방식으로써 어떠한 악의가 없었다는 것을 이용하여, 인간은 실제에 있어서는 인정하기가 어려웠을 감정이나 열망들을 자기나 자기를 둘러싼 사람들의 허락을 위해 표현한다. 일반적으로 말해서, 우리 각자는 계속해서 우리의 동료들을 분석하고 있다. 그리하여 우리는 우리 스스로보다 남을 더 잘 알고 있는 것이다(Freud, 1914: 245).

일상생활의 정신병리는 우리들의 걱정, 공포, 희망의 잠재적인 원인들을 드러내는 한 사건들의 평범한 성질 그 자체를 의미한다. 그 속에서 또한 우리는 정신분석학적 치료에 대한 상호작용론자들의 정당화를 발견한다.

비록 프로이드가 총체적 신경증의 멍에 아래에 있는 우리 문명의 무거운 불안에 대해 뿌리깊은 비관을 고백하고 있지만, 그럼에도 그는 우리의 정서적인 충동들이 망각으로부터 구제되고, 사회적 압력들에서 벗어날 때마다 그 충동들이 자유롭게 스스로를 확인한다는 것을 인정한다. 프로이드는 주체간의 커뮤니케이션이 '타인'을 자아와 그 욕망들간의 내적 밀실에서 하나의 수단이나 장애로 간주하지 않는 한, 정서와 감수성에 대한 폭넓은 사회학적 탐색의 문을 열어 놓고 있는 것이다. 더욱 대담하게도, 그는 우리가 전에 동일한 상황 아래에서 어떤 대상을 이미 보았다던가, 전생에서 꼭 같은 경우를 살았다는 확실성으로 압도되어 있을 때와 같은 이상한 경우에 일어나는 그 신비스럽고 '기적적'이기까지 한 느낌을 면밀하게 살피고 있다. 그것은 독일사람들이 감정이입(Einfühlung)이라고 부르며, 느낌 그 자체와 그 느낌과 연상되어 있는 인지적 판단 모두를 서술하는 단순한 경험과 관련된다. "인간은 자기가 기대하고 있는 것을 기억한다는 것이 불가능하다는 사실을 반드시 고려해야 한다."(Freud, 1914). 가장 분별력 있는 관찰이다. 신경증 환자의 회상에 관한 닫힌 체계로서의 프로이드 철학 중에는 이미지와 상징의 힘을 박탈과 소외된 현실의 환상적 세계로 환원시키는 인습타파적이고 환원주의적인 이론들이 남아 있다.

하지만 프로이드는 그의 관심이 사회관계에서 사랑과 정서의 측면들을 과소평가하지 않는다는 것을 증언하는 수많은 진술들을 했다. 인문과학에서 비판적 사고는 정신분석의 도움을 원용해서 성적인 고민을 다룰 때처럼 신중하지 못한 경우에서도, 그 점에 관해 확실성을 나타내지 않도록 조심한다. 막스 쉘러(Max Scheler, 1973)가 기술한 바와 같이, 공유된 정서적 인식이라는 생각과 행동들 그 자체의 본질과 함께 만들어지는 어떤 공동체에 의도적으로 나아간다는 생각 덕택으로 현대 현상학과 사회학 사이에 하나의 가교가 만들어지고 있는 것이다. 베버(Max Weber, 1956)에서 발견되는 바와 같이, '공동체화'와 '사회화'라는 개념들의 사용이 이것의 한 예다. 마찬가지로 판단하에 있는 사실들의 본질적 원리와 객관화에 의한 추상적 가치의 본질적 원리를 무효화시키는 이해적 방법은 사회현상을 모든 사람이 공동의 창조자가 되는 끊임없는 관계적 총체로 바라보는 인식론적 사고에 그 기원을 두고 있는 것이다.

2) 일상적 소외의 비판

앙리 르페브르(1958)가 1945년에 쓰고, 1947년에 출판한 『일상생활의 비판』의 제1권은 참으로 전위적인 저작이다. 이 저작은, 그때까지 프롤레타리아의 경제적 착취와 부르주아 이데올로기의 해악을 규탄하는 데 한정되어 왔던 자본주의에 대한 비판을, 자본주의가 개인의 양심과 꿈, 상상력, 그리고 즐거움의 선택 등등에 대해서 휘두르는 모든 압력에 대한 비판으로 밀고 나감으로써, 전통적 맑스주의를 교의적 무기력에서부터 깨어나게 했다. 첫 페이지는 이러한 야심적인 계획을 위해 길을 닦은 문학적, 시적 흐름에 대한 치밀한 연구에 바쳐지고 있다. 저자는 초현실주의자들-특히 앙드레 브르똥(Andre Breton)-이 악화되고 소외된 주체성의 옹호자가 됨으로써 스스로의 지위를 격하시킨 것을 비난하지만, 이들 초현실주의자들이 일상생활에 대한 비판에서 비합리적인 것의 변혁이라는 법칙을 주된 지주로 분명하게 한 공적은 인정한다. 르페브르는 그 법칙의 한 특징을 언급하면서, 곧바로 그 분석에 내재하는 결함을 강조한다. 즉 '무엇이 합리적인 것인가' 하는 개념의 내용에 대해 아무런 의문이 제기되지 않는 것이 문제라는 것이다. "발전하고 있고, 합리적이 되고 있는 사람의 일상생활에 고대의 원시적인 비합리성이 계속해서 관계하고 있다"고 그는 말한다(Lefebvre, 1958: 131).

합리성의 운명은 초현실주의자들과 현대사회에 대한 많은 비판적 분석가들—조르쥬 바따이어(Georges Bataille), 로저 까이어와(Roger Caillois)와 사회학회, 프랑크푸르트학파, 발터 벤야민(Walter Benjamin), 에른스트 블로흐(Ernst Bloch) 등—을 사로 잡고 있는 바로 그것이다.

그러한 바탕에서 출발하여, 르페브르는 경제적·도덕적·정치적 기타 다양한 결정적 힘들에 의해 삶의 모든 영역에 영향을 미치고 있는 신비화와 억압을 모든 각도에서 파악하면서, 매일 매일 일어나는 현상들에 대해 포괄적인 접근을 체계화한다. 그가 간파하고 있듯이, 이데올로기—다른 말로 표현하면, 개개인의 현실적이고 의식적인 이익이 그의 실제적 조건의 그럴듯한 표상으로 변형되는 메커니즘—는 그것이 당장의 현실과 바로 섞여 있기 때문에 우리의 일상생활에 불가항력적인 힘으로 침투되어 있는 것이다. "일상생활은 보잘 것 없고 변화가 없는 것이며, 그 부분 부분은 시간에 의해 연결되어 있고 우리의 일과를 구성하는 것으로서 우리가 당연한 것으로 간주하는 그 무엇이다"라고 그는 후기의 한 논문에서 쓰고 있다(Lefebvre, 1968: 51). 철학적 소외(현실과 유리된 진리)가 일상의 소외(진리로부터 절연된 현실)에 부가된다. 이것은 매일의 사건들이 무의미하게 되고, 사회적 공동체가 공통된 이데올로기적 부호를 마련해주는 수많은 외부의 신호들에 의하여 하나로 합병될 수 있는 과정이다.

그러한 신호들의 증식—광고가 그러한 신호들의 가장 효과적인 수단이다—이 참으로 전달될 수 있는 의미로부터 우리들을 분리시키는 모든 공간을 점유하고 있다. 각종의 핑계가 만족할 줄 모르는 욕망의 장을 취하는 세계에서,[1] 끊임 없이 되풀이 되는 모형과 그 모형의 이미지는 근대성이

1) 쟝 보드리야르의 중심적인 테마인 시뮬레이션과 시뮬라크르(Boudrillard, 1985

그 속에서 용해될 수 있는 유일한 시간대를 남긴다. 르페브르는 미리 조립된 기준, 규칙, 금지로 완벽하게 짜여진 것을 통해서 우리들의 감정과 실제적인 경험들로 이루어진 삶을 완전히 구속하는 과잉 억압적인 사회에 대한 허버트 마르쿠제(Herbert Marcuse)의 견해와 생각을 같이 한다. 그러나 마르쿠제나 에른스트 블로흐(Ernst Bloch)와는 달리, 르페브르는 신화속에 내포되어 있는 해방적인 창조성의 잠재력을 인정하지 않는다. 한편으로, 이미지와 상상은 과거를 부흥시킨다. 그것들은 기억을 통해 작용하고, 반복에 의해 유지되는 시간의 유동을 부추긴다. 다른 한편, 상상의 영역은 일상적 속박들이 사회적으로 횡행된다는 것을 감추며, 갈등의 과격함을 완화시키고, '실제적인' 문제들을 완곡한 모습으로 감싼다. 빌헤름 라이히(Wilhelm Reich)의 발자국을 따라 르페브르는 세 가지 혁명 계획—성의 혁명 혹은 도덕적 질서의 폐지, 대도시의 공간을 여가와 놀이를 위한 공간으로 새롭게 이용하는 도시개혁, 그리고 마지막으로 자유시간을 공동체 생활의 중심에 되돌리게 할 축제적 정신으로의 복귀—이 표출될 수 있는 궁극적 대안으로써 일상생활의 정치화를 선택한다. 전후 예술적 극단주의의 보다 과격한 형식이었던 상황주의 인터내셔날(1958~1969)[2)]이 이러한 계획에 자극을 주었다. 이 인터내셔날은 프랑스에서 1968년 5월 사건에서 정점을 이루고 끝이 났다.

일상생활에 대한 네오 맑스주의 이론은 나중에 동구의 여러 나라들에서 상당한 발전을 보이게 된다. 아그네스 헬러(Agnes Heller)의 저작, 특히 그녀의 책 『일상생활』(1970)은 루카치(G. Lukacs)가 이끈 부다페스트학파의 새로운 관심을 나타내고 있다. 체코의 철학자 카렐 코지크(Karel Kosik)가 쓴 『구체성의 변증법』 역시 사회비판의 중요 측면으로서 일상적인 일에 기울어진 관심을 증언한다. 사회적 신화들을 수축시키는 이러한 시도들의 중요한 표적은 여전히 자본주의 세계이지만, 사회주의 사회, 특히 맑스의 정

참조).

2) 상황주의 인터내셔날에 대해서는 드보르(Debord, 1971), 바네겜(Vaneigem, 1967), 상황주의 인터내셔날(1975), 따꿔셀(Tacussel, 1984)을 보라.

치경제학 역시 이 저자들의 공격을 받는다. 헬러는 개인의 행위가 사회적으로 경험되는 집단적 차원과 완전하게 삼투될 수 있는, '일상생활의 근본적인 재구조화'를 요구한다. 물론 그녀는 그러한 요구가 시민들이 갖게 되는 몫의 향상을 일차적으로 부의 보다 공정한 분배나 아니면 그와 유사한 일로 바라보는 사회주의 사회의 관념과 양립할 수 없다는 것을 너무도 잘 알고 있다.

2. 비판에서 이해로

금세기 초 지적 성장 배경이 독일이었던 이론가들에 의해서 집필된 일상생활에 관한 연구문헌들을 자세히 읽어보면, '이해'의 시각과 비판적 의도가 서로 조화될 수 없는 관점은 아니라는 사실이 나타난다. 막스 베버와 게오르그 짐멜의 영향은 루카치와 블로흐에 있어서 결정적인 힘이었다. 미학자 한스 코르네리우스와 게슈탈트 심리학자 겔브(Gelb)나 철학자 폴 틸리히(Paul Tillich)의 영향은 훗설 현상학에 관한 박사학위논문을 쓴 테오도르 아도르노(Therdor Wiesengrund Adorno)와 막스 호르크하이머(Max Horkheimer)에 있어서 대단히 중요하다. 청년기의 허버트 마르쿠제에 대한 마르틴 하이데거(Martin Heidegger)의 지배력은 잘 알려진 사실이다. 베버의 이해인식론, 짐멜의 형식이론, 그리고 아로르노의 현상학은 사회학적 비판이 이데올로기적 거부나 단순한 도그마주의로 침몰하는 것을 막아준다. 이런 상이한 기여들에 의해 창조된 사고의 형상은 때때로 매우 독창적인 문체를 낳기도 했다.

1) 일상생활을 통한 지식

아그네스 헬러에 있어서 인식론적 논쟁은 일상생활의 주제들 못지 않게 흥미로운 것이다. 훗설, 하이데거, 쉘러와 같은 현상학자들에 대해 루카치(1953)가 퍼부은 비난에도 불구하고, 현상학은 '생활세계'와 같은 그러한 범주들을 통합함으로써, 진부한 도그마를 부수고 '맑스주의 존재론'을 세울 수 있는, 그리고 물상화(Verdinglichung)의 세계와 그것이 실제 경험되고 있는 현재에 대해 단호한 시선으로 초점을 맞출 수 있는 하나의 철학적 도구로써 등장한다.

그녀의 책 첫 장은 사회 일반의 의견에서 나온 일상의 지식(doxa)과 과학적 사고에서 산출된 지식(episteme)간의 차이를 구별한다. 일상의 지식은 사회적 삶이 뿌리를 내리고 있는 유기적 전체 속에 속하기 때문에 과학적 지식보다 더 오래가고 단번에 사라지지 않는다고 그녀는 지적한다. 그녀는 "일상적 진리는 비록 그것이 언제나 맞다고 증명되는 경우에도 'doxa'로 남아 있다. 반면에 과학의 진리는 그것이 더 고차원의 진리에 의해 내일 당장 뒤바뀔지라도 'episteme'로 남아 있을 것이다"라고 말한다(Heller, 1977: 95). 이들 두 인식형태는 매우 상이한 사고의 범위에서지만, 미셸 마페졸리(Michel Maffesoli)의 평범한 경험에 바탕을 둔 이해와 과학의 합리주의에 바탕을 둔 개념화된 지식과의 대비 속에 다시 나타난다(Maffesoli, 1985). 과학적 발견의 끊임 없는 증가는 과학적 발견들을 항상 수정하게 하고, 입증을 의무화하고, 항상 반박될 수 있게 하지만, "일상의 지식(doxa)의 인지적, 정서적 관계들은 원칙적으로 증명할 수 없고 반박할 수 없는 것이다"라고 헬러는 말한다(1977: 97). 우리가 다른 사람의 기쁨과 슬픔에 대해 참으로 무엇을 이해할 수 있는가? 일상의 지식에서, 사실들은 오직 특정한 상황에서만 의미를 갖기 시작한다. 그 무대에서는, 사실들이 어떤 단순한 맥락 속에서 현존했느냐 안했느냐의 확인이 어려움을 해결해 준다. 반대로 과학적 지식(episteme)의 현상은 보편적이다. 그리하여 사실들의 현존 여부가 문제가 되는 것이 아니라, 지침이 되는 가설을 경험적으로 뒷받침하는 어떤 체계속에서 그 사실들의 의미를 확인하는 것이 문제가 된다.

더욱이 헬러는 "doxa" 속에서 우리들의 하찮은 일상적 과제들을 성공적으로 완수하는 데 적합한 지식을 발견한다. 반면에 "episteme"은 삶의 무거운 규칙과 규제에 속한다. 그리고 그것은 '과학이 도달한 일반적 수준'에 의해 조건지어진다(Heller, 1977: 98). 그리하여, 우리가 믿는 것과 아는 것 사이에서, 이성의 조정은 잘못이 전혀 없을 수 없는 것이다. 믿음과 지식의 대립, 계몽주의 시대로부터 그 현대적 함의를 얻게 되는 그 대립은 여기에서는 적절하지 못하다. 믿으려는 욕구가 알려는 의지를 방해한다. 그러나 후자(과학)는 진보라는 이름으로 전자(종교)의 자리를 차지한다.

과학에서의 현재의 위기는 과학적 지식의 "episteme"적 측면을 약화시킨다. 헬러에 의하면, 이러한 분석에서 나타나는 공통적 요소는 믿음을 지각이나 우리의 행동에서 하나의 영원한 '느낌'으로보다는 하나의 인식론적 범주로 확립하고 있다는 것이다(Heller, 1977: 99). 느낌은 일상적 지식에 있어서, 이해의 한 수준이다. 일상적 지식은 그 내용으로 진리의 기준을 설정하려고 하지 않는다. 그렇다고 그것이 무지의 한 형태인 것도 아니다.

헬러는 일상생활의 구조를 규정한다. 그 구조는 '개인들의 자기재생산적 행동에 의하여, 한 사회가 끊임 없이 재생산될 수 있는 다양한 활동들'을 포함한다. 일상적 지식(doxa)와 과학적 지식(episteme)과의 구별은 인간행위의 다양성, 그리고 이들 행위들을 구성하고 있는 반목과 위계들과 분리될 수 없다. 다른 말로 하면, 이러한 구별은 일상적 소외의 본질과 관계가 있다. 일상적 소외는 일상의 경험에서 나온 지식과 과학에서 정교화된 지식을 상호보완적인 의미로 통합시키지 못한다. 또한 일상적 소외는 실존의 전체성을 의식적으로 이해하지 못한다. 『미적인 것의 특성』(1963)에서, 루카치는 일상적 삶의 특징이 '현장성'이라고 쓰고 있다. 그후에 헬러는 고도의 점증하는 추상적 객관화가 매일 매일을 모양짓게 하고, 그 '현장성'을 와해시킨다고 강조한다. 일상의 소외와 소외의 한 부분인 일상적 지식의 구별은 개인화의 완만한 과정에 속한다. 그것들은 인류의 긴 진화과정의 결과이다. 세계와 인간 존재에 대한 직접적 관계에서의 분열은, '유적 존재에 속하는 피조물'로서의 발전과 개별적 존재로서의 발전간의 분열로 이끈다.

2) 하나의 예술작품으로서의 일상생활

이 글은 일상생활의 현상을 설명하기 위하여 사회학에서 발견된 모든 접근방식을 다루지는 않을 것이다. 단지 미학적 관점만 언급할 것이다. 우리는 이 미학적 관점이 1910년에 출판되고, 1917년 『사회학 원론』 판에 재수록된 게오르그 짐멜의 '개인과 사회'라는 텍스트에 최초로 분명하게 표현되었다는 것을 안다. 저자는 사람들간의 행동의 다양한 측면들(친절, 온정, 요령, 매력)에 대해서 숙고하고, 사교성을 '사회화의 유희적 형식'(Simmel, 1981: 125), 또는 '구체적 사회에서의 윤리적 힘의 유희적 형식'(Simmel, 1981: 133)으로 규정하고 있다. 사회는 '예술 작품이 현실과의 관계속에 있는 것과 똑같은 방식으로, 그 자체의 구체성과의 관계 속에서 존속한다'(Simmel, 1981: 125). 이러한 접근방식은 설명보다는 서술에, 쓸데 없는 일반성보다는 중요한 세부적인 것에 우선성을 부여한다. 역사는 집단적 실재의 역사성으로 강요되는 것을 그만두고, 하나의 단편적인 실재로서, 하나의 모형 또는 하나의 '자취'(Bloch, 1968)로서 존재한다. 카렐 코지크(1970: 55)도 암시하고 있듯이, 매일 매일은 비역사적인 것이 아니라, 역사의 하부(infra-historical)이다. 그것은 매순간마다 역사를 완성한다. 그리고 각 순간은 정지된 과거와 만들어지고 있는 미래와 현상적 상태의 현재가 일치하는 시점이다.

레만(Leman, 1932: 37)이 말하고 있는 바와 같이, "일상성의 신비는 결국 일반적으로 사회적 현실의 신비로 나타난다. 그러나 일상성의 개념에 내재하는 변증법은 그 개념이 사회현실을 드러내는 동시에 감춘다는 사실에 의해 표출된다." 이리하여 저자는 매우 정당하게도 '일상생활의 존재론'이 사회학적 범주로 번역될 수 있다고 결론지을 수 있게 된다. 마페졸리(1979)에 의해 재발견된 '사회성'이라는 용어는, 미적·해석적 존재와 부합된다. 그리고 이러한 미적-해석적 존재를 통하여 형식은 사회생활에 대한 우리들의 평범한 경험의 진실이 되고, 초월적 내재성이 된다. 이러한 견해는 철학자 장 그르니에(Jean Grenier)도 그의 저서 『일상생활』(1968)에서 공유하고 있다. 우리들의 존재방식의 명백한 의미와 목적을 넘어서, 일상생활로부터 삶의 양식과 예술의 작품으로 나아가는 어떤 도정이 존재하는 것이다.

일련의 자그만 얘기들과 삽화들에 시선을 쏟은, 에른스트 블로흐의 『자취들』(1968)은 평범한 생활의 가망성들과 결말들을 독해하는 것이 얼마나 가치 있는 것인가를 보여주고 있다. 여기에서 일상성은 각 사건이 우리를 방심하지 않게 하는 하나의 경고가 되는, 일종의 표현주의적 원근화법으로서 제시된다. 이러한 사건들은 "잊혀지지 않고 있는 단편들이다. 그 조각들 속에는 오늘도 아낄만한 것들이 많다"고 저자는 말한다. 『마라께스의 목소리』에서, 엘리아스 카네티(1982)는 똑같은 방식으로, 그의 수많은 인상들을 다면적인 서술로 정형화함으로써 그의 여행이 시계열적 일정으로 그려지지 않는 입체적인 여행기를 우리에게 보여주고 있다.

우리는 이러한 저작들 외에, 발터 벤야민의 『일방통행로』와 『베를린에서의 유년시절』(1979)이라는 두 개의 소설을 추가할 수 있는데, 이 소설들 속에서 저자는 사람들과 사물들을 둘러 싸고 있는 느낌과 분위기를 일상적 시간의 차원에서 설명하려 기도하고 있다.

결론적으로, 우리는 시간에 대한 생생한 체험의 이론으로서, 그리고 경험과 현상들을 그것들이 갖는 시간적 한계로부터 끌어낼 수 있는 이론으로서, 미적·해석적 접근방식에 대해 말할 수 있다. 그 이론이 실제의 현재를 바라보는 방식은 일상적 실존을 수많은 다른 요소들의 성좌로 나타낸다. 그리고 이러한 요소들의 양식화가 구체적인 시간과 공간의 특징들을 기술할 수 있다. 그리하여 사회관계의 일반적 소외는 생생한 경험이 망각과 죽음으로부터 보존하는 무수한 매개적 요소들을 소멸시킬 수는 없는 것이다.

사회학적 이해와 상식적 이해*

힛츨러와 켈러

최근 몇년 동안 프랑스에서, 특히 미셸 마페졸리(Michel Maffesoli)는 '사회학적 지식(connaissance sociologique)'과 '상식적 지식(connaissance ordinaire)' 혹은 '상식(senscommun)'의 연관성을 강조해 왔다(1985, 1988). 우리는 슈츠(Alfred Schutz)의 저작들을 출발점으로 해서 이 요소들의 관계에 대한 논의를 더욱 발전시키려고 한다. 이것은 우리가 할 성찰의 중심 사상인 동시에 독일과 프랑스의 이해(*Verstehende*) 사회학적 담론들이 만나는 논의의 주요 동기가 될 것으로 보인다. 다음의 논의들은 독일에서의 현상학적으로 지향된 사회학의 한 측면 즉 '상식(common- sense)'과 '사회학적' 이해(Sociological *Verstehen*)의 관계의 재구성을 다룰 것이다(이에 관하여는 또 Schutz, 1962; Luckmann, 1983a; Soeffner, 1982를 보라). 우리가 볼 때, 이러한 재구성은 사회학자들로 하여금 현실과 현실의 서술에 관한 '비정상적인(abnormal)' 담론뿐만 아니라, 사회적으로 구성된 현실에 관한 '비정상적인(abnormal)' 기술을 가능케 하는 데 필요한 '방법론적 회의주의(methodological scepticism)'의 태도를 견지할

---

* 출전: R. Hitzler and R. Keller, "On Sociological and Commen-sence *Verstehen*," *Current Sociology*, vol.37, no.1, spring, 1989(고영삼 역).

수 있게 한다. 이러한 태도의 이점은 그것이 상식의 실용주의와 다르다는 사실에 있다. 그리고 지금 문제가 되는 요점은 어떠한 방법이 이러한 태도로 하여금 과학적인 작업이 될 수 있게 할 것인가 하는 것이다.

1. 이해(*Verstehen*)의 문제

만약 지금 우리가 무언가가 어떻게 보이는가 그리고 우리가 그것을 어떻게 경험하는가에 대한 서술에서 사회과학이 출발하는 것이라고 주장한다면, 그것은 무엇보다 사회과학으로 하여금 적어도 실재의 인식 방법을 이해할 수 있게 하지 않고서는 참으로 무엇이 실재인지를 우리가 안다고 주장할 수 없다는 것을 역설하는 것이다. 우리는 현상학을 사회과학의 전통적인 연구 관행들(실증주의적이든, 자연과학주의적이든, 또는 규범적이든간에－훗설(Husserl)의 초기분석들(1970)을 보라)에 대한, 말하자면 하나의 비판으로 간주한다. 전통적 관행들은 그들의 지식과 발견(knowledge and finding)이 도대체 어떻게 가능한지에 대하여는 설명하지 않거나 설명한다고 해도 충분하지 못하다(그들은 단지 어떤 종류의 방법이 과학적 공리와 양립하며, 또 양립하지 못하는가에 대해서만 설명할 뿐이다). 사회학의 (그리고 사회학만이 아니라), 전통적 연구 관행들은 그들의 연구대상(subjects)을 그것이 어떻게 구성되는지에 대한 설명 없이 설정한다. 그리하여 그들은 연구대상에 대한 깊은 생각 없이 사회과학의 '전문지식'에서 일상생활의 '상식(common sense)'을 영속시킨다. 그러나 사실 우리는 상식과 사회학적 지식의 연결에 대해 계속해서 새로운 해명을 해주어야 한다. 그리고 이러한 설명은 우리가 알다시피 현상학적 기술에 기반해야 하며, '이해 사회학(sociology of *Verstehen*)'의 전제에 따라야 한다.

현상학이 이해(*Verstehen*)와 동일한 것은 아니다(Luckmann, 1983b를 보라). 그러나 이해가 무엇인지, 그리고 이해 사회학이 어떻게 가능한지에 대한 문제는 현상학적으로 지향된 사회학에서는 기본적인 것으로 간주되는, 인식론상의 문제를 구성한다. 따라서 사회학을 다루기 '전'에 우리는 이해라는 현상(phenomenon of *Verstehen*)을 어떻게 이해(understand)하는가를 알아야 하며, 그리고 생활세계에서 시각의 변화로부터 야기되는 기본적인 구조적 변화가 이해라는 현상에 어떠한 결과를 수반하는지를 분명하게 물어보아야 한다. 따라서 이해라는 현상이 연구결과와 가치관련을 맺고 있다고 하는 사회과학에서는 여러 입장들이 있기 마련이라는 단순한 진술로서 논의를 시작하자. 다른 한편, 이와 같은 입장들은 체계적 가치이해가 사회학적 작업에 대해 갖는 것이 무엇인지, 그리고 사회학이 전적으로 이해의 원리 위에서만 연구되어야 하는지의 문제에 관한 차이에 의하여 특징지어진다. 동시에 문제는 확실하게 되었다: 어떤 기준에 의해 이해는 과학적 작업(*scientfic operation*)이라는 지위를 주장할 수 있는가? 모든 정상적인 사람, 적어도 모든 정상적인 성인은 그가 사물의 어떤 것은 이해하고 있으며, 다른 어떤 것은 이해하고 있지 않다는 것을 스스로 알고 있다. 어떤 사람들은 그들이 굉장히 많은 것을 이해하고 있다고 생각하는 반면, 다른 사람들은 그들이 단지 조금만 이해하고 있다고 생각한다. 그러나 아무도 모든 것을 다 이해하지는 못하며, 어느 누구도 아무것도 전혀 이해하지 못하는 것은 아니다. 원칙적으로 모든 사람들은 그들이 기본적으로 이해한다는 것을 안다. 따라서 만약 우리가 단순히 개인적 차원의 이해로 시작한다면, 우리는 사회학자들이 이해하기 위하여 실제로 무엇을 해야 하는가라는 의문에 봉착하게 될 것이다.

하지만 우리가 무엇을 하든(하기를 원하든)—예를 들어, 현실을 기술하거나 심지어 현실을 설명하거나— 우리의 이야기 상대자는 이해되는 존재로, 오직 이해되는 존재로 나타난다. 따라서 우리는 사회학자로서 우리들이 이해하지 못하는 것을 그 특성대로 기술하거나 설명할 수 없다. 그리고 다른 한편으로, 우리의 모든 서술과 설명은 우리 동료의 의사자연적 이해(quasi-natural *Verstehen*)를 '인위적인' 이해로 전환시키는 데 목표를 둔 재구성의 보조물일 뿐이다. 이러한 이론적 이해는 우리가 인간으로서 우리 자신이 구성해온 현실속에서 실제적 지향을 발견하는 데 도움을 준다. 그렇지만 문제의 요점은 우리가 구체적이지는 않지만 어떤 시각을 취할 경우, 사회과학에서 보통 무시되어온 문화의 어떤 측면들이 보다 뚜렷하고 명백한 방식으로 나타날 수 있다는 것을 보여주는 것이다. 이러한 측면들은 정상적인 그리고 비정상적인 주체들의 노력의 성과들이고 업적들이다. 그리고 그것들은 모든 주체들이 구조들 사이에서 해결하고, 때로는 보편적으로 타당한 문화적 계획에 따라, 때로는 곧 폐기되거나 이양되는 특유한 반대계획에 의해, 그들 고유의 조그만 세계를 구성하는 것들이다. 그와 같은 문화적 삶의 관점을 주는 시각은 재학습되어야 한다. 따라서 우리는 인문·사회과학의 과학적 방법으로서 무엇보다 이해의 이해(*Verstehen of Verstehen*)를 다루어야 한다.

2. 이해의 이론적 적합성

만약 우리가 사회과학에서 사용되는 이해접근 방법에 관하여 공유된 전제 같은 것이 있다고 가정한다면, 그것은 아마도 (자연과학의 대상과는 대조적으로) 우리가 다루는 대상의 독특한 특징은 그 대상이 '항상' 의미 있게 사전에 조직된다는 사실에 있다는 가정일 것이다. 따라서 만약 우리가 우리 주제의 이와 같은 특성을 놓치지 않으려면, 이같은 사실을 방법론적으로 그리고 방법적으로 고려해야 한다. 이러한 전제를 직설적으로 표현한다면 사회과학에 있어서 개념과 이론구성의 관점에서 볼 때 이해접근 방법은 사회과학의 모든 비이해학파에게 보완물이 아닌, 하나의 대안을 제시한다는 것이다. 그것의 일반적 주장은 단순히 사회학의 방법론적 규준의 확장에―아마도 방법 이전의 가설이라는 의미에 한정해서도 그러하지만 이에 관해서는, 소위 '전통적' 오해를 보라(Abel, 1958)― 그 목적을 둔 것은 아니다; 오히려 그것은 사회과학의 조사와 이론구성에 있어 사용되는 기본적인 방법들을 조명하고 재구성할 뿐 아니라 그 방법들의 인식론적 소박성의 정체를 솔직히 드러내는 것이다. 이해접근 방법의 표준적인 주장은 다음과 같다.

사회학적 작업(operation)은 이해가 모든 기초적인 것에 앞서고 기초적인 것을 구성한다는 의미에서, 그리고 항상 작업의 한 부분이라는 의미에서 이해의 행위에 기반을 두고 있다. 지식이론에서 이해접근 방법의 중요성은 무엇보다도 그 접근 방법의 관행들을 설명함으로써 일반적인 사회과학적 사고를 '바꾸어 나가는' 그 능력에 놓여 있다. 무엇보다도 이러한 실행들(그리고 양적 연구의 모든 방법론적 세련화를 넘어서는)은 의문의 여지가 없는 것이며, 어떤 정도는 타인의 마음에 대한 자명한 이해이다. 따라서 무엇보다 타인이 누구이며 무엇을 하는 사람인지 그리고 적어도 그에 관한 어떤 것을 우리가 어떻게 알 수 있는지를 분석하는 것은 과학의 이론을 위해서 적절하다(간주관성 문제에 관해서는 Schutz, 1962b를 보라).

이러한 문제는 그들의 방법론과 관련해서 인문과학의 예외적인 입장을 해석학적으로 정당화시킨다: 자연현상의 '에틱(etic)'적 관찰과 설명은 문화현상의 '이믹(emic)'적 참여와 이해와는 대조적이다. 달리 말하면, 자연현상이 '그 자체'로는 의미를 가지지 않고, 그 의미가 관찰자에 의하여 규정되는 데 반하여, 문화현상은 '항상' 일정한 의미를 가져왔다. 그리고 이러한 특수한 의미는 지금 재구성되어야 한다. 원칙적으로 과학적 해석자가 하는 것은 일상생활속의 사람들이 하는 것과 다르지 않다. 그는 그가 관찰한 것을 어떤 내재적 의미의 지표로서 해석한다. 그러나 평범한 사람들과 다르게, 과학적 해석자들은 만약 그가 해석학적 성찰의 방식으로 연구한다면, 그의 이해의 전제조건과 방법을 밝히기 위하여 노력한다. 그렇게 함으로써만 이해는 과학적 방법의 위치를 획득한다. 그리고 오직 그렇게 함으로써만 이해는 체계적으로 가르치고 배울 수 있는 주제가 된다.

우리는 이해(*Verstehen*)와 사회학(Sociology)이 의문의 여지 없이 동일한 역사를 가지고 있다는 사실을 특별히 강조할 필요가 없다. '해석학적' 전통의 대표자들과 대체로 '실증주의적'이거나 '과학적'인 사회학적 학파의 대표자들은 매우 격렬히 논쟁해 왔고, 지금도 여전히 논쟁하고 있다(또한 Wilson, 1970을 보라). 과학적 이론에 관련된 시각에서 좀더 단순화시켜서 볼 때, 관심의 초점은 이미 우리가 항상 주의해 왔던 쟁점, 즉 우리 주제의 독특한 성격이 무엇인가 하는 문제이다. '실증주의적' 입장은 방법론적 일원론을 대표한다. 즉 그들에게서 과학적 활동이란 것은 자연과학자들에 의하여 개발되어, 이 분야에서 타당한 것으로 입증된 과학의 방법론적 기준을 의미한다. 이것과는 대조적으로, 우리가 슈츠의 저서들에 특별히 관련해서 여기에서 제시하는, 이해 사회학(*Verstehen* sociology)에서 상징되는 과학의 이해가 있다. 그리고 우리가 여기에서 슈츠에 대해 관심을 갖는 것은 보통 그에 관한 전통적인 언급이 우리들이 '해석적 사회학(interpretive sociology)'이라고 말할 때 의미하는 것과 같은 것이기 때문이다(Parsons, 1978). 현재, 이론 방법론 방법 그리고 경험적 연구에서 가장 생산적이며 광범위한 이해접근 방법은 이 전통을 중심으로 하고 있다(Heap & Roth, 1973을 보라). 슈츠에 의하여 개발된 세속적 현상학(mundane phenomenology) 외에도, 실존주의적 현상학(existential phenomenology), 전통적 해석학, 철학적 인류학, 그리고 무엇보다도 상징적 상호작용론의 사상, 입장 그리고 방법들은 이제까지 이러한 접근에 기여해왔다(그 보기로 Schwartz & Jacobs, 1979를 보라). 이러한 이유 때문에 우리는 다음에서, 슈츠가 사회과학을 현상학적으로 정당화하기 위하여 노력할 때 제기한 이해의 문제를 다루고자 한다. 우선은 이러한 목적을 위하여 우리는 '전형적 이해(typical *Verstehen*)'—즉 타인의 마음을 이해하는 것—가 무엇을 의미하는지 그리고 사회학과 일상생활의 관계에 대해 이 전형적 이해로부터 나오는 결과가 무엇인지를 묻는다.

3. 사회과학적 이해

우리는 어떤 경험에 대해 의미가 부여되는 과정을 이해(*Verstehen*)라고 부른다(Schutz, 1970a를 보라). 외부세계의 어떤 사건을 가리키는 경험, 타인이 이미 어떤 의미를 부여해온 그 경험에 우리가 의미를 부여하는 과정을 우리는 타인의 마음에 대한 이해(이것은 우리가 사회과학에서 이해를 이야기할 때 흔히 의미하는 것이다)라고 부른다. 타자의 마음은 상징(상징과 의미의 관련성은 나의 마음속에서 구성된다)과 기호(기호는 어떤 기호체계의 요소로써 이미 간주관적으로 존재하는 의미를 지니고 있으며, 그 독해되는 표상이다)에 의하여 나에게 나타난다. 기호는 세 가지 층의 의미를 가지고 있다. ① 객관적 의미(즉 기호는 불변적이며 그 의미에 따라서 '되풀이해서(again and again)' 사용될 수 있기 때문에 어떤 의미에서는 그것을 만드는 사람, 또는 그것을 해석하는 사람과 무관하게 분명한 의미를 갖는다); ② 주관적 의미(즉 기호는 기호를 만들고 해석하는 개인에게 부과적 의미를 갖는다); ③ 임시적 의미(다른 말로 바꾸면, 맥락에 따라 기호가 특별한 의미를 가진다. 즉 그것은 전적으로 놓여진 맥락에 따라 해석된다). 만약 내가 타인의 마음을 이해하기를 원한다면, 나는 무엇보다도 '기호'의 객관적, 주관적 그리고 임시적 의미를 재구성하고, 그것들을 주관적 동기의 맥락 속에서 해석해야 한다. 그리하여 타인의 마음에 대한 이해가 오직 근사치로만 이루어질 수 있다는 것을 이해할 수 있게 된다. 그리고 이러한 이해의 정도는 ① 구체적인 타자에 대한 나의 지식, ② 타자의 행위가 객관적(즉 사회적으로 타당한) 의미를 가진다는 나의 지식, ③ 나의 상황적 적합성(해석을 정확하게 할 수 있는지는 나의 실용적 이해관심에 달려 있다)에 의존한다. 타자의 마음을 이해하는 것은 타자의 상징과 기호를 타자의 마음의 표상으로서 해석한다는 것을 의미한다. 물론 이것은 실제로 자기해석(self-interpret)을 의미한다. 행위자가 실제로 의도한 의미와 그가 의미하고자 했던 것에 대한 타인의 해석은 원칙적으로 동일한 것은 아니다.

후자는 전자에 단지 근사치로만 일치할 뿐이다.

그런데 사회과학적 이해는 사회적 현실을 적절하게, 그리고 정확하게, 신뢰성 있게 타당한 방식으로, 그리고 진실되게 재구성하는 데 봉사하는 하나의 인위적인 이론, 하나의 인위적인 방법이다. 이해의 여타 인위적 형식(보기를 들면 신비주의와 실존주의에 있어서 직관적인 이해)과 다르게 사회과학적 이해의 목표는 전형, 즉 행위와 결합된 지식의 전형뿐만 아니라 행위의 전형 그리고 마지막으로 상식적 이해의 전형을 발견하는 것이다. 오직 이해의 이해(*Verstehen of Verstehen*)만이 우리에게 상식(Common-Sense)과 과학적 이해(Scientific Verstehen)의 유사성과 차별성을 체계적으로 밝혀줄 수 있다. 사실 이들의 유사성과 차별성은 이해 그 자체의 절차 내에 고유한 것은 아닌 것처럼 보인다. 오히려 그들은 반성의 정도와 조직의 형식 그리고 목표에 영향을 준다. 사회학에서건 일상생활에서건 타인의 마음에 대한 이해는 상징과 기호의 해석을 통하여 그것의 주관적으로 의도된 의미에 다가가게 될 것이다. 차이는 오히려 사회과학적 이해의 노력들이 상식적 지식(common-sense knowledge)에 호소함으로써 행해지는 것이 아니라, 전문가의 축적된 특수한 지식에 의존하여 행해진다는 사실에 놓여 있다; 더군다나 그러한 노력들은 생활의 실용적 요구에 의하여 행해지는 것이 아니라, 오히려 실제적으로 무사공평한 관찰자의 적합성의 체계에 준거하여 행해진다. 더구나 사회과학자의 이해는 당장의 생활세계를 참조하지 않고 전임자와 동시대인의 상상적 세계를 참조한다(Schutz, 1962a를 보라).

이해의 과정에 사회과학자는 독특한 태도, 상식적이지 않는 이론적 태도, 즉 사회적 삶에 있어서 모든 자명한 요소에 대하여도 원칙적으로는 의문을 갖는 태도, 그리고 '방법론적 회의주의(Methodological scepticism)' 또는 다소 과장된 표현이기는 하지만 '인위적 우둔함(artificial stupidity)'이라고 부를 수 있는 태도를 취한다(Berger, 1963을 비교해 보라). 이상적으로 볼 때, 이러한 태도는 자기 자신의 존재에 대한 관심의 부족, 오직 실재를 이해하고 실재의 진리를 발견하는 것에만 집중적으로 관심을 쏟는다는 사실에 그 특징이 있다. 슈츠가 이해하고 있듯이, 현실 사회세계, 참여, 그리고 살아 있는 동료들은 이러한 태도를 갖지 않는다; 오히려 이러한 태도는 사회과학자가 구성한 사회현상과 가공적 인간 존재에 대한 오직 관념화된 모형을 내포하고 있는 것이다. 그래서 슈츠(1964)는 사회과학적 이해를 연구의 문제가 아니라 오히려 성찰의 문제로 간주하고 있는 것이 분명하다. 환언하면, 과학적 방법으로서 이해의 특성은 자료수집의 영역에 있는 것이 아니라, 자료의 해석에 있다. 우리는 사회과학적 연구를 수행할 때조차도, 사회에 의하여 만들어진 실재는 전망의 교호성의 결과인 이해에 대한 우리들의 일상적 능력에 기인한 것임을 이해한다. 과학적 이해는 우리가 이론적 태도를 취할 때 생기는 반면, 정상적 과학적 담화와 연구관행들은 상식적 이해의 영역에서 일어난다.

사회과학적 이해는 사회적 구성물을 탈신비화하는 데 목적이 있다. 객관적 의미문맥이 어떻게 의식의 주관적 활동들로부터 만들어지는가를 설명하는 데 결국 도움을 주는 사회과학적 이해는, 원칙적으로 주관적이면서도 의미부여적 해석의 경향이 있지만, 일상생활의 경험과 과학의 경험에 논리적으로 틀림 없이 부합하는 전형적인 구성물의 어떤 체계에 의한 이해이다. 사회과학자의 구성물은 그리하여 '제2등급의 구성물(second degree constructs)'(구성물의 구성물)이다. 그것은 슈츠(1962a)가 지적하듯이, 만약 생활 세계속의 어떤 행위자가 그의 행위에 대해 사회과학자가 적절하다고 상정하는 요소들에 대해 전적으로 명확하고 분명한 지식을 가지고 있다면, 그리고 만약 그 행위자가 구성에 의하여 규정된 그의 목적을 성취하기 위하여 가장 알맞은 수단을 항상 사용하려고 한다면, 그는 이러한 전형화된 방식으로 행동할 것이라는 특질을 분명히 갖는다.

따라서 해석적 사회과학자들에게 있어서 방법적으로, 그리고 방법론적으로 문제가 되는 것은 '그가 어떻게 타자의 마음을 그대로 잘 이해했다고 확신할 수 있는가' 하는 것이다. 이 문제에 대한(사회학에서 광의적 의미로) 정직한 '해답'은 다음과 같다: 타자에 대한 질문(interrogation)이 그것이다. 그러나 그와 같은 '성급한 경험주의'는 최소한 두 가지의 본질적인 과오의 원천을 무시한다. 무엇보다 먼저, 성급한 경험주의는 타자와 나는 동일한 세상에 살아가고 있으며, 본질적으로는 동일한 방법으로 세상을 경험할 뿐더러, 그리고 우리들의 의미는 일치한다거나 또는 최소한 그것에 관하여 서로 일정한 합의에 도달할 수 있다고 말하면서 상식적 태도의 미심쩍은 일반적 주장을 아무런 의심 없이 받아들인다. 둘째, 그것은 커뮤니케이션적 의미의 수준과 의미 있는 경험의 수준을 똑같게 한다(그래서 그는 어떤 것을 실제로 이러한 방식으로 본 것처럼 그것을 다른식으로 볼 수 있다고 말한다). 그러나 타자의 주관적으로 의도된 의미에 자유스럽게 접근하기란 그렇게 쉽지 않다: 실제로 우리는 타자의 '주관적으로 의도된 의미'를 적어도 '참으로(really)'는 이해하지 못한다. 우리가 이해하는 것은 항상 특별한 어떤 것이다: 이러한 특수성은 완전히 익명적이며, 고도로 개인적이거나, 또는 그 중간쯤의 어떤 것이 된다(Natanson, 1986을 보라). 우리는 완전히 특이한 정보조차도 독특한 방식으로 경험한다: 그것들은 언어에 의하여 전형(typification)으로 표현되며, 그리고 실제로 그들은 그와 같은 전형으로 표현되어야 한다. 오직 전형화에 의하여, 전형화 속에서만 우리는 일상생활에 대처할 수 있다(Luckmann, 1983b: 68-91을 보라). 이것이 말하자면 사회과학자들이 자기의 이해 능력에 관하여 배워야 하는 첫번째 과제인 것이다.

4. 상식적 이해

반대로, 상식적 이해(commonsense *Verstehen*)는 평범한 의식활동이다. 일반적으로 인간들에게 이해는 너무나도 정규적인 것이어서 그 자체는 그들의 관심거리가 되지 않는다. 달리 말하면, 사람들은 일상생활 속에서 이해에 항상 강하게 관여하기 때문에, 그들은 스스로 '이해' 그 자체에 특별한 주의를 하지는 않는다. '존재의 한 형식(a form of being)'으로서 이해(Heidegger, 1962)는 따라서 사회과학의 창조물은 결코 아니다. 이해는 단순히 매일의 판에 박힌 일이기 때문에, 독특성에 대한 이론적 태도가 일상의 이해과정에 반드시 필요한 것은 아니다. 또한 우리는 상식적 사고가 어떤 일정한 태도라고 말할 수 있다—즉 사람들이 많은 일들을 할 수 있거나 없다는 가정, 언제나 중요하고, 덜 중요하고 그리고 상대적으로 중요하지 않은 일들이 있다는 가정, 그리고 이러한 일들이 때때로 이럴 수도 있고 저럴 수도 있다는 가정을 보통 자명한 출발점으로 삼는 그러한 태도이다. 더욱이 우리가 어떤 일을 하거나 아무 것도 하지 않을 때, 비로소 다른 일이 일어나는 반면에, 이러저러한 일들은 그냥 생기는 것이라고 가정한다. 다른 출발점은 위와 아래, 옳은 것과 나쁜 것, 선과 악 사이에는 차이가 있다는 것과, 마지막으로 다른 사람들은 아마도 나와 동일한 방법으로 사물을 보거나, 혹은 나와는 다르게 본다는 것이다. 요약하면 상식적 사고는 우리가 그것을 통해 우리들의 실제적 삶을 관리하는 실용적 태도이며, 그리고 우리가 일에 있어서 타인과 공유하는 부분이 있다는 사실을 관리하는 실용적 태도이다.

상식적 사고는 우리가 대체로 다른 보통의 빈틈 없는 성인들은 '우리와 같은' 사람들이라고 가정하는 그런 자연스런 태도이다. 그리고 우리의 상식에 본질적으로 영향을 미치는 상식적 지식은 무엇보다도 이것이거나 저것이 그렇고 그런 것으로 아주 다른 것은 아니라는, 사회적으로 퍼져 있는 어떤 확신이 쌓인 것이다. 그리고 어떤 상황에서 이러저러한 문제에 대처하기 위하여 별다른 행동을 하는 대신에, 어떤 특정한 방법으로 행동하는 것이 더 좋다고 하는 사회적으로 퍼져 있는 확신이 쌓인 것이다(Schutz & Luckmann, 1973: 3, 4장을 보라). 물론 원칙적으로 우리는 상식을 의심할 수 있다. 그럼에도 불구하고 있을 수 있는 이러한 의심은 일시적으로 연기되고, 제거되고, 무시된다. 그리고 그렇게 되풀이함으로써 우리는 실제의 생활을 꾸려나갈 수 있다. 그리고 우리가 상식적 태도라고 부르는 것은, 현실에 대해 가질 수 있는 의문을 배제시켜놓고 있는 특히 이러한 태도인 것이다.

상식적 지식에 기반하여 우리는 익숙하거나 덜 익숙한 상황속에서도, 매일 매일 특정의 일에 대하여 결정을 한다. 상식적 사고는 현실에 관하여 비교적 덜 체계적인 태도를 나타낸다. 그것은 결코 언제나 조화스럽지만은 않은 해석, 설명, 그리고 추론으로써 작동한다. 이 때문에 상식적 사고는 한계를 가진다. 이것은 우리가 어떤 사물을 보는 방식이 비록 유일하지는 않을 지라도 최소한 사물을 바라보는 올바른 방식이라는 것을 대체로 가정한다는 것을 의미한다. 상식은 전통에 얽매여 있다; 말하자면 그것은 사회적으로 전승되어 온 해석, 설명, 그리고 관행에 따라 비교적 특별한 생각 없이 그리고 무비판적인 방식으로 작동된다. 상식적 사고는 상대적으로 근시적이다. 그것은 본질적으로 단지 일상적 활동을 꾸려가는 데에 필요한 만큼만 일관성에 관심이 있다: 통상적으로 그것은 단순한 설명과 해석만으로 충분하다. 상식은 이따금 우리에게 유용한 것에 대해 스스로를 방향지운다. 일상적 활동들에 대한 해석과 설명은 우리의 개인적 이해관계나 우리가 속한 집단이나 사회의 이해관계에 봉사한다. 상식적 사고는 정당화의 가장 단순한 형태이다. 그것은 사물에 대해 비교적 문제되지 않는 평가를 내릴 경우에는 사회적으로 전승된 주형(stereotypes)으로써 결정한다.

물을 것도 없이 일상의 사람들은 시각의 교호성(the reciprocity of perspectives)과 그리하여 적절성의 체계의 일치성(the congruency of systems of relevances)뿐만 아니라, 입장의 상호교환성(the interchangeablity of standpoints)까지도 미리 가정한다(Schutz & Luckmann, 1973: 2, 5장; Schutz, 1962b: 207-259). 각 개인들의 생활사에 기인한 차이들로 점철된 경험들은 결국 무시될 수 있으며, 행위자들의 개인적인 적합성의 체계들은 본질적으로 일치하게 된다. 행위자는 매일 매일의 각 상황에서 익숙한 지식을 처리한다: 그는 한번 또는 반복해서 테스트를 견뎌낸 행위유형들이 지금뿐만 아니라 앞으로도 그 적용에 있어서 유사한 성공을 거둘 수 있다고 가정한다. 이 전형적 신뢰성은 그 자신의 경험들의 침전물에만 적용되는 것이 아니라 일반적인 상식적 지식에 유추하여 사회에 의하여 전수된 사고 대상물, 즉 행위자가 사람들이 그의 사회화에 의하여 단순히 그 지속성을 믿고 있는 사고 대상물에도 역시 적용된다. 이러한 해석모형, 즉 이러한 전형화는 오직 특정한 문맥에 따라서만 변형될 뿐이다: 그리고 이러한 변형은 보통 가능한 한 최소한의 범위에서 행해진다. 그리하여 일상적인 문제의 관리는 원칙적으로 새롭고 익숙하지 않은 것을 익숙되고 전형적인 것으로 전환하는 것을 의미한다. 오직 시각의 교호성에 대한 확신만이 일상적 삶의 성공적인 관리를 가능케 한다(Berger & Luckmann, 1969: 2장을 보라).

5. 공통적 요소와 상이한 요소

사회학자들은 사람들이 어쨌든 매일 종사하고 있는 문제들에 종종 몰두한다. 그러나 사회학자들은 이러한 일들을 일상생활에서 통상적으로 다루는 방법과는 아주 다른 방법으로 처리한다. 이것은 사물에 대한 사회과학적 방법이 매일의 경험에 기반해서 구성되기는 하지만 그럼에도 불구하고, 그것과는 다르다는 것을 의미한다. 사회학적 전문지식은 현실에 대한 이론적 태도의 한 형태이다. 그러나 이것이 과학적인 관례에서 나오는 사회학자의 실제적인 작업이 일상생활의 부분이 되는 것을 배제한다는 것을 의미하지는 않는다. 그러나 사회학자의 관례적인 일상의 작업은 특별한 태도로 '물러서기' 위한 수단이거나 또는 최소한 그러한 수단이어야 한다. 이런 특별한 (말하자면 이론적인) 태도는 일시적으로 상식적 사고의 실용적 관심을 무시하고, 그 대신 순수한 인지적 관심으로 대체시킨다. 즉 예를 들면 실용적인 방식으로 주제를 다루지 않고, '연구실에서(sine ira et studio)'

그것을 분석하는 그런 관심으로 대체시킨다.

그리하여 사회에 대한 사회학적 전문지식의 실용적 사용이란 것은, 상식적 사고에서는 문제가 되지 않지만 그래도 사람들이 거기에 따라서 그들의 생활을 관리하는 상황, 맥락, 법칙으로 사람들의 관심을 돌리는 것을 의미한다. 따라서 사회과학적 이해의 사용은 그들의 관심을 상식적 지식과 상식적 사고의 '자명한' 구조와 기능에 돌리는 것이다. 이러한 의미에서 사회학은 현실의 사회적 구성물을 다소 세밀한 방식으로 재구성하는 데 합리적으로 유용한, 독특성에 대한 전문적 지식이다. 사회학자는 상식적 사고의 실용주의에 대하여 거리를 두는 입장을 취한다. 원칙적으로 그는 그것들을, 말하자면 회의적 방법으로 다루어야 하고 그럼으로써 그는 일상의 인간 활동에 영향을 줄 수 있는 것이다.

사회학에 대한 이러한 이해는 경험적인 것이 아니라 규범적인 것이 분명하다. 그것은 사회학의 '이념형(ideal type)'을 묘사한다. 그리고 실제로 실용적 이해 관계에서 초연한 사회학자조차도 사회학자일 뿐만 아니라, 역시 일상적 존재다. 많은 점에 있어서 그는 사회적 삶의 부분이다. 그는 현실의 사회적 구성에 있어서 함께 행동하는 사람인 동시에 관찰자이며 보고자가 되는, 말하자면 영원한 딜레마 속에 있는 것이다. 그의 연구는 사회적 세계 내에서 이루어지며, 이 세계에 별문제가 되지 않는 방식으로 항상 영향을 끼친다. 그의 과학적 '산물'은, 비록 가끔 이상한 우회를 하지만 상식적 지식속으로 상당히 누입해 들어간다. 요약하면 사회학자의 지식은 상식적 사고에 그 기초를 두고 있다. 그리고 상식적 지식 역시 사회학자의 전문적 지식의 결과와 마찬가지로 변화한다.

결론적으로 상식과 사회학적 지식간의 그리고 상식적 사고와 사회학적 시각간의 차이를 다시 한번 되살려 보자. 사회학적 지식의 어떤 요소라도 그것이 조정은 그만두고라도, 인간의 상식적 지식과 관련되어 있지 않다면 중요한 것이 될 수 없다. 그러나 세상을 보는 데 있어서 사회학적 방식이 상식적 사고의 방식보다는 더 명확하고, 더 논리적이며 더 체계적이다. 사회학은 그들의 주제를 지식의 명확한 기준에 따라 선정하고, 이들 주제를 체계적으로 분류한다. 또한 사회학에 관련된 현실은 엄격한 경험적 방식으로 정의되는 반면, 일상생활 속의 우리는 경험적으로 증명할 수 있는 진술과 비경험적 진술을 항상 명확하게 구분하지는 않는다. 일상의 견해와는 다르게 사회학적 진술은 논리적 체계를 형성한다. 그러나 논리적 일관성은 사회학적 진술에 필요조건이기는 하지만 충분조건은 되지 못한다. 오히려 진술에 대한 궁극적 기준은 경험적 관찰이다. 과학의 목표는 경험적 현상을 체계적·일반적 그리고 이론적 방식으로 설명하는 것이다. 하지만 사회적으로 구성된 현실에 대하여 사회학적으로 설명하는 참된 이유는 사회속의 사람들의 일상적 활동의 의미를 이해하기 위해서다. 실용적인 상식과는 대조적으로 참된 사회학적인 전문지식을 개발한다는 것은 따라서 무엇보다도 일상의 경험—무엇보다도 그것은 일정한 전망을 가지고 일상생활속에서 실행되게 되어 있는 일상적 활동에 대한 경험이다—으로부터 단순히 주어진, 자연스럽고 익숙한 것들에 대하여 또다른 견해를 개발시키는 것을 의미한다. 그것은 모든 사람들이 비이론적 또는 이론 전단계적(non-or-pre-theoretical)인 일상생활에서 알고 있는 것에 대하여 일정한 거리를 두는 입장을 뜻한다(Berger & Luckmann, 1967: 1장을 보라). 더할 것도 없지만 알다시피 또한 덜할 것도 없이 그러하다.

형식과 일상*

빠뜨릭 와띠에

경험세계로서의 일상생활에 대한 연구는 사회학의 방법에 대해 새로운 관심을 불러 일으키고 있다. 유의미성, 의미와 해석 등이 예의 그 대상영역 중에서 근본적 질문으로 다시 부상하고 있다. 참으로 사회과학과 경험세계에 대한 이해는, 기든스(Giddens)가 해석적 사회학에 대한 그의 비판적이지만 긍정적인 접근, 즉 "이해(Verstehn)는 사회과학에 고유한 사회적 세계로 진입하는 특수한 방법으로서가 아니라, 그 성원들에 의해 생산·재생산되는 인간사회의 존재론적 조건으로서 취급되어야 한다"고 우리에게 환기시킨 바와 같이, 구조적으로 연결되어 있다. 사회에서 각 개인들이 행위하기 위해서는 상호이해(intercomprehension)의 과정에 의지할 수밖에 없으며, 이 과정은 그들의 관계와 활동의 조직화에 필수적이다. 사회학적 이해가 정립될 수 있는 것도, 타인이 그들의 어떤 활동들을 이해한다는 바탕 위에서다.[1] 달리 말하면 사회학적 이해란 사회화된 개인들간의 일반적 이

---

* 출전: Patrick Watier, "Understanding and Everyday Life," *Current Sociology*, vol.37, no.1, spring, 1989(김형균 역).

1) 이 문제에 대해 딜타이는, 이해란 무엇보다 먼저 실제생활의 이해관계로부터 나온다는 것을 지적한 바 있다. 여기서 사람들은 서로에 대해 갖는 관계에 의존한다.

해에 기반하는 것이며, 딜타이(Dilthey)가 이미 강조했듯이 유의미성의 범주와 경험된 사건과 표현 및 이해를 활용하는 것이다. 이것이 또한 인문과학에서 원용되는 방법이 되는 것도 사회화된 개인들의 일상적 존재가 경험된 사건, 표현 그리고 이해와 관계를 갖게 되기 때문이다. 그때부터 일상생활의 분석은 눈이 침침해질 때까지 오직 이 사실에 대해서 집착할 수 있다. 이와 동시에 의문시되는 것은, 사회학자가 그 대상을 향해 취할 수 있는 거드름을 피우는(olympian)태도이다.

상식과의 단절은 이 훈련에서 핵심이 아니며, 이는 근접성과 거리성의 상호작용에 관한 짐멜(Simmel)의 기본적 직관과 연결된다. 그리고 그것은 그 자체로서 공통경험의 존재론적 영역이 된다. 이러한 점으로부터 사회학적 이해에 대한 두 가지 질문이 제기된다. ① 그것은 통상적 이해나 지식과는 어떻게 차이가 나며, 만일 거리가 있다면 이 거리는 어떻게 측정될 수 있는가? 그리고 ② 사실 단순히 통상적 이해를 재생산하는 것과는 독립된 존재를 부여받는 사회학적 이해에는 그 고유한 특징적 객관성이 있는가? 그리고 그러한 객관성이 우리문화가 과학적이라고 인정할 수 있는 특징들을 보장할 수 있는가? 달리 말하면 일상적 이해와 같은 토양에 뿌리박고 있는 이러한 차별성을 우리는 어떠한 측면에 입각해서 세워야 할 것인가?[2)]

혹자들이 사회학적 방법론의 발전에 의해 극복되었다고 생각하는 이해의 문제는 아직 그 정도로 극복되지 못했으며, 특히 그 이해의 문제가 행위자, 사회적 주체들의 역할에 있어서 다시 제기되고 있다는 사실을 우리는 또한 알아야 한다. 참으로 그 사회학적 이해는 한편으로, 그들의 행위나 사고 그리고 스스로에 대해서, 아니면 그들이 행한 바에 대해 부여하는 의미들을 우리가 어떻게 범주화해야 하는가로 우리들을 이끈다. 다른 한편 그것은 어떤 사람을 고정된 주체로서의 행위자로 바라보는 견해에 대해 의문을 제기

2) 그것으로부터 하이데거(1962)는 단순히 현상학적 범주가 아니라 존재론적 범주를 정립한다.

한다. 짐멜은 사회적 모임(social circle)의 상호중첩이라는 개념을 소개하였으며, 슈츠는 제임스를 통해 이 정체성의 위상을 밝히기 위하여, 실재의 하위체제(subsystem)라는 개념을 도입하였다. 해석학적 사회학은 사회학 전체에 그 스스로를 강요하게 해왔던 설명적 패러다임 때문에 여러가지 불신을 받아 왔다. 그리고 우리는 이해사회학이 재부상되는 전체 문제를 거츠(Geerts), 레비노우(Rabinow), 드레퓌스(Drefuss, 1986: 30) 등이 해석적 관계라고 부를 때까지 기다려야 했다. 이 점에서 최근 수십 년 동안 사회학에서의 가장 영향력 있는 패러다임의 역사를 비록 다소 주마간산식으로라도 다시 개관해 본다는 것, 그리고 그렇게 함으로써 두 패러다임 사이의 상충에 관한 가설—즉 두 패러다임 중에서 한 패러다임의 일시적인 승리가 다른 패러다임을 자기의 보다 우세한 이론속에 완전히 통합시킨 것을 뜻하지 않으며, 그 승리는 체제, 사회조직, 사회 또는 경험된 사건들, 사회적 주체들, 일상적 표상들 혹은 통상의 개별적 삶의 양식을 강조하는 데 있어서 그 패러다임이 보다 영향력 있게 진술한 결과라는 가설—을 제시해 보는 것은 매우 유용할 것이다.

요컨대 우리는 계속해서 개인과 사회간의 연결로 다시 돌아가는 것이다(Simmel, *How Is Society Possible?*, 1908 참조). 간략하게 말하면, 이 연결이 인식되는 방법은 사회적 영향에 관한 증대된 강조가 아니면 개인들의 중요성에 관한 증대된 강조를 의미한다. 전체가 일부분을 포섭하지만, 일부분이 단지 전체의 단순한 한 조각이지도 않는—왜냐하면 짐멜이 강조한 바와 같이 우리의 관심을 끄는 그것은 한편으로 결코 전적으로 사회적인 것도 아니며, 다른 한편으로 스스로 자기의 개별성을 획득하려하는 것이기 때문에— 이러한 관계를 우리가 인식할 수 있게 해주는 어떠한 유용한 모델도 없다. 의심할 바 없이 민족학에서 일부 차용된 첫째 패러다임은, 전체로서 사회에의 개인들의 통합과 사회화를 다룬다. 이는 뒤르켐의 저작에서 두드러지게 표현되어 있을 뿐만 아니라, 특히 파슨즈의 저작에서도 역시 찾아볼 수 있다. 문화와 퍼서낼리티간의 관계는 그들이 사회의 통합을 가져오는 그 기여속에도 나타나고 있다. 그리고 이 사회는 그 둘을 포함하는 체계인 것이다.

뒤르켐에 있어서 이러한 주장은 분명히 변형될 것이다. 즉 그가 자주 관찰한 측면들인 사회적 사실의 외재적 측면과 구속성을 주장하면서도 그는 사회적인 것을 그것의 '재생산되고' 통합되는 양식과 다른 것으로 간주하는 구별을 견지하고 있는 것이다. 따라서 『자살론』(Durkheim, 1983: 355, 356)에서 그는 삶의 집합적 측면이 대체로 자유롭다는 점을 지적하고 있다. 모든 종류의 흐름이 각 방향으로 오고 가며 수천 가지의 갈래로 서로 교차하고 얽힌다. 그리고 이 흐름들은 끊임없는 움직임 속에 있기 때문에, 하나의 목적적인 측면을 가정하고 움직이는 것은 결코 아니다.

그는 이것이 방법의 문제라는 사실에 주목하고 있다. 외부적인 것만이 객관적이 될 수 있다. 그리고 내부로부터 '사실의 질서'가 아닌 '사람들이 사실들에 대해 가지는 개인적 인상'을 파악하는 것을 회피하기 위해서 이 점을 출발점으로 삼아야 하는 것도 바로 그 때문이다. 사회학에서 '내재적'인 것에 대하여 '외재적'인 것에 대한 강조의 기반이 되는 것은 객관적 사물과 객관성에 주어지는 제1차적 우위성 때문이지만, 그럼에도 불구하고, 과제의 궁극적 목표로 남는 것은 내적인 것이다.

선언된 계획의 의도가 무엇이든지 간에, 내재적인 것은 간단히 설명된다는 사실, 말하자면 내재적인 것은 단순한 인과관계의 방법에 의해 바깥으로 드러날 수 있다는 것(내면화된 태도들이 이러한 과정을 완벽하게 증언한다)은 그래도 분명한 것 같이 보인다. 그리고 이것은 특히 객관주의자들에게는 들어맞는다. 반면에 짐멜에 특징적이며 두번째 패러다임을 구성하는 것은, 개인과 사회간의 갈등적 관계들의 제시이다. 사회는 존속을 위해 개인들을 필요로 하며, 이를 행하기 위한 모델을 필요로 한다. 그러나 완벽하게 사회적 일 수 없는 각 개인은 그의 개체성을 추구하며, 뿐만 아니라 비록 사회의 요구를 거스를지라도 그의 개체적 위상을 확보하려 한다. 이러한 의미에서 사회는 항상 개인에게 매우 많은 영향을 미치며, 뒤르켐에 있어서처럼 충분하지 않는 것도 아니다. 뒤르켐이 그의 이기적·아노미적 자살의 설명에서 강조한 것은 사회적 영향력의 결핍이라는 사실을 상기할 필요가 있다. 첫번째 경우에는 "집합적 활동이 특히 부족한 것이며," 두번째 경우는 "사회적 영향력이 특히 개인의 열정에 있어서 결핍되어서 그 열정들이 아무런 지침 없이 그리고 거리낌 없이 방치되어 있는 것"이다(1983: 289).

뒤르켐은 개인적 상태와 사회적 상태의 이질성, 즉 "현존하는 두 갈등적 힘"을—하나는 집합체 속에서 비롯하고 개인을 통제하려는 힘이며, 다른 하나는 개인으로부터 나와서 사회를 뒤로 밀어 제치는 힘이다— 역시 강조한다. 그러나 그는 그의 문제해결방식으로, 인류의 총체적인 이익에의 복종이라는 기초위에서 고려된 통합형식을 제시한다.

반면에 짐멜은 ① 이러한 희생이 주는 고통과 ② 그것이 사회적 수준으로 되돌아 왔을 때 결과하게 되는 퍼서낼리티의 위축을 강조한다. 이러한 것은 개인주의의 두 가지 상이한 해석들이라고 생각될 수 있는 것인데, 이들 각각은 다시 동일한 현상에 대해 다른 평가를 내리도록 유도한다 .

우리는 그것에 대한 이해와 논쟁이 설명과 이해간의 대비로부터 바로 나오는 것이 아니라, 한편으로 사회는 무엇인가 하는 진술과 다른 한편으로는 사회학의 위상과 그 가정으로부터도 또한 파생하는 것이라는 것을 관찰할 수 있다. 이를 보다 분명히 하기 위해, 우리는 앙리 아뜰랑(Henri Atlan)이 보여준 것과 같이, 기술적 효율성에 기반한 결정론적 패러다임의 토대들의 제시를 통한 우회를 암시하고자 한다.

이것은 나중에 인간현상에 적용되는 것과 동일한 방법의 결과들에 대한 엄밀성을 신뢰할 수 있는 기초로서 기여할 것이다. 물질세계에 대한 기술적 지배는 과학적 방법의 엄밀함의 증명이다. 그러나 자연과학과 인문과학의 근본적 차이를 관찰하는 것이 중요하다. 왜냐하면,

> 자연과학은 그 자체가 매우 쉽게 형성되는, 공작품으로부터의 실재구축과 기술(기계적·전자장치… 생물학적 재능의 창조 등)의 구축으로 인도한다. 한편 인문과학의 상이한 학파에 의해 형성된 인공물의 실재는, 이들 학파들의 추종자들의 범

위 바깥에 그 스스로를 확립하기가 어렵다. 실제로 첫번째 경우에 기술적 성공과 물질의 구축은 새로운 종류의 실재를 확립한다. 그리고 그것은 그 물질적 존재에 있어서 원재료의 물질적 실재처럼 객관적이고 명백한 것이다.

기술적 실재는 모든 것 위에 그 자신을 확립하는 데 반해, 인문과학의 틀 안에서는 바로 그 실재를 둘러싸고 불일치가 일어난다. 문제는 실재를 세우는 것이지 그 실재의 이러저러한 사변적 측면이 아니다. 달리 말하면 과학적 이상 그 자체는 달성하기 어렵다. 과학이 그 주제에 스스로를 못박지 않으면 않을수록 더욱 엄밀해진다. 그러므로 우리는 과학적일 수 있는 것이 거의 인간적일 수 없는 것과 마찬가지로, 인간으로부터 이러한 종류의 과학을 창조할 수 있다는 것은 실제로 거의 과학적이지 못하다는 역설에 도달하게 된다.[3)]

아뜰랑의 언급은, '일상적 경험에 가장 밀접하게 연결되어 있는 지식의 형태를 이해하거나 아니면 보다 정확하게 말해서, 주어진 정보의 독특성과 대체불가능한 특징이 그 관련된 사람에게 결정적으로 나타나는 모든 상황들을 이해할 수 있기 위해서는' 강력한 과학적 노선의 채택이 믿을 수 없다고 강조한 역사가 카를로 긴즈버그(Carlo Ginsburg)와 연결된다.

과학성(scientificity)으로의 전화가 의미하는 것은, 각 개인의 지식은 객관적 관점을 채택할 수 있기 위해 거부되어야만 한다는 것이다. 즉 우리들은 스스로 경험한 것의 의미를 모르는 것처럼 행동하거나 아니면 그것이 거짓이고, 동떨어져 있으며, 가공의 것이라고 상정한다. 우리는 주관적인 것으로부터 얼굴을 돌리기로 결정하고, 단지 체계에 대한 어떠한 정보도 가지고 있지 못한 외부 관찰자의 입장에서 관찰하려고 한다.

이것은 방법 일반에 관한 것이다. 그러나 '주체성의 형성이 지식과 손잡고 나가는 하나의 반성적 형식을 가정하며, 어떤 의미에서 자기 스스로의 정체성을 창조하는 것은 개인과 사회 그 자체들이라는 것을(Habermas, 1981b: 61) 우리가 관찰할 때, 개인들이 서로를 이해하고, 세계와 사회를 이해하려고 설정하는 의미들이 기생적인 것이라고 계속 무시할 수 있을 것인가.' 또한 그 의미들을 순전히 내면화된 태도나 반사적인 적응양식으로

---

3) H. Atlan, *A tort et à raison*, 1987, n.118, p.204.

계속 취급할 수 있을 것인가.

아뜰랑 역시 『수정과 흡연 사이에(*Between the Crystal and the Smoke*)』라는 그의 저서에서 강조하고 있듯이(1979: 96), 우리가 원하고 생각하는 것이 무엇이든지 간에 대상은 곧 주체이다.

> 인간체계에 있어서 관찰자는 단지 체계의 한 부분만이 아니다. 그도 역시 그것을 관찰한다는 의미에서 그 체계를 포함하는 초체계이다. 따라서 사회체계에 있어서 기초적 수준과 전체적 수준간의 관계는 역전된다: 내용은 동시에 형식이 된다. 각 개인은 '객관적' 관찰의 관점으로부터 체계내에 포함된다. 즉 만약 관찰하고 있는 것이 바로 그라는 사실을 잊어버린다면 말이다.
>
> 사실 관찰자로서 그의 위치는 동시에 각 개별적 부호가 사회적 부호보다 더욱 일반적이라는 것을 의미하며, 이는 관찰이 관찰되는 사람을 포함한다는 의미에서이다. 체계를 구성하는 각 개인은 사회를 포함하는 하나의 초체계의 가능한 최대한의 일반적 수준뿐만 아니라, 기초적 수준(체계의 구성요소들)에서도 임의대로 쓸 수 있는 기호들을 가지고 있다.

보다 사회학적인 용어로 짐멜(1908)식으로 달리 말하면, 각 개인은 전적으로 사회적인 것은 아니다. 사회적인 범위 밖의 부분이 있다. 사회적인 것, 그것의 비판, 개인이 속하고 있는 체계의 자기반성과의 관계에서 거리를 두게 할 수 있는 바로 그러한 초사회적인 것이 있다. 그리고 그것은 개인이 그 체계에 대해 하나의 관점과 시각을 채택할 수 있기 때문에 보다 광범하고 포괄적이다.

하버마스는 그가 인문과학이라고 부르는 것의 토대를 이러한 자기성찰에 두고 있다. 이러한 의미에서 '사회학자의 직업'이라는 접근과 대비해서, 인문과학에서, 그들의 대상이 말을 한다고 해서 그것이 인문과학에 악담이 되는 것이 아니며, 그것이 바로 인문과학의 특징을 나타내는 것이다. 또한 그것은 개인들이 분명히 자생적인 사회학을 수행하지만, 그렇다고 그들이 주장하는 것만큼 그렇게 상식에 뿌리박고 있는 것은 아니라는 것을 말하는 것이기도 하다.

그것은 가핑클(Garfinkel)의 말을 인용해서, 단순히 '문화적 얼치기'가 될 수 없는 행위자의 능력을 고려하는 문제이다. 이 '문화적 얼치기'는 내면화된 역할을 수행하고 스스로 자유롭다고 믿으면서 체계를 자신에게 폐쇄시킨다. 이와 같은 무지가 결정론적 패러다임의 기초를 구성한다. 그러나 이렇게 얘기하는 것은 그가 무엇을 하고 있는지를, 어떻게, 왜 그가 그것을 하고 있는지를 알고 있는 어떤 사람으로서의 행위자라는 주장으로 돌아가는 것은 아니다.

오히려 그것은 사회적 세계는 관점과 의견, 객관적 조건, 객관적 희망과 주관적 희망간의 딱 맞추어진 양식속에 단순히 경험되는 것은 아니라는 걸 말한다. 그것은 또한 경험의 문제이기도 하다. 그리고 경험속에 '내면화되는' 것은 언제나 필요한 경우에 원점으로 되돌려질 수 있는 변형으로 단순히 재생산되는 것은 아니다. 오히려 경험속에 '내면화되는 것'은 애초에는 전혀 생각할 수 없었던 새로운 어떤 무엇을 창조한다. 따라서 그동안 우리는 아마도 학습, 사회화 또는 내면화는 단지 재생산이 아닐 뿐 아니라, 또한 제도화된 형식의 부분도 아니라는 사실에 충분히 주의하지 않았던 것이다.

삐아제(Piaget)와 위니콧(Winnicot)의 심리학이 우리에게 '재생산되는' 학습과 놀이학습간에 일어나는 특별한 정도와 양식들을 보여주고 있다. 사회생활에서 우리는 모호한 상황에 늘 대처하게 된다—즉 우리는 틀과 준거간의 영원한 유동속에 끊임 없이 움직이고 있다— 그러나 바로 이것이 새로운 것을 발견하게 하고 그 새로운 것을 학습할 수 있게 해주는 것이다.

"이러한 모호함과 불확실성은 훈련의 결핍이 아니라, 중복되지 않는 상이한 원천들로부터—거기에서는 진리(미와 선)의 기준들이 때때로 상호모순된다— 우리들이 살아가고 자양분을 공급받을 수 있는 활력인 것이다."(Atlan, 1986: 341, Weber를 따라서) 그리고 일상생활에서 발견되는 것은 바로 이러한 모순인 것이다. 일반적인 설명에 기초한 패러다임은 이미 존재하고 있고 상이한 제도들에 의해 스스로를 재생산하는 사회를 염두에 두고 있다고 말할 수 있다. 이에 반해 해석적 패러다임은 사회의 자생적 지속성을 포착하려고 시도한다. 즉 해석되며, 개인들이 그에 대해 형성하는 해석적 구성물을 통하여 그 사회가 어느 정도 실제적인지를 포착하려고 시도하는 것이다. 우리는 사회속의 개인들이 그들의 행위를 조정하기 위해, 그 행위들에게 의미를 부여한다는 것을 고찰하였다. 달리 말하면, 사회학에 주어진 대상 또는 자료는 개인들이 행동하면서 창조하는 의미관계들을 통합한다. 사회학에서 순수히 객관적인 원료적 행위와 정보란 없다. 그리고 이것이 아마도 우리로 하여금 한편으로는 인문과학과 사회학, 다른 한편으로는 자연과학간의 차이를 지금까지와는 다른 식으로 포착할 수 있게 할 것이다.

하버마스를 따라서, 해석 또는 이해의 방법이나 또는 자연과학과 문화과학의 대상에 관한 존재론적 종류의 방법에 있어서가 아니라, 자료 그 자체에서의 차이를 확립하는 것은 가능하다. 그 대상을 획득하기 위해서는 사회과학은 "서술된 것을 이해하는 과정을 반드시 통과해야 하며," 이는 자연과학의 경우와 다르다. "만약 모든 과학이 메타이론적 수준에서 해석의 문제와 직면해야만 한다면, 해석학에 탐색적 차원을 부여하는 것은 바로 사회과학이며, 이 사회과학만이 자료의 창조라는 수준에서 틀림없이 직면할 것이다."4)

인식론적이면서 동시에 현상학적인 이들 요소들에 대한 고려는 짐멜에의 관심 및 그 관심의 새로운 비등을 부분적으로 설명해 준다. 그는 실제로 우리에게 내용과 형식간의 상호작용속에서, 관계의 형식이 어떻게 행위자에게 영향을 미치는가 뿐만 아니라, 이 행위자들이 관계의 형식을 바꾸기 위해서 어떤 형식을 어떻게 견지하고 있는가를 보여주고 있다. 나는 어

---

4) J. Harbermas, *The Social Science And The Problem Of Understanding*, 1986, p.11, 49. 짐멜이 다음과 같이 주장했을 때, 그는 여기서 다시 이정표를 그었다. 즉 "그렇게 심리학과 역사 사이에는 하나의 경계가 그어져야 한다. 또한 역사와 자연과학간에도 경계가 있어야 한다: 오직 전자만이 그 자체 유의미한 그 무엇을 지닐 수 있다"(Simmel, *Problems de la philosophi de l'histoire*, 1984, p.217).

떻게 사회화의 과정이 동시에 협상되고 창조되는가 하는 것을 나타내는 승인과 충실성에 대한 논의를 통해 이 점을 보여줄 것이다.

사회화의 형식들은 "인간들이 교호적으로 행동하거나, 영속적 또는 일시적인 단위를 형성한다는 것이 발견될 때마다 나타난다"(Simmel, 1981: 173). 이러한 의미에서 사회는 강제와 외재화의 모형을 통해 개인들에게 자신을 주입시키면서 그 개인들 바깥에 존재하는 것은 아니다. 사회는 사회적 접촉들의 결과이다. 그리고 이 사회적 접촉들은 항상 사회를 통해 흘러가며 사회를 존재할 수 있게 한다. 이 사회적 접촉은 상이한 길을 따라가지만, 그러나 여전히 그것은 다양한 사회적 요소들을 함께 묶어내는 특별한 방식인 것이다.

해석은 각 개인에게 상황적 경험을 가능케 하는 형식과 결사의 양식들을 파악해야 할 것이다. 달리 말하면, 사회화의 종류는 이 형식의 교호적인 지향상의 독특한 성격에 의해 특정지어진다. 열등성, 우월성, 자부심, 인정, 충성, 사회성, 양식, 갈등 등과 같은-『사회학(*Soziologie*)』의 목차·내용을 열거하는 셈이지만- 사회적 형식은 실험하고 실천하면서 경험하는 상황들의 전형적 방식들이다. 그 순간부터 상황의 이해는 이처럼 결정적인 요점이 된다. 그리고 고프만(Goffman)의 용어법에서의 틀이라는 말이 짐멜(Simmel)에서의 형식을 가리키는 것과 같이, 고프만과 짐멜간의 유사성을 발견한다고 해서 그리 놀라울 것은 아니다. 짐멜에 있어서 이러한 상황의 이해는 되풀이되고, 전통에 의해 전승되는 적나라한 요소들로 환원될 수 없다는 것을 그래도 지적하자. 왜냐하면 그것은 아무리 짧은 기간이라 해도 일정한 기간동안에 제도화된 관계의 형식에 속해 있었던 개인들의 상호작용의 결과이기 때문이다. 사회가 '사회'로서, 즉 각종의 관계와 형식들에게 의무의 후광을 가져다 주는 강하고 또는 약한 연계들의 총체로써 이룩되는 것은 일상생활에서 일어나는 형식과 관계들의 이러한 연속성을 통해서이다. 짐멜의 저작에서 일상생활의 분석이 나에게 중요하게 보이는 것은, 규정에 의해 하나의 참조사항으로서 거기에 있는, 사회적 형식의 개념만이 아니라, 그가 공통경험에 밀접한 개념들을 사용하고 있다는 사실이다. 그러나 경험에 밀접한 개념들을 사용하는 것은 사회과학에서 강하게 거부되어온 그 친밀성이라는 것이 충분조건은 아니더라도 필요조건이라는 것을 인정하는 것이다. 이는 우리사회의 많은 사람들이 공통상황에 대해 가질 수 있는 이해를 위해서 필요한 것과 같이, 공통상황들에 대한 이해를 위해서도 그 만큼 필요하다. 우리는 경험에 밀접한 개념들을 통한 명료화가 특별한 것이 아니거나, 진부하며 감춰진 원인의 기미들을 결여하고 있다는 것을 우리들에게 제시해주는 힘들을 많이 보아왔다.

그러나 짐멜이 충성이라 부르는 것이 비록 그 내용이 어떠한 것 일지라도 결사의 보존에 결정적으로 중요하다는 것을 논증하고자 한다. 일상생활의 해석은 짐멜에 있어서 사회적 존재의 존재론적 조건인 근접성과 거리의 상호작용에 기반해 있다. 분석의 특수단위로서 사회적 형식의 이러한 특징은 개별적 조직을 초월하는 것이 아니면서, 개인들의 원망, 이익, 그리고 욕구들로 더이상 환원될 수 없는 상호관계로서의 형식을 상정한다는 것을 의미한다. 상호작용은 개인의 동기나 이성에 기반한 일련의 반작용 그 이상의 것이다. 그것은 각 개인들이 수많은 관계를 통해 서로 영향을 미칠 수 있다는 것을 배우고 느끼는 사회적 실재의 한 부분을 의미한다.

> 추상에서의 개인들은 한 사회를 형성한다는 의식이 없다. 그러나 각 개인은 상대가 사회화된 개인이라는 것을 알고 있다. 비록 이러한 지식, 사회의 전체성과 복잡성에 대한 이러한 파악이 구체적이지만 따로 떨어져 있는 구성요소들로부터 오직 습득될 수밖에 없는 것일지라도(Simmel, 1908: 26).

형식을 통해 개인들은 그들이 함께 오기 전에는 존재하지 않았던 상호경험과 활동을 창조한다. 사회적 실재를 이해하기 위해서 현상이라는 것은 체제내의 기능적 변수나 요소들로 파악되어서는 안되고, 그것 없이는 사회가 존재할 수 없는 결합의 작동방식으로 이해되어야만 한다.

짐멜은 그의 「어떻게 사회적 형식이 보존되는가」라는 글에서 만약 하나의 단일한 형식이 사라진다고 해도 '사회'는 물론 지속할 것이라고 강조하였다. 그러나 우리가 우리의 사고로부터 이런 모든 개별적 형식들을 제거한다면 사회는 존재할 수 없을 것이다. 형식이라는 착상은 사회의 물화가 회피된다는 것을 의미한다.

최근에 왈러스타인이 강조하였듯이, 사회현상의 실제적 중요성이 그들의 견고함에서 파생되는 것이 아니라, 바로 그 융통성과 유동성 속에서 파생될 때, 사회현상을 결정화하는 경향이 있는 그런 문화가 회피된다는 것이다. 짐멜이 우리에게 일상생활에서, 분명히 소소한 결합의 형식들을 연구하도록 할 때, 이것은 상호작용의 보다 유동적인 형식에 대한 정형화된 상호작용을 넘어서 연구영역을 순전히 그리고 단순하게 확장하기 위한 것이 아니고, 자생적인 연속성에 의해 사회를 고려하기 위한 것이다. 우리는 이 자생적인 연속성 때문에 사회에 대해서 얘기할 수 있는 것이다. "형식은 전형적 상황의 잠재적인 상호성이긴 하나, 그 점으로부터 이것은 각 개인이 범주화를 통해 상황을 이해한다는 것을 의미한다(Simmel, 1908)." 짐멜이 다른 곳에서 지적하고 있듯이 충실, 충성 그리고 타인의 인정과 같은 심리학적 측면은 사회적 결속의 유지에 일차적 역할을 한다. 짐멜은 『사회학(*Soziologie*)』에서 충실성과 인정에 대해 언급하면서 충실성이 사회의 전제라고까지 한다. 충실성이 없으면 사회는 불가능하게 된다. 그리고 그것은 동시에 존재의 물질적 내용과의 관계 속에서 다른 형식들처럼 작용하는 2차적 형식이 된다.

우리는 충실성 또는 충성으로부터 시작할 것이다. 그런데 여기에서의 충성은 결혼에서의 정절[5]과는 다르며, 적절히 말하자면 기존 관계의 보존과 유지를 목적으로 하는 내적 감정이다. 이러한 의미에서 충실성은 어떤 관계의 동기, 이해관계 또는 기타 가능한 추진력이 아니다. 그것은 어떤 관계의 출현에 따라 그것의 영속화를 지향하는 감정인 것이다. 그것을 특징짓

---

5) 심지어 그가 그것을 거부한다 해도, 게다가 그가 그것을 거부하기 때문에 짐멜이 결혼의 정절이라는 출발점으로부터 충실성의 형식을 고찰하는 것이 유추에 의한 것임을 상정할 수 있다.

는 것은 그것이 단순히 타인을 향해 지향하는 것이 아니라 관계 그 자체를 지향한다는 바로 그 사실이다.

짐멜에 있어서 인간들간의 사회적 연계의 기원은 이해관계, 사랑, 의무 등과 같은 수많은 측면들에서 발견되나 그 관계를 유지하고자 하는 단 하나의 요인이 있는데, 그것을 우리가 충실성이라고 부르는 것이다. 이렇게 충실성은 어떤 관계를 만들어냈던 요소들을 조금씩 대체한다. 그리고 이 요소들은 그 영향을 잃게 되거나 간단히 잊혀져 버린다. 그러나 그 관계는 지속된다. 그러므로 짐멜은 다른 사회학자들보다 확실히 초기단계에서의 관계들을 강조했다. 그러나 그의 사회적 형식에 대한 관심은 그 관계들의 유지와 보존에도 관련되는 것이다. 그에게 있어 그것은 관계성을 보존하는 데 있어 강압, 습관, 법 또는 관행이 작용할 수 있는 부분을 부인하는 문제가 아니라, 일상세계의 기존의 요소를 다시 강조하는 문제이다. 그리고 이러한 강조는 충실성에 관한 유도된 감정들을 얘기할 수 있게 해준다. 참으로 그것은 마치 어떤 이해관심에 의해 동기화된 관계가 그 지속성을 가정하는 것과 같다. 짐멜이 여기에서 전문적인 어휘를 빼고 서술적인 용어로 하고 있는 고찰은, 어떤 사회관계가 그렇게 실현되기 이전에도 어떤 의미에서 예견될 수 있는 정도를 논증한다. 이것은 슈츠(Schutz)와 민속방법론자들의 '기타 등등'이라는 말을 미리 예시하고 있는 것이다.

다시 짐멜이 부여한 감정적 성격에 의해 충실성의 역할이 예증되면, 그것은 생활의 융통성과 형식의 이중성을 다룰 수 있게 된다. 반면에 오직 하나의 원리나 규칙을 따르는 접근방법은 생활과 관계의 지속적 움직임과 직면하게 될 때 스스로 그 입지가 곤란해진다.

우리는 반대의 것들이 나타내는 이중성과 대립적 측면들을 사회화 형식의 수준에서 다시 한번 발견하게 된다. 즉 이 이중성은 하나의 관계가—그것은 생동하고 변화하는 과정이다— 외부적으로 비교적 안정된 형식을 유지하면서도 항상 발전하고 있다는 사실에 놓여 있다.

상호적 행동의 사회학적 형식들은 조금도 틀리지 않게 적응해 가면서 동기화, 이해관계와 이성의 내부적 변형, 요컨대 서로의 관계 속에서 개인들이 겪게 되는 내부적 작용들을 따라갈 수 있다. 이러한 점으로부터 형식과 관계의 수준들은 '상이한 발전속도'를 가지고 있다는 것을 인정해야만 하는데, 이것은 형식이 그 모든 특징들을 개발하는 것은 아니라는 것을 의미한다. 충성의 사회학적 중요성은 충성이 이러한 기본적 이중성과 비교되는 통합적 역할을 한다는 데 있다. 그런데 이 이중성은 충성이, 법과 같은 어떠한 의무가 없이도, 융통성 있게 관계를 고정시키는 부분이며, 짐멜의 견해에 의하면 이러한 고정은 관계의 더 나은 발전에 장애가 될 수 있을 것이다. 따라서 형식과 생활간에, 더 사회학적 용어로 제도와 행동간에 관찰되는 적절한 적합은 사회학이론에 있어서도 흥미로운 조정을 의미하는데, 그것은 이 조정이 사회생활과 행위자라는 모델과 연결되기 때문이다. 형식의 지속은 그 형식이 개인에 의해 활용되고 경험되는 방식에 대한 일반적인 결론을 도출할 수 있게 한다. 달리 말하면, 만약 우리가 모든 형식들을 개인의 주관적 문화를 키우는 객관적 문화로부터 결과한 것이라고 생각하고, 그리고 이 의미가 그것을 제한한다면, 주관적 문화속에서의 객관적 형식들의 통합은 개인들에 의한 행위성을 의미하는 것이다. 이 점을 예증하기 위해 짐멜이 관계의 공식적인 '당신(VOUS)'으로부터 비공식적인 '너(TU)'로의 전환을 밝히고 있는 그의 또 다른 서술을 상기할 수 있다. 여기에는 단지 두 사람간의 사회적 연결만이 있는 것이 아니라 그것의 변형도 있으며, 관계의 형식에 작용하면서 변화를 초래하게 되는 것은 생활인 것이다. 그때부터 비공식적인 '너(TU)'라는 형식은 그것이 처음에는 단지 대충 그려지든 또는 머뭇거리는 양상을 보일지라도, 사회적 연결의 완전한 성취를 의미할 것이며, 이것은 그 내용이 직업적이고 우호적이든 또는 성애적인 관계이든 그러하다. 일단 수용되면, 어떤 결속의 형식 또는 사회화 과정은 일단 수용되면, 짐멜에 있어서 갈등까지도 함께 결속한다고 한 사실을 상기하자. 기대의 지평을 열어주고 그때부터 그 형식과 과정이 집행되는 경향이 있다. 충성과 같은 그러한 심리적 에너지는 결국에는 최초의 내용으로의 환원에 길을 내주게 되고, 생활의 변덕들에게 종속하게 된다.

이로부터 파생되는 사회학적 복잡성은 주목할 만한데, 그것은 하나의 사회적 연계가 개인들이 관여하는 많은 다양한 집단들 속으로 흩어질 것이며, 그리고 이러한 그의 연결들은 충성상의 갈등으로 나아갈 수 있기 때문이다. 현대인에게 보이는 심리적 동요로써 심한 무관심, 요령, 유보 등을 반영하고 일종의 사회적 형태학의 기초가 정말로 여기에 있는 것은 아닌가? 짐멜에 의해 분석되었던 사회성에 그 특별한 매력을 주고 있는 것은 이 부서지기 쉬운 특성 바로 그것이다. 그러나 사회적 유대는 사회의 한 요소를 다른 것과 연결시켜주고 궁극적으로는 이들 모든 요소들이 하나의 집합적 존재로 묶어주고 미시적이지만 매우 강한 고리들에 속해 있는 이러한 의무의 분위기를 함축한다(Simmel, 1908: 59).

짐멜의 이러한 현상학적 설명이 보여주는 것은 "사회라는 개념이 물화되며, 그 순간부터 사회현상은 그 참된 의미가 그 튼실함에서가 아니라, 바로 그 융통성과 유순성으로부터 나오는 것으로 정형화한다"는 것이다.

일상생활에 대한 사회학적 접근은 짐멜의 사회화에 대한 생각의 문맥속에서 그 대상을 고려하는 것으로부터 많은 소득을 얻을 수 있다. 더욱이 짐멜을 다시 발견케 하는 것은 바로 이 일상생활에 대한 관심이다. 따라서 근접성과 거리의 상호작용은 그 사회의 일원으로서의 사회학자의 능력에 달려 있으며, 이러한 의미에서 근접성은 마땅히 재평가되어야만 한다(Wallerstein, 1986: 90). 그리고 모든 친밀성이 사회학적 지식에 장애물로서 간주되어서는 안된다. 사회학적 지식은 경험에 대한 가깝고도 먼 개념들간의 균형을 함축하며, 달리 말하면 우리는 짐멜의 다음과 같은 경구를 항상 음미해야 할 것이다. "철학자들은 모든 사람들이 생각하는 것을 말하며, 때때로 그는 모든 사람이 말하는 것을 알고 있다."(1967: 5)[6)]

---

6) 이러한 점들에 대해 '현재의 정복(La conquête du présent)'에 있는 비유의 활용과 마페졸리의 저작에서 사회적이고 사회학적인 사실을 함께 끌어들이는 진지한 시도들을 또한 참조하라. "Sociability as Legitimation," *Current sociology*, vol.35, no.2, 1987도 참조할 것.

그것이 여기서의 우리의 관심은 아니다. 그러나 한편으로 상징적 상호작용론과 다른 한편으로 민속방법론의 각각은 그들 나름의 방식대로 구조주의적 사회학이 거부한 이러한 필수명제들을 주장하고 있다. 메를로-뽕띠(1966: 162)도 프랑스에서는 거의 알려지지 않는 뒤르켐의 원리에 대한 그의 비판에서 그것을 역시 강조하고 있다. 우리는 우리에게 고유한 것을 거부함으로써는 보편적인 것을 획득할 수 없으며 그 고유한 것에서 타인에게 다가서는 방도를 만들어 냄으로써, 그리고 서로 서로를 이해할 수 있는 상황들을 일으키는 이러한 신비스러운 친화성의 덕택으로 보편적인 것을 획득하게 되는 것이다.

상상적 차원과 해석학적 독해*

피나 랄리

르네상스 이후 특히 계몽주의 시대 이래로 서양과학은 전통사회의 사상적 특징인 상징적·신화적 사유양식으로부터 그 자체를 점진적으로 차별화시키며 발전해왔다. 전통사회의 방법론은 합리적이고, 계량화에 기초한 방법론과는 대립되는 것이었다. 단선적 발전, 주체와 객체의 이중성, 모순보다는 동질성의 원리에 기초한 변증법, 감각적 경험의 세계에 대한 모든 가능한 초월성의 배제-이 모든 것은 자연에 대한 인간의 지배라는 과학 이데올로기의 주된 특징들이며, 재고할 만한 가치가 있다. 왜냐하면 그것들은 이른바 인문과학의 발전과 전문화에도 영향을 미쳐 왔기 때문이다.

그러나 오늘날 한편으로는 자연과학과 수학의 결과들이 세계에 대한 엄밀성과 계량적인 환원이라는 인식론적인 전체 체계를 무너뜨리려는 것처럼 보이지만, 다른 한편으로 인문과학은 이와 같은 관점에서 위대한 실증주의적 유토피아라고 생각할 수 있는 것의 실현불가능성을 시사하고 있다. 사실 사회현상이 객관적으로 다루어질 수 있고, 그 자체로서 가치중립적이며,

---

* 출전: Pina Lalli, "The Imaginative Dimension of Everyday Life: Towards a Hermeneutic Reading," *Current Sociology*, vol.37, no.1, spring, 1989(이동일·황경숙 역).

그것의 정체 파악은 문제삼을 것이 없다는 가정들은 모든 것이 유동적인 사회를 완벽하게 설명하는 데 부적절한 것으로 판명되었다. 현대 산업사회에서 명백하게 나타나는 복잡성의 증가--뒤르켐(Durkheim)적인 의미에서 관계들의 밀도 증가—뿐만 아니라 무엇보다도 그 자체로는 모순되는 것으로 보이는 현상들의 상호 얽힘은 새로운 접근방법을 요구하는 문제들을 부각시켰다. 즉 그 접근방법은 대담하고 또한 나아가 오랫동안 눈밖에 나 있던 상징적 사고체계의 색조를 띠고 있다.

이것은 정확히 프랑스 사회학의 새로운 흐름이 시도하려는 것이며, 법칙을 추구하기 위해 계량적 방법에 기초한 사회과학에 어떤 대안을 제공하고, 일상의 사회경험을 특징짓는 다차원성을 다루는 문제에 적절한 도구를 발견할 수 있는, 척도 및 개념 그리고 방법들을 찾기 위해 인류학적 고찰과 병행해 진지하게 연구되고 있다. 이 접근방식은 일상생활의 사회학이라는 형태를 취한다. 그것은 현대의 사회학적 담론을 합리적·경험적 틀로부터 벗어나 해방을 향한 한 진일보한 국면을 보여주며, 또한 동시에 일반 사람이 어떻게 지나친 세속화에 저항하면서 어떻게 신화 및 은유와 상징이라는 개념으로 그의 현실을 구축해 나가는가를 연구하는 데 적합한 방법론을 추구하게 한다.

통계적 기법에 의해 보장되는 객관성의 가능성에 관한 모든 환상을 일단 포기한 이후, 이러한 계획에 관여한 사회학자들은 질적인 측면을 배제한 인간의 일상활동에 관한 덜 순결한 담론(impure discourse)—보통사람들의 일상생활상의 잡음과 소음—을 분석하려고 시도하였다. 그들은 사물들의 내재적인 사회적 의미 대신에 사물들이 사회학자에게 지니는 의미를 확신하면서 전통적인 범주의 견지에서 이해할 수 없는 것을 무시하지 않기 위해 그들의 분석적 도구를 변화시키려고 노력해 왔다. 일상생활에 있어서의 몸짓, 말과 행동들은 사회구조 그 자체의 생산과 재생산에서 의례라는 차원의 중요성을 너무나 명백하게 보여준다—즉 해체적이고 파편화되었지만, 결합의 특이한 과정을 통해 동적인 사회체계에 구체적이면서도 끈질긴 실존을 부여하는 일종의 보들레르적인 상징들의 실존의 중요성을 보여준다(cf. Maffesoli, 1980: 319).

그 전환점은－'당위'라는 도덕적 논리로 뛰어들기 전에－ 사회적 유대의 결성 혹은 창조라는 것이 축소 또는 동일성에 기원을 두고 있는 것이 아니라, 다소간은 역설적인 균형에서의 긴장, 모순과 대립을 지탱할 수 있는 사회의 독특한 능력에 있다는 인식에서 기인한다. 많은 상징들의 숲을 건너기 위해 우리가 이해할 수 있도록 도와주는 어떠한 고정되고 명료한 기준도 없다. 상징들의 숲속에서 의미들은 상호의존적이며, 쉽게 계량화될 수 없는 자율적인 법칙에 의해 지배된다.

그러면 어떻게 우리가 이러한 법칙들을 발견할 수 있을까? 만약 비모순의 원리에 기초한 접근방식을 배제하고 사회는 근본적으로 자기모순적인 것이라는 생각을 수용한다면, 어떻게 우리는 균형과 응집을 설명할 수 있으며, 그리고 무엇보다도 그렇게 역설적인 체계가 존속된다는 점을 우리는 어떻게 설명할 수 있을까?

1. 감각의 문제(The Problem of Sense)

다른 곳(예를 들어, 몇개만 언급하자면 Schwartz and Jacobs(1979), Lalive d'Epinay(1983), De Certeau(1980), Maffesoli(1985a))에서 현재 진행중인 인식론적 탐색과 경험적 연구는 위에서 대충 개관한 여러 유형의 질문에 대한 구체적 답변을 어떻게 찾기 시작해야 하는지를 시사해 준다. 특히 그러한 연구는 우리시대를 이해시켜줄 수 있는 인식론적인 토대를 가진 사회학의 개념을 재구성할 가능성을 열었다.

사회학은 말할 필요도 없이 현대의 소산으로 자연과 인간 사이에 발생했던 분열의 직접적인 산물이고, 개인주의에 바탕을 둔 가치구조의 발생과 연관되어 탄생하였기 때문에, 일상생활의 사회학은 개인과 사회간의 관련성의 문제에 직면해야만 한다. 그리고 여기서 사회학적 고찰의 결과들은 우리로 하여금 위험한 함정으로부터 벗어나게 해왔다. 즉 그 함정이란 관료주의와 혹은 발달된 기술의 파괴적인 결과 때문에 비난받는 사회와 완전히 고립된 개인적 주체간의 대립상황을 추상적으로 끼워 맞추는 것이다. 사실 일상생활에 관한 연구는 사회학의 위대한 역사적인 공헌을 확언하는 하나의 노선(주로, Maffesoli, 1979a)을 택해 왔다: 그 역사적인 공헌이란 인간과 개체의 사회적 본질에 관한 사회학적인 지각(Dumont, 1977), 그래서 분석적으로나 혹은 구체적으로나 사회적 배경으로부터 격리된 인간은 불가능하다는 점이다. 더욱이 이것이 현대 개인주의 이데올로기에 대한 사회학이란 과학의 대답이었다.

따라서 이같은 지각의 형태로 실천되어 왔고, 또한 현재, 즉 최근의 가치구조, 반개인주의적 경향과 역동적인 사회적 중요성, 즉 상황이라는 개념·규범과 행위 둘 다를 일상생활의 발생에서 동시에 보여왔던 '일상생활의 사회학'은 아직은 여러가지 방법에 있어서 의문스럽고 여전히 해석되어야 하는 것이다. 그 이유는 무엇보다도 그것이 하나의 차원으로만, 혹은 경험론적인 현상으로만 환원시킬 수 있는 것이 아니고 의미의 복잡한 집합과 밀접하게 연관된 관계들을 생성시킨다는 사실에 있기 때문이다. 이러한 연구의 참신성은 정확히 말해 사회과정속에서 결합들의 증식을 관찰하고 이해하려는 노력에 달려 있다. 그러한 점은 개인의 생활속에서 명백하게 나타나고 그들은 고립된 주체들로 환원시킬 수 없다는 것을 보여준다(이것에 관한 수년에 걸친 인류학적이고 심리학적인 고찰을 무시한다는 것이 어떻게 가능할까?). 일상생활을 지배하는 실천논리는 조리가 서지 않음, 이질성과 윤리적 모순 등이 복합되어 그 자신을 드러낸다. 그러나 그것은 여전히 역사적으로 실재할 뿐만 아니라 사회적으로 중요하며 유효한 것으로 판명되었다.

이론적 차원에서 보면, 사회현상 속에서 그러한 역설의 지속성과 강도를 이해하는 데는 논리학자 루파스코(Lupasco)가 '모순적' 차원이라고 불렀던 것으로써 인식론적 효용을 구해볼 수 있다. 즉 상반되는 논리가 서로를 부정하거나 또는 한쪽을 능가하는 것 없이 균형의 상태를 유지한다(Maffesoli, 1979a 참조). 엉뚱하게도 이상한 용어를 사용하는 것을 보류하고 우리는 일상생활의 구축속에서 사고의 가능한 '모순적' 양식에 관한 가정이 사회적·개인적 현상을 새롭게 탐구하는 하나의 자극적인 출발점을 제시할지도 모른다고 주장할 수 있다.

이러한 식으로, 과학적 분석은 단지 기능적 혹은 합리적 측면에서만 사회적 행동을 인지하는 협소한 관점에서 해방될 수 있었으며, 현대인—이때 현대인이란 보통 최종적인 '세계에 대한 각성'이라는 방향으로 나아가고 있는 것으로 간주된다—의 역사적 행위에서조차 어떤 역할을 담당하는 신화, 의례, 상징과 상상력들의 혼합체에 개방되어 있는 접근방법을 발전시킬 수 있었다.

그래서 현시대에 의해 제기된 긴박한 의문들에 직면하여, 현대세계의 '두 가지 측면의 상상력'에 관해 이야기하는 것은 아주 그럴듯하게 보인다(Auclair, 1982)—두 가지 측면 중 한 가지는 자연과 사회적 관계의 기술적인 지배에 관심을 두는 '파우스트'적인 것이며, 다른 하나는 공동체의 필요와 연관되어 있는 '프란체스코 수도회'적인 것, 즉 단순히 과거를 그리워하는 것이 아닌 이유들 때문에 옛 전통으로 복귀하려는 생태학이다(민간의학, 점성술, 전통과 동양적인 신화주의에 대한 반대, 대도시에서의 고독의 관계망 등등). 여기서 우리는 두 가지 상호공존체를 가진다. 즉 현대세계의 상호반동적인 얼굴이 그것인데 그것은 분석적으로는 분리될 수 있지만 실제 구체적인 일상사회적 행동에서는 강하게 결합된 것이다. 만약 적절한 개념들로 이론적인 단계에서 인지된다면, 이와 같은 현상의 경험적인 상호존재는 사회구조속에서 필수적인 요소인 '사회적 상상력'이라고 불려졌던 것 속에 내포되어 있는 깊은 의미론적 과정을 이해할 수 있는 가능성을 제시해 줄 수 있을 것이다. 여기서 우리는 사회 그 자체를 구축하고 있으며, 사회세계에 의해 동시에 구축되는 그 의미들에 관심을 가지게 된다

(Giglioli, 1984 참조).

이러한 관점에서 볼 때, 우리는 한 걸음 더 나아가 다음과 같은 점을 단언할 수 있다. 사회·역사적 세계는－이것은 특히 일상의 의례에서 명백히 드러난다－ 기능주의와 이성적 도구의 필요뿐 아니라 시대의 사회적 상상력을 구성하는 상징적 관점들로도 짜여 있다는 것이다. 이러한 상상력은 논리를 생산하고, 또 그것은 사회적이며 사회화된 인간에게 있어서는 결코 어떠한 감각의 문제도 야기시키지 않는 현실을 의미있는 것으로 만드는 사회적으로 그리고 역사적으로 주어진 표상들을 생산한다. 이러한 방식으로, 편재한 기능주의적 공리주의적 망으로부터 빠져 나가는 것이 가능하며 또한 '가치들'과 '문화'라고 불릴 수 있는 것에 일차적인 중요성을 주는 접근방식으로 다가서는 것도 가능하다. 그러나 지금은 많은 사람들이 가치와 문화를 상상력과 사회의 상징적 차원같은 보다 넓고 보다 일반적인 감각으로 해석한다. 다른 말로 하면 정신적 과정은 "우리들의 감각에 호소하는 유추의 연합 이상의 것이라는 것을 우리가 인식하는 것과 같은 방식으로"(Sahlins, 1979), 또 "우리의 사회적 세계는 광대한 객관적 세계로 표현되기"(Sahlins, 1979) 때문에, 우리는 이 '보다 중요한 어떤 것은' 이른바 객관성이라고 불리는 것에 어떤 의미를 부여하는 바로 그 문화적 의미의 상징적 생산에 결부된 상상적 표상체계라고 상정할 수 있다. 사회적 개체는 어떤 역사적 혹은 문화적 시기의 상징적 구조가 뒤얽혀질 때마다 대상과 사건에 가치를 부여하는 집합적 묘사들로 구성된 세상에 '은유적' 척도를 부과한다. 따라서 인간의 조건은 '감각생성양식(sense producing mode)'을 필요로 한다. 즉 사회에 대한 연구가 상이한 개인들을 결속시키는 모습들과 직접적인 행동과 상호작용을 이해하는 것이 목적이라면 감각생성양식이란 것은 어떤 방식으로든 간과할 수 없는 것이다. 이 "상징적 중재"(Crespi, 1982)는 모든 인간경험의 공식적인 지평선을 축적한 것이며, 또한 가상된 고유의 객관성을 측정하기 위해서만 사회적 사실을 포착하려고 하는, 솔직담백한 사실주의의 실행불가능성을 인식하는 곳이다.

그러나 이 모든 것으로 사회적 차원이 구체적인 사실들을 넘어선다고 말하는 것은 아니다. 또는 사람들이 내가 상상력이라는 개념을 부여하려고 하는 전체적 의미를 잘못 이해하지 않는 한, '상상적' 차원은 알려질 수 있는 현실적 차원과 대비되는 곳에 위치한다는 것도 물론 아니다. 라깡(Lacan)은 "현실은 우리가 꿈을 꾸기 위해서는 직면해야 하는 것이다"라고 말한다(Lacan, 1967). 그리고 꿈(혹은 표상, 은유)이 없이는, 사회적 차원조차 존재할 수 없을지도 모르고, 마찬가지로 그것을 경험하는 모든 이들에게 있어서 감각의 사회적 생산 또한 존재할 수 없을지도 모른다. "현실이라는 것은 역사적으로 어떤 객체가 상황지어진 순간에 묘사되는 방식에 따라 변한다."(Beynier et al., 1984) 그러므로 만약 우리가 표상을 생산하고 재생산하려 하지 않으면, '현실' 조차도 가질 수 없을지도 모른다. 사실상 이러한 관점에서 볼 때 공리주의적 관심과 기능주의적 관심은 똑같이 전형적이고 독설적인 현대의 예로써 가능한 '표상들' 중의 하나만을 표현한다. 즉 현시대의 근본적인 상상적 분야인 경제만을 표현한다.

그러나 사회적 수단의 상상적 차원을 전면에 복귀시키는 것은 사회학적 의미로 무엇을 행하는 것인가? 지금까지 언급된 내용으로 볼 때, 그것은 '진실한 현실'을 드러내기 위하여 '소외화시키는 이데올로기를 탈신화화하려는' 의도된 시도를 포함하는 것은 확실히 아니다: 이 방법이 그럴듯하지 않음은 우리가 여기에서 주어진 '상상적'이라는 말뜻에 동의한다면 명백한 것 같다. 더욱이 각 문화의 상징차원은 의식보다 앞서 존재하고, 그것의 상상적 생산물에 대한 분석은 이 사실을 무시할 수 없다. 다른 한편으로 그 자체를 전적으로 투명하게 제시하는 사회는 존재하지 않는다; 또한 만약에 존재할지라도, 어느 누구도 그 곳에 살려고 하지 않을 것이다. 그럼에도 불구하고 사회체계속에 함축된 사회관계의 불투명성, 가능한 가치들의 명백한 혼란은 오늘날 지식의 이론과 방법에 의해 극복될 수 있다(Bynier et al., 1984: 131). 그러나 이 이론들과 방법들은 사회적 다중성과 그 표상들에 직면하여, 실증주의적 '수량편집증(quantoghrenia)'을 포기하고 질적인 종류의 사회학으로 전환해야 한다: 그것은 첫 눈에 인식불능이고, '암묵적이고,' '징후적으로 보이는' 또 세부적인 것은 알 수 없고 우선적으로 선언된 것으로부터 추론함으로써만이 알아낼 수 있는 것을 '들음(listening)'으로써 이루어진 방식이다. 그것은 명백한 것처럼 보이는 것에 대해, 명백한 언어를 사용하지 않고, 말로써 설명하려는 노력을 의미한다. 더구나 일상생활에서 생산된 감각들은 결코 단 한 목소리이지도 않고 규정적이지도 않고, 실제적 행동에 의해 야기된 수천 개의 조합에 지배되므로, 우리는 그래서 인과관계적 '설명'의 의기양양한 길을 포기하고 고통스럽고, 믿지 못할 '해석'의 길을 떠나야 한다. 이것이 주체를 (심오하다고 이야기되는 개인적 전기에서 저질적인 사회학적 대화의 산만한 얘기들에 이르는) 개인적·사회적 복잡성 속에서 역할할 수 있게 한다. 우리(주체)는 스스로를 근본적 해석적 위험, 즉 경험과 이데올로기 모두를 넘는 이론과 방법의 부단한 변동에 노출시키면서 상상적인 것과 명확한 사회구성속에서 구조적으로 결합된 가치들을 듣는 것에 스스로를 열어야 한다.

따라서 우리는 다음과 같이 말할 수 있다. 간략한 방법으로 어떤 것을 설명하고 그래서 법률학적인 분류에 도달하는 것 대신에 질적 사회학, 즉 이해와 보급에 목적을 두고 서로 얽혀있는 사회적 상상력 그 자체를 따르며, 역사적으로나 경험적으로 아마도 도달할 수 없는 어떠한 사회적 순수 이미지를 추구하는 것을 포기하는 질적 사회학이 제안되는 것이다.

그러나 그것이 우리가 일상적 역사주의의 틀이 되는 몇몇 기본적 관념과 연구의 초점을 맞추는 데 필요한 지침을 찾는 것을 막는 것은 아니다.

2. 일상적 사건의 분석

그러면 특히 프랑스 사회학자 미셸 마페졸리(1979a; 1985a)에 의해서 지적되고, 언급되고, 유포된 이러한 지침 중의 하나에 대해 잠시 생각해 보

자. 그는 일상생활의 사회학을 현대의 사회적 상상력의 복합성을 이해하는 필수불가결한 단계로써 자리매김한다. 일상적 실천에서 자연과 사람을 묶어주는 관계의 구조는 사회변동 가능성의 조건과 경향을 얼핏 나타내는 상징적-상상적 구조를 내포한 모델들에 따라서 사회적 행위자에 의해서 인지되고, 수행된다. 그러나 우리는 행위의 목적뿐만 아니라 오히려—베버주의적 지침에 따르면— 행위가 목적 없이 보이는 경우에 조차도 이 행위가 갖는 의미 속에서 이러한 경향을 포착할 수 있어야 할 필요가 있다. 그래서 일상활동은 생물-자연적 그리고 사회문화적 리듬(또는 의례)의 생산과 재생산의 형식뿐만 아니라 습관과 사건의 연속적인 변증법을 추출해내려는 연구에 있어서 특별한 장소가 된다. 이와 관련해서 라리브 데삐나이(Lalive d'Epinay)는 일상생활을 '자연과 문화의 접촉'의 탁월한 장소로 정의한다 (1983: 13-38). 이것은 우리가 앞서 언급한 상징적 중재로서 이해할 수 있고, 이것을 사회 자체의 기반으로써 자리매김할 수 있다.

마페졸리는 분석을 수행하기 위해서 4차원의 공간으로써 일상생활을 고려할 것을 말한다. 즉 연극화, 반복, 비극 그리고 상상적인 것. 이 4가지 수준은 우리로 하여금 사회적 개인(socius)의 현재적 역동성으로 인지되고 재통합되어 더이상 외생적 또는 미래적 전망으로 제쳐 놓아지지 않은 의미를 행위에 부여하는 일련의 순수한 결정체를 추출할 수 있게 한다. 그것은 구조적 단일성이 어떠한 경우에도 움직이는 균형, 모순, 그리고 무엇보다도 다중성으로 이해될 수 있는 '관계적 총체성'이라는 용어에 포함된다. 그래서 그 고유한 다양성을 분석하는 것은 분석의 인식론적 가치에 필요한 변화를 수용함을, 다시 말해 인간(그러므로 선진기술사회의 '현대적' 행위자)의 본성, 즉 자기자신의 고유한 경험을 상상으로 가공하는 능력에 귀착시키는 것을 의미한다. 이것은 합리성을 단순한 도구적 행위로 축소시켰던 바로 그 실증주의 체계의 전제였던 일방적이고 일차원적인 객관화에 비교하자면 일종의 의미의 과잉을 가져온다. 그래서 일상생활은 그 자체로서 의미있는 조합 또는 복합적 응고물로 간주될 외견상 사소한 것까지도 포함하는 작은 사건들의 결정체로 나타난다.

그러한 역동적이고 직업적으로 압축된 사회적 기초를 가진 효율성은 일상활동이 어떠한 기본적인 범주의 쇠창살 속에서도 재생산되는 것을 금지한다. 다른 한편 이것은 비록 거시적 분석에 의해 포착될 수 없다 하더라도, 존재하는 사회구조의 가장 원초적인 기반을 견고히 하는 관계들의 집단을 구성한다. 바꾸어 말하면 일상생활에 대한 사회학적 조망은 상상적 차원속으로 파고 들어가 사회구조를 유지하며, 행위와 관련된 고유한 역동성의 연료구실을 하는 어떤 '생명력'을 발견해 낸다. 아마도 마페졸리가 곧잘 인용하며, 그의 책제목이기도 한 『현재의 정복』(1979a)이다. 이제 마페졸리는 이데올로기적으로는 원자화된, 그러나 역사적으로는 '사회인(socialitarian)'인 개인들의 '모순적인' 연합을 허용하는 응고물의 표상들을 특히 오늘날에 발견할 수 있다고 말한다. 그 표상들은 열정, 감정, 표상들이 순환속에 녹아 있고, 그러나 모순과 다중성이 무차별적 혼돈이 아닌 조합과 그리고 거시적 관점이 간과해 버릴 수 있으며, 사회구조화의 강력한 힘을 이루며, '내재적 초월성'의 상상적 차원에서의 표현인 '아무 것도 아닌 일의 창조'의 원천을 이루는 관계들의 균형속에 녹아 있다.

이러한 주장은 사회적 의례와 은유(예를 들면 옷의 유행에서부터 음식맛의 상징적 의미에 이르기까지)의 상상적 차원에 대한 최소한의 분석조차도 가볍게 여기지 않으며, '행위의 사회성을 이해하는 방식'(Maffesoli, 1985a), 덧붙이자면 어떤 '징후'를 이루는 것의 명백하지 않은 내용을 듣고 이해하는 방식을 나타낸다. 다시 말하면 무엇이 갈등을 배제할 수 없고, 그래서 결코 분명할 수 없는 사회적 연계의 지속적인 긴장을 구성하는가? 이것은 항상 행위의 일상적인 몰입을 구성하는 실제적이고 필요한 선택들과 강력하게 연계되어 있는 규범적·상상적 구조의 이질적이고 중첩된 상징들간의 만남에 의해 생산되는 '또다른' 감성과 만나게 될 위험쪽으로 나아간다.

마페졸리에 의하면 가장 근본적인 긴장은 제도화된 것과 제도화하는 인간들간의 역학인데, 이 역학은 항상 일정한 비율로 '조화와 불화, 순조로운 경향과 순조롭지 않은 경향'이 존재하는 다양한 상황들 속에서 특정한 변전(specific modulation)에 직면한다(1985a: 2).

이러한 관점은 경제적·사회적·정치적·관료적 그리고 다른 구조들에 의해서 규범적으로 '제도화된' 것에 대조적인 순수의 영역, 진정한 창조성, 어떤 은밀한 차원 또는 초월적이거나 단지 '제도화하는' 것으로써 이상화된 일상생활을 마음속에 그리는 것도 아니다. 대신에 일상생활과 역사간에, 구조와 사건간의 대조를 넘어서는 지적 관심과 독창성이 존재한다. 또한 끌로드 자보가 말하듯이, 만약 한편으로 "일상생활이 지속적인 발명의 산물이라면" 다른 한편으로 그것은 "회피할 수 없는 내재성을 갖고 있으므로 해서 욕망을 마음대로 접목할 수 있는 원초적인 물질이 아니다"(1985: 188).

그래서 일상적 공간은 제도화된 것과 제도화하는 것 사이의 교차점인 특별한 장소이고, 조화와 부조화가 만나고 융합하고 뒤섞이는 곳이다. 그 속에서 우리는 '경험의 표현, 부문들의 배분, 의미의 창조와 동화'가 일어나는 장을 발견할 수 있다. 사회를 만들어 내는 수많은 매개적 표현들(구체적인 구조와 행위 또는 우연한 사건 사이에서)의 어떤 '수직적 연대'는 우리가 '일상생활'이라고 부르는 곳에서 그 원초적 터전을 발견한다. 여기에 짐멜이 '삶의 부정'으로 정의한 삶(일상활동)의 존재라는 사실 때문에 지속적으로 변용을 거쳐간다.

이제 미시적 관점을 통해서 보이는 이러한 역동성을 이해하기 위하여, 우리는 '사회물리학'의 유토피아에 의해서 갈망된 인과적으로 얼어붙은 범주를 포기해야만 하고 대신에 행위의 사회적 의미에 관심을 갖고 또는 오히려 역사적 사건들과 구체적인 행위들(즉 사회적 표상들)을 의미심장하게 만드는 정당하고 적절한 해석학적 가설들을 다시 내세워야 한다. 그것은 '체계구축'에 목표를 두지 않는, 가치의 체현자이며 가치의 생산자임과 동시에 중재자인 개인들을 통해서 작용하는 방식과 일련의 절차를 발견하는 것을 의미한다. 사회는—이것은 근본적인 논점인데— 이미 만들어진 어떤 것으로서 분석의 대상으로써 뿐만 아니라 활발하거나 영구적이고 '자유'로운 확산의 대상도 자신을 내맡기지 않는다. 그래서 우리는 언어적인 것과 동등한 구조들에 연계된 '수사적인 모습들'(Bellasi & Lalli, 1985)을 운위할 수 있다. 다시 말하면 상상의 차원의 연구를 지향하는 사회학적 관심은 '사회를 구조화시키는 다른 순간들의 횡단적인 독해'(Mafesolli, 1985a)를, 수사학적으로 다의적인 모습으로 조직화되고 그래서 또한 의미 있는 독해를 불러일으킬 수 있다.

이러한 수사의 여러 가능한 독해 모델 가운데 하나는 아마도 어떤 것을 다른 어떤 것으로 표상하는 은유이다: 오직 문맥 외적인 유사성의 규칙 덕분에 상호작용과정에서 의사소통될 수 있는 중요한 요소들의 교착, 아마도 그것이 진실로 움직이는 사회일 수 있을 것이다. 아니면 프로이드가 '무의식'이라고 부르는 것, 또는 인류학자 레비-스트로스가 '친족의 원초적 구조'라 부르는, 또는 라깡의 '상징적인 것'일 것이다.

그러나 문맥 외적 상징들과 관련하여 만약 일상생활 속에서 누구나가 행위하기 위해 강요하는 선택들은—철저한 검증을 받지 못한다는 의미에서—자신 있기는 하지만 절대적인 것은 아니다. 그래서 우리는 과학적인 수준에서조차도 유사한 선택들의 어떤 길고 유한한 연속(즉 은유)이 그럴듯 할 수가 없음을 인식할 수밖에 없다. 사실 모든 사람의 사회적 경험은 사실적인 의미의 결여라는 점에서 은유적이고 상상적인 생산, 즉 완곡하게 표현하는 끝없는 작업이다. 이 작업은 구조의 해체와 재편의 여러 다른 방식을 번갈아 하게 되고, 단지 기술적으로만 하는 것이 불가능한 것이다. 드 세르또(De Certeau, 1980)의 표현을 사용하자면, 일상적 사건이, 협의의 의미로써, 일종의 윤리적 의례성을 드러내려고 하는 것과 같다. 그 윤리적 의례성이란 사건들의 직면하고, 비록 우리가 결코 단정적이고 한 목소리를 내는 확실성에 도달하지 못하더라도 어떻든 의미를 부여하는 의례, 말, 시도들을 결합하여 사실적인 의미의 결여에 대처하려는 구조적인 집요함을 말한다. 사실 누구로부터 어떤 확인을 기대할 수 있는가? 겔르너(Gellner, 1984)는 '신은 수다스럽지 않다'라는 것을 우리에게 상기시켜준다. 선험적 문맥 외적 실체의 존재를 인정하더라도 그 존재의 '말'도 매개의 필요를 초탈하지 못한다. 사회화된 인간은 그의 일상적 행위 속에서, 그의 문화적 의례들과 함께 그리고 그의 은유적 이미지들과 함께 매번 그가 그 자신을 속일 수 있는 '위험성'이 있다는 점을 잘 인식하고, 말과 의미를 스스로 부여할 수밖에 없다.

그리고 최소한, 조화와 교차에 대해서 말하자면 사회현실에 상징적이고 상상적인 차원을 도입하는 것은 단지 의미와 의미의 결여(Bellasi, 1983 참조), 암시적인 것과 명시적인 것, 퇴적된 상상력 또는 역사적 의미가 임시적으로 없어진 상상적인 것의 구조적인 교차의 불빛(또는 그늘) 아래서 개인간의 관계의 증언을 들으려는 시도에 지나지 않는다. 아니면 어떠한 경우에도 우리는 어떤 듣기의 해석학에 지배되는 '징후적' 영역을 추출하기 위해 여러 학문분과들의 공헌을–심리학으로부터 인류학, 언어학, 정신분석학과 사회학에 이르기까지– 결집하는 연구의 통로를 열기 위해 학문분과 사이에 존재하는 장벽을 깨뜨려 버려야 한다. 여기서 해석이 어떤 확신성을 담고 있다면 그것은 그 임시적인 성격을 잘 알고 있으며, 항상 모든 것이 이해되지 않았을 가능성의 여지를 남기고 있다. 사실 구조적 불완전성만큼의 지적 불완전성이 존재함은 어쩔 수 없는 것이다.

3. 결론

이제 여기에 이르러, 우리는 일상생활의 어떤 종합 학문적 개념을 종합적으로 도출해낼 수 있다. 일상적 사건은 위에서 보았듯 무엇보다도 종종 모순되는 사건들의 조합의 공간이다. 그리고 실제적으로 역설들이 공존하여, 매번 모든 상황에서, 경험의 과정에서 대답을 얻는 공간이다. 그 대답을 통하여 경험에 의미가 부여되고 그 대답은 **표상**과 서로 얽혀서 분명한 사회적 현실로써 우리를 둘러싸는 현실을 구성한다. 확실히 이 현실속에는 공적인 거시적 관계(정치적·경제적·문화적)의 힘이 존재하지만, 일상의 미시적 교섭의 끊임 없는 게임이 사람들이 매시간 직면하는 하나의 사건이나 여러가지 문제점들과 관련되는 곳은 바로 이 곳(현실)이다.

그러므로 현실을 단지 지속적으로 억제되어야 하는 규범의 공간으로만 간주하거나, 사건의 찰라적 공간 또는 총체적인 창조적 자유의 공간으로 간주해서도 안된다. 그것으로부터 그 무엇이 발현된다. 그래서 그것을 이미 구조화된 그림으로 또 결합된 혁신을 위한 공간이 되게 한다. 그러면 그것으로부터 무엇이 발현되는가? 그 발현되는 것은 존재가 아니라 하더라도 개인적인 것인가 아니면 사회적인 것인가? 사실 은유를 사용하자면 일상적 사건은 어떤 측면에서는 사회적인 것의 호흡이다. 그것은 여느 생물학적 호흡이 그러하듯이 문맥과 상황에 따라 반복적이고, 헐떡거리기도 하고, 숨죽이기도 하고, 고요하기도 하다. 그러므로 그것의 시간은 우리 일상생활의 시간이므로 반복, 습관, 잘 알려진 것, 친숙하고도 순환적인 것이다. 그러나 또한 그것은 욕망의 축적이고, 합리적·비합리적 사례들의 순환이기도 하다. 그것은 자신을 표현하는 존재와의 끊임 없는 대결이요, 자신을 재생산하려는 욕구와 개인의 생물학적 종말의 비극적 의미가 도래하기 전에 계속성을 보존하려는 존재의 필요와의 끊임 없는 대결이다. 그러나 사건들을 단순히 몰역사적이고 고정적인 어떤 것으로 의미를 축소하려는 사람들의 말에 의해 우리가 기대하는 것보다 사건들속에 시간은 더욱 풍부한 것이다. 사실 때때로 관례적 의례(그들의 상징적 중요성을 거의 의식하지 못하는 몸짓)는 만약 이상화된 미래의 대상을 찾으려고 방황한다면, 수천 가지의 일상생활의 사건들을 말도 안되는 것으로 만드는 개인주의적 욕망에 대해 필요한 제한과 같다. 그래서 이 모든 것에도 불구하고 일상적 사건은 의미를 부여하고 의미 있는 표상을 만들어 내려는 행위자에게 '사건들과 협상하는 장소' 외에 다름 아니다. 일상생활에서, 말하자면 사건은 그것을 다루기 가능하게 하고, 소속된 문화적 문맥속에서 의미를 부여하기 위해 관례화된다. 오직 그러한 방식으로 그것(사건)은 사회적 커뮤니케이션의 게임속으로 들어가고 상징적 매개속으로 그 자신을 담근다.

그래서 일상생활에서 사람들은 대(對) 집단속의 한 부분을 차지하는 행위자로서 자신의 사회적 능력을 배운다. (반복, 협상 혹은 혁신적 결합을 통해) 옷입는 법, 말하는 법, 흔히 암시적인 편리한 여러규칙-간략히 말하면 친숙한 것을 배운다. 이런 방식으로 사람들은 사회의 다른 구성원들을 인식하고 자기자신을 인식하고 다른 삶에게 자신을 인식시키는 것을 배운다. 그래서 매시간 재구성되고, 재결합되는 공동의 토대(그것은 혁신과 변화의 공간이다)로부터 출발하여 관계를 형성한다.

고통스럽기도 하고 때로는 갈등적이기도 한 명확한 이 길은 용기 있는 모험과 거의 인지할 수 없는 발견의 혜안에 의해 때때로 지배되는 소란스런 삶의 애매모호함을 이루는 대단히 작은 사건들과 사소한 것에서의 조그마한 창조들로 구성되어 있다. 우리는 그것의 명백한 반복성과 수동성 때문에 그것을 거대역사속의 사건들과 구태여 대조해 볼 필요가 없다. 그것으로부터 나왔으므로 그것은 의사소통할 만한 의미가 결여되어 있을 것이다. 사실 위에서 본 바와 같이, 사건을 끊임 없이 순화하는 터전을 만드는 것은 일상적 삶이다. 그리고 또한 다양한 문화들을 성격지우고 일방적 의미, 규정적 의미를 부여하는 상상적·상징적 회로의 외피를 입히는 것도 일상적 삶이다. 왜냐하면 그들의 '생산양식'은 복수적이며 그것은 모순적이기 때문이다. 그러므로 개인의 '사회성'은 모순적 징후와 표상속에서 개인사와 다면적 얼굴, 즉 사회적 정체성의 생산자로서 서로 얽혀서 흔들거린다. 다양한 형태의 정체성, 앞에서 들기의 해석학으로 정의된 것을 분석하기 위한 징후적 터전, 그리고 그것은 조심스럽게 형성되는데, 징후의 형태는 사람들의 사회적 담화, 자신의 세계와의 의사소통을 이루기 위해 만들어진 것이다. 이와 같은 담화에 형체를 부여하자면, 비전문가나 과학자 모두에게 사회가 부여한 역설적 금지; 그것이 역설적인 이유는 형태-그 자체가 삶의 부정이다—가 또한 (때로는 반드시) 행위에 있어서 서로 분해되고 서서히 재조정되면서 언제나 어떤 '다른' 것을 내포하기 때문이다. 이것은 편집증을 제외하면 완전한 이해의 절대적인 경직성 속에서: 막스 베버와 같은 위대한 사회학자이자 사상가가 처음부터 두려워 한 '철장(iron cage)'이다.

생활사연구의 시각*

아리스에 겐

1. 현대사회학과 생활사연구

현대사회의 여러가지 패러다임에 대하여 현재 다양한 반성과 비판이 전개되고 있다. 쿤(T. Kuhn)의 『과학혁명의 구조』(1963년)에서 처음 시작되었던 과학자집단과 패러다임 개념의 제기 및 과학사·과학철학 상에서 종래의 '누적에 의한 발전'이라는 과학관에 대하여 비연속적인 '혁명'에 의한 과학의 역사를 주장하는 방향이 사회과학에 대한 지금까지의 방법론에 대한 반성을 촉구하였던 것이다.[1)]

이러한 '패러다임의 위기'라는 고찰방식은 우선 첫째로, 1960년대 후반 이후의 여러가지 '사회문제'의 분출이라는 현실과 밀접하게 결부되어 있던 문제의식으로부터 시작하고 있다. 이론과 조사 쌍방의 총체로서의 사회학이 점점 세분화되고, 전문화되어 가는 가운데 사회분쟁, 학원투쟁, 공해문

---

* 출전: 有末 賢, 「生活史研究の視覺」, 『慶應義塾創立125年記念論文集 法學部 政治學關係』, 慶應義塾法學部, 1983(김희재 역).

1) 쿤(Thomas Kuhn)의 『과학혁명의 구조』와 有末 賢, 「批判的 社會學の知識構造-パラダイム 概念 お軸として」, 慶應義塾大學大學院社會學研究紀要, 제20호, 1980년 3월 참조.

제, 생태적 위기, 제3세계와 남북문제 등 여러가지 현실의 문제에 대하여 유효한 대응이 이루어져 있지 않기 때문은 아닌가라는 반성이다. 이러한 사회적 위기를 '변화가능성으로서의 위기'로 받아들여 해석하려는 사회학 내부의 움직임으로는 두번째로, '비판 사회학(Critical Sociology)'의 대두를 지적할 수 있다. 예를 들면, 파슨즈(T. Parsons) 등의 구조기능주의로 대표되는 '강단 사회학(Academic Sociology)'과 국가사회주의의 공적 이데올로기로서의 '맑스주의 사회학' 쌍방의 이론의 하부구조(Infrastructure)에 주목하여, 서구사회학의 위기의 여러 모습을 들고 있는 굴드너(A. W. Gouldner)의 '반성의 사회학(Reflextive Sociology)'[2]이나 자본주의의 구조 파악을 고전이론으로 소급하여 보고 있는 기든스(A. Giddens)[3]나 현대사회의 위기를 다면적인 시각으로부터 받아들여 인식과 이해관심, 정당화의 위기나 커뮤니케이션 등 폭넓은 문제관심을 전개하고 있는 프랑크푸르트학파의 하버마스(J. Harbermas)[4] 등을 들 수 있을 것이다.

그러나 이러한 '패러다임의 위기'라는 고찰방식이 사회학의 이론적 방향으로 받아들여지고 있는 한편, 더욱 반성을 강요당하는 것같은 구체적인 과제도 몇몇 보인다고 생각된다. 그 하나가 이 글에서 검토하려고 하는 현대사회학 방법에 있어서의 반성을 기축으로 해서 생활사연구(life-history approach)의 시각을 두려고 하는 과제이다. '생활사'라고 하는 용어는 물론 영어의 'life-history'에 대응하는 것이지만, 한편으로는 '인간 개인을 중심으로 한 생명, 생활사'라고 하는 의미로 사용되고 있기도 하다.[5] 다시 말하면

---

2) A. W. Gouldner, *The Coming Crisis of Western Sociology*, NewYork: Basic Book, 1970.

3) Anthony Giddens, *New Rules of Sociological Method*, New York: Basic book, 1976; *Central Problems of Social Theory*, Berkeley University of California Press, 1979.

4) J. Habermas, 『後期資本主義に正統化の諸問題』, 岩波現代選書, 1979와 山本啓, 『Habermasの社會科學論』, 勁草書房, 1980.

5) 櫻井厚, 「社會學における生活史研究」, 南山短期大學紀要, 제10호. 1982년 12월에서 일본어의 '생활'에서는 생물학적 차원에서의 '생명'의 의미가 자칫하면 누락될 경향이 있지만, 우리가 '생활사'라고 할 때 'life history=생명·생활사'라고 이해해

생활사연구가 가진 의미로서 역사의 관점, 개인중심적 접근(person-centerd approach), 생명=생활연구라고 하는 방향성이 포함되어 있다는 것이다.

우선 현대사회학의 방법에 대하여 이론연구에 있어서 반성과 사회조사론에 있어서 반성의 양면으로부터 생활사연구를 받아들이는 의도를 명백하게 해두자. 이론연구의 반성점으로서는 첫째, 현대사회학에서는 근대를 상대화하여 '역사'의 관점을 빠뜨리고 탈락시켜왔다는 것을 들 수 있다. 사회학적 인간상이 근대·현대를 떠맡는 산업사회 혹은 탈공업화사회의 인간들로서 존재했던 경우에도 구체적인 인간은 역사로부터 떨어져 존재하고 있었던 것만은 아니다. 예를 들면 행위론에 있어서 목적합리적이나 가치합리적 행위에는 없는 전통적 행위에 대한 고찰의 부족이나 비합리성, 정동성(情動性)에 대한 감각의 결핍성이라는 점에서도 나타나 있기도 하고, 도시사회학에 있어서도 전통적인 사회조직이나 사회관계의 문제는 어쨌든 경시되기 쉬운 경향이 있었다. 이 '역사'의 문제는 특히 사회변동론이나 역사사회학에 있어서 최근 특별히 다시 평가하게 되어, 재검토가 촉발되고 있는[6] 것이 매크로 사회학적 관점에서 뿐만이 아니라, 개인의 사회생활에 있어서 '역사'라고 하는 마이크로 사회학적인 과제도 또한 중요하다. 또 이론연구의 두번째 방향으로서, 개인의 주관성을 기초로 현상학적 사회학에 의한 『일상생활세계론』 역시 성행하고 있지만, 이러한 "실재(reality)의 구성이론"[7] 가운데서도 구체적인 개인의 생활사를 다루는 분석틀은 나오고 있지 않다. 이러한 가운데서 반성의 세번째는, 개인의 전체성을 어떻게 다루어 갈 것인가 라는 것으로써, 방법론적 개인주의냐 방법론적 전체주의냐 라는 논의에 있어서도 자칫하면 구체적인 인간이 가지고 있는 생명=생활의 전

두고 싶다고 기술하고 있는데 여기에서도 이 정의를 답습해 가고 싶다.

6) 鶴見和子, 『市井三郎編,思想の冒險－社會と變化の新しいパラダイム』, 筑摩書房, 1974; Edward Shils, *Tradition*, Chicago: The University of Chicago Press, 1981; Philip Abrams, *Historical Sociology*, England: Open Books, 1982.

7) P. L Berger & T. Luckmann, *The Social Construction of Riality,* New York: Doubleday & Company, 1966.

체성을 잊어버리고 온 것은 아닌가라고 하는 반성이다. 생활연구나 생활구조론등 확실히 구체적인 생활의 장면에 대한 연구의 축적도 진행되어 오고는 있지만, 경제학적 방법이나 구조기능주의적 접근에 기초한 이를테면 '생활의 단면도'인 경향이 강한 것처럼 생각된다. 예를 들면 직업, 노동생활, 소비생활, 여가생활과 같이 현대의 생활연구는 세분화되고, 보다 전문화되어 가는 경향[8]이 있다. 그러나 통계적으로 처리할 수 없는 한 사람의 인간의 생활을 추적하는 것도 사회학적으로 의의가 있다고 생각된다.

또한 이 문제는 사회조사론에 있어서의 반성과 직결되고 있다. 우선 첫째로 사회학사 가운데서 실증적 연구의 계보로서 사회조사사(社會調査史)의 위치가 불명확하고, 특히 참여관찰법이나 생활사법에 기초한 시카고학파나 문화인류학의 성과가 현대사회조사론에 있어서 그다지 효과적으로 활용되었던 것은 아니라는 것을 들 수 있다. 둘째로는, 조사자와 피조사자의 관계성, 통계적으로 처리할 수 없는 실질적인 자료의 분석방법 등 생활사조사에 의해 제기된 몇가지의 문제는 사회조사론의 중요한 과제로 된다고 생각되기 때문이다.

이상에서와 같이 현대사회학의 방법에 대한 여러가지의 반성위에 입각해서, 생활사연구라는 대단히 광범한 영역에 걸쳐 있는 접근의 몇몇 시각을 검토하려고 한다. 종래의 사회학, 경제학, 사회복지, 역사학, 심리학, 문화인류학, 민속학 등 다양한 생활사연구에로의 관심을 어느 정도라도 정리하고, 역사적 계보나 이후의 전망에 대해서도 언급할 작정이다. 따라서 현대사회학에 대한 비판과 반성으로부터 출발하면서도, 나머지 사회학의 개별영역에 구애받지 않고, 생활사적 관점이 가진 의미에 대해서 탐구하려고 생각한다.

---

8) 靑井和夫·松原治郞·副田義也 編, 『生活構造の理論』, 有斐閣雙書, 1971.

2. 생활사연구의 역사적 전개

생활사방법 그 자체는 사회학에 한정되지 않고 여러 분야에서 비교적 오래전부터 활용되어 왔지만, 연구방법으로서 의식적으로 도입된 것은 1920년대부터라고 생각된다. 사회학 및 사회심리학 등의 영역에서 그같은 의미로써 연구법의 획기를 그을 수 있는 것은 토마스(W. I. Thomas)와 쯔나니에키(F. Znaniecki)의 『유럽과 미국에 있어서의 폴란드 농민』(1918~1920; 2권, 1927)의 출현이었다. 이 『폴란드 농민』에서 사용된 개인의 생활기록은 50쌍의 가족편지와 한 명의 폴란드 이민자에 의해 쓰여진 자서전이다. 그리고 내용으로는 방법론 노트, 폴란드 농민사회와 이민의 미국에서의 사회적 해체, 재조직화를 다룬 연구논문의 부분, 그리고 자서전의 자료편 등으로 나누어져 있지만, 반드시 생활사 자료와 방법론이 정합적으로 정리된 것이라고 말할 수 없다.[9] 그러나 토마스와 쯔나니에키의 연구에 자극되어 1920년대부터 1930년대에 걸쳐 파크 및 버제스에 의해 선도된 시카코학파의 사람들이 사회조사법으로서의 생활사법을 적극적으로 받아들이는 것 같았다. 인간생태학의 깃발 아래 사회조사법(social survey)이나 참여관찰과 함께 생활사법을 활용하면서, 도시의 슬럼이나 게토, 깽집단, 비행이나 범죄연구, 사회병리의 연구 등을 전개하고 있었다. 예를 들면 쇼우(Show)의 대표적인 연구 『잭 롤러(*The Jack Roller*)』(1930)에 있어서는 비행소년 스탄레 자신의 이야기와 그에 의해 쓰여진 생활기록에 대하여 상세한 설명을 붙이거나 범죄학적인 언급이 부가되어 있다.

---

9) W. I. Thomas & F. Znaniecki(櫻井厚譯), 『生活史の社會學-ヨ-ロッパとアメリカにおけるポ-ランド農民』, 御茶の水書房. 1983년에 있어서 『ポ-ランド農民』의 抄譯과 블루머(H. Blumer)의 논평, 그리고 역자 자신의 '생활사연구의 과제'를 덧붙이고 있다. 오히려 水野節夫, 「初期Thomasの基本的 視覺-'ポ-ランド農民'論ノ-ト(1)」, 『社會勞動硏究』, 제25권 제3, 4호, 1979년 12월과 동 「'ポ-ランド農民'의 實質的 檢討お向けて-'ポ-ランド農民'論ノ-ト(2)」, 『社會勞動硏究』, 제26권 제2호, 1979 참조.

1920년대부터 시작된 이러한 생활사연구의 제1기는 문화인류학에서도 유명한 라딩의 『뇌명(雷鳴)－어떤 아메리카인디언의 자서전』(1926) 등과 같이 방법론적 발전과는 별도로 자료의 축적이 행해진 시기로서 위치지우는 것이 가능하다. 그리고 1945년까지 생활사연구의 위치설정과 평가가 여러 분야에서 행해졌다. 미국사회학에 있어서 생활사연구의 개관은 사회과학조사평의회(Social Science Research Council)의 위탁을 받은 일련의 보고서로부터 살펴볼 수 있을 것이다. 또 사회심리학 분야에서는 앨버트(Albert)의 『심리과학에 있어서 개인적 기록의 이용법』(1942), 토마스와 쯔나니에키의 『폴란드농민』, 그리고 블루머(H. Blumer)의 『사회과학에 있어서 조사의 비판』(1939), 역사학, 인류학, 사회학의 분야에서는 고드샤드, 크라크혼(C. Kluckhohn), 엔젤(R. Angell)의 『역사학, 인류학, 사회학에 있어서 개인적 기록의 활용』(1945) 등이 출간되고, 또한 버제스(E. Burgess)도 『사회학연구법』 가운데서 생활사법을 생물학에 있어서 현미경의 역할에 비유하여 '개인을 중심으로 한 커뮤니케이션의 기록'의 중요성을 지적하고 있다.[10)]

이들의 사회과학적인 평가와 방법론으로서의 여러가지 문제에 대해서는 생략하지 않을 수 없지만, 결국 제2차 세계대전 후 1960년까지 생활사연구가 쇠퇴하여 갔던 것이다. 전후 사회과학 특히 미국사회학의 흐름에서는 행동과학, 기능주의의 융성에 따른 계량적, 대량조사의 방법이 압도적으로 되어 개인적 생활기록의 사례를 수집하는 질적조사법은 그다지 볼 수 없었다. 사회조사방법과 사회학이론의 움직임의 상호관련을 고찰하려고 했던 이스토프(G. Easthope)는 『사회조사방법사』(1974)에서 그 쇠퇴의 이유로서 첫째로 "생활사는 독특한 자료이었지만 사회생활의 규칙성을 찾아낼 수

10) Burgess(內藤莞爾譯), 『社會學硏究法』; Gurvitch & Moore 編(東京社會科學硏究所 監譯), 『20世紀の社會學』 제4권, 誠信書房, 1959. 또한, 櫻井厚, 前揭, 江馬成也, 「ライフ.ヒストリ分析の一試論」, 『東北大學校敎育學部硏究年』, 제4집, 1956 참조. 특히 Langness, L. L., *The Life History in Anthropological Science*, New York: Holt. Rinehart and Winston, 1955.

없다"는 점과 둘째로 "생활사법에 의해 얻어진 자료를 다른 보다 간단한 방법에 의해 추출해낼 수 있는 것이 나타났기 때문"이라는 이중의 요인을 들고 있다.[11] 어떻든 문화인류학에 있어서 루이스(O. Lewis)의 연구[12]를 제외하고는 1945년부터 1960년대까지의 제2기는 생활사연구의 쇠퇴기로서 위치지어지는 것 같다.

그리고 1960년대 후반 이후 현재에 이르기까지가 이른바 제3기로서, 생활사연구의 재부흥기로 들어서고 있다고 생각된다. 이 시기에는 생활사의 사례수집만에만 그치지 않고 질적조사법이나 조사행위, 조사의 윤리적 문제에 관련한 연구방법론, 혹은 개인의 정체성(identity)이나 일상의식 등에 관련한 정신분석학이나 현상학과의 접점, 특히 사회변동의 담당자로서의 개인의 역할 등 여러가지 방향이 모색되어 오고 있다. 이같은 새로운 방향성의 모색은 1978년 스웨덴의 웁살라(Uppsala)에서 개최된 제9회 세계사회학회의에서의 생활사 접근의 워크샵에서도 정리되고 있다.[13] 거기에서는 ① 인식론적·방법론적 문제, ② 생활이야기(life-story)에 대한 시도, ③ 역사적 자료로서의 생활사(口述史, oral history)의 세 부분으로 나누어져 자서전이나 전기, 구술사 등과 사회학연구법의 과제가 검토되고 있다. 이러한 생활사연구의 역사적 개관을 근거로 현재 재부흥하고 있는 제3기의 생활사연구의 시각에 대해서 필자 나름대로의 검토를 덧붙여 가려고 생각한다.

---

11) Gary Easthope, *A History of Social Reasearch Methods*, London: Longman, 1974.

12) Oscar Lewis(高山智博譯), 『貧困の文化-五つの家族-』, 1959; 新朝新書, 1970; 同 紫田秀彦·行方昭夫 譯, 『サンチェスの子供たち 1, 2』, 1969.

13) Danie Bertaux(ed.), *Biography and Society: The Life History Approach in the Social Sciences,* California: SAGE Studies in International Sociology 23 International Sociological Association/ ISA, 1981.

3. 생활사의 주제와 방법

생활사연구에 대한 관심을 나타내는 방법은 크게 나누어서 두 가지 축이 설정될 수 있다고 생각된다. 첫째는 사회학 혹은 역사학, 문화인류학, 심리학 등에 있어서, 생활사를 듣고 이해하거나 자서전을 얻거나, 그 사람의 다 쓰지 못하고 남겨진 자서전, 일기, 편지, 작품 등의 여러가지 생활사의 자료를 사용한다고 하는 연구방법상의 관심이다. 예를 들면 사회학에서는 전술한 것과 같이 통계적으로 처리불가능한 질적 자료로서 생활사 조사의 의의를 다시 보는 움직임이 있고, 역사학에 있어서도 종래의 문헌사학에 대하여 '일회성이 아닌 역사' 기술로서의 민속학이나 사회사[14]에 대한 관심이 높아지고 있다. 또한 심리학이나 문화인류학에서는 어떤 개인의 생활사로부터 분화의 유형이나 퍼서낼리티를 유형화하고 문화구조나 심리구조를 이해하기 위한 방법으로써 생활사의 사례를 수집하는 것도 있다.

이러한 연구방법상의 관심에 대하여 두번째의 축은 뭐니뭐니해도 어떤 특정 인간의 생활사의 내용이나 주제에 대한 흥미이다. 생활사연구는 대부분의 경우 역사상 유명한 인물보다는 오히려 이름도 없는 서민의 일생의 방식에 관심을 기울인다. 이것은 역사나 문화나 사회와의 상호관계 가운데에서 개인이 어떠한 삶을 살아 왔는가, 누구에게서도 있는 것 같은 경험을 어떻게 그 사람 자신이 독자적으로 의미 부여를 하고 있는가라는 것을 연구자가 발견해 보고 싶은 것일지도 모르겠다. 어쨌든 어떤 특정 개인의 직업이나 업적이나 가족, 친족, 집단이나 지역사회와 관계된 방법 등의 사실적 측면으로부터 그인간이 경험하고 기억하고 있는 여러가지 사정이나 인간관계에 대한 의미 부여에 이르기까지 생활사의 주제 내용에 관한 흥미가 존재하고 있다.

따라서 한편의 방법의 축으로는 듣고 쓰기, 자서전, 전기, 일기, 편지, 작

---

14) 中井信彦, 『歴史學的方法の基準』, 塙書房, 1973; 同, 「史學としての社會史-社會史にかんする覺書-」, 『思想』, 제663호, 1973. 9 참조.

품 등의 생활사자료를 모으는 자료수집으로부터 수집된 자료로부터 생활사를 재구성하고, 기술하고, 해석하는 분석방법까지가 주제로 되기도 하고, 다른 한편 주제의 축으로서는 어떤 특정의 개인생활사의 객관적 사실의 측면과 그 사실을 주체가 어떻게 의미 부여하고 있는가라고 하는 주관적 의미 부여의 측면을 구별할 수 있다.

거기서 방법의 축과 주제의 축을 교차시키면서 생활사연구의 4가지 시각을 도식화하면 <그림1>과 같다.

<그림 1> 생활사연구의 네 가지 시각

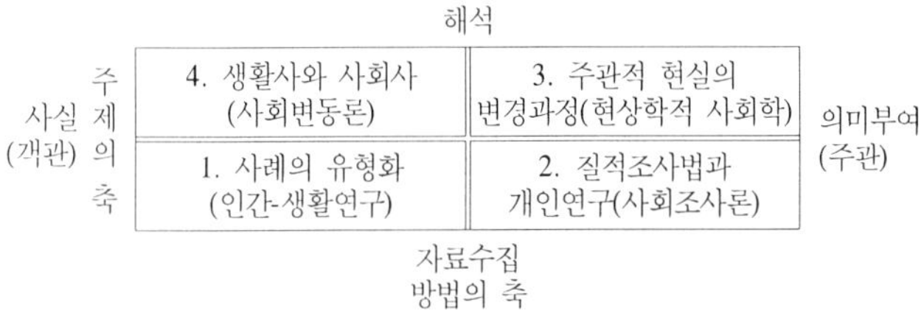

해석

사실 (객관) / 주제의 축			의미부여 (주관)
	4. 생활사와 사회사 (사회변동론)	3. 주관적 현실의 변경과정(현상학적 사회학)	
	1. 사례의 유형화 (인간-생활연구)	2. 질적조사법과 개인연구(사회조사론)	

자료수집 방법의 축

우선 방법에 있어서 자료수집과 주제에 있어서 객관적 사실에 관심을 집중해 가면 생활사 사례의 유형화라고 하는 시각이 생겨나게 된다. 이 관점은 인간의 생활을 역사적·시간적인 관점에서 받아들여서, 생활과정의 파악이나 이동경향, 가족형성사 등에 있어서 통계적인 연구도 가능하기 때문에 넓은 의미에서의 '생활연구'로 위치지어진다. 다음으로 방법에 있어서와 같이 자료수집에 관심이 있지만, 주제에 있어서는 주체(피조사자)의 주관적 의미 부여를 중요시하는 시각은 분명히 사회조사론 가운데서도 질적조사법에 속하는 주제이다. 따라서 자유면접법(informal interview method)이나 참여관찰법 등과 마찬가지로 조사자와 피조사자와의 사회관계나 조사의 개인적·정치적·윤리적 문제[15] 등이 조사행위에 관련된 과제로서 존재하고

15) Annable Faraday and Keuneth Plummer, "Doing Life Histories," *The Sociological Review*, vol.27, no.4, November, 1979에 의하면, 생활사의 문제영

있다. 더욱이 제3의 시각은 생활사내용의 주관적 의미 부여를 기술하고 해석하는 그러한 방법을 모색하려고 하는 관점이다. 여기에서는 특히 주관적 현실의 사회적 구성과 그러한 의미체계(혹은 해석의 패러다임)의 변경과정에 관심이 집중된다. 생활사의 주체가 말하는 생활사는 항상 현재시점으로부터 과거를 회상하는 형태로 되고, 일기나 편지, 작품에서는 단편적인 것이지만 그 시점에서의 의미체계를 나타내고 있다. 거기서 가능하다면 양자의 자료를 복합적으로 사용하는 것에 의해서 해석의 방법을 찾는 것도 가능할 것이다. 그 의미에서 이 제3의 시각은 현상적 관점에 가깝다고 생각된다. 마지막 제4의 시각은 다시 한번 주제에 있어서 객관적 사실의 축면으로 되돌아와서 생활사의 자료를 해석하는 경우이며, 생활사와 사회사의 접점이 항상 의문시되는 것도 있다. 요컨대 어떤 개인이 총체로서 사회의 변동과 어떻게 관련되어 왔는가라고 하는 사회변동론에로의 관심이 포함되어 있다.

이상과 같은 생활사연구의 네 시각은 물론 실제로는 확연하게 구별되어지는 것은 아니다. 상호관계를 가지면서 중층적인 형태로 각각의 생활사연구의 가운데에 포함되고 있는 것 같다. 따라서 여기에서는 단순하게 조작적으로 이념형으로서의 주제의 축과 방법의 축을 교차시켜 네 가지 시각을 끄집어 내어 보았을 뿐이다. 또한 이들의 관점은 상호간에 다른 것을 전제로 하기도 하고, 다음의 관점 가운데에 진입하여 있기도 한다. 예를 들면 생활사례의 유형화는 객관적인 자료의 수집이라는 의미에서는 연구의 출발점이 되지만, 주관적 현실이나 피조사자와의 친밀한 인간관계를 경험하고, 사회변동의 담당자로서의 일개인을 설정할 수 있게 된다면, 새로운 인간유

역은 ① 사회과학의 문제, ② 실제적·기술적 문제－자료의 수집과 분석, ③ 윤리적·정치적 문제, ④ 개인적 문제로 구분되어 있다. 또한 ③, ④의 문제에 대해서는 Martin Blumer(eds.), *Social Research Ethics*, Hong Kong: Macmillan Press, 1982 및 Tom Beauchamp, L, Faden, Ruth R. Wallace Jr., R. Jay and Leroy Walters(eds.), *Ethical Issues in Social Science Research*, Baltimore: Johns Hopkins University Press, 1982도 참조.

형으로서 생활사연구를 전망해 가는 것도 생각할 수 있다.[16] 그 의미에서는 이것들의 관점의 중층적 순환이 요구되는 것처럼 생각된다.

4. 생활사연구의 4가지 시각

1) 생활사 사례의 유형화(생활연구)

첫번째의 시각인 생활사례의 수집과 유형화는 사회학의 대단히 넓은 범위에 걸쳐 있다. 사회학의 실증적인 조사연구에서는, 어떤 사회사상(社會事象)의 변화과정을 탐구하는 데 시계열적인 자료가 필요불가결하다. 어떤 지역사회의 변동과정을 고찰하는 경우에는 행정구역의 문제가 있다고 하더라도 기본적인 인구(연령, 성별)구성이나 세대규모, 가족구성, 직업구성, 거주력(居住歷), 거주형태 등의 시계열자료를 잘 파악하고 난 뒤에 지역주민의 생활과정의 변화의 문제에 들어가야 한다. 거기서 생활사의 사례를 듣고 취하면서 몇가지를 모으고, 그것들의 사례를 다른 사례와 비교하면서 유형화하는 방법을 취한다. 따라서 제1의 시각에 있어서는 생활사의 사실의 측면이 몇몇 비교되고 연구자의 문제 관심에 따라서 유형화되는 점이 특징적이다.

이같은 생활사연구의 제1시각에 속하는 연구들은 아마 상당한 수에 달한다고 생각되지만 아래에서는 여섯가지의 주제를 예로 들어보고자 한다. 그 첫째는 노동자생활이나 빈곤연구 가운데서 생활사에로의 주목이다. 고모야마(籠山京),[17] 나까하찌 마사미(中鉢正美),[18] 혹은 후세 데스지(布施鐵

---

16) 中野卓, 「個人の社會學的調査硏究について」, 『社會學評論』, 125호(제32권 제1호), 1981; 鶴見和子, 「書評: 中野卓編著, 口述の生活史」, 『社會學評論』, 128호(제32권 제4호), 1982 참조.

17) 籠山京, 『戰後 日本における貧困層の創出過程』, 東京大學出版會, 1976; 籠山京編, 『大都市における人間構造』, 東京大學出版會, 1981 참조.

治)[19]의 방대한 연구축적 가운데서 '빈곤층의 창출과정,' '생활구조의 이력(履歷)현상' 혹은 '생활과정과 생활사' 등의 주제로 취급되고 있는 것이다. 이들에서 공통으로 보이는 것은 계층적 관점이나 생활구조와 그 변동이라는 사회경제적 배경과 개인의 생활사를 중첩시키고 있다는 관점일 것이다. 두번째 주제는 첫번째 것과 중첩되지만, 가족생활이나 생활과정론이다. 모리오까 기요미(森岡清美)[20] 등의 가족주기(life-cycle)의 연구나 국민생활센타(오까다 마사꼬(岡田政子)[21]))의 『도시가족의 생활력』 등은 정말로 생활사의 사실적 측면(가족력, 거주력, 직업력)을 중시한 사례의 수집과 유형화를 지향하고 있다. 더욱이 최근 엘더(G. Elder)[22]의 라이프 코스론도 가족주기보다는 보다 개인의 생활사에 입각한 가족연구를 지양하고 있는 것처럼 생각된다. 셋째로는 반드시 생활사에만 주목해야 한다는 것은 아니지만, 소집단연구와의 접속을 들 수 있다. 종래의 참여관찰법에서는 화이트(W. F. White[23])) 혹은 기타미노루[24] 등과 같은 특이한 연구자에 의한 '내측(內側)'으로부터 탁월한 관찰과 분석은 나타날 수 있지만, 연구방법으로서의 일반화는 상당히 곤란한 면이 있었다. 그러나 마쯔다이 마꼬도(松平誠)[25]는 도시제례집단의 실증적 연구를 축적해 가면서 '집단참여관찰'이나 '집단의 구술생활사'의 방법을 모색하고 있고, 나까노 다까시(中野卓)[26]의 개

---

18) 中鉢正美,『現代日本の生活體系』, ミネルヴァ書房, 1975.

19) 布施鐵治編著,『地域産業變動と階級.階層-炭都夕張/勞動者の生産.勞動生活史.誌』, 御茶の水書房, 1982; 布施鐵治·岩城完之.小林甫,「生活過程と社會構造變動に關する一考察」,『社會學評論』, 99호(제25권 제3호), 1974.

20) 森岡清美,『家族週期論』, 倍風館, 1973.

21)『國民生活センタ編,都市家族の生活歷-社會變動とLife-cycle』, トメス出版, 1976.

22) Glen Elder, "History and Life Course" in Daniel Bertaux(eds.), op. cit.

23) W. F. White, *Street Coner Society*(寺谷弘壬譯), 垣内出版, 1979.

24) きたみのる,『氣遠い部落周游紀行』, 富山房百科文庫, 1981; 동,『日本部落』, 岩波新書, 1967.

25) 松平誠,「都市の社會集團-まつりを準據點とする實證研究(3)」,『應用社會學硏究』, 제32호, 1982. 3; 同,「都市の社會集團-府中祭禮集團にみる町内の實證的 硏究」,『應用社會學硏究』, 제24호, 1983. 3.

26) 中野卓,「大正期前後にわたる漁村社會の構造變化とその推進力」,『村落社會硏究』,

인생활사와 집단과의 사회관계의 관점도 아울러 주목되는 것이다. 네번째의 주제는 당연히 전술했던 첫번째, 두번째의 주제의 가운데에도 포함되어 있지만, 특히 사회변동(직업이동, 지역이동[27])에 주목했던 이동경력이라는 주제이다. 이동과정이나 이동효과를 살피는 데서 개인의 생활사의 사례는 대단히 유효한 주제가 된다. 다섯째의 주제로서는 문화인류학으로부터의 영향으로서의 지역사회의 변화와 개인의 생활사를 중첩시켜 지역생활의 변모를 이해한다고 하는 관점이 있다. 예를 들면, 가또 히데도시(加藤秀俊), 요네야마 도시나요(米山俊直)[28] 등의 연구나 소후에 다까오(祖父江孝男)[29] 등에서 보이기도 하고 와사끼 요우이찌(和崎洋一)[30]의 독특한 지역사회연구에도 나타나 있다. 마지막으로 생활사를 통해서 사회문제나 사회운동에 결부된 자료를 다루는 일군의 연구자가 있다. 립톤(R. J. Lipton)의 『역사심리학적 연구』[31]에 의한 히로시마 원폭체험이나 중국의 문화대혁명의 정신사적인 고찰에도 표현되어 있지만, 직접적으로는 이시다 츄(石田忠)[32] 등의 나가사끼피폭자의 생활사를 추적해 가는 가운데 '표류'로부터 '저항'에로의 운동론적인 관점이 여실히 나타내고 있다. 이상에서 대단히 간단한

제4집, 覺書房, 1986; 同編, 『明治43년京都-ある商家の妻若の日記』, 新曜社, 1981; 同, 小平朱美, 『老人福祉とライフ.ヒストリ』, 未來社, 1981.

27) 鈴木廣編, 『共同體道德と社會移動の硏究』, アカデミア出版會, 1978. 또 사회이동과 라이프히스토리에 관해서는 R. A. Carr-Hill and K. I. Macdonald, "Problems in the Analysis of Life Histories," *Socilogical Review Monograph*, University of Keele, no.19, 1973, pp.57-95를 참조.

28) 加藤秀俊·米山俊直, 『北上の文化-新.遠野物語』, 社會思想社, 1963; 加藤秀俊, 「個人史による地域社會硏究」, 『人文學報』, 제26호, 1967.

29) 祖父江孝男, 「村の生活はどう變わったか-ライフヒストリによる分析」, 『文化とパーソナリティ』, 弘文堂, 1976.

30) 和崎洋一, 「地域社會の硏究」, 『人文學報』, 제21호, 1965. 12. 和崎는 이 가운데서 '개인의 라이프히스토리의 투영에 의해 세상에 알려져 가는 지역사회'를 자기 자신도 조사대상자로서 기술하고 있다는, '조사자=피조사자의 수법'을 쓰고 있다.

31) Robert J. Lipton, 『終りな現代史の課題』(小野泰博·吉松和哉譯), 誠信書房, 1974.

32) 石田忠編著, 『反原爆-長崎被爆者の生活史』, 未來社, 1973; 同編, 『續反原爆-長崎被爆者の生活史』, 未來社, 1974.

것이었지만 생활사례의 수집과 유형화를 지향하는 첫번째 시각에서 포함하고 있는 여섯가지의 주제를 제시해 보았고, 다음으로는 사회조사론의 시각에서 살펴보려고 한다.

2) 질적조사법과 '개인'연구(사회조사론)

생활사연구의 두번째 시각은 생활사의 자료를 수집하고, 기술할 때 그 생활 주체의 주관적인 의미 부여를 문제로 하는 입장이 있다.

어떤 인간의 생활사를 구술에 의해서 전해 듣고, 조사가가 테이프를 듣고 쓰는 방법으로 기록하는 경우와 본인의 반평생과 출생 이후 장기간의 생활사가 아니라도 어떤 체험이나 사건, 직업이나 가족이나 지역과의 유대 등을 단편적으로 듣고 얻는 경우나 하루의 생활 혹은 일주간, 1개월, 1년의 생활기록만을 듣고 얻는 경우 등 여러가지 생활사조사의 경우가 설정될 수 있지만, 이것들은 그 어느 것도 화자(話者)가 피조사자로서 설정될 수 있는 경우이고, 그 의미에서 '사회조사의 행위'에 관련한 부분이다. 그것에 비하여 자서전 또는 일기, 편지, 작품 등만이 남겨져 있고 조사자가 당사자를 만나서 듣고 얻는 것이 불가능한 경우에는 그러한 자료의 기술과 해석이 중요한 과제로 된다. 그런 의미에서 생활사의 주체는 기술자(記述者)이고 연구자와의 기술(記述)을 통해서 상호작용을 거치는 '사회조사의 기술'이 문제로 된다는 것이다.

거기서 생활사법만이 아니라 자유면접법이나 참여관찰법도 포함된 질적조사법[33]과 '개인'의 사회학적인 연구라는 관점에서 사회조사법의 세 가지 주제를 제기해 두고 싶다. 첫번째로는 조사자-피조사자 관계를 포함하는 '조사행위론'[34]의 문제이다. 구술생활사의 경우에는 예를 들면 화자가 말

33) Robert Bogdan and Steven J. Taylor, *Introduction to Qualitative Research Methods*, New York: John Willey & Sons, 1975; Howard Schwartz and Jacobs, *Qualitative Sociology,* New York: Free Press, 1979.

34) Norman K. Denzin, *The Research Act a Theoretical Introduction to*

하고 조사자가 듣고 알아내는 상호행위 그자체가 생활사연구를 성립시키고 있는 것이며, 그 의미에서 주체와 피조사자와의 공동작품으로서 위치지우는 것도 가능하다.[35] 또한 조사과정과 조사행위를 밝히는 것에 의해서 거기서부터 얻어진 자료의 분석결과에 대해서도 영향을 받는 것으로 생각된다. 조사자가 항상 조사하는, 즉 연구하는 측으로 확실히 서있지만은 않고 조사의 과정과 상호작용을 통하여 때에 따라서는 조사받는 측, 연구되는 측의 입장으로 되는 경우도 있다. 거기에서는 조사자와 피조사자가 함께 '생활하고' 함께 '고찰한다'라는 것도 생겨나기 때문일 것이다. 둘째로는 조사의 행위 및 기술이 다면적·중첩적으로 되지 않을 수 없다는 점이다. 참여관찰의 경우에서도 생활사법에 있어서도 조사자는 당초 '이방인'[36]으로서 피조사자를 접촉한다. 소집단연구나 지역사회연구에서 당해집단 가운데서 '이방인'을 정보제공자로서 선택하는 케이스도 있지만 이 '이방인'의 성이야말로 어떤 의미에서는 사회조사의 핵심으로 되는 것도 있다. 왜냐하면 대상의 내부에 가능한 한 깊이 침투하고 싶다고 하는 전문적인 '이방인'[37]으로서의 현지조사자는 '이방인'이기 때문에, 어떤 인간이나 집단을 둘러싼 사회적 상황의 전체성을 고찰하지 않으면 안되기 때문이다. 루이스(O. Lewis)의 '나생문(羅生門)'식 수법[38] 등도 이러한 의미에서 다면적 내지는

Sociological Methods, Chicago: Aldine Publishing Company, 1970; Denzin, *Sociological Methods a Sourcebook*, New York: McGraw-Hill Book Company, 1970; John M. Johnson, *Doing Field Rearch*, New York: The Free Press, 1975에서는 조사의 인간관계가 자료의 수집이나 분석결과에 미치는 영향에 대해서 논하고 있다.

35) 가장 좋은 예로서 中野卓編, 『口述の生活史-或る女の愛と呪いの日本近代』, 御茶の水書房, 1977을 드는 것이 가능하다.

36) Schutz Alfred, 『現象學的 社會學の應用』(中野卓監修·櫻井厚譯), 御茶の水書房, 1970.

37) Michael H. Agar, *The Professional Stranger: An Informal Introduction to Ethnography,* New York: Academic Press, 1980.

38) Lewis Oscar, 貧困の文化(高山智博譯), 前揭: '羅生門'式 手法이라는 것은 "가족 그 성원 한 사람 한 사람의 눈을 통해서 받아들이는 접근법이다. 이것은 가족의 각 성원의 장기적·집중적인 자전을 통해서 이루어진다"고 기술하고 있다.

중층적인 사회조사법의 하나라고 생각되어 진다. 생활사연구의 시각으로서의 사회조사론의 세번째 주제는 기술(記述) 자체가 주제화된다는 점이다. 조사행위에 관련된 문제라고 하더라도, 조사과정에서의 여러가지 시행착오에 대해서도, 대부분의 사회학적인 실증연구에 되돌아오는 문제는 있다. 그러나 이같은 조사과정은 조사결과와 분석에 대해서는 거의 영향이 없는 것으로, 의식적으로 서술된 것은 거의 없다. 그런데 생활사연구에서는 화자가 말하는 생활사를 어떻게 기술하는가, 주체가 쓰고 엮은 자서전, 편지, 일기 등의 생활사 자료를 어떠한 형태로 기술해 갈 것인가라는 것이 특히 주제의 문제로서 부상하고 있다. 생활사 그 자체에 대한 흥미가 다른 누구보다도 가진 것 없는 개인의 개성과 주체성에 있는 것이라면 당연히 연구자 측의 개성과 주체성도 물음시되는 생활이야기의 서술형식이 고려되지 않으면 안되며, 더욱이 자료의 공유라는 의미에서 기술의 비교 대조도 앞으로 필요하게 되는 것이 아닐까.

3) 주관적 현실의 변경과정(현상학적 사회학)

생활사의 자료를 수집하는 단계로부터 그것들의 자료를 해석한다라고 하는 방법론적 단계로 넘어오면 주제와 방법 쌍방으로부터 현상학적 관점이 요구되게 된다. 거기에서 제3의 시각으로서 현상학적 사회학의 생활사에 대한 접근을 들어 보고자 한다. 슈츠(A. Schutz)는 '다원적 현실론'[39]에 있어서 '지고(至高)의 현실'으로서의 일상생활의 현실 이외에 '한정된 의미영역'으로서의 비일상적인 현실(예를 들면 꿈, 환상, 과학, 종교, 신화 등)을 설정하고 그 사이의 실재(reality)의 이행에 대해서 논하고 있다. 또한 버거(P. Berger)는 일상생활의 내부에서의 주관적 현실의 이행이나 그것에 따르는 '자명성(自明性)'의 위기에 대해서 논하고 있다.[40] 이같은 현상학적

39) A. Schtuz, "On Multiple Realities," in *Collected Papers I: The Ploblem of Social Reality*, The Hague: Martinus Nijhoff, 1971.

40) P. L. Berger & T. Luckmann, op cit., P. L. Berger, 『社會學へ招待』(水野節夫

사회학의 개념은 생활사를 해석하는 데 대단히 유효한 개념장치를 제공해 준다고 생각된다. 그래서 생활사의 해석에 즈음해서 중요한 것으로 생각되는 세 가지의 개념에 대하여 간단히 설명하고자 한다.

첫째는 주관적 현실의 유지와 변경이라고 하는 점이다. 버그에 의하면 사건이 선택되고 그것에 의미를 부여하는 주관적 현실의 해석틀을 '의미체계'로 부르고 있지만 그것은 보통 사회적으로 유지되고 있다. 그러나 개인의 중요한 전기(turning point)를 맞이했을 때에는 그 '의미체계'가 변경된다. 이 의미체계의 변경을 '태도변경' 혹은 변신(alternation)으로 부른다. 이러한 태도변경의 전형으로서는 자기의 종교적·이데올로기적 세계관의 전향(conversion)을 들 수 있다. 생활사를 해석하고자 할 때, 이같은 주관적 현실의 의미체계가 언제 어떻게 형성되고 유지되고 변경되고 있었던가, 그 전기(轉機)나 태도변경은 무엇에 의해 일어나게 되었던가, 특히 과거를 회상하여 구술하는 경우에는 현재의 의미체계로부터 나온 해석임을 잘 고려해서 연구자에 의해 재해석의 시도가 행해지지 않으면 안될 것이다. 두번째 개념은 중요한 타자(sognificant other)의 존재이다. 의미체계의 사회적 유지에 즈음해서 준거집단이나 사회구조가 가진 기능에 대해서는 말할 것도 없지만, 의미체계의 변경이나 새로운 주관적 현실에 즈음해서는 이 중요한 타자의 존재 유무가 주목된다. 태도변경은 많든 적든 타자와의 사회관계의 위에서 전개된다. 우발적인 경우도 있을 수 있고, 스스로의 의지와 욕구에 기초한 변경도 존재할 것이다. 그러나 결정적인 태도변경일수록 중요한 타자의 존재가 자기와의 관계중에 등장하는 일이 많다. 예를 들면 종교적인 회심(전향, conversion)의 경우에는 교조와의 교류나 초월적인 종교체험 등 '중요한 타자'가 상징적 의미를 가지기도 하고, 그 의미로서는 '부처'나 '신사(神社)'도 상징적인 의미에서 중요한 타자로서 위치지어지는 것도 가능하기 때문이다. 셋째로, 새로운 사회적 상황을 극복하면서도 자기정체감(자기동일성)의 연속성을 가지기 위해서 개인이 자율화해 가고 있다고

村山研一譯), 思索社, 1987.

고찰하는 방법이다. 종래 사회화(socialization)의 개념 중에는, 개인이 유년기를 경험하는 제1차적 사회화와 그후의 제2차적 사회화 내지는 성인의 사회화(adult socialization)가 포함되어 있지만, 개인의 생활사를 주관적 현실의 측으로부터 해석하고 바로잡고 살아가면, 향상 개인이 수동적으로 사회의 현실을 내재화시키고 있다라고 하는 과정뿐만 아니라, 때로는 객관적 현실을 거부하고, 그것에 저항하고 사회구조에 대한 변동의 요인을 제공하는 경우가 있다. 이처럼 각 개인은 곤란한 상황을 어떻게 벗어나는가라는 그 사람 나름의 주체성이라는 의미에서의 '적응전략'[41]을 가지고 있고 제2차적 사회화 가운데서 자율화 되어 가게 되는 것이다. 이상과 같이 생활사의 해석에 유효한 여러가지 현상학적 사회학의 개념은 실제의 생활사의 사례와의 동조위에서 보다 일반화되고 추상화된 개념장치로 전개될 필요가 있는 것으로 생각된다.

4) 생활사와 사회사(사회변동론)

생활사연구의 네번째 시각은 개인이 사회구조나 사회변동과 어떻게 관련되고 있는가를 다시 한번 생활사의 사실(事實)의 측면에서 취하여 바로잡는다는 입장이다. 그러나 그때에 제1의 시각과 같이 생활연구라는 틀로 사례를 수집하고 유형화한다는 의미는 아니다. 개인의 생활사를 가족, 직업, 노동, 지역사회, 집단 등의 사회학적인 틀에서 분류하는 것이 아니라 인간의 생애에 의거한 형태나 그 사람 자신의 중요한 의미를 가진 사건이나 체험으로부터 사회의 역사를 재구성하려고 하는 고찰방법이다. 그래서 사회사와의 접점을 고찰하는 의미로써 생활사의 자료를 분류해 보면, 다음 세 가지의 형태로 정리할 수 있을 것으로 생각된다.

첫째는, 인간의 생애(일생)에 의거한 경험의 '역사=생활사'라는 이해방

41) 前山隆, 『非相續者の精神史-或る日系フラシル人の遍歷』, 御茶水書房, 1981; 同, 『移民の日本回歸運動(NHKフックス)』, 日本放送出版協會, 1982 참조.

법으로 예를 들어 출산, 육아, 놀이, 학교, 취직, 결혼, 이동, 질병, 죽음 등의 테마로 생활사를 바라보는 방법이다. 이것에 대하여 제2의 테마는 사람과 사물과의 관련된 정도를 축으로 생활사를 찾는다고 하는 방법이다. 야나기따 고꼬오(柳田國男)는 『民間傳承論』(1934) 및 『鄕土生活의 硏究法』(1935)에 있어서 민속자료를 ㉮ 생활외형(생활기술지=유형현상)－경험의 채집, 여행자의 채집, ㉯ 생활해설(언어의 지식=언어예술)－듣고 보는 것(귀와 눈의)으로 채집=생각치도 않게 우연히 만난 사람으로부터 채집, ㉰ 생활의식(心意現像)－마음의 채집=동향인의 채집의 세 가지로 분류하고 있지만,[42] 인간과 사물과의 관련의 정도라는 의미에서는 ㉮의 생활유형=유형현상에 해당하는 것이다. 예를 들어 자연과 관련되는 것으로서 어업, 수렵, 임업, 농업 등이 있고, 일상생활로서의 의, 식, 주 혹은 도구, 공구 등이 있고, 그러한 물(物)이나 기술을 매개하는 사람으로서 직인(職人), 공인(工人), 수렵민(狩獵民), 수상생활자(水上生活者), 기예자집단(技藝者集團) 등을 들 수 있다. 사회사와의 접점이라는 관점으로부터 생활사의 주제를 정리하는 제3의 견해는 인간과 집단이나 사건, 운동과 관련된 정도로부터 취하는 관점으로서 예를 들어 전쟁이나 재해라는 대단히 거시적인 사회사와 개인의 생활사가 어떻게 관련을 가지고 있는가라는 주제안에서도 제법 많은 시각을 포함하고 있다. 전쟁체험이라고 하더라도 전쟁터에서의 체험, 공습, 군대내의 체험, 어린이 소개(學童疏開), 기아체험 등 정말 여러가지이다. 이같이 개인의 체험은 그 자체 일회에 한한 것이지만 그럼에도 불구하고 사회사적인 사실과 관련된 정도에 있어서 민속학과는 또한 다른 의미에서 '전승'의 대상으로 될 수 있다. 사회학적인 역사에서는 개인의 일회에 한한의 체험이라도 생활사 가운데서 중요한 의미를 가지는 한 '전승'의 대상으로 되기 때문이다.

---

42) 柳田國男, 『民間傳承論』; 同, 『鄕土生活の硏究法』(定本柳田國男集 第25卷), 筑摩書房, 1970; 有賀喜左衛門, 「民俗資料の意味-調査資料論」, 有賀喜左衛門著作集 Ⅷ 民俗學, 『社會學方法論』, 未來社, 1969; 川合隆男, 「近代日本における社會成層硏究の生成」, 『法學硏究』, 第50卷 第5號, 1977. 5 참조.

거기에서 사회사의 의의는 어떠한 것일까? 여기에서는 라뒤리(Emmanuel Le Roy Ladurie[43]) 등의 프랑스 '아날학파'의 방법의 특징으로서 간단히 다섯 가지를 들 수 있다. 우선 첫째로, 장기적 파동 또는 수량적 파악이 지향되고 있는 일(事)이다. 역사인구학을 기점으로 해서 기후나 환경 등의 수량사적인 접근이 행해지고 있다. 두번째로는, 물질문화나 일상생활의 역사에 중점을 두는 점으로서 아이들의 세계, 결혼이나 출산이나 육아, 거주나 학교, 도시나 농촌의 관행, 습속 등을 들고 있다. 셋째로는, 문헌자료 이외의 구술자료, 전설, 민화 등의 자료를 중시하고 있다. 이것은 민속학이 사회사로 결합되는 유효한 방법으로 생각되는 점이다. 사회사 의의의 네번째 점은, 집단사, 사건사, 운동사 등을 실마리로 하여 정치사나 경제사와는 다른 사회, 문화사의 영역을 확립시키려고 하고 있는 일(事)일 것이다. 그리고 마지막 다섯째로는, 무엇보다도 표면적인 기성(旣成)의 역사 구분이 아니라 심층사(深層史)를 지향하고 있는 점이다. 다시 말하면 정신사, 심리사 등의 심의, 현상(心意現象)을 파악하는 것이 요구되고 있다는 것이다. 이러한 의미에서 생활사의 관점는 사회사의 관점과도 중복되는 것으로 생각된다.

5. 생활사연구의 과제

지금까지 현대사회학의 반성과 생활사연구의 의의로부터 출발하여 생활사연구의 역사적 개관후에 제3기로서의 현재의 생활사연구에 대하여 주제와 방법의 교차에 기초하여 네 가지의 관점을 제시해 보았다. 물론 이들의 시각은 상호 밀접히 관계맺고 있고, 상호 분리할 수 없지만, 그러나 생활사연구의 시각만을 제시해 보아도 남은 과제는 전과 다름없이 크다. 나까노

43) Emmanuel Le Roy Ladurie, 『新しい 歷史[歷史人類學への 道』(樺山紘一·木下賢一·相良匡俊·中原嘉者·福井憲彦譯), 新評社, 1980; J. Kocka, 「社會史の概念と方法」, 『思想』(早島瑛譯), 제663호, 1979 9.

다까시(中野卓)는 「개인의 사회학적 조사연구에 대하여」의 가운데서 다음과 같이 쓰고 있다.

> 새로운 인간상이 모색되어지지 않으면 안되게 되었습니다. 이대로는 인류의 미래가 위험하다는 걱정이 있습니다. 이럴수록 기성의 인간유형을 변화시키고 개인에 대해서 새로운 전형들을 제시하는 새로운 유형론이 사회학에 필요하게 될 것이라고 생각합니다. 그를 위해서도 개성 있는 사람의 개인에 대한 연구가 지금 필요하게 되었습니다 … (중략) … 개인의 생활사의 사례들을 풍부하게 갖추는 것이 그 방법입니다. 그것이 새로운 인간유형의 발견을 가능하게 하고 또한 그 자기형성된 과정의 분석을 허용한다고 생각하기 때문입니다.[44)]

여기에서는 어떤 종류의 명확한 방향성을 가진 연구의도가 표명되고 있다. 생활사에 흥미를 가지는 것은 인간에 흥미를 가지는 것이기도 하고 미지의 인간과의 '우연적 만남'에 흥미를 가지는 것이기도 하다. 그래서 생활사연구의 시각을 검토한 뒤에 앞으로의 과제를 그림으로 나타내 보면 <그림 2>와 같이 된다.

<그림 2> 생활사연구의 과제

삶의 방식 인간상의 모색	
↑	
집단연구	사회사적 연구
생활사조사	개인연구
↑	
생활사연구의 시각	

우선 본 글에서 제시한 네 가지의 생활사연구의 시각은 서로 얽히면서 생활사조사, 개인연구 내지는 집단이나 사회변동 등의 실증적 연구에로 향

44) 中野卓, 「個人の社會學的調査硏究について」, 前揭 8항.

해가지 않으면 안된다. 그러한 현지조사나 조사연구 가운데서 종래 사용된 사회학 이론이나 사회조사의 망이 생활사의 사례에 대하여 과연 유효할까? 또한 변경할 수 있다면 어떻게 하면 좋은가 등이 검토되지 않으면 안된다. 그리고 그 위에서 나까노 다까시(中野卓)이 말한 '새로운 인간상' 혹은 '인간의 삶의 방식의 발굴'[45] '역사에 있어서 존재증명'[46] 등이 모색되게 된다. 생활사를 재평가하는 것은 바꾸어 말하면 현재의 자기모습을 성찰하는 것이고, 타자의 삶의 방식 가운데에 자기의 삶의 방식을 투영시키면서 새로운 인간상을 모색해 간다고 하는 생활사연구의 최초의 조망(perspective)으로 회귀하는 것이기도 하다.

45) 眞木悠介,『氣流の鳴る音-交響するコミューン』, 筑摩書房, 1977.
46) 栗原彬,『歷史とアイデンティティ-近代日本の心理=力士硏究』, 新曜社, 1982, 1쪽.

일상생활의 역사서술*

—사사로운 것과 정치적인 것—

알프 뤼트게

1

얼마 전부터인가 독일에서는 "일상생활(everyday life)"의 역사가 전문 역사가들과 일반 대중 모두의 관심을 폭넓게 끌어오고 있다. 봉건사회나 부르주아 사회에서의 가정생활, 질병, 죽음의 역사, 식생활 습관의 변모 등이 역사산업(the history industry)에 의해 받아들여지게 되었고 점점 '유관성을 가진(relevant)' 분야로 여겨져 가고 있다. '전문영역' 밖에서도 책, 영화, 전시회 등을 통해 새로운 관심이 불러일으켜지고 있다.

여러 학교들의 연구과제들을 보면 확실히 현재만이 아닌 과거의 일상생활의 현실을 적극적으로 연구조사해 보는 것이 중요한 일이라는 것을 알 수 있다. 그 일에 참가하여 그렇게 해봄으로써만이 그와 같은 현실을 스스로 상상하고 해결해 나갈 수 있기 때문이다. 과거의 일상생활을 연구조사하는 일에 적극적으로 참여하게 되면 미리 짜여져 있는 여러가지 해석들을 무비판적으로 갖다 사용하려는 버릇을 아주 효과적으로 방지할 수 있다.

---

* 출전: Alf Lüdtke, 『문화와 이데올로기와 정치』(R. 새뮤얼·G. S. 조운즈 편/ 송무 역), 청계연구소, 1987.

그러한 작업은 익숙한 것과 낯선 것, 나의 체험과 남의 체험 사이에 하나의 창조적인 대화(dialectic)를 마련해 준다. 따라서 자신과 남을 발견하는 일이 연구의 수단과 목적이 된다. '연구하면서 배우는 방식'은 적어도 가르치는 데에는 아주 적절한 공식이라 할 것이다. 이 일에 두드러지게 선도적인 역할을 했던 것은 '학교의 독일사 시간에 주어지는 공화국 대통령의 상' 이었다. 그 딱딱하고 공식적인 이름 때문에 잘못 생각해서는 안될 것이다. 이 경쟁은 1974년부터 1976년까지 그때의 대통령 구스타브 하이네만(Gustav W. Heineman)이 후원한 "자유를 위한 운동(Movements for Freedom)"(각 지역에서 하기로 된)이라는 이름이 붙은 프로그램과 함께 시작되었는데, 그것은 학생들과 교사들과 학부모들의 감정과 편견을 건드리기도 했고 때로는 거스르기도 했다. 1977년부터는 일반적인 표제가 '일상생활의 사회사'가 되었다. 학생들은 작업과정과 가정안의 관계, 여가 등을 연구했다. 1980년에 프로그램 편성자들은 처음으로 '일상생활'을 전통적 의미의 정치와 연결시키고자 했다. 테마는 자극적인 것이었다. "민족사회주의(나치—역자) 지배아래의 일상생활"이 그 것이었다. ≪프랑크푸르트 알게마이너 짜이퉁≫지가 부추긴 신문통신 캠페인이 교실의 영역을 훨씬 넘어서 갖가지 연구과제와 목표들을 급속도로 파급시켜 예상된 논란을 자극했다. 이를테면 손자 아이들이 할아버지, 할머니들에게 끈질기게 물어 대지 않을까? 끈덕지게 굴면 몹시 괴롭지 않을까? 또 그런 훈련이 목표를 가진다면 그것은 오로지 현실에 대한 비판적인 대결같은 것이 아닐까? 하는 것들이었다.

지방 배심원의 한 사람으로서 나 자신이 직접 관찰해 볼 때에 나는 이 문제들에 대해 조금은 회의적이 된다. 많은 연구결과들을 보면 "민족사회주의 지배아래의 일상생활"은 나치의 정치와는 거의 무관했던 것 같다. 그런 경쟁을 통해 훈련이 되는 것이 있다면 그것은 동시대인들을 만나 인터뷰를 하는 일이었다. 열서너 살 또는 열여덟 살 난 청소년들이 할아버지들이나 할아버지의 형제·누이들에게 직장이나 이웃이나 자기네 지방에서 "그

때, 어땠었습니까?"하는 식으로 당사자들의 경우를 직접 물어 보는 것이었다. "왜, 무엇 때문에?"라는 질문은 거의 나오지 않았다. 그렇다면 우리는 "일상생활"이 탈정치화(de-politicisation)의 현상을 낳는 것이라고 결론지어야 하는 것일까?

문제는 이런 맥락에서만 일어나는 것이 아니다. 나는 노동자들의 일상생활 조사를 통해서 같은 문제에 부딪혀야 했다. 그러나 일상생활의 힘은 파시즘 지배아래의 일상생활의 경우에 특히 분명할지도 모른다. 따라서 이 방면의 보기가 도움이 될지도 모르겠다.

2

학교들 사이의 최근 경쟁에서, 유능한 향토사학자이기도 한 어느 교사는 자기 학생들과 함께 괴팅겐에 있는 '나치 지구당국'을 조사대상으로 택했다. 물론 그것은 뛰어난 착상이었다. 지방의 경우를 단 한 곳만 택해 집중적으로 연구하더라도 독일 파시즘 치하의 지배체계를 뚜렷이 감지할 수 있을 것이기 때문이다. 또 그에 못지않게 중요했던 것은, 예전에 이 특정 당의 사무실에서 일했던 많은 사람들을 찾아낼 수 있었고 또 그들이 면담에 기꺼이 응해 주기까지 했다는 점이었다. 그러기도 드문 일이었다. 그 결과 수많은 페이지에 걸친 철저하게 전문적인 면담보고서들이 나오게 되었다. 그 보고서들은 광범한 증빙서류가 붙은 공문철의 발췌와 함께 1930년대 '나치 지구 사무소'에서 이루어진 일상생활의 다양한 모습들을 보여 주고 있다. 그러나 이러한 보고서들은 어떤 의의를 가지고 있는 것일까? 그것들을 통해 공포주의 지배에 종사한 사람들에 대해 무엇이 밝혀진 것일까? 그 곳 직원들이 보낸 나날의 사무실 생활은 이웃 세무서 직원들의 그것과 별로 다를 바 없어 보인다. … 확실히 그 곳 직원들의 기억으로는 그랬다. 거기에서든 여기에서든 연구주제를 놓치지 않고 붙들고 있기가 힘들었다. 사람들은 아침 커피 휴식시간이 어땠고, 롤빵의 속이 무엇이었던가를 이야기했다. 어떤 우편물을 으레 누가 뜯어야 했고, 어떤 때에는 또 누가 뜯을 수 있었는지를 기억해 내기도 했다. 과장이 친절한 사람이었던가 아니면 대하기 어렵고 거북한 사람이었던가, 공무외출은 어떤 식이었던가하는 것은 꽤 중요한 문제였다. 그런데 그런 문제는 사무관들에 대해서 뿐만 아니라 이를테면 인사부장에 대해서도 마찬가지였다. 친위대나 게슈타포와는 아무런 접촉이 없었느냐는 물음도 있었다. “글쎄요, 아마 … 없었을 겁니다. 아마 없었어요. 어쩌다 한번씩은 있었겠지만.” “비협조적인 특정인들에 대해서는 경찰이 감시를 해야 한다든가, 조사를 해야 한다든가 하는 무슨 시사가 없었습니까?” “없었습니다. 그런 건 우리는 몰랐어요. 아무튼 친위대는 늘 독자적으로 행동했으니까.”

그런 답변들이 양심불량이나 엉터리 기억만을 보여 주고 있느냐 하면 그런 것만은 아니다. 사실 그들의 관심사들이 기록되어 있는 것을 읽어 보면 거기에는 진실의 울림이 있다. 민족사회주의의 “권위주의적 무정부(authoritarian anarchy)” 또는 “다원제적(polycratic)” 지배체계를 특징짓고 있었던 것은 각 당기관 내부, 그리고 당 실력자들과 친위대 사이에 늘 권력과 위세를 위한 치열한 투쟁이 있었다는 점이었다. 그러한 다툼들이 때로 많은 활동의 동기를 이루기도 하였다. 그같은 사실은 다른 자료들을 통해서도 입증될 수 있다. 파시스트 지배의 정치적 체계와 그 “논리”에 대한 연구들은 그와 같은 기본 패턴을 확신시켜 왔다.

그러나 전통적인 역사연구에 대한 의존이 여전히 늘 필요한 일이라 하더라도, 과연 일상생활에 관한 아주 세세한 설명까지도 의의를 갖는 것일까 하는 것에 대해서는 의심이 커질 수밖에 없다. 적어도 여기에서 세 가지 반대의견을 고려해 볼 수 있다. 더욱이 이들 의견은 서로 보충적이며, 우리로 하여금 더욱 근본적인 비판에 이르게 한다.

우리가 맨 먼저 우려하는 것은 무엇보다 세부사항에 주목한다든다, 더 나아가 그것에만 주목하는 일은 순전히 골동취미로부터 나올 수 있다는 것이다. 그럴 경우에 우리는 이렇게 물어야 한다. "사무실 조직의 세부내용을 통해 과연 어떻게 파시스트 테러와 지배를 더 적절한 방식으로 분석할 수 있을까?" 둘째로, 관계된 사람들의 '내면의 원근법(inner perspective)'을 재구성하는 일을 주된 목표로 삼게 되면 분명히 그들의 등 뒤에서 이루어지는 사회적 과정들은 무시하게 된다. 그러다 보면 말할 것도 없이, 더이상 자기의 목표가 무엇인지, 또 무슨 결론에 도달하고자 하는지도 잘 모르는 신역사주의에 이르게 된다. 또 편지나 뜯고 쓰는, 대단하지 않은 일뿐 자극적인 일이라고는 어쩌다 한번씩밖에 없는, 판에 박힌 사무실 생활을 회고시키는 이런 경우에, 이와 같은 방법은 이미 협력자들을 용서해줌으로써 역사적·도덕적 가치평가를 도외시하는 셈이 아닐까?

세번째의 반대의견은 그 과제의 끝없음과 관계된다. 우리는 '일상생활'이라는 것을 단순히 나날의 '한결같음'을 넘어서는 어떤 것을 의미하는 것으로 보고 그것에는 '나날의 삶의 생산과 재생산'이 완벽하게 포함되어 있다고 가정할 수 있다. 그러나 그렇게 생각하다 보면, 주체의 엄격한 테두리는 어느 것도 지킬 수 없게 되고 분석적인 지침들도 모두 잃어 버리게 된다. 그리하여 함부로 무시할 수 없는 잡다한 이야기와 날짜들의 수렁으로 한없이 빠져들 위험이 있다. 그런 보기로서, 프랑스 아날(Annales)학파의 지역 및 지방연구에서 볼 수 있는 넘칠듯한 엄청난 양의 서류들은 비록 장애물이라고 하지는 못하더라도, 의심스러운 본보기가 아닐 수 없다. 사무실의 일상생활을 파악하자면 모든 부서를 모든 면에서 다 조사해야 하지 않을까? 완벽한 서술을 하자면, 이웃 세무서와 다른 지방 기관들의 일상생활도 아울러 기록해야 할지 모른다. 또 사업체들이라든가 사사집들, 청소년 집단들, 학교 수업시간에 관한 것도 빼놓을 수 없을 것이다. 요컨대 '일상생활'이란 각양각색의 면모를 가진 온갖 사회관계 전체를 뜻하게 되는 것이다.

주된 비판은 다음과 같은 견해로 귀착된다. '일상생활'과 그 '현실'에 대한 관심은 2차적 중요성밖에 없는 세부내용을 지나치게 강조하는 데에 기여할 따름이라는 것이다. 사실 어느 지구 사무실에서 날마다 마시는 커피나 성과 있는 공무외출이 이를테면 독일 전체에서의, 또는 더 나아가 괴팅겐에서의 민족사회주의의 유대인 정책과 무슨 관계가 있겠는가 말이다. 우리는 다만 비정치적(apolitical)이거나 하위정치적인(subpolitical) 행동방식들에 관한 정보만을 전달받고 있는 것이나 아닐까? 그로부터 나올 수 있는 결론이라고는 사무실에서든 어디에서든 이 모든 일상생활의 활동에 공통된 유일한 요소가 '사사화(privatisation)'라는 점일 것이다.

3

여기에서 방금 든 보기의 목적에 대해 한 마디 하고 넘어가는 것이 좋을 것 같다. 위의 보기를 든 의도는 독일 파시즘에 대한 연구상태를 좀더 정교화해 보자는 것이 아니다. 그리고 그 가운데에서도 특히 1933년 이전에 피지배층에 속한 많은 사람들이 권위주의적 지배를 용납했던 사실을 조사하고 1933년 이후의 파시스트 지배를 조사하는 데에 필요한 전략을 세우자는 것이 아니다.

내 의도는 전혀 다른 것이다. 그것은 완전한 체제를 갖춘 사회구조들 또는 장기적인 변화들의 '내적 원근법'을 포착하려 할 때에 있을 수 있는 어려움에 관해 논의하자는 것이다. 내가 묻고자 하는 것은 '일상생활'에 대한 관심이 과연 쓸모가 있는 것이냐, 또는 지나친 관심이 아니냐, 또는 더 나아가 위험스러운 것이 아니냐 하는 것이다. 이 문제는 나에게는 친근하다. 학교 사이의 경쟁들 때문에 그렇기도 하지만 무엇보다 19세기 후반의 제1세대 또는 제2세대 산업노동자들의 조건과 체험에 대해 나 자신이 연구를 해왔기 때문이기도 하다. 때로 그들의 행동은 스턴(P. N. Stearn)의 표현대로 묵묵한 "순응(accommodation)," 그리고 단순한 정치적 무관심의 행동이 아니었을까?

일상생활의 역사연구가 이익인가 손해인가 하는 문제는 역사학의 개념들과 역사학의 발전에 관한 전문적인 논쟁들에 기름을 부어 왔다. 여기에서 제기된 의문들은, 이런 종류의 연구계획을 통한 개인적인 체험에서 나온 것이라기보다는 원칙의 문제들인 수가 더 많다. 그래서 그와 같은 논쟁들은 이점을 가진다. 투자된 일과 노력을 보호해야 할 필요가 전혀 없기 때문이다. 그리하여 독일인의 관점으로 동시대 사상을 조망하는 데에 기여함으로써, '역사적 사회과학(historical social-science)'의 창시자이자 대변자의 한사람이 된 한스 울리히 벨러(Hans-Ulrich Wehler)는 일상생활의 개념이란 더없이 "모호하다! woolly!"고 잘라 말하고 있다. 하나의 대책으로서 그는 '가족, 읍(邑), 교육, 여성, 스포츠의 역사'에 대한 집중적인 연구를 권하고 있다. 벨러는 아마 앞서 이야기된 토픽들의 증가를 염두에 두고 있는지도 모른다. 아무튼 그가 보기에 그러한 토픽들이 '2류급 문제'인 것만은 분명하다.

일상생활은 국가 및 정치에 관한 전통적 역사연구에는 전혀 손대지 않는 역사가들에게도 주변적인 관심거리밖에는 되지 못하고 있다. '역사적 사회과학'이나 '종합적인(synthetic)··· 사회사'를 요구하고 있는 사람들은 바로 벨러와 그의 동료들이다. 그들은 여전히 단호하게 '비판적'인 의도를 표명하고 있다. 그리고 적어도 1969년에는 '정치적 실천의 계몽'이 공공연히 역사연구의 목표로 받아들여져 있었다. 그러나 '종합적인 사회사'라는 것이 무엇이냐고 누가 물을 경우에는, 종합을 요구하고 있음에도 불구하고, 사회는 '경제, 권위, 문화'의 '차원들'로 분할되어 있다고 하는 설명이 나온다. 이러한 견해에 따르면, 일상생활이란 역사적 과정의 여러 세력들과 그 세력들의 싸움터로부터 거의 필연적으로 상당한 거리를 둔 것이 된다. 그래서 일상생활은 '사사로운(private)' 영역만을 의미하게 된다.

이러한 견해를 받아들이고 있는 듯한 연구들이 분명히 있다. 그러한 연구들이 엄격한 수량화로 특징지어지는 경우가 자주 있다는 것은 사실이다. 출생률과 사망률의 세기별 변동, 옛 읍과 새 읍들 사이의 인구이동의 비율에 관한 조사는 분명히 필요하다. 그래서 "누구를 위한 연구냐"라는 물음은 기껏해야 암시되어 있거나 아니면 아예 제기조차 되어 있지 않다. 물론 '현실생활의 생산과 재생산'은 이를테면 생산성, 경기순환, 실질임금, 생존임금, 맥주와 감자의 소비, 차별사망력(差別死亡力, differential mortality)에 관한 아주 정확한 수치 없이는 파악될 수 없다. 그러나 이 모든 것들에는 여러 생산양식과 생산의 사회적 관계의 성격에 대한 질적인 설명이 함께 따라야 의미 있는 것이 된다.

일상생활의 역사는 위의 주제들에 관한 고전적인 논쟁에는 그다지 관심이 없다. 그것의 주안점을 생산양식 및 생산관계의 모순들과 불연속을, 그것으로 말미암아 영향받는 사람들의 생활방식의 맥락 속에서 드러내어 보자는 것이다 그래서 그것들을 증명하고 설명해 보자는 것이다.

18세기 말부터 19세기 말 사이의 독일의 농업 및 산업 지방들에서 일어난 임금노동으로의 전반적인 이행과, 상품생산 및 현금관계가 행사했던 '조용한 강제(silent compulsion)'의 과정은 진실로 경제구조의 일대 변혁이었다. 그것이 '상업화(commercialisation)'라는 말과 '자본주의의 발전'이라는 말로 불리는 것은 적절하다 하겠다. 이 변혁은 명백히 그로 말미암아 피해를 받는 자들의 아주 특수한 이익을 둘러싼 것이었다. 그 이해관계가 무엇인지는 대중항의나 파업 등을 통해 분명히 드러났다. 그러나 다른 이해관계들은 없었던 것일까? 그때까지 공통의, 공적인 표현을 얻지 못했던 요구들은 어떻게 되었을까? 경제적으로, 정치적으로 종속되어 있던 자들의 괴로움과 기쁨, 두려움과 희망은 어떤 것이었을까? 권위자들이 부과한 것은 조직과 규준을 얽어짠 것 이상은 아니지 않았을까? 이를테면 하인들을 대할 때에 볼 수 있었던 간교한 온정주의(paternalism)처럼 직접적인 공격의 형태를 띠었던 경우나 경찰, 군인, 학교들이 그랬던 것처럼 물리적·비물리적 힘을 뒤섞어 행사했던 경우에 볼 수 있었듯이 말이다. 이 조용한 투쟁들은 직접적인 항의를 통한 투쟁들이나 마찬가지로 중대한 것이었다. 따라서 하나의 생활양식이란 결코 뚜렷한 윤곽을 가진 하나의 '상부구조'라고 할 수 없다. 여러 다른 종류의 모든 임금 의존자와 복속자 집단들의 처리에서는 작업조직이나 권위주의적 폭력은 그들의 사회습속을 통해서 지각되거나, 표현되거나, 억압되며, 심지어는 거부되고 변모되는 형태로만 존재한다. 장원의 하인들과 기계제작 공장에서 일하는 공장노동자들(19세기 후반의 코룹제작소 또는 희망제련소(GHH)에서 작업했던 직공들과 같이), 그리고 더 나아가서는 앞서 말한 지구사무소의 사무실 근무자들은 모두 그들이 맞닥뜨린 그 세력들을 자기들 나름의 사회적 체험에 따라 해석했었다. 근무규정(work-time regulations)이라는 유일한 '객관적' 존재는 그야말로 종이위에 쓰인 것에 지나지 않았다. 어느 경우에는 그 규정들을 현실화시키는 것은 관계 당사자들의 관심과 행위뿐이었던 것이다. 게다가 근무규정이라는 것은 늘 자기에게 필요한 것들, 동료들에게 필요한 것들, 그리고 물론 감독자들의 가벼운 의심 사이에 벌어지는 끊임 없는 갈등의 과정이었다. 역사가에게는 이것이 흔히 단일한 결과로 귀착되어 주관적 의의들은 사라져 버리고 만다. 결국 '종합'을 하고 나면 그것은 관련된 압력에 대한 복종 아니면 회피 이상의 아무것도 아닌 것이 되고 만다. 잘하면 그것이 '불복(insubordination)'이 되기도 하고, 어떤 때에는 '저항(resistence)'이 되기도 한다.

더 이론적으로 말하자면, '사회적 재생산'은 '객관적' 요소에 '주체적' 요소의 상호생산을 통해서만 이루어질 수 있다고 말할 수 있을지 모른다. 그렇게 말하려면 '의미'를 고찰할 때에, 그것을 '사회경제적 입장'과 대립시켜 고찰하거나, 그 반대로 고찰하지 않는 관점이 필요하다. 그렇게 함으로써만, 사회의 모순들이 풀리고 그와 함께 대안들을 가질 수 있는—사회를 전복시킬 수 있는 경향과 기회들이 생긴다. 권위와 의사소통 형식들이 갖는 많은 함축들, 특히 그것들의 복합적인 상호관계는 그것들을 최종적인 결과로 축소시키지 않아야만 눈으로 볼 수 있다. 이러한 접근방식을 통해서만 '빗나간(tangential)' 유토피아들이 역사의 주류에 의해 붕괴되고 말, 평판 나쁜 표면현상 이상의 어떤 것이 될 수 있을 것이다. 역사적·사회적 상호작용을 단일한 구획들로 나누어 분석하다 보면-이를테면 벨러가 구상한 프로그램에서처럼- 특수한 상황들의 복잡성을 정당하게 평가하지 못하게 된다. 그것은 복종, 소원(疏遠, distance), 불복종 현상들이 동시에 발생한다는 사실을 가려 버린다. 최근의 역사연구가 제시하고 있는 입증된 지침들에 매달리다 보면 역사의 동태를 놓치기가 쉽다.

4

일상생활의 중요성에 관한 논쟁의 쟁점이 되는 근본적인 문제는 역사가들이 어떤 기준으로 특정 현상만을 정치적인 것으로 골라내느냐 하는 것과 관련되어 있다.

한 견해에 따르면, '정치적인' 것이란 '공적인 현실(official reality)' 및 더욱 공공의 세계와 관계가 있다. 어떤 것이 지배를 지지하거나 거부하기 위해 통치규범 또는 관의 규정들을 어긴다면, 그것은 '정치적'이라고 불릴 수 있다. 그밖에는 어떤 형식의 표현, 어떤 종류의 진술이든 '사사로운' 것으로 보인다. 거기에서 나오는 결론은 무엇보다도, 일상 행동양식의 성격은 현실적 맥락 안에서 검토되어야 한다는 것이다. 괴팅겐 지구사무소의 사무실 커피 휴식시간은, 형사부 한 조수가(그에 관한 증빙서류는 서류철에 있다) 1942년의 '궁극해결안(Final Solution)'에 따라 어떤 '유태인의 집'을 비우게 하고 그 집을 자기가 할당받으려 했다가 실패한 일과 관계가 있었을까? 자료는 답변해 주지 못하고 있다. 지구사무소에서 분명히 비공식적으로 나온 것임이 틀림없다는 말이 열성 나치였던 당 요인들을 난처하게 했던 것일까? 그러나 국가나 민간사무소와 비슷했던 것은 민족공통체(volksgemeinschaft)가 이루어지기를 상당히 바랐다는 표시로 여겨졌던 것이 아닐까? 이러한 물음들에도 답변은 없다. 그럼에도 불구하고 그냥 단순하게 또는 대충 경계선을 긋고 만다면, 그것은 분명히 해결책이 되지 못한다.

또 한 가지 흔한 접근방법은 '정치적인' 것을 단체, 곧 '정당'을 통한 장기적인 이권추구와 연관시키는 것이다. 이 견해는 개념적이고 방법론적인 곤란을 해결해준다. 실제적으로 그것은 결국 '승리자'의 조망(perspective)을 택하는, '종합적' 접근방식에 이르게 한다(Walter Benjamin). 이러한 상황에서는 이익의 개인주의적 표현들, 특히 '감정적(affective)'인 표현들이, 관련된 사람들에게는 아주 '정치적인' 표현이라고 여겨질 만한 충분한 이유가 있다. 이러한 관점을 취하면 여러 요구들이 제기되고 추구되는 은밀한 방식들을 더 쉽게 인식할 수 있을 것임이 분명하다.

"정치적인 것" 안에, 순전히 전략적으로 계산된 행위뿐만 아니라 그 이상의 것을 포함시키는 것이 중요하다. 그러지 않으면 우리는 총체성을 가진 정서적 표현과 상징적 의미를 둘로 나누게 된다. 곧 우리는 바로 그것들이(일관성 없이) 행동하는 개인들과 집단들로 '이념형들(ideal types)'을 바꾸어 놓는다는 사실을 무시하게 된다. 단체행위나 조직에 참가하지 않는 체념적이거나 무관심하다고 여겨지는 사람들도 나름대로 자신의 욕구를 충족시키고, 희망과 동경을 누그러뜨리며, 두려운 것들을 피하고 그것들을 다른 것으로 벌충하는, 한결 조용한—그러면서 자기들에게는 마찬가지로 효과적인— 방법들을 가지고 있다고 가정하는 것이 옳다. 19세기 독일의 공장노동자들이 경우를 보기로 들자면 성적 '문란'을 들 수 있다. 보기를 하나 더 든다면, 정오 휴식시간에 가족들이 찾아온다는 것이다. 어느 경우에든 거기에는 권력관계가 연관되어 있다.

이처럼 모든 관계자들의 동기와 자극을 고려하려고 하면 아주 새로운 경우들이 발생한다. 이 점을 나는 19세기 후반 공장들의 휴식시간(work-breaks)들을 조사한 내 연구결과를 빌어 분명히 하고 싶다. 나는 작업시간을 둘러싼 갈등과 시간관리 및 통제를 둘러싼 갈등에 관심을 두고 있었다. 문제는 8시간 노동이라는 '고전적' 주제가 아니고 공장에서의 일상생활에 관한 것이었다.

일반적으로 자명한 것으로 받아들여지고 있는 것은, 공장작업이 기계적인 시간규율을 요구하며 실제로 그러한 시간규율을 가지게 되었다는 사실이다. 공장주들이나 그들의 경제고문들의 의견도 바로 그렇다. 그러나 실제 작업과정을 보자면 그러한 기계적인 강요는 보이지 않는다. 최초의 도입단계에만 그러는 것이 아니다. 공장주들과 감독들로서는 시간규율 확립에 대해 뚜렷한 목적을 가지고 있었다. 그것은 기계를 균일한 속도로 사용하자는 것이었다. 그래야만 기계들이 이익을 남길 수 있었기 때문이다. 따라서 작업시간 도중에는 모든 노동력(work-force)이 상품생산에만 전념해야지 사용가치의 창출에 전념해서는 안되었다.

공장 감독들은 다음과 같은 생각에 따라 힘을 기울였다. 휴식시간은 직공들에게는 즐거운 일이겠으나 그들에게는 무익한 '지출(expenditure)'이다. 따라서 휴식시간은 엄격한 시간규정을 적용하여 작업과 분리시켜야 한다. 작업시간 도중에, 그리고 작업장소에서는 휴식시간이 억제되어야 한다. 그에 따라 공장생산은 필연적으로 직공들의 일상활동 전체를 통제하지 않으면 안되게 되었다.

공장장들의 기대와 요구는 공장규칙들에 반영되었다. 이를테면 공장규칙들이 오베르하우젠과 스테르크라드의 희망제련소나 에센의 구스타늘파브릭 프리드리 크룹에서 몇십 년에 걸쳐 발전되어온 과정들을 살펴보면, 숱하게 개정을 거듭한 그 내용들이 저마다 이전의 것들보다 훨씬 방대해졌다는 것을 알 수 있다. 규칙들은 작업시간뿐만 아니라 언제 어떻게 작업을 시작해야 하는지에 대해서도 상세히 규정해 놓고 있다. GHH의 1890년의 9월의 규칙을 보면 다음과 같다.

> "종소리(또는 시계탑의 소리)가 그칠 때까지는 모든 공원들은 자기 위치에 있어야 하며 작업을 시작하고 있어야 한다."

그러나 실제의 일상관습은 그렇게 되지가 않아서 어떤 공장감독은 다음과 같은 전형적인 불평을 터뜨리고 있다.

> "겪어보니까 작업이 흔히 몇분쯤은 늦게 시작된다는 것, 그리고 증기기계들의 가동도 늦어진다는 것을 알게 되었다."

여기에서 감독들의 반성을 통해 분명히 알 수 있는 것은, 공장규칙들이 도입되었음에도 불구하고 작업시간의 정도와 내용은 어느 것도 정착되지 못했다는 점이다. 그것은 직공들이(이들 공장에서는 대개 남자였는데) 그들의 노동력 지출을 관리하기 위해 다양한 방식으로, 거의 끊임 없이 투쟁하고 있었기 때문이다. 그들에게 노동력이란 육체적 능력(manual capabilities)일 뿐만 아니라 사회적·지적 능력도 포함한 것이었다. 이러한 싸움은 대개 겉으로 드러나지 않았고, 또 대개는 극적인 방식을 취하지도 않았다.

공장주들과 감독들은 두 가지 방법으로, 직공들이 더이상은 자기들의 시간관리를 하지 못하도록 막고자 했다. 그들은 통제를 강화하면서 한편으로는 정오나 자정 휴식시간(보통 30분)을 주었고, 주간근무 교대자들에게는 가끔 아침식사시간으로 15분을 주기도 했다. 때로는 오후에 15분 동안의 휴식시간을 더 주기도 했다. 그뿐만 아니라 많은 감독들이 작업도중에 "간단한 원기회복제(refreshments)"를 드는 것－이를테면 차나 청량음료를 마시는 것－을 허용하거나 장려했다.

그러므로 공장주들이 휴식시간을 아예 전부 없애 버리려고 했던 것은 아니었다. 그들이 훨씬 더 관심을 두고 있었던 것은, 꼭 체력회복(그리고 매일 몸에 꼭 필요한 것)에 필요한 만큼의, 실시가능한 최소한의 휴식시간을 정하는 일이었다. 최소한 얼마쯤의 원기회복시간을 갖지 않고서는 아무도 공장이나 용광로일을 버티어 낼 수 없다는 것은 분명했다. 공장주들과 감독들의 양보는 언제나 계산된 것이었고 예방적 의도를 가진 것이었다. 그래서 맥주나 독한 진과 같이 엄격히 금지된 '즐거움(pleasures)'을 누리는 일까지 때로 용광로 일꾼들에게 허용되곤 했다.

체력회복에 대해서는, 직공들이 대개는 공장주들이 예상했던 반응을 보였던 것 같다. 적어도 직공들의 기억이나 크룹제작소에서 일했던(1907~1912) 옛 직공들과의 '면담'을 통해 들어 보면 체력회복을 위해 정식휴식시간들이 철저히 이용되었었다는 것은 분명하다.

> 많이들 먹어댔다. 버터 바른 커다란 빵에 늘 다른 것, 소시지, 날고기, 치즈같은 것을 곁들여 먹었다. 삶은 달걀이나 오이를 곁들일 때도 있었다. 봉급탄 지가 오래 될수록 치즈를 점점 더 많이 먹었다. 마실 것도 늘 빠지지 않았다. '기계제조공장에서' 우리 같은 일을 하다 보면 좋은 음식만큼이나 마실 것도 필요했다. 냉커피라든가 뜨거운 커피, 또 버터밀크같은 것도 자주 나왔다.

위의 말은 1890년 작소니의 켐니츠에서 6주일 동안 '참여관찰자(participant observer)'로서 기계제조공장에서 일했던 신학자 파울 괴레(Paul Gohre)의 보고이다. 그러한 휴식시간들은 조용한 공동체가 이루어지는 시간이었다. 먹는 소리말고는 신문을 뒤집거나 신문을 건낼 때에 나는 바스락거리는 소리뿐이었다. 괴레의 보고에 따르면, 그들은 다들 "느긋하게 말없이" 나란히 앉아서 먹었다. 이 공식적인 휴식시간들은 사실은 '노동력의 재생산'을 위한 것, 다시 말해 다음 몇시간 동안 드릴과 프레이즈반에서 고된 일을 하기 위해 애써 체력을 모아 두는 시간이었다.

비공식적인 휴식시간에는 전연 딴판의 것을 볼 수 있었다. 아주 느긋하고, 때로는 명랑하기까지 한 대화가 오갔다. 괴레의 관찰에 따르면 "같은 또래 사내들, 옆자리의 노동자들, 같은 부문의 일꾼들, 같은 일관작업열이나 같은 주인밑의 공원들 사이에… 계속적인 상호교제"가 있었다. 비공식적이고 대개는 불법적인 이와 같은 교류(exchanges)를 통해 작업규칙을 '어기는(breaking)' 관습은 전혀 수그러들지 않았던 것 같다. 공원들은 여러가지 방식으로 작업 요구사항들로부터 벗어나려고 적극적으로 애썼는데 바로 그 점에 진정한 '지출(expenditure)'이 있었다. 어떤 때에는 길고 어떤 때에는 짧은, 이와 같은 빈번한 교류를 통해 반드시 일자리 확보의 필요, 또는 변동하는 임금률의 안정, 더 나아가 임금인상의 필요에 관한 이야기가 오간 것은 아니었다. 그것들이 반드시 어떤 의사소통에 관계된 것은 아니었다.

"무엇보다 그들은 농담을 걸고 놀려댔으며 또 늘 허물 없이 투닥거리고 싶어 안달이었다…. 그들은 다들 자기 동료들에게 애정을 가득 품고 있었다. 어떤 사내들은 서로 껴안고 텁수룩한 동료의 얼굴을 자기 볼에 갖다대고 비벼대기도 했다."

따라서 작업중의 시간을 재전유하는 것(re-appropriation)은 반드시 개인적인 작업거부의 표시라고 할 수는 없었다. 작업거부는 아마 '자리에서 없어지는 것(disappearance)'으로 나타날 것이다. 한 가지 본질적인 요소는 최소한 서로 협력해야 하고 때로는 싸우기도 해야 하는, 아주 가까이 일하고 있는 동료들과의 사회적 교류, 장난, 신체적 접촉이었다. 사실 욕구를 표현하고 충족시킬 수 있는 이러한 순간들은 자주 반복되기는 했으나 짧은 순간들에 지나지 않았다—그것은 '정치적' 행위를 하는 순간들이었다.

허용된 휴식시간들은 주로 신체적 재생산의 기능을 담당했다. 따라서 그것은 신체적으로 생존하는 일과 직접 관련되어 있었다. 그러나 그런 시간들 가운데에도 개인 및 집단 아이덴티티의 단초인 '순수한(mere)' 울림의 순간들이 존재했다. 불법 휴식시간에는 그런 순간들이 지배적이었다. 그런 시간을 통해서 행위능력과 표현가능성들이 시험되고 증진될 수 있었다. 또 공장의 세력들과 직접 싸우지는 않더라도 그것들에 저항하기 위해—단독으로 또는 다른 사람들과 함께 있을 수 있는 기회들이 주어졌다.

5

물론 정치와 시간통제의 문제는 더 깊이 연구될 수 있다. 작업과정의 변화, 이를테면 엄격한 작업리듬과 일관작업열 도입 등에 관해서도 논의되어야 할 것이다. 테일러 시스템(Taylorisation)의 전 과정에 대해서도 마찬가지이다. 그러나 우리는 다음과 같은 물음에 답변할 수 있는 충분한 자료를 가지고 있다. 공장 노동자들의 일상생활 가운데에서 또는 그 주변에서 '정치적인' 것은 무엇일까? 나의 답변을 두 가지로 요약하고, 그 다음에 그에 관한 논평을 하겠다.

① 종래의 구분에 따르면, 노동자들이란 철저히 '도구적(instrumental)' 방식으로 자기의 이익, 곧 자기의 임금과 생계수단(subsistence)을 추구하거나, 아니면 생산관계의 변혁을 위해 투쟁한다. 후자의 경우에만 그들이 '정치적으로' 행동한다고 할 수 있다. 그런데 이와 같은 1차원적 분석방법은 나날의 생산과 재생산 과정의 노동자생활과는 그다지 관계가 없다.

② '정치적인' 것의 영역이 일반적이고 추상적으로만 정의될 수는 없다. 정치적인 것은 관계자들의 삶과 구체적인 일상현실과 얽혀 있기 때문이다. 적어도 한층 발전된 자본주의 사회안에서는 완전히 유리된 상태는 아닌, 분화되어 있는(differentiated) 정치적 영역들을 알아볼 수 있다. 오늘날 자본주의 사회에서는 종속계급들에 대해 이따금씩 또는 장기적으로 '탈정치화'가 이루어지고 있다는, 다시 말해 '정치의 사사화(privatisation of politics)'가 이루어지고 있다는 규탄의 소리가 시끄러운데, 그것은 중앙의 의사결정 영역, 곧 국가 차원의 정치영역이 상대화되고 있음을 증명해 주고 있을 따름이다. '탈정치화'의 공식은 결국 '사사로운 것의 정치화(politicisation of the private)'를 반영한 것에 지나지 않는다.

①에 대한 논평

여러 작업과정들을 상세히 분석해 보면, 이를테면 휴식시간과 관련시켜, 생존을 유지하려는 일과 아이덴티티를 발견하려는 일 사이에 많은 관련성이 있다는 사실을 알 수 있다. 이러한 휴식시간은 그 자체로서 자기 보존의 체험의 일부를 이루면서 동시에 그러한 체험을 유발시킨다.

나날의 생존을 위한 한 가지 전제조건은, 가정과 일터의 갖가지 불확실한 사정들을 극복하는 일이었다. 작업장에서는 늘 사고가 일어날 위험이 있었다. 또 '위로부터의' 결정에 대한 보호장치도 부족했다. 그뿐만 아니라 경제순환과 경제변동에 대한 타산에 모든 것이 좌우되는 것도 또 하나의 중요한 체험이었다. 그리고 날마다 그리고 해마다 끊임 없이 존재하는 그러한 위험들 사이에 임금변동이라는 또 하나의 중요한 불확실한 요소가 있었다. 봉급의 실수령액은 개인에 따라 보름을 두고 바뀌었고, 어떤 때에는 300%에서 400%까지 오르락 내리락했다. 노동자들 사이의 임금격차도 변동이 심했다. 그것이 봉급날마다 오르내릴 경우도 있었다(1870년대 초의 GHH의 임금지불부와 1890년대의 생활수기들 참조), 그러한 변동들을 예측하기는 대단히 힘들었다. 그것들은 생산과 상품 인도의 규모(그리고 다른 곳 노동자들의 성과)에 따라 좌우되었기 때문이다.

그러나 그에 따른 개인과 그의 가정경제에서의 생존 논리는 개인의 체통과 사회적 존경을 유지하는 일과 밀접하게 관련되어 있었다. 노동자들의 일상 정치에서 육체적 생존은 사회적 위신을 지키는 일과 완전히 서로 다른 것일 수 없었고, 어느 것 하나를 위해서 다른 하나를 희생시킬 수도 없었다. 남녀를 가리지 않고 '남부끄럽지 않은(respectable)' 생활을 하려는 꿈은 단순히 소부르주아적 목가의 모방도 아니었고 뒤틀린 '계급의식'도 아니었다. 사실 그 꿈은 나날의 불확실성, 불안, 체념의 반영이었고 또 나날의 성공의 반영이기도 했다.

생존하는 일(surviving) 이란 두 가지를 의미했다. 곧 체력을 회복시키는 것과 개인적으로는 체통을 세우고 사회적으로는 남부끄럽지 않은 위치를 확보하는 것이었다. 따라서 함부르크 부두에서 좀도둑질을 한다든가 하는 따위의 불법수단을 사용하는 생존의 노력은 수치스럽다거나 남부끄러운 일로 인식되지 않았다. 또한 '노동귀족들(labour aristocrats)'—홉스봄(E. J. Hobsbawm)의 해석에 나오는 용어를 쓰자면—도 갖가지 잡다한 물질재원에 의존해야 했다. 1900년에 켐니츠의 '숙련 금속세공인들'의 60%쯤이 어른 둘, 어린아이 셋의 가정을 먹여 살리지 못하고 있었다(건설노동자들과 방직노동자들의 경우는 저마다 82%, 85%가 그러했다). 보수 없는 집안일뿐만 아니라 여자들과 어린아이들의 임금노동도, 한 가족의 생계유지를 위해서는 여전히 기본적인 경제적 요구로 남아 있었다. 남자들은 공장에서 시간을 재전유했고 연장들이나 남는 제품들을 훔쳤다. 그리고 한편으로는 부업을 하려고 애썼다. 괴레의 보고에 따르면, 그의 동료 노동자 가운데의

한 사람은 일요일 아침이면 나무를 해서, 아이들을 시켜 장에 내다 팔았다. 또 어떤 사람은 밤늦게까지 옷을 지었고, 어떤 드릴러는 일요일 오후면 마부일을 보았으며, 어떤 대장장이는 노동자들이 잘 가는 선술집에서 거의 밤마다 웨이터 노릇을 했다. 다들 부업거리를 얻으려고 애썼던 것이다. 그러나 보통은 주인들의 기분이나 이해관계에 따라 몇몇 사람만이 그런 기회를 얻을 수 있었다.

생존에서의 성공, 그러니까 물질, 사회적 향상을 이룬다는 점에서의 성공은 일종의 과시적인 자부심(demonstrative pride)을 길러 주었는데, 그것은 이웃 사람들이나 동료 직공들을 만날 때에, 더 나아가서 작업장이나 거리나 여관에서 맑스가 말한 "상급 및 하급관리들(commissioned and non-commissioned officers)" 앞에 설 때에 드러났다. 그렇다고 이와 같은 나날의 정치(everyday politics)가 언제나 방어적인 것만은 아니었다. 거기에서 우리는 자유롭지만 끈질긴 형태의 어떤 목적의식을 되풀이해서 발견할 수 있다. 동료, 친구, 친척들이 함께 있는 자리, 같은 나이 또래의 사람들이 모인 자리, 또 남자들의 운동모임이나 술자리, 또는 여자들의 잡담자리 같은 데에서는 언제나 온전한 자기 자신이 될 수 있었고 또 자기 자신을 위해 말할 수 있었다. 그런 자리에서는 권력자들의 공격과 위험이 멀리 떨어져 있었고 그러한 것들이 한동안 잊혀질 수 있었다. 그들이 지고 있는 온갖 짐이며 뒷날의 온갖 사회적·물질적 성공같은 것이 모두 뒷전에 물러나 있었다. 바람의 대상이었던 '품위(decorum)'는 그때그때에 과시적 자부심으로 구체적인 모습을 갖추었다. 그러한 자부심은 집안의 다른 사람들이나 동료노동자들을 상대로 나타날 수 있었고 심지어는 작업장의 상사들이나 거리와 집회에서 만날 수 있는 경찰들을 상대로 나타나는 수도 있었다.

육체적 생존 경쟁에서는 자신의 '인격(person)'과 위신을 위한 투쟁에서와 마찬가지로 성공과 실패가 작업현장, 집 안팎 어디에서나 늘 서로 얽혀 있었다. 그러나 끊임 없는 위험을 앞에 두고 회의적인 태도로 조심을 하는 것은 결국 합리적인 태도였다. 특히 그들의 체험이 직접 미치지 못하는 가능성과 기대에 대해서는 더 더욱 그러했다.

②에 대한 논평

'현실적 삶의 생산과 재생산' 과정에서 나날의 정치가 중요성을 가진다면, '사사로운 것'과 '정치적인 것'의 상호의존관계가 역사적 재구성 작업 속에 체계적으로 포함되어야 하는 것이 아닐까? 물론 그래야 할 것이다. 그러나 그것은 문제의 실체에 대한 형식주의적인 회피에 지나지 않는다. 그 이유는 이렇다. '사사로운 것의 정치화'에 발맞추어 1870년 이후, 독일제국에는, 점차 독점자본주의의 지배 아래에 들어간 사회가 존재했었다. 그러면서 광범하게 퍼져 있는 '대중들(masses)'은 중앙 국가의 정치로부터 지속적으로 단절되어 있었다. 그러한 분리현상을 분명히 알 수 있는 것은 다음과 같은 두드러진 보기들을 통해서이다. 예전에는 곧잘 파업이나 다른 행동을 일으켰던 노동자들이 1914~1918년의 제국주의 전쟁에 대거 참가했던 것, 또는 그와 비슷하게 공산주의가 붕괴되고 더 나아가 사회민주주의 조직들이 붕괴됨에 따라, 그리고 당 및 노동조합 지도자들이 실패하고 '배반'함에 따라 1933년에 독일 파시즘을 대거 받아들였던 것이 그러한 보기들이다. 그러나 1914년과 1933년의 극적인 사건들보다 더 교훈적이었던 것은, 아마 언젠가 칼 코르쉬(Karl Korsch)가 관찰했던 것과 같은, 눈에 덜 띄는 세부일 것이다. 젊었을 때부터 사회주의자였고 '청년운동'과 가까이 했으며, 나중에는 과감하게 맑스주의 분석가가 된 코르쉬는 영국을 여행한 뒤에 ≪디 타트(*Die Tat*)≫지를 통해 "영국에서의 공중토론의 기술"을 검토했었다. 1913년 3월에 발표한 그 글을 통해 그는, 하이드 파크 등지에서 들을 수 있는 정치연설에서는 질문과 답변, 주장과 반박이 어떻게 늘 활발하게 오가는지를 보고했다. 그리고는 독일의 상황으로 눈을 돌렸다.

노천 즉흥 정치연설이 독일에서 금지되었다고 해보자. 또는 금지되었음에도 불구하고 격정기에 그런 정치연설이 행해졌다고 해보자. 두 가지 결과만을 생각할 수 있을 것이다. 청중들이 규율이 잘 잡혀 있어서(사회민주주의 노동자들이므로)

연설이 순전히 독백으로 그치고 대중들은 그저 박수만 칠 뿐 완전히 수동적이고 말없이 남아 있는 경우가 그 하나이고, 반대로 연설과 고함소리가 하도 요란하고 시끄러워서 서로 아무 말도 알아들을 수 없는 경우가 또 하나이다.

여기에서, 서로 짜임새가 다른 나라별 '정치문화'를 견주어 보자는 것은 아니다. 그러나 조직적인 노동자들과 비조직적인 노동자들의 있을 수 있는 행동에 대한 코르쉬의 고찰을 중요하다. 독일의 조직적인 노동자들의 경우에 '사사로운 것'과 '정치적인' 또는 '공적인' 것의 분리는, 당 지도자들에 대해 여러가지 기대를 갖는 형태를 취하고 있었다. 그 기대들은 자주 표현되고 있었고 매우 상투화되어 있었다. 한편 비조직적인 노동자들의 경우에는 그러한 영역의 분리는 다른 결과를 낳았다. 곧 그들의 나날의 정치는 늘 개인의 고립을 가져왔다. 그래서 코르쉬는 상호이해는 전혀 이루어질 수 없었다고 주장했다. 따라서 그 두 노동자 집단은 그들의 힘을 엄청나게 삭감시킨 엄청난 실제적 압력을 받지 않고서는, 그들의 서로 이질적인 욕구와 관심들을 하나의 공동입장으로 묶어 놓을 수 없었다.

발전된 자본주의 산업사회에서, '사사로운' 것과 '정치적인' 것의 양극성이 결코 사라진 것은 아니다. 그렇다고 보는 접근방식을 취하게 되면, 물론 한 사건의 기능—가정된—을 관계당사자들의 조망보다 더 중시하는 경향을 가지게 마련이다. 관계당사자들의 체험과 해석은 분명히, 사사로운 '작은 행복들'(특히 핵가족이 갖는)과 한결 전체적이고 장기적인 조망들이 분리되어 있는 것이 아니라 서로 관련되어 있음을 지적하고, 그것도 정확히 관련되어 있음을 지적하고 있기 때문이다. 따라서 피지배층이 국가와 정당정치의 영역을 도외시했다고 해서 그들이 그 영역을 자기들 나름대로 인식하고 체험하지 않았다고 할 수는 없는 것이다.

나날의 정치(작업장이나 가정에서의)의 한계를 많은 관련자들이 알고 있었던가, 모르고 있었던가 하는 물음에는 여전히 논의할 여지가 있는 것이 틀림없다. 우리는 '정치의 사사화'에 함축된 것 가운데에서 어떤 점들이, 나날의 정치만이 정당하다거나 정당화할 수 있다는 견해를 따르고 있었는지 알 필요가 있다. 그러나 '사사화'를 결코 국가 정치의 노력과 희망이 좌절된 것을 배상하기 위해 이루어지는 것이라고 생각해서는 안된다. 그러한 생각은 고작해야 정치에 참여하고 있는 하나의 소집단에만 그럴 듯하게 느껴질 뿐이다. 1914년 이전의 혁명의 수사학이 가진 공허성과 1918~1920년 이후의 혁명적 행동의 급속한 붕괴는, 글자 그대로 먼 곳으로 물러나 버린 정치와 앞으로는 모든 관계를 끊어야 한다는 교훈을 바로 그들에게 가르쳐 주었을지도 모른다.

더 나아가 정치적 '수동성'이 지역이나 전국의 사회민주주의 지도자들에 대한 거부적 태도를 나타냈던 것이 아니었을까를 물을 수도 있다. 국가와 정당정치 영역에서 대중들이 보여주는 뚜렷하게 고분고분한 태도가 반드시 지배 엘리트나 반대파 엘리트에 대한 그들의 신뢰를 나타내는 증거는 되지 못한다. 또한 그것은 자본주의의 이른바 그 조직적인 명령들에 그저 순종만 하는 사람들이 보여주는 '합리성'을 나타낸다는 증거도 될 수 없다. '개인적'인 것과 '정치적'인 것의 그 유동하는 경계를 좀더 세밀히 분석하여 보면, 수용적 태도가 있었다든가 또는 무언의 항의가 있었다든가 하는 경직된 양자택일적 선택은 하지 않아도 될지 모른다. 그러나 비참여, 침묵, 듣지 않음 등은 순수한 무관심의 표현 이상은 아니었을지도 모른다. 그것은 조직적인 장치가 많은 사람들에게 얼마나 적은 의미를 가지는가를 보여주는 표시일 것이다.

6

핵심적인 질문은 아직 답변되지 않은 채 남아 있다. 나날의 정치와 사회 및 국가 전반의 정치와 지배 사이에는 어떠한 관계가 있는 것일까? 주어진 보기들을 신중히 검토해보면 문제는 분명해진다. 한편에는 국가와 조직적인 정치에 대한 두드러진 복종이 있고, 다른 한편에는 작업장, 사무실, 차용지(the tenements), 거리 같은 데에서 흔히 볼 수 있는 높은 정치적 감수성과 적극적인 독립성이 있다.

'개인적인' 것과 '정치적인' 것의 분리는 권력과 지배의 구조를 유지하는 구실을 했다. 그리고 그것은 지배자의 이익뿐만 아니라 1914년 이후 사회민주당(SPD)같은 반정부조직들의 이익을 위해서도 봉사했다. 그렇다면 이러한 분리는 계산된 전략의 일부였을까? 확실히 지배계급의 전략과 그보다 더 중요하게는 사회에서 헤게모니가 작용하는 형식은 반드시 검토되어야 한다. 바로 그러한 과정을 통해서, 사회는 복속(subjection)이 필요하거나 불가피한 것으로 보이게 만드는 여러 문화유형들로 가득차게 되는 것이다. 순응을 촉진시켰던 것은, 교육운동의 과정을 통해 일반적으로 모방되었던 부르주아 '교양(culture)'뿐만은 아니었다. 나날의 생산과 재생산이라는 맥락에서 대부분의 사람들에게는 '적정임금'에 대한 요구가 훨씬 더 중요한 목적이었다－그렇다고 임금관계(wage-relation) 자체가 논의의 주제가 되었다는 것은 아니다!

임금노동자들과 그들의 부양가족들이 1914년에 이르기까지 어떻게 규율이 잡혀 갔으며, 그들의 조직들이 1933년을 전후해서 어떻게 분쇄되었고 무력화되어 갔는가하는 과정에 대해 분석을 하는 일은 필요하지만 그것으로 충분한 것은 아니다. 왜냐하면 첫째로, 분석을 하다 보면 또다시 배신적인 음모나 잔인한 억압에 희생되고 마는 역사적 주체들에 이르고 말 따름이기 때문이다. 둘째로, 경험주의적인 맹점이 있다. 사실 지배집단들 사이에는 저마다의 이익확보를 위한 치열하고 집요한 싸움이 있었다. 게다가 여기에서는 그저 언급만 할 뿐이지만, 지배계급과 그 패거리들(실업가, 대지주들, 관료, 군인 등)이 서로 끊임 없이 '동맹관계'를 바꾸고 재조정한 역사가 있는 것이다.

이와 같은 '위로부터의' 견해는, 종속된 계급과 계층들에 영향을 미쳤던 사회적 체험들이 재구성될 때라야만 적절하게 반박될 수 있다. 그러한 체험들은 우리로 하여금 나날의 실천을 통해 이루어지는 관계들을 주목하게 한다. 이러한 체험들을 통해 생활환경과 주체성 사이에 상호관련이 이루어진다－또 그에 따라 지배의 전략들과 헤게모니의 형태들 사이에도 상호관련이 이루어진다. 체험의 맥락안에서 행위의 조건들은 관계 당사자들에게 중요해진다. 그리하여 그 곳이 바로 그들의 정치를 위한 토대가 된다.

체험양식들을 이해하기 위해 우리는, 행위의 '객관적' 조건들이 나날의 생산과 재생산의 맥락속에서 문화적 의미들이나 규칙들로 서로 변화되어 가는 과정을 파악해야 한다. 특히 우리는 체험들이 서로 모순되고 단절되어 있다는 사실에 주목해야 한다. 체험의 흐름은 분명히 불규칙적이고 다층적이다. 체험의 다양한 외형과 깊이는 서로 다른 노동자 유형들의 지식과 행동의 가능성들을 드러내어 준다. 코르쉬가 '체험을 통해' 갖게 된, 정치화의 가능성에 대한 비관적 입장은 우리로 하여금 나날의 정치를 등한시하게 만들지도 모른다. 그러면 우리는 생존해 나가는 일과 개인의 아이덴티티를 추구해 나가는 일 사이의 관련, 또는 저항의 능력과 지적 독립 사이의 관련을 사소한 것으로 만들어 버리는 방향으로 손쉽게 한걸음 다가가게 된다. 그럼에도 불구하고, 그같은 비관주의는 우리가 부딪히고 있는 문제의 어려움을 일깨워 준다. 그것은 정치를 하는 사람들(agents)과 그것을 받아들이는 사람들(recipients)의 행위와 욕망이, 곧 행동할 태세를 갖추게 하든가 아니면 자기 만족에 빠지게 하든가의 양자택일로 귀착되지 않는 곳에서 어떻게 정치라는 것이 가능할까하는 문제이다. 그러한 정치속에서는 집단적인 행동과 개인적인 욕구의 분명한 표현이 서로 어우러져야 할 것이기 때문이다.

제3부

일상생활과 현실

일상생활의 현실*

버거와 루크만

우리의 목적이 일상생활의 현실-더욱 자세히 말해서 일상생활에서 행동을 유도하는 지식-에 대한 사회학적 분석에 있으며, 또한 여러가지 이론적 안목에 있어서 이러한 현실이 지식인들에게 어떻게 다양한 이론적 조망으로 비추어지는가에 대하여 오로지 관심이 있으므로, 먼저 사회의 평범한 구성원들의 상식에 이용될 수 있는 현실을 명백히 밝혀야 하겠다. 그러한 상식적인 현실이 지식인이나 다른 사상가들의 이론적 구성에 의하여 어떤 영향을 받는가 하는 점은 더욱 숙고할 문제이다. 그러므로 여기서는 비록 성격상으로 이론적이긴 하지만, 경험적 사회과학의 주제인 일상생활 세계의 현실을 이해하는 태세를 갖추어야 한다.

그렇다면 우리의 목적이 철학적인 면을 다루는 것이 아니라는 사실은 분명하다. 일상생활의 현실을 이해하고자 할 때도, 적절한 사회학적 분석 이전에 일상생활의 본질적인 특성을 고려해야만 한다. 일상생활은 인간에 의해서 풀이되고 그들에게 부착된 세계로서 주관적 의미를 주는 현실로 나타난다. 사회학자로서의 우리들은 이러한 현실을 분석의 대상으로 삼는다. 경

---

* 출전: P. L. Berger & T. Luckman, 『지식형성의 사회학』(박충선 역), 기린원, 1989, 37-47쪽.

험과학으로서의 사회학이라는 범주내에서, 철학적인 과제인 현실의 토대에 대한 의문을 제기하지 않고, 그 현실 속에서 발생하는 특정 현상을 자료로 삼으며 현실을 주어진 조건으로 여길 수 있다. 그러나 우리의 목적이 특정하게 주어졌다 할지라도, 철학적 문제점을 완전히 간과할 수는 없다. 일상생활의 세계는 사회의 평범한 구성원들 생활의 주관적 의미가 있는 행위 속에서 그들에 의하여 현실로 당연히 받아들여질 뿐만 아니라, 그들의 사고와 행동에 기원을 두고 이런 것들에 의하여 현실적으로 유지되는 세계인 것이다. 그러므로 주요 과제로 넘어가기 전에, 일상생활속의 지식의 토대, 즉 상호주관적인 상식적 세계가 구성되는 주관적 과정(그리고 의미들)의 객관성을 분명히 하여야 하겠다

지금 당장의 목적을 위하여, 이것은 예비적인 과정이며, 우리는 단지 철학적인 문제점에 대한 적절한–사회학적 분석의 시발점이라는 의미에서 적절한– 해결책의 주요 형태만을 대략 그릴 수 있을 뿐이다. 그러므로 곧 이어지는 글은 철학적인 서문이며 본질적으로 전(前)사회적인 성격의 것이다. 일상생활에서 지식의 근거를 명백히 밝히는 데 가장 적합하다고 생각되는 방법은 현상학적인 분석방법이다. 이 방법은 완전히 묘사적이며 따라서–경험과학의 본질에 대하여 알고 있듯이[1]– '과학적'이 아니라'경험적'이다.

일상생활, 실은 일상생활의 주관적 체험의 현상학적 분석은 분석된 현상

1) 이 장은 모두 현재 출간 예정중인 A. 슈츠(Alfred Schutz)와 T. 루크만(Thomas Luckmann)의 *Die Strukturen der Lebenswelt*에 근거를 두고 있다. 이런 면에서, 동일한 문제점들이 논의된 슈츠의 출간된 작품에 개별적인 참고문을 제시하는 일은 피했다. 여기서 우리의 논쟁은 앞에서 언급한 작품 전반을 통하여 루크만이 전개시킨 것처럼 슈츠에 의존하고 있다. 지금까지 출간된 슈츠의 작품을 읽고자 하는 독자는 다음을 참조할 것. Alfred Schutz, *Der sinnhafte Aufbauder sozialen Welt*, Vienna: Springer, 1960; *Collected Papers*, vols, Ⅰ,Ⅱ. 사회세계의 분석에 대하여 슈츠가 현상학적 방법론을 이용한 점에 관심있는 독자들은 특히 그의 *Collected Papers*, vol. Ⅰ, p.99ff와 Maurice Natanson(ed.), *Philosophy of the Social Sciences*, New York: Random House, 1963, p.138ff를 참조할 것.

의 존재론적 위치에 대한 주장뿐만 아니라, 어떠한 인간관계, 혹은 유전적인 가정도 기피한다. 이 사실을 기억해 두는 것은 중요하다. 상식은 당연한 것으로 받아들여지는 일상생활의 현실에 관한 수많은 전(前)과학적, 그리고 유사과학적 해석들을 포함한다. 상식의 실재를 묘사하려면, 마치 당연한 것으로 여겨지는 특성을 고려해야만 하듯이, 이러한 해석들을 참고로 해야만 한다—그러나 우리는 현상학적 범주에서만 그렇게 한다.

의식이란 항상 의도적인 것이다. 그것은 항시 무엇을 의도하거나, 대상을 좇고 있다. 따라서 어떤 것의 의식만을, 즉 그러한 의식의 상상적 근거를 이해할 수는 없다. 이것은 의식의 대상이 외면적인 물질세계에 속하여 체험되거나, 또는 내면적인 주관적 현실의 요소로서 감지되는 데 관계 없이 그렇다. 내가(앞으로 설명하겠지만, 1인칭 단수는 일상생활에서의 평범한 자아의식을 상징한다) 뉴욕시의 전경을 보고 있거나, 또는 내면적인 불안을 느끼고 있건간에, 관여된 의식의 과정들은 어느 경우에나 의도적인 것이다. 요점은 엠파이어 스테이트 빌딩을 의식하는 것이 불안을 느끼는 것과 다르다는 점을 굳이 말할 필요가 없다는 것이다. 상세한 현상학적 분석은 체험의 다양한 계층들, 그리고 관여된 의미의 상이한 구조들—예를 들어 개에게 물렸다거나, 개에게 물렸던 것을 기억한다거나, 모든 개에게 공포증을 가지고 있다는 등등—을 찾아낸다. 여기서 주목할만한 점은 모든 의식에 공통적인 의도적이라는 특성이다.

서로 상이한 대상들은 현실의 서로 다른 분야의 요소로서 의식에 나타난다. 나는 일상생활속에서 접해야만 할 동료들이 꿈속에서 보이는, 육체에서 이탈된 형체와는 상당히 다른 현실에 속했음을 인식한다. 이 두 가지 대상들은 나의 의식에 상당히 다른 긴장감을 주므로 각기 다른 방식으로 주의를 기울이게 된다. 그러면 나의 의식은 현실의 각기 다른 분야를 통하여 흐를 수 있다. 달리 표현하자면, 세상이 복합적 현실로 구성되어 있다고 느끼는 것이다. 한 현실에서 다른 현실로 옮겨 갈 때 일종의 충격적인 전환을 체험한다. 이러한 충격은 전환이 수반하는 주의성에 있어서의 변화에 의하여 야기된다. 아주 단순한 예로써, 꿈에서 깨어날 때를 들 수 있다.

복합적 현실 중에서 현실 그 자체를 표현하는 것이 한 가지 있다. 이것이, 즉 일상생활의 현실인 것이다. 이것은 그 특권적 위치 때문에 가장 중요한 현실이라는 명칭을 부여받는다. 의식의 긴장은 일상생활 속에서 가장 고조된다. 즉 일상생활이 가장 광범위하고, 긴급하며 긴장된 방법으로 의식에 부과된다. 그것의 불가피한 존재를 무시한다는 것은 거의 불가능하며, 또한 약화시키기조차 어려운 일이다. 결과적으로 그것은 완전한 주의를 기울이도록 강요한다. 나는 정신을 똑바로 차린 상태에서 일상생활을 한다. 일상생활이라는 현실 속에 존재하며 그 현실을 감지하는 이러한 상태는 내게는 정상적이고 자명한 일이다. 다시 말해서 그것은 나의 자연스러운 태도인 것이다.

나는 일상생활이란 현실을 정돈된 현실로서 파악한다. 그것의 현상은 내가 그것을 파악하는 것과는 무관해 보이며, 또한 나의 이해력에 부과되는 방식으로 미리 정돈된 것이다. 따라서 일상생활이라는 현실은 이미 객관화된 듯이 보이고, 내가 현장에 나타나기 이전에 이미 대상으로 지정된 그 대상들의 순서에 따라 이루어진 것 같다. 일상생활에서 사용되는 언어는 내게 필요한 객관화를 끊임 없이 제공하고 순서를 정한다. 그리고 그 순서 속에서 객관화는 의미가 통하며, 또한 일상생활이 내게 의미를 갖게 된다. 나는 지리적으로 지정된 장소에 살고 있다. 그리고 통조림 따개에서 스포츠카에 이르기까지의 기구들을 사용하고 있으며 그것들은 나의 사회의 기술적 어휘로 명칭이 표시된다. 나는 체스 클럽에서 미국이란 국가에 이르기까지 거미집 같은 인간관계속에 살고 있는데 이 역시 어휘에 의해 표시된 것들이다. 이런 식으로 언어는 사회속에서 나의 생활의 조정된 것들을 표시하며, 그 생활을 의미 있는 대상으로 가득 채운다.

일상생활의 현실은 내 육체의 '이곳'과 현재 나의 '지금'의 주변에 구성되어 있다. 이 '이곳'과 '지금'이 일상생활의 현실에 대한 나의 주의력의 초점이다. 일상생활에서 내게 나타나는 '이곳'과 '지금'이라는 것은 내 의식의 현실주의이다. 그러나 일상생활의 현실은 이러한 직접적인 존재들에서 끝나지 않으며 '이곳'과 '지금'에 존재하지 않는 현상들도 포함한다. 이것은 공간적으로, 그리고 시간적으로 다른 정도의 가깝거나 먼 견지에서 내가 일상생활을 경험하고 있다는 것을 의미한다. 나의 육체적인 조작에 직접적으로 영향받기 쉬운 일상생활의 영역은 내게 가장 가깝다. 이 영역은 내 손이 미치는 범위내의 세계, 그것의 현실을 변형시키기 위하여 행동하는 세계, 또는 내가 일하고 있는 세계를 포함한다. 이러한 일하는 세계속에서 나의 의식은 실용주의적 동기에 의하여 지배된다. 즉 이 세계에 대한 나의 관심은 주로 내가 하고 있는 일, 이미 끝낸 일, 그리고 하고자 계획하고 있는 일에 의해 결정된다. 이런 식으로 그것은 나의 세계 자체가 된다. 물론 일상생활의 현실이 이런 식으로 내게 영향을 주지 않는 영역도 포함하는 것을 안다. 그러나 나는 이러한 영역에 대하여 실질적인 관심이 없으며, 그것이 잠재적으로 내게는 조작적인 영역인 한, 그것들에 대한 나의 관심은 간접적이다. 대표적으로, 먼 지역에 대한 나의 관심은 덜 긴장되고 분명히 덜 긴급하다. 나는 일상생활의 직업-예를 들어, 내가 기계수리공이라면, 차고라는 세계-에 관여된 사물들에 매우 관심이 있다. 비록 그다지 직접적이지는 않지만, 디트로이트의 자동차산업의 실험연구실에서 일어나는 일에도 관심이 있다-내가 이러한 실험실에 결코 있게 되지 않을지라도 거기서 이루어진 일들은 결국 나의 일상생활에 영향을 미칠 것이다. 또한 케이프 케네디나 우주상에서 일어나는 일들에도 관심이 있다. 그러나 이러한 관심은 나의 일상생활의 긴급하게 필요한 것이라기보다는 사적인 '여가시간' 선택이라는 문제이다.

또한 일상생활의 현실은 내게는 상호주관적인 세계, 타인들과 공유한 세계로 보인다. 이러한 상호주관성은 내가 인식하고 있는 다른 현실로부터 일상생활을 날카롭게 구분시킨다. 꿈의 세계에서 나는 혼자이다. 그러나 일상생활세계는 나 자신에게와 마찬가지로 타인들에게도 현실적이다. 사실상 타인들과 끊임 없이 접촉하거나 대화를 나누지 않고는, 일상생활에서 나는 존재할 수 없다. 이 세상에 대한 나의 자연스러운 태도는 타인들의 자연스러운 태도와 일치한다는 점, 그리고 그들도 또한 이 세상이 구성된 객관화를 이해하고 이 세상에서의 그들 존재의 '이곳'과 '지금'의 주변 세계를 구성하며, 그 속에서 일할 설계를 하고 있다는 것을 안다. 물론 다른 사람들이 일상생활에 대하여 나와 일치하지 않는 안목이 있다는 것도 알고 있다. 나의 '이곳'은 그들의 '저곳'이다. 나의 '지금'이 그들의 '지금'과 완전히 일치하지는 않는다. 나의 계획들은 타인들의 것과 다르며, 심지어는 서로 충돌을 일으키기까지 한다. 동시에, 이 일상세계에서 그들과 더불어 살고 있다는 것을 안다. 가장 중요한 것은 이 세상에서의 나의 의미와 그들의 의미에는 교류가 이루어지고 있으며, 현실에 대한 공통된 의미를 공유하고 있다는 사실을 알고 있다는 점이다. 자연스러운 태도는 많은 사람들에게 공통된 세계를 뜻하기 때문에 상식적 의식의 태도이다. 상식은 일상생활의 정상적이고 자명한 일상의 과정속에서 타인들과 공유하는 지식이다.

일상생활의 현실은 현실로써 당연히 받아들여진다. 그것은 단순한 존재를 초월한 그밖의 증명을 필요로 하지 않는다. 단순히 자명하고 강력한 사실로서 거기에 있는 것이다. 나는 그것이 현실적이라는 것을 알고 있다. 내가 그것의 현실에 관하여 의혹을 품을 수 있는 반면에, 내가 매일매일의 생활을 일상적으로 살아가듯이 그러한 회의를 중지해야만 한다. 이렇게 회의를 중지하는 일은 아주 확고부동하여, 중지했던 회의를 다시 불러일으키기 위해서는—가령 이론적이거나, 종교적인 사색 때문에— 극단적인 전환점이 있어야만 한다. 일상생활의 세계는 스스로를 표명하며, 내가 이 선언에 도전을 하고자 할 때는, 결코 쉽지 않은 의도적인 노력을 해야만 한다. 평범한 태도에서 철학자나 과학자의 이론적 태도로 전환하는 것은 이 점을 잘 보여준다. 그러나 이러한 현실의 모든 면이 똑같이 문제점이 없는 것은 아니다. 일상생활은 기계적으로 이해되는 부분과, 한두 가지 문제점을 지닌 다른 부분으로 나누어진다. 만약에 내가 모든 미제 자동차에 관하여 많은 지식을 가진 자동차수리공이라고 가정해 보자. 미제 자동차에 관련된 모든 것은 나의 일상생활에 있어서 기계적이고 문제성이 없는 면이다. 그러나 어느날 어떤 사람이 차고에 나타나서 폭스바겐을 고쳐 달란다고 하자. 나는 어쩔 수 없이 외국차의 불확실한 세계로 빠지게 된다. 나는 내키지 않으면서도 혹은 직업적인 호기심에서 그 차를 고쳐볼 것이다. 그러나 어느 경우든간에 기계적으로 아직 익숙하지 않은 문제점에 직면하게 될 것이다. 동시에 물론, 나의 일상생활의 현실을 떠날 수는 없다. 사실 일상생활의 현실은 내가 외국차를 고치는 데 필요한 지식과 기술을 통합시킴으로써 더욱 풍부해진다. 일상생활의 현실은 문제점으로 보이는 것이 완전히 다른 현실에 속하지 않는 한(가령, 이론물리학이나 악몽의 현실), 모든 부분들을 망라한다. 일상생활의 기계적인 일들이 어떠한 방해 없이 계속되는 한, 그것들은 문제가 없는 것으로 이해될 수 있다.

그러나 일상생활의 현실의 문제점이 없는 부분조차도 오로지 장차 인식될 때까지만, 즉 문제가 나타남으로써 계속되던 일이 중단되는 때까지만 이해될 수 있다. 이럴 경우에 일상생활의 현실은 문제시되는 요소를 이미 문제점이 없어진 부분에 통합하고자 한다. 상식은 이런 것을 어떻게 할 것인가에 관한 지시를 내려 준다. 예를 들어, 함께 일하는 사람들이 당연하게 받아들여지는 기계적인 자신들의 작업－가령 사무실에서 옆 책상에 앉아 타이프를 치는 등－을 하는 한 나에게는 문제시되지 않는다. 그러나 그들이 이러한 기계적인 일들을 방해한다면－가령 구석에 서로 몰려서 귓속말을 하는 등－ 문제가 된다. 이러한 생소한 행동의 의미를 알고자 할 때, 나의 상식이 일상생활의 문제점이 없는 기계적인 일들로 재통합시킬 수 있는 가능성은 여러가지가 있다. 그들은 어쩌면 부서진 타이프라이터를 어떻게 고칠 것인가를 의논하거나, 아니면 그들 중의 한 사람이 사장으로부터 어떤 긴급 지시를 갖고 왔는지도 모른다. 그러나 실상 그들은 스트라이크를 일으키라는 노동자연맹의 지령을 토론하고 있는 중이다. 이런 일은 아직은 나의 경험밖의 일이기는 하지만 그래도 나의 상식으로 다룰 수 있는 범위에 있다. 그러나 이번에는 그것을 일상생활에 문제가 없는 부분으로 단순히 통합시키기보다는 문제점으로 다루게 될 것이다. 그러나 나의 동료들이 모두 단체적으로 분노에 차 있다는 결론에 도달한다면, 일어나는 문제점은 또다른 것이다. 이제는 일상생활의 현실의 경계를 벗어난 문제점에 직면하여 완전히 다른 현실에 처한 것이다. 사실상 나의 동료들이 모두 분노에 차 있다는 결론은 그들이 이미 일상생활의 공통적 세계가 아닌 세계에 들어간 것이라는 사실을 의미한다.

일상생활의 현실에 비유해 볼 때, 다른 현실들은 의미의 한정된 지역, 즉 제한된 의미와 여러 형태의 경험에 의하여 표시되는 주요 현실속에서의 폐쇄된 지역으로 나타난다. 말하자면 주요 현실이 사방에서 그것들을 공격하는 셈이다. 그리고 의식은 멀리 돌아다니다가도 언제나 주요 현실로 돌아온다. 이것은 꿈이나 이론적 사고의 현실에서와 마찬가지로 이미 주어진 사례로 보아 분명하다. 유사한 '교환'들이 일상생활의 세계와 놀이의 세계 ―더 정확히 말하자면 아이들과 성인들의 놀이― 사이에서 일어난다. 극장은 성인들의 입장에서 그러한 놀이의 훌륭한 실례를 제공하여 주는 곳이다. 현실의 전환은 막이 오르고 내리는 것으로 구분된다. 막이 오름에 따라 관객들은 일상생활의 순서와 깊은 관련이 있거나 혹은 없을지도 모르는, 그 자신의 의미와 순서를 지닌 '또 다른 세계로 옮겨진다.' 막이 내리면 관객들은 현실로, 즉 무대에서 보여진 현실이 불과 몇분 전에는 아무리 생생했다 할지라도 이제는 보잘 것 없고 덧없어 보이는 것과 비교해 보고는 일상생활의 주요 현실로 돌아온다. 예술과 종교가 의미의 한정된 범주의 고유한 생산자인 것과 마찬가지로, 미적이고 종교적인 체험은 이러한 전환을 풍부하게 만들어 낸다.

의미의 모든 한정된 범주들은 일상생활의 현실에서 주의를 돌림으로써 특징지어진다. 물론 일상생활 속에서도 주의의 전환이 있지만 의미의 한정된 범주로의 전환은 훨씬 더 과격하다. 과격한 변화는 의식의 긴장에서 발생한다. 종교적인 체험의 의미로 볼 때, 이것은 '비약(飛躍)'이라고 부를 수 있다. 그러나 일상생활의 현실은 그러한 '비약'이 일어날 때에도, 그것의 주요 신분을 유지한다는 사실을 강조해 두는 것은 중요하다. 무엇보다도 언어는 이 점을 확신시킨다. 경험의 객관화를 위하여 내가 사용할 수 있는 공통언어는 일상생활에 그 근거를 두며, 의미의 한정된 범주내의 경험들을 해석하고자 할 때도 끊임 없이 그 공통어를 다시 지적하게 된다. 그러므로 대표적으로 내가 그것들을 풀이할 때, 즉 일상적이 아닌 경험들을 일상생활의 주요현실로 '옮길' 때 공통어를 사용하면 한정된 범주의 현실을 왜곡시키게 된다. 이것은 꿈이라는 형태로 곧 알 수 있다. 또한 이론적이거나, 미학적, 또는 종교적인 의미의 세계에 대해 보고를 하려는 사람들에게도 대표적인 일이다. 이론물리학자는 자신의 공간 개념은 언어로 옮겨질 수 없다고 한다. 마치 예술가가 자신의 창조품의 의미에 대해서, 그리고 신비주의자가 자신의 신과의 만남이 그런 것처럼. 그러나 이 모든 사람들—몽상가, 물리학자, 예술가, 그리고 신비주의자—도 역시 일상생활의 현실속에 살고 있다. 사실상 그들의 중요한 문제들 중의 하나는 이러한 현실과 그들이 탐구하고 있는 현실 속의 요지(要地)와의 공존을 해석하는 일이다.

일상생활의 세계는 공간적으로, 그리고 시간적으로 구성되어 있다. 공간적인 구조는 현재 우리의 숙고에서 말초적이다. 그것도 역시 나의 조작적인 부분이 남들과 교차한다는 사실에 의해서 사회적 차원을 띠고 있다는 점을 지적하는 것으로 충분한 것이다. 우리의 현재의 목적을 위하여 더욱 중요한 것은 일상생활의 시간적 구조이다.

시간성이란 의식의 본질적 속성이다. 의식의 흐름은 항상 시간적으로 정돈되어 있다. 이 시간성은 내주관적(內主觀的)으로 유용하므로 그것의 서로 다른 수준 사이에 구별을 지을 수 있다. 모든 사람은 시간의 내면적인 흐름을 의식하고 있다. 이러한 흐름은 비록 똑같지는 않지만, 유기체의 심리학적인 리듬에 근거를 둔다. 여기서 이러한 내주관적인 시간성의 차원에 대하여 상세한 분석을 하는 것은 서론의 범주를 크게 벗어나는 것이다. 그러나 이미 지적한 바와 같이, 일상생활 속의 내주관성은 시간적 차원을 지니고 있다. 일상생활의 세계는 내주관적으로 가능한 그 나름대로의 표준시간이 있다. 이 표준시간은 자연의 시간적 연속에 근거를 둔 우주적 시간과 사회적으로 정립된 달력, 그리고 이미 언급된 구별에서의 내면의 시간이 교차되는 것으로 이해될 수 있다. 기다림이라는 경험에서 분명히 알 수 있듯이, 이러한 여러가지 차원의 시간성 사이에 완전한 동시성이란 있을 수 없다. 나의 유기체와 나의 사회가 기다림을 포함한 일련의 사건들을 내게 그리고 나의 내면의 시간에 강요시킨다. 스포츠에 참가하고 싶지만, 멍든 무릎이 나을 때까지 기다려야만 한다거나, 또는 어떤 서류들이 통과되어 그 게임을 위한 나의 자격이 공적으로 확정될 때까지 기다려야만 한다. 일상생활의 시간적 구조는 경험적으로 존재하는 시간성의 상이한 차원이 진행적으로 상호관련되어 있어야만 하기 때문에 상당히 복잡하다.

일상생활의 시간적 구조는 내가 계산해야만 하는, 다시 말해서 내 자신의 계획에 시간을 맞추려 하는 사실성으로서 내게 직면한다. 나는 일상생활의 현실속에서 시간을 계속적이고 한정적인 것으로 접하게 된다. 이 세상에서의 나의 모든 존재는 끊임 없이 시간에 의해 규제되며, 사실상 그것에 의해 둘러싸여 있다. 내 자신의 생활은 외면적으로 사실적인 시간의 흐름 속의 하나의 에피소드일 뿐이다. 그것은 내가 태어나기 이전에 이미 거기에 존재했으며, 내가 죽은 후에도 존재할 것이다. 내가 죽음을 피할 수 없다는 사실은 내게 있어서 이러한 시간을 한정적인 것으로 만들어 버린다. 나의 계획을 실현하기 위해서는 불과 어느 정도의 시간만이 내게 있으며, 이 사실을 알기 때문에 이 계획들에 대한 나의 태도는 영향을 받는다. 또한 죽기를 원하지 않으므로, 이러한 지식은 나의 계획에 불안감을 깔게 된다. 따라서 나는 영원히 스포츠에 참가할 수는 없다. 나는 차츰 늙어가고 있다는 사실을 안다. 급기야는 이번이 내가 참가할 수 있는 마지막 기회라는 것을 알게 된다. 나의 기다림은 시간의 유한성이 계획에 충돌되는 정도만큼 초조할 것이다.

이미 지적한 바와 같이 동일한 시간적 구조는 강제력이 있다. 그것에 의해 강요된 차례들을 마음대로 뒤엎을 수는 없다—'먼저 것들은 먼저'라는 것이 일상생활에 대한 나의 지식의 본질적 요소이다. 그러므로 어떤 교육 프로그램을 거치기 전에 시험을 치룰 수 없으며, 이 시험을 치루기 전에는 직업을 가질 수 없는 등등. 또한 동일한 시간적 구조는 일상생활 세계 속에서의 나의 상황을 결정지우는 역사성을 제공한다. 나는 어느날 태어나서, 어느날 학교에 입학하고, 어느날 직장인으로서 일하기 시작했다는 등등. 그러나 이러한 날들은 모두 훨씬 더 포괄적인 역사속에 '자리잡고' 있으며, 이러한 '자리'가 결정적으로 나의 상황을 형성시켜 준다. 그러므로 나는 아버지가 재산을 날려 버린 은행 파산이 일어났던 해에 태어났으며, 혁명이 일어나기 바로 전에 학교에 들어갔고, 대전쟁이 발발한 직후에 일하기 시작했다는 등등. 일상생활의 시간적 구조는 어느날의 '메모장'에 미리 정돈된 연속된 차례를 부과시킬 뿐만 아니라, 내 일대기에도 영향을 준다. 이 시간적 구조에 의해 고정된 동등한 것들 속에서 나는 매일매일의 메모장과 전반적인 일대기를 이해한다. 시계와 달력은 사실상 내가 '나의 시간의 사람'임을 확인시켜준다. 오로지 이러한 시간적 구조속에서만 일상생활은 그것의 현실 악센트를 내게 보유하게 된다. 그러므로 어떤 이유에서든간에 내가 '교육받지 못한' 경우를 당할 때는(가령 내가 자동차 사고를 당해 의식을 잃은 채 쓰러졌다거나), 일상생활의 시간적 구조내에서 내 자신을 '재교육'시키려는 본능적인 성급함을 느끼게 된다. 나는 시계를 보고 그날이 언제였던가를 기억해 내려고 애를 쓴다. 이러한 행동에 의하여 나는 일상생활의 현실로 다시 들어갈 수 있다.

일상적 상호작용*

버거와 루크만

일상생활의 현실은 타인들과 공유된다. 그러나 이 타인들이 일상생활속에서 어떻게 경험하고 있는 것일까? 다시, 그러한 경험의 몇가지 형태를 구별할 수 있겠다.

타인들에 대한 가장 주요한 경험은 대면 상황에서 발생한다. 이 대면 상황은 사회적 상호작용의 원형적인 경우이다. 다른 모든 경우들은 여기서 파생된다.

대면상황에서 내게 상대자는 우리들이 함께 공유한 생생한 존재로 비추어진다. 또한 나도 역시 똑같이 생생한 존재로 상대편에게 비추어질 것이라는 사실을 안다. 나와 그의 '이곳과 지금'은 대면 상황이 계속되는 한, 끊임 없이 서로에게 부딪힌다. 그 결과 나의 표현성과 그의 표현성이 끊임없이 교환된다. 그는 미소를 짓다가, 내가 찡그리고 있으면 미소를 멈췄다가, 내가 미소를 지음에 따라 다시 미소짓는 등등. 나의 모든 표현은 상대편에게 적응되며, 상대편도 역시 그렇다. 그리고 이러한 끊임 없는 표현적 행동의 상호교환은 우리 둘에게 동시에 가능하다. 이 말은 대면상황에서는

---

* 출전: P. L. Berger & T. Luckman, 『지식형성의 사회학』(박충선 역), 기린원, 1989, 49-55쪽.

상대편의 주관성이 최대의 징후를 통하여 내게 전달된다는 것을 뜻한다. 확실히 내가 이러한 징후들 중에 어떤 것은 잘못 해석했을지도 모른다. 예를 들어, 상대편이 사실은 정말로 웃고 있지 않는 데도 미소짓고 있다고 생각할 때도 있을 것이다. 그럼에도 불구하고 사회적 관계의 다른 어떠한 형태도 대면상황에서 나타나는 주관성의 많은 징후들을 다시 산출해낼 수는 없다. 오로지 매우 '가까운' 상대편의 주관성이 있을 뿐이다. 상대편과 관련되는 다른 형태들은 정도의 차이는 다소 있을지라도 모두 '관계가 적은' 것이다.

대면상황에서 상대편은 완전히 현실적이다. 이 현실은 일상생활의 전체적인 현실의 일부이며 그러므로 광범위하고도 강력하다. 어떤 사람은 직접 만나지도 않았으면서 명성이나 서신을 통하여 현실적으로 여겨질 수도 있다. 그렇지만 내가 직접 그를 만날 때야 비로소 완전한 의미에서 현실적이 된다. 사실상 대면상황에서의 상대편은 나에게는 내 자신보다 더욱 현실적이다. 물론 나는 그를 알 수 있는 것보다는 '내 자신을 더욱 잘 알고 있다.' 우리들 관계가 아무리 밀접하다 할지라도 나의 주관성은 그가 알 수 없을 정도로 내게 가까운 것이다. 나의 과거는 완전한 기억으로 내게 가능하지만 아무리 상대편이 자신의 과거에 대하여 이야기를 해주어도 나로서는 그의 과거를 재구성할 수는 없다. 그러나 내 자신에 대한 이 '더 나은 지식'은 회상을 필요로 한다. 그것은 내게 직접적으로 나타나지 않는다. 그러나 상대편은 대면상황에서 직접적으로 나타난다. 그러므로 '현재의 그'가 진행적으로 나의 손에 닿을 수 있다. 이러한 이용가능성은 계속적이고 전(前)숙고적이다. 반면 '현재의 나'는 그렇게 손에 닿을 수 없다. 그것을 손에 넣기 위해서는 내 경험의 끊임 없는 자발성을 중단시키고 나의 주의를 고의로 내 자신에게 돌려야만 한다. 게다가 내 자신에 대한 그러한 회상은 전형적으로 상대편이 나를 향하여 보여주는 태도에 의해 야기된다. 그것은 흔히 타인의 태도에 대한 '거울'같은 반응이다.

결국 대면상황에서 타인들과의 관계는 매우 융통성이 있다. 부정적으로 말하자면 대면적 상호작용에 엄격한 양식(樣式)을 부과하는 것은 비교적 어렵다. 어떠한 양식이 도입되든간에 그것들은 계속되는 주관적 의미들의 매우 다채롭고 미묘한 교환을 통하여 끊임없이 수정된다. 예를 들어, 나는 어떤 사람을 원래부터 나와 친하지 않다고 생각하고, 그에게 내 나름의 '친하지 않은 관계'의 양식속에서 그에게 행동한다. 그러나 대면상황에서는 상대편이 내게 이러한 양식과 모순되는 태도를 가지고 행동할지도 모른다. 어쩌면 나로 하여금 그 양식이 적용될 수 없는 것이라고 생각하여 버리게 하고, 그를 친한 상대로 여기게끔 할 수도 있다. 다시 말해서 대면상황에서는 타인의 주관성에 대한 유용한 무수한 증거들 앞에서 나의 양식이 포기되기 쉽다. 그러나 반대로 타인과 대면하여 만나지 않는 한 나는 그런 증거들을 무시하기가 훨씬 쉬운 것이다. 서신 교환으로 유지되는 비교적 '가까운' 관계에서조차 상대편의 우정의 주장을 단순히 서신에서는 그의 표현성의 직접적이고 계속적이며, 매우 현실적인 존재가 결핍되어 있다는 이유로, 내게 대한 그의 주관적 태도를 실제로 표현한 것이 아니라고 무시해 버릴 수 있다. 마치 그가 자신의 의미를 '위선적으로' 감출 수 있듯이, 나도 상대편의 뜻을 대면상황에서조차 오해할 수 있는 것이 사실이다. 동시에, 오해나 '위선'은 비교적 덜 가까운 사회적 관계에서보다 대면상황에서는 유지되기가 더욱 어렵다.

한편, 비록 전형적 방법이 '거리가 먼' 상호작용의 형태속에서보다, 상대편에게 더욱 간섭받기 쉽다 할지라도 대면상황에서는 이 방법을 통하여 상대편을 이해한다. 달리 말하면, 대면적 상호작용이 일상생활안에서 발생하는 처음부터 양식화되어 있던 것이라 해도 대면적 상호작용에 엄격한 양식을 부여하기가 비교적 어렵다는 것이다(일상생활의 공통적 배경이 없는 완전한 이방인들 사이의 상호작용의 경우는 나중에 고려해 보기로 하자). 일상생활의 현실은 서로 대면했을 때, 이 방법에 의하여 상대편을 이해하고 다루는 전형적 방법을 포함하고 있다. 그럼으로써 상대편은 '남자,' '유럽인,' '구매인,' '명랑한 타입' 등등으로 보인다. 이 모든 전형화들은 그와

서로 접촉하는 데 영향을 끼친다. 가령 그에게 나의 상품을 팔기 전에 시내에서 즐거운 시간을 보내게 해주는 등 우리의 대면적 상호작용은 상대편의 간섭으로 문제시되지 않는 한, 이러한 전형화에 의하여 양식화될 것이다. 그리고 그는 '남자'이고 '유럽인'이며 '구매인'이라 할지라도, 그는 역시 독선적인 도덕주의자라는 증거에 직면하게 되며, 처음에는 명랑하게 보이던 면이 사실은 미국인 전체, 그리고 특히 미국인 세일즈맨에 대한 경멸의 표현이란 것을 알게 된다. 물론 이 점에서 나의 전형적 방법은 수정되어야만 할 것이다. 그리고 이 수정된 것에 따라서 저녁은 달리 계획될 것이다. 그러나 도전을 받지 않는 한, 전형화는 다른 지시가 내릴 때까지 유지될 것이며, 상황에 처한 나의 행동들을 결정할 것이다.

물론 대면상황에 이르는 전형적 방법은 상호적(相互的)이다. 상대편도 역시 나를 전형적인 방법으로 이해하여야 한다—즉 '남자,' '미국인,' '세일즈 맨,' '애교 있는 친구' 등등. 상대편의 전형화는 내 것이 그에게 그렇듯이 나의 간섭에 아주 민감하다. 다시 말해서, 두 가지 전형화 방법들이 대면상황에서 실질적인 '타협'에 들어가게 된다. 일상생활에서 그러한 타협은 그 자체가 전형적인 방법으로 미리 짜여지기 쉽다—구매자와 세일즈 맨 사이의 전형적인 거래과정에서 볼 수 있듯이. 그러므로 대부분 일상생활에서 내가 타인들과 만나는 것은 이중적 의미에서 전형적이다. 나는 상대편을 한 타입으로 생각하며, 전형적인 상황에서 그와 상호관련을 맺는다.

사회적 상호작용의 전형화는 대면상황에서 멀어질수록 점점 더 익명으로 된다. 물론 모든 전형화는 처음에는 익명이다. 만약에 친구 헨리를 X라는 부류의 구성원으로(가령 영국인으로) 전형화시킨다면, 나는 적어도 그의 행동의 어떤 면은 이러한 전형화에서 초래되는 것으로 풀이한다—예를 들어 그의 음식맛은 영국인의 전형적인 것이며 예절, 감정적 반응 등도 그럴 것으로 생각한다. 그러나 이것은 친한 헨리의 이러한 특성과 행동들이 영국인이면 누구에게나 속하는 것을 의미한다. 즉 그의 존재의 이러한 면들을 익명으로 이해한다. 그럼에도 불구하고 친한 헨리를 대면상황의 많은 표현성 속에서 접촉할 수 있는 한, 그는 익명의 영국인에 대한 내 나름의 타입을 줄곧 타파하며, 자신을 독특하고 반전형적인 개인으로—즉 나의 친구인 헨리로서— 나타낸다. 타입의 익명성은 대면적 상호작용이 과거의 문제일 때(내가 대학시절에 알았던 친구 헨리, 영국인인 그), 또는 추상적이고 순간적이었거나(기차안에서 잠시 대화를 나누었던 영국인), 혹은 결코 일어난 적이 없는(영국에 있는 나의 사업적 경쟁자) 문제일 때는 이런 종류의 개인화에 영향을 덜 입는 것은 분명한 일이다.

그러므로 일상생활에서 타인들에 대한 경험의 중요한 면은 그러한 경험의 직접성이나 간접성이다. 어떤 경우라도 대면상황에서 서로 접촉했던 동료들과 단순히 같은 시대였다든가, 다소 안면이 있다든가, 단지 들어서 알기만 하는 사람들과는 구별할 수 있다. 대면상황에서는 동료나, 그의 행동, 속성 등에 관한 직접적 증거를 갖게 된다. 그러나 같은 시대에 살았던 사람들에 있어서는 그렇지 않다. 그들에게서 나는 다소간 믿을만한 것들을 얻을 수 있다. 더 나아가 나는 대면상황에서의 동료를 생각해 보아야만 하고, 다른 한편 반드시 그럴 필요는 없지만, 내 생각을 단순한 동시대인에게로 돌려야 할 것이다. 동료로부터 같은 시대의 사람들의 경우로 옮김에 따라 익명성도 증가된다. 왜냐하면 대면상황에서 동료를 이해하는 전형화의 익명성은 구체적인 인간존재에 관해 언급하는 생생한 징후의 복수(複數)성으로 변함 없이 '채워지기' 때문이다.

물론 이것이 이야기의 전부는 아니다. 단순히 같은 시대의 사람들과의 경험에는 분명한 상이점이 있다. 어떤 사람은 대면상황에서 자주 접촉할 것이며, 또한 정기적으로 (친구 헨리처럼) 만나리라고 기대한다. 어떤 사람들은 과거에 만난 구체적인 사람(거리에서 스쳐간 금발)으로 회상하지만 잠시의 만남이고 따라서 다시 반복될 것같지 않은 경우도 있다. 또한 구체적인 사람으로 내가 알고는 있지만 단순히 익명으로 스쳐가는 전형화속에서 아는 사람들도 있다(나의 영국인 경쟁사업가, 영국의 여왕 등). 여기서 또다시 대면상황에서 만날지도 모르는 상대(영국인 경쟁사업가)와 잠재적이기는 하나 결코 만날 것 같지 않은 상대자(영국의 여왕)로 나눌 수 있다.

그렇지만 일상생활에서 타인들의 경험을 특징짓는 익명의 정도는 또다른 요인에도 달려 있다. 나는 아내를 보는만큼 규칙적으로 거리 구석에 있는 신문팔이를 본다. 그러나 그는 내게 그다지 중요한 사람이 아니며 또한 나는 그와 결코 친밀한 사이도 아니다. 그는 비교적 내게 익명으로 남아 있을 것이다. 관심의 정도와 친밀의 정도가 경험의 익명성을 증가시키거나 감소시킨다. 그것들은 또한 독립적으로도 영향을 미친다. 가령 테니스 클럽의 많은 동료들과 상당한 친분을 가질 수 있으나, 사장과는 아주 형식적인 관계를 유지할 수 있다. 그러나 테니스 클럽 동료들은 결코 완전한 익명은 아닐지라도 '코트에서 아는 사람들'이란 부류에 속하지만, 사장은 특정한 개인으로 부각된다. 그리고 마지막으로 익명은 결코 개인화되지 않는－'런던 타임즈의 전형적 독자들'처럼－ 어떠한 전형화로 거의 총체적이 될 수 있다. 최종적으로 전형화의 '범주'－그리고 따라서 그것의 익명성－는 '영국인의 공공의견'을 말함으로써 더욱 증가될 수 있다.

일상생활의 사회적 현실은 전형화의 연속으로 이해된다. 전형화가 대면상황의 '이곳과 지금'으로부터 멀어질수록 더욱 익명이 된다. 연속의 한쪽 극에는 내가 대면상황에서－말하자면 나의 '대면적 차원'－ 자주 그리고 가까이 접하는 사람들이 있으며 그 다른 극에는 완전히 익명이며 추상적인 사람들, 즉 본래부터 대면상황에서 결코 만날 가능성이 없는 사람들이 있다. 사회적 구조는 이러한 전형화와 그것에 의해 정립된, 반복되는 접촉의 양식의 총합이다. 따라서 사회적 구조는 일상생활의 현실의 본질적인 요소가 된다.

여기서 비록 더 발전시킬 수는 없지만 한 가지 더 지적하고 넘어가야 하겠다. 타인들과의 관계는 동료들이나 같은 시대 사람들에 국한된 것은 아니다. 전임자나 후임자들, 즉 나의 사회의 망라된 역사 속에서 나보다 앞섰거나, 내 뒤를 이을 사람들과도 관련이 있다. 과거의 동료들(죽은 친구 헨리)을 제외하고는, 나의 전임자들과는 아주 익명적인 전형화－'이민온 나의 증조부들,' 그리고 심지어 '건국의 조상들' 등—를 통하여 관련을 맺고 있다. 나의 후임자들과는 더욱 익명적으로—'나의 아이들의 아이들' 또는 '미래의 세대들'— 전형화되었다. 이러한 전형화는 상당히 공허한 설계이며, 개인적인 내용은 거의 결핍된 것이다. 반면에 전임자들의 전형화는 적어도 어떤 내용—비록 신비적이긴 하지만—을 갖고 있다. 그러나 이러한 두 가지 전형화의 익명성은 일상생활의 현실로 들어가는 요소를—때로는 매우 단호한 방법으로— 방해하지는 않는다. 결국 나는 '건국의 조상들'에게 충성을 다하여 나의 인생을 희생하거나, 혹은 미래의 세대들을 위해 그럴 수도 있다.

일상생활의 경험*

카메로 감바코르타

1

일상생활의 구조와 의미는 철학에서 역사에 이르기까지 이제 거의 모든 인문·사회과학의 연구영역에 포함되게 되었다. 이것은 사회인류학에서 심리학까지, 사회학에서 철학에 이르기까지 큰 어려움 없이 개인적·사회적 일상생활의 요소들에 관한 진정한 논의들이 가능하게 되었음을 의미한다. 그리하여 일상생활에 대한 연구들의 발전이라는 측면에서 우리가 무언가를 하고자 한다면 최소한 지금까지 사용해오고 있는 다양한 용어들과 각각의 연구 분야에 점하고 있는 상이한 논의들에 대하여 우리는 반드시 학제간(interdisciplinary) 접근방식을 취해야만 한다. 이러한 의미에서 일상생활은 '모더니티'라는 시간상 현재 순간의 복잡한 구조에 대한 연구 또는 조사에서 실체를 드러내는 주요한 측면으로서 그 중요성이 점차 증대되어왔다. 이것은 일상생활이 모더니티의 변동과 변형-전환에 대한 가장 진실된 표시라는 생각이 정당화될 수도 있다는 점에서 모더니티의 양상에 대한 발전은

* 출전: Camelo Gambacorta, "Experiences of Daily Life," *Current Sociology*, vol.37, no.1, spring, 1989(백영선 역).

보다 직접적으로 그리고 강렬하게 일상생활의 영역으로부터 도출되는 것으로 보였기 때문이다.

이 논문이 전개하게 될 논의의 준거는 모두 이미 말한 바 있는 여러 학문들의–특히 철학과 사회학간에– 교차지점에 놓여 있는 인물들이다. 학문적 배경들과 독특한 관심들이 매우 상이한 이러한 이론적 사회학자들은 르페브르(H. Lefebvre), 헬러(A. Heller), 마페졸리(M. Maffesoli), 그리고 페라로티(F. Ferraroti)이다. 사실상 서로간의 상호작용(또는 비교분석)속에서 이들이 제공하는 일상생활의 상은 비록 선택적이긴 하지만 앞으로의 연구(이 점이 가장 중요하다) 가능성을 매우 중요하게 하며 풍부하게 한다. 당연히 우리가 이미 언급한 바와 같이 개인의 연구계획을 수립하기 위해 특정한 독본들을 선택하는 것은, 본논문이 주로 전개하게 될 특정한 주요 논점들에 대한 학자들의 관심에 초점을 맞추는 것을 의미한다. 즉 우리에게 있어 이 주요 논점이란 것은 이미 언급했던 학자들의 연구에서처럼 (현재국면에서) 모더니티(modernity)와 **일상생활**간의 기본적 관계이다; 논자들에 의해 일상생활의 현재구조에서 가장 자명하게 특별히 초점이 맞춰지는 것은 **사회성의 현시**(manifestations of sociality)에 관한 문제이다. 그리고 이것은 시간, 차이, 권력에 대한 **일상생활의 저항**(resistance in daily life)과 같은 것에 대한 문제와 밀접히 관련되어 있다; 마지막으로 가장 미묘한 논점인 활동적인 일상생활에서 **정체감의 형성**(Conformation of Identity)에 대한 조사, 즉 신체(육체적 존재/ 단순개체와 집합체)와 일상생활의 영역에서 선택성 그리고 정체성(identity)간에 놓여 있는 기본적인 관계에 대한 것이다.

2

만약 모더니티와 일상생활간의 관계에 대하여 가장 적합한 최근의 논의들에 대하여 언급하고자 한다면, 비록 매우 특이하고 명확히 비판적인 관점에 기초하여 논의를 수행하고 있긴 하지만 우리는 십중팔구, 가장 정확하고 적절한 논자로서 르페브르를 들 수 있다. 사실 그는 문제에 접근하는 최선의 길을 제공하는 핵심적 문제의식으로, 모더니티와 일상생활간의 기본적 연관에 관한 논의를 시작하고 있다.

그에 의하면 삶의 특정한 조건들과 (사회적 관계들의) 생산과 재생산의 결정적인 관계들에 대한 발전과 역사적 증명으로써 '당대의 현대적인 것(the 'contemporary-modern')'은 '중립적인' 방식, 즉 불가피하고 변형이 불가능한 것으로 간주될 수 있는 그런 시기(그리고 경로)가 아니다. 그리고 이것은 우리의 견해로는 확실히 그의 논의에 있어 실질적인 '전망'으로 정당히 간주되어야 한다. 기본적으로 그리고 더욱 복잡하게 우리가 모더니티에서 보게 되는 것은 공통된 일상활동과 작용의 영역으로부터 '우월적' 활동들의 영역을 분리하고, 거리를 두고 층화하려는 (그리고 모두 통제를 할 수 있도록 하려는) 시도이다; 이 모든 것은 집합적 존재, 권력, 지식, 이와 같은 존재점에 접합된 주변성으로 간주되는 생산적 활동의 중심 등 이들의 계획에 책임이 있는 다양한 중심의 과업이라고 여기에서 규정되는 것에 의해 지배를 받는다. 그런데 르페브르가 강조하는 것은 분리의 실재와 사회적 존재의 상이한 영역의 소통불능에 관한 것인 반면, 우리는 처음에 언급한 각 개인을 특징짓게 하고 각 개인이 사회생활에서 중요한 권리를 행하게끔 하고 실질적인 주체로써 스스로를 주장하는 그 차이의 실체에 유념할 필요가 있다.

인지되어지거나 만들어지는 각 대상, 실재의 각 부분 또는 근거점은 모더니티속에서 그것의 범주를 발견하게 되며 분명히 부호화되고 체계화된 '종(種)'을 발견하게 된다. 또한 그것은 의미와 특징같은 것을 획득하게 됨으로써 단어, 기호, 즉 이미지와 상징이 되는 것이다. 그러나 이렇게 다양화된 의미귀속의 망 속에서 일상생활의 실천속에 있는 주체는 움직이고 자신을 표현하며 자신의 다함 없는 경험과 더불어 존재한다. 그리고 그 망내에서 주체는 '사막'이나 '해양' 또는 '반짝거리는 심연'을, 그리고 이미지나 상징에 의하여 먼 곳에 있는 것, 그리고 해결되지는 않지만 욕구에서 욕망으로의 끊임 없는 전환을 지향해 간다. 이러한 것은 문명의 발전된 지점과 일상적 삶이 작동되는 지점의 급격한 분리가 강조될 때 일어나게 되며, 이는 여전히 순환의 주기적 차원과 연결되어 있게 된다(Lefebvre, 1962: 158).

그러므로 모더니티는 사회적 실체의 한 큰 부분을 위한 '물질적' 추상성을 역사적으로 생산하며, 무엇보다도 (가능한) 경험의 기반에 관한 모든 이중적인 것을 만들게 된다. 존재 수준의 이중성 및 활성화될 수 있는 경험의 이중성과 함께 다양한 차원의 상호 외재화를 확인할 수 있다. 그러나 이 실재는 차이성(관계성)의 영역에, 사회적 관계를 더 심화·결정하는 양성적 역동성과 존재 각 영역의 동질성 및 그들간의 소통불능을 일으키게 된다(Lefebvre, 1962: 182).

대체로 르페브르에 따르면, 일상생활 속에서 이러한 모더니티가 미치는 영향을 모든 부분에서 나타내는 어떤 특정의 관계들이 있다. 분리와 총체화간의 관계, 이동성과 안정성간의 관계(이것은 기능과 역할의 위계서열을 만든다), 그리고 점점 증대하는 실제 차원의 탈사사화와 사회적 삶을 지배하는 세계적인 규모의 과정들에 대한 '보편화'간의 관계가 그것이다. 그러나 일상생활에서 표현되는 사회생활의 이질적 모습을 동질적이게끔 만들고 이를 통해 그들을 총체화하는 실제의 메커니즘이 만들어지는 총체화의 작업과 관련하여, 모더니티의 가장 최근 단계의 특징적 현상이 인간을 단순기술자로서 점차 활용하며, 사회전체에 사이버네틱을 적용한다는 점이다. 또한 이것의 최초의 적용은 일상생활의 집합적 경험의 이러저러한 모든 상황에 침윤되어 있는 자기-적합성에서 볼 수 있다(Lefebvre, 1962: 210).

그래서 사람들은 상징(그리고 상징의 의미)으로부터 신호(또는 그 부호의 자체)의 지배로 변화하는 것처럼, 일상생활에서 그 자신의 능력을 창조적으로 적용시키려는 가능성과 시도로부터 생산물 자체의 물신주의로 변화하고 (커뮤니케이션을 통해 자신을 표현하기보다는) 행위나 인지방법에 대한 숭배로 변화하고, 인간존재끼리의 관계를 설정하지 않고 인간존재 상황의 요소들을 구성하고 변형하는 맹목적인 숭배로 변화한다. 그리고 집단적 사건들에 대한 참여의 차원에서 우리는 관찰 가능한 것의 소비와 단순한 소비적 시야에서 오는 승리의 기쁨에 도달하게 된다. 대상들(우리가 알기로는 동물과 인간에 대한 문명화 과정의 기초로서의 대상)과의 있을 법한 창조적 관계의 맥락에서, 우리는 대상물들의 다양화와 개별인간의 노동능력과의 관계가 갖는 깊은 중요성을 무효화시켜 버리는 복제품들과 재생산의 지배를 목격하고 있다. 더 나아가 보다 일반적이고 지속적인 인간간의 상호작용의 차원에서 우리는 파편화와 계획에 의해 사회를 인공두뇌공학적으로 변형시키고, 따라서 일상생활을 완전하게 기능화시키는 복잡한 역사적 과정이 전개되는 상황에 직면해 있다(Lefebvre, 1962: 219).

그리하여 르페브르에게 있어 현금의 모더니티와 일상생활은 더욱 더 밀접하게 교차되어 있다; 그것들은 근본적으로 자기증명적이다. 일상생활은 인간이 경험할 수 있으며, 집합적 생활의 중심, 권력과 지식의 영역 그리고 생산관계들에 대한 지배를 통해 형성되는 사회조직의 보다 넓은 단초를 완성할 수 있는 영역이다. 욕망의 형상화(바로 그 개념 또는 등장)를 가로막는 장애물의 망이 짜이는 것은 실로 이렇듯 피할 수 없는 인간상호간의 관계발전의 기반에서 비롯된다. 간단히 말해 르페브르에 의해서는 일상생활이 현재의 모더니티에 가치들을 적용하기 위한 주요한 수단으로 간주될 수 있는 것은, 가능한 경험의 단초를 안정화시키는 데 일상생활이 일차적인 중요성이 있기 때문이다.

헬러와 마페졸리의 분석 입장은 각자 나름의 방식으로 르페브르와 현저하게 다르다. 일상생활을 분석할 때조차 존재론적 기초와 연결된 실천적 도덕성의 구성의 근본적 조정자로서 스스로를 위치짓는 헬러의 입장은 르페브르의 입장과 차이가 난다. 즉 이 입장은 현재의 모더니티의 본성에 대해 주어지는 판단에 관한 것이기보다는 이것과 일상생활의 요인들간의 관계내에서 헬러가 최종적 분석에서는 모더니티의 변형을 일상생활의 변형을 위한 필수적인 전제로 간주하지 않는다는 사실에 관한 것이다. 반대로 그녀는 그 문제에 존재하는 구조적이고 집합적인 요인들보다는 오히려 개인의 차원과 자신의 도덕성과의 가능한 관계에—즉 의식 있는 인간주체로서 자신의 역량을 실질적으로 진전시키는— 더욱 구체적으로 관련이 있는 그러한 요인들에 더 많은 중요성을 부여하면서, 양자의 특징을 거의 '현상학적' 방식으로 계속해 설명해 나간다.

한편 우리들에게 매우 유익한 마페졸리의 접근방법은 모더니티의 구성요인들에 대한 연구에 관한한 여러 이유들에서 르페브르와는 대립적인 입장을 보인다. 사실상 마페졸리는 현재 일상생활을 구성하는 요소들의 전개를 부정적이지 않은 것으로 뿐만 아니라, 그러한 요소들이 절실하게 인간, 세계, 유적 존재로서의 인간(물론 자기자신도 함께 의미하는 것으로서)으로 특징지우는 바로 그 이유 때문에, 오랜 시간 동안 재출현하기를 원해 왔던 일련의 인간표현을 반영하는 것으로 생각하고 있다. 더욱이 이러한 입장으로 해서 마페졸리가 모더니티의 현재적 국면을 공격하는 채무를 면제 받는 것은 아니다; 단지 마페졸리는 기본적으로 이분법적인 것으로 분리하게 된다. 말하자면 일상생활이 그 기원에서 인식되어온 것처럼 일상생활을 그 역사적인 국면으로부터 그리고 모더니티의 경험으로부터 분리함으로써, 일상생활이 현재적인 형식에 있어서 자율적이게끔 한다; 그러나 모더니티의 경험에 귀착되는 내용은 일상생활에 관한 주장에 있어서 퇴행적 함축성과 한편으로는 근대생활의 메타-역사적 차원에 대한 진정한 응답인 역동적이고 팽창적인 일련의 속성으로 인식된다. 그래서 모더니티적 삶의 영역안에 또는 아래에 일상적인 삶의 차원이 놓여 있다. 이러한 차원은 모더니티적 삶에서 기원하는 것도 아니요, 이와 상호 작용을 하는 것도 아니요, 그 소산도 아닌 것이다. 그러나 그것은 굴복하지 않는 그 자체의 접합성에 따라 피하고, 스스로 조직하고, 반응하는 것이다.

헬러에 의하면 일상생활의 영역은 실질적으로 특수성에 의해 지배되는 것이다. 즉 거기서 우리는 실존적 관심의 가장 원초적 형태를 발견하게 되는데, 이는 생존의 차원에 가장 긴박되어 있는 부분이다. 이러한 배경과는 대조적으로 발생적 집합체(따라서 상이한 문명)의 객관화로 정의되는 것이 명백하게 드러난다; 그 영역은 단지 특수한 존재가 갖는 한계로부터 가장 이격된 인간창조성의 가장 진보된 형식으로부터 발전한 것이며, 이 영역은 철학에서부터 예술에 이르기까지 그리고 '실증적' 과학에까지 망라된다. 헬러에게 있어 명확하게 구조화된 역사적 국면으로서의 모더니티는 종과 한편으로는 그 종의 발전된 획득물간에, 다른 한편으로는 독자적인 특수 존재간에 설정된 관계들의 이러한 끊임 없는 전진속에서 그 모더니티는 여전히 강조되지 않고 있다.

개인이 자기 자신의 보존활동으로 나아가도록 관심을 갖게 하는 첫번째 효력은 일상생활의 영역을 분명하게 전형화하는 것이다. 다시 말하면 행위들의 반복이며 구체적인 계획들을 적용하는 것인데, 그것은 개인의 삶의 흐름속에 이미 작용하면서 확립되어 있다는 것을 알고 있기 때문이다 (Heller, 1981: 298). 이러한 방식으로 여기서도 인간의 단일성을 반복하고 여전히 언급할 수 있는 특별한 일상적 존재의 전형이 있는데, 일반적으로 의미 있는 (그리고 이데올로기적인) 행위의 모방인 습관, 관습 및 제스처의 반복으로 이루어진 삶의 계획에 의해 자신을 움직이고 지배하게 한다.

우리가 가장 본질적인 방법으로 일상생활이 영위되는 방식에 대하여 파고 들어가고자 한다면, 우리는 일상생활의 유사함이라는 일반적인 관행에 의해 지배받고 있음을 알게 된다. 왜냐하면 대부분의 경우 일상생활이 인간의 삶이 추구하는 유사함(무엇보다도 차별성과 다양성의 부분을 포함하는 다량의 함의와 함께)에 대한 인식과 가정에 바탕을 두고 있기 때문이다. 일상생활에 스며든 (그리고 침투하는) 특수성과 실질적인 적합성에 대한 일관성을 상술한 후에야, 헬러는 일상생활의 현존 구조에 대한 엄밀한 비판을 한 것이다. 즉 이런 비판이 헬러가 더욱더 르페브르에게로 다가가게 하는 것이다.

> 심리학적으로는 능동적이지만 인식과 도덕성의 수준에서는 수동적인 행위와 사고의 사회적 유형이 생겨난다. 이미 구축된 자료로서의 유형과 판단 및 규범의 활용—심리학적 행위 및 인식과 윤리적 수동성의 결합—은 과도한 일반화의 지주가 된다(Heller, 1981: 313).

헬러에 의해 이루어진 일상생활 분석의 요체는 (규칙을 적용하는) 포섭의 문제를 유추하는 것처럼 보인다. 왜냐하면 그런 문제는 이러한 존재 차원에 대한 지식의 전형적인 양식을 대표하기 때문이다. 새롭고, 들은 적도 없고, 기대하지도 않은 것이 실제로는 일상적인 지식의 범주들과 개념적인 틀 속에 포섭된다. 심지어 그러한 분류를 불가능한 것으로 드러나게 하는 것들조차도 '기적'이라는 범주에 의해 흡수된다. 사상과 지식에 대한 이러한 접근 속에서 기적은 인지되지만 이해되지는 않고, 기성습관들의 과정속에 직접적으로 끼워 넣어지지 않으며 게다가 이러한 반복들 자체를 뒤집지는 않는 부대물로서 목록에 들어가는 그러한 모든 실체들을 설명한다. 이러한 방식으로 특수성의 영역으로서 일상생활과 인간능력의 보편적인 현시의 자리인 일반적인 목표들간의 분리는 강조되고 거의 공식화된다. 일상생활은 다양한 종류의 기술적 지식, 실제적이고 반복적인 지식, 제한되고 분리되어 있는 지식, 입문서적 지식에 흥미를 갖고 있다. 왜냐하면 작위의 '대상에 대한 앎'과 그 작위의 이유에 대한 인식을 결한 모든 '방법에 관한 앎'은 단지 이 영역에서만 표현되기 때문이다.

모더니티와 일상생활과의 관계는 다시 한번 마페졸리에게서 더더욱 밀접해진다. 그의 접근방식은 선행한 것들, 특히 르페브르의 접근과는 (그가 공공연하게 선언한 것처럼) 상당히 다르다. 여기서 또한 우리는 모더니티의 개념과 가치들에 대한 아주 결정적인 비판에 이끌리게 된다. 모더니티적인 것이 그것의 기원에 대한 것과는 다른 현재에 있다는 지시와 경험들에 따라 발전되고 심지어 변형되기까지 하는 인상을 만든다 하더라도, 마페졸리의 견해는 모더니티적인 것에는 '그 나름의' 일상생활, 즉 모더니티적인 것에 수반되고 그것에 구성적인 명령을 적용할지도 모르는 일상생활에 대한 해석을 이끌어내는 데는 (왜냐하면 그렇게 하는 것이 불가능하기 때문에) 성공하지 못한다.

모더니티는 어떤 근본적인 참된 가치들이 사회체(social body)의 총체적 존재인 과학, 기술, 생산, 이성, 소유 그리고 평등의 이데올로기에 이르기까지 확장되고 적용된다는 것을 함축하는 하나의 거대한 모체(matrix)에 해당한다. 그러나 명확한 역사적 연원이 18세기로 거슬러 올라가는 모더니티의 문명화는 기본적으로 통제와 지배로 구성된 사회의 구조화를 끊임 없이 도모해 왔다.

이러한 점으로부터 마페졸리는 각각 사회성의 일상적 존재와 모더니티의 이데올로기의 발현으로 여겨지는 일련의 대비적인 양상들을 힘들여 찾아낸다. 그것은 그가 진정한 반명제적인 현상을 집요하게 내놓는 것이다. 이런 식으로 문화에서 진보의 초월성이라는 공간은 객체화에 있어서—즉 일반화될 수 있는 중립적 가치로 되는 데 있어— 성공적인 방향으로 아마도 맹목적인 숭배에 의해 재현되는 반면 일상생활의 형이상학적 공간은 어디에나 존재하는 신성함이라는 의미에 항상 채워진다. 또는 진보의 시간, 생산성의 시간, 전진의 시간은 분명히 그리고 더욱더 일방적으로 단선적이 되는 반면에, 일상생활에 대한 시간적 경험, 즉 시간에 대한 해석과 일상적인 인식은 순환적이며 리듬이 있고 반복적이다.

그리하여 효용을 모든 사회적 삶의 주요한 연결 요소로 삼고, 따라서 모든 사회적 삶의 곡절들을 줄여주는 (또는 최소한 그렇게 하려고 시도하는) 끊임 없이 생성되는 욕구의 증가에 대해 일상적인 사회적 삶(또는 사회적인 것에 대한 일상적인 경험)은 집합적 욕망의 무진장한 다차원성으로써 반응한다. 그리고 마지막으로 마페졸리(1979b: 253)가 지적하는 상충되는 이분법에 주목하면, 공통된 일상적 경험은 양적인 것으로만 평가할 수 있는 동질적인 시간적 계기의 총합으로 받아들이는 대신에 결정적으로 분화되고 '질적인' 노동시간에 대한 해석과 적어도 즉흥적인 즐거움을 옹호하거나 선호함으로써, 노동의 실재를 거의 신성한 것으로 변형하는 것과 노동의 필요불가결성을 찬양하는 것에 답하고 있다. 따라서 일상생활의 영역에서 가장 심오한 전형적인 차원들과 마페졸리에게는 분명 긍정적인 가치를 지닌 차원들은 열정, 비논리적인 것, 상상적인 요소들—다시 말하면 인간행위(무엇보다도 일상생활의 행위)를 지배하는 진정한 기준을 표현하는 그러한 요소들—에 기초하고 있다. 일상생활의 영역에서 사람들은 그 저자가 자신들의 이동성을 강조하는 가치들의 다신교, 제스처의 다의성, 추측가능한 형상의 복합성, 국지적인 집합적 실재들의 역동적 교차점에서 추출해내는 그러한 요소들을 고려할 수 있으며 그래야만 한다. 그런데 이 국지적인 집합적 실재들은 전체를, 사실은 특유의 것이며(여기서 그는 헬러와 크게 구분된다) 명백하고 평범하게 단일한 존재가치들을 존중하는 혼란스러운 질서의 현현으로 만드는 것이다. 요약하면 일상생활은 그것의 의미를 얻기 위해 합목적적인 질서의 일부가 될 필요는 없다는 것이다. 일상생활은 단지 그 자체를, 즉 그 경험의 시간을 표현할 따름이다(Maffesoli, 1985: 207).

르페브르에 따르면, 제스처와 관계의 직접성과 반복성 속에서 일반적으로 생겨나는 존재의 모든 차원과 일상생활을 재정의하기 위해서는 현금의 모더니티의 전 과정을 재구조화하는 일이 수행되어야 하는 것이다. 헬러의 경우 일상생활에서 그 자신만의 직접적인 존재영역을 질적으로 유의미하게 하는 것은 개별 인간 대신에, 모든 개인의 특정한 능력에 있다. 여전히 다른 관점을 가지고 있는 마페졸리의 경우, 그것은 모더니티의 요구들에 대응하는 굴하지 않는 표현과 접합의 모든 조밀함을 재현하도록 만들어지는 것과 마찬가지로 재평가하게 하는 대단한 영역이다. 페라로티(Ferrarotti)의 경우 그 문제는 다소 상이한 관점으로 제시되지만, 어떤 점에서는 르페브르와 헬러의 분석과 부합하고 다른 점에서는 마페졸리의 평가에 더욱 접근하고 있다.

페라로티에 따르면, 관계와 준거점의 위기는 무엇보다도 일상생활의 몽유병(somnambulism)과 오늘날 대단히 강조되는 일상적 생활리듬을 지탱하는 모더니티의 현단계에 있어서 과학주의의 과제와 기술적 관료주의적 정신에 의해 우선적으로 생겨나게 되었다. 이러한 모더니티는 무엇이 근본적이고 필수적인가에 대한 애매모호한 논리뿐만 아니라 집합체로서 추구되는 하나의 공통된 궁극 목적(telos)에 대한 인식의 상실을 유발한다. 페라로티는 모든 문명을 특징지우는 근본적인 합리성에 대한 가장 믿을만한 표시(sign)를 기술하고 있다. 특히 일상생활의 수준에서 가장 잔인한 개인들의 실제적인 모체들의 담지자라는 그 존재가 별다른 의미 없이 펼쳐지지만, 오히려 실재의 기술적인 조작을 위한 가능성만은 충만해 있다.

이러한 점에서 페라로티는 하나의 특별한 문제에 관심을 집중하고 있다. 즉 일상생활에서 정보의 문제와 커뮤니케이션에 따르는 형식의 문제가 바로 그것이다. 관계들을 자극하고 차이점을 확산시키는 대신에 범람하고 있는 사실에 관한 정보의 범세계적 확산으로 세계는 '수평화'되어 왔다. 이러한 정보흐름의 거대한 확산은 사람들이 일상적 경험이 갖고 있는 의미의 할당을 바라보는 대중으로 변모됨에 따라 대단한 함의를 갖고 있는 여러가지 경우의 현상을 야기시킴으로써 특정의 분화된 양상들을 분해시키고 있는 생활양식을 일반화시키는 데 목적을 두고 프로그램화된 방식으로 이루어졌다.

> 우리는 정신적인 노력으로부터 도피하려는 것이 더욱더 확산되고 점증하고 있다는 부정할 수 없는 경향을 목도할 수 있다. 정신적 활동이 지체된 유사한 상태를 책임져야 할 예상되는 요소들 가운데 하나는 집집마다 있는 스크린의 영상을 통해 일상적인 정보를 (수동적으로) 수용하면서 탐닉하고 있는데, 이것이 가족적인 대화의 전통적인 형식들을 대체하였다. 이것은 반최면(semi-hypnotic)의 상태이며 상상력(imagination)의 쇠퇴인 것이다(Ferrarotti, 1986: 38).

이런 모더니티와 일상생활간의 관계라는 측면에서 볼 때, 여기에는 무엇보다도 다른 중대하고 예민한 위기의 조짐이 존재한다. 즉 그러한 조짐은 기술적이며, 간막이식으로 전문화하거나 또는 단지 구체적인 정보의 양적인 수집을 지식 자체내에서 줄여나가는 것이다. 그리고 '문화적' 가치들의 집합적 역동성에 대한 집착은 체계적으로 의식의 '내적 식민화(internal colonization)'와 '영혼의 빈곤화(proletarianization of the soul)'를 낳는다.

3

일상생활의 보다 큰 부분을 형성하는 사회성의 현시들이란 무엇인가? 이같은 물음에 대해서 우선적으로 가능한 탐색은 이데올로기적 장치나 제도화된 상황을 떠나서 시간, 권력, 타자성과 같은 존재에 대한 지속적인 위협과 파괴를 담당하는 것들과 맞부딪혔을 때 존재를 위한 인간의 권리를 철저히 하는 것뿐만 아니라 저항, 불굴, 탈출이 일상생활의 영역에서 표현되는 것은 무엇인가에 대한 것이다.

르페브르의 경우, 이러한 국면에서는 단순히 표면적으로 숨겨져 있는 영속적인 사회유형들과는 맞닥뜨리지 않는다. 그러나 이 영속적인 유형들은 마페졸리의 경우에는 사회체의 삶으로부터 완전히 분리되지 않는다. 그러나 또다른 한편으로는, 이 두 경우 모두에도 모더니티의 종말의 시기에 전형적이며 이 특수한 모더니티의 등가물에 상응하는 사회적 집합에의 새로운 요구는 존재하지 않는다. 르페브르에 관한한 새로운 사회성이 일상생활을 특징지우는(또는 규정하는) 것에 관한 그 문제는 이러한 기본적인 등가물내에서 표현된다; 그것은 한편으로는 구체적인 사회적 집합체들의, 즉 사회성들의 재구조화라는 특수하고 동시에 거대한 현상으로서의 도시생활과 그리고 다른 한편 저항의 조짐들이 근본적으로 계속 확산될 수 있는 현대도시 문명내에서 끊임 없이 분화되는 결정적인 사회적 표현으로서의 본질적으로 정치적인 차이들이다.

그래서 간단히 말하면 이러한 주제에 대한 르페브르 주장의 두 가지 다른 중요한 용어들은 오늘날 구체적으로 재구조화되는 노동의 분화와 사회적 삶의 중심과 주변부 사이에서 핵심이 되고 있는 변증법에 관한 것이다.

그러나 사회적 삶을 일차원적으로 만들려는 시도로서의 도시화과정이 갖는 바로 그 전체성은, 도시화과정이 어떻게든지 지속되기 때문에 완전한 총체화와 사회성의 역학에 대한 확실한 체계화를 불가능한 것으로 드러낸다 (Lefebvre, 1970: 221). 그리하여 심지어 사회적 존재에 대한 지역적인 계획을 통해서 모더니티는 서로 상이한 현실들을 제거하거나 잘못 이해함으로써 특수성을 확산시키려 한다. 이러한 르페브르의 테마에 사회적 삶의 중심과 주변부간의 변증법에 대한 그의 사상들이 연결되어 있는 것이다.

그러나 이러한 방식으로 도시적 삶은 저항의 유형들이 나타나는 공간으로서(경험의 동질화에 대한 저항, 특별하려는 권리의 소멸, 삶의 공간 탈취), 갈등이 표현되는 공간으로서, 상이한 욕망들이 함께 두드러지는 공간으로서 등장한다. 그 같은 이유는 불가피한 파라독스인데, 그것은 다음과 같다. 도시생활은 현실의 이질성을 축소시키는 기능을 가지고 있는데, 그것은 도시적 삶의 특수성을 계층화하고 그것의 통제할 수 없는 발전(기존 관계망을 변형시키려는 시도들과 가능성의 확산)을 차단하기 위한 것이다. 그 때문에 사회적 삶의 해체를 야기시키는 일반화된, 그러나 비정상적인 파편화에 의해 도시생활은 그 자체가 중요한 차이들, 즉 이질성의 생산자가 되는 파라독스를 낳는 것이다. 그리고 그 차이가 그 명확한 특징을 지닌 채 출현하기 시작하는 곳은 정확히 목전의 삶에서 그리고 반복되는 행위에서 그리고 잘 알려진 제스처에서이다. 다시 말하면 그 차이는 바로 그 일상생활의 차원으로부터 시작한다(Lefebvre, 1962: 100).

그러나 도시생활은 다름 아닌 욕구, 결핍, 박탈의 실재이다. 이러한 현실은 일반적(이것은 다른 표현으로는 부정적인 것의 철학적 의미에 대한 구체적인 사회학적 표현이다)으로 현대 일상생활을 침투하며, 이와 같은 방식으로 저항이 출현하는 가장 분명한 통로와 가능성의 인식 그리고 인식의 새로운 각성을 나타낸다. 도시 생활은 일상생활에서 그리고 현단계에서의 모더니티에 대한 저항에서 가장 명확한 발전 영역을 발견하는 욕구와 욕망간의 변증법에 관한 문제로 여전히 존재한다. 행위와 기능의 효율성 기준이며, 그리고 그 결과로 인간관계들의 모든 표현마다에 퍼져 있는 생산성의 논리인 일상생활은 그것의 밀도(복합성)를 축소시키는 것에 그리고 일상생활을 표현하는 잠재력의 평균화에, 경험의 동질화에 (그리하여 경험이 가지는 가능한 의미들의 다의성의 축소에), 일상적 시간에, 고유한 리듬과 심지어 제스처를 유리시키는 데에, 그리고 그들로부터 중요한 윤곽을 형성하는 대상들의 세계와의 어떤 양식이나 강력한 관계를 탈취하는 것에 목표를 두고 있다. 이러한 맥락에서 모든 대상은 하나의 상징으로 한정되며, 관계들의 기능주의는 정확히 바로 이들 관계들이 갖는 깊이의 상실을 동반한다. 이것이 새로운 도시에 대한 르페브르의 견해이다. 바로 이런 견해를 통해 소외의 실체가 다시 강조되는 것이다(그리고 이것은 우리가 보게 되겠지만 특히 마페졸리의 일상생활에 대한 해석과 가장 날카로운 차이점이 존재하는 그 지점이다). 일상생활에 고루 퍼져 있는 소외감은 아주 명료하며 침투적인 과정이다. 그리고 이러한 과정을 통해 삶, 경험, 일상적 제스처는 '타자들'과가 아니라 '타자성'—즉 객체화되고 분리된 어떤 것으로의 지속적인 퇴보와 영원히 소원하며 접근불가능한 것과 사람들의 본래 모습에 대한 지속적인 위협의 원천과 함께 하는—과의 관계를 수립한다.

집합적인 관계들을 체계화하는 본질적인 수단은 일반화된 교환이 존재하는 모든 차원을 양화(量化)시키는 실천이다(Lefebvre, 1981: Ⅲ-58). 그러나 상이한 집합적인 존재들의 무감각한 저항은 지속되는데, 단조로움 아래에서 그 깊이가 진행되고, 진부함 아래에서 그 드라마는 진행된다. 이 저항은 일상생활속에서 중추적인 역할을 하며 최소한 실재의 사회적 현실의 영향들—즉 문명이라는 맥락에서 폭력, 권위, 종속, 불평등 그리고 전체 집단에 대한 정책을 결정하는 중심이 가하는 지속적인 통제에 기반을 둔 관계들과 같은 사회적 관계의 총체—을 부분적으로 은폐시키거나 순간적으로 둔화시키는 모호성의 모습을 띠면서 지속된다.

우리는 이제 마페졸리의 입장에 대한 세부적 연구가 금방 논의한 것과 얼마나 거리가 있는가, 그리고 특정 관점들에서는 심지어 대립되기조차 한다는 점을 보고자 한다. 마페졸리에 따르자면, 모든 사회적 삶의 기반－간단히 말해서 인간본성 그 자체－에는 르페브르의 경우에서처럼 (비록 전자가 후자보다 훨씬 더 이 점을 정교화시키겠지만) 모든 경험을 추진시키는 핵심이 있다. 그것은 더불어 살려는 신비한 욕망인데 그 욕망은 일상생활에서 경험되는 모든 사소한 상황속에서 가장 직접적이며 강렬하게 표현된다(여기서 관점들간의 차이가 분명히 드러난다). 또한 이는 모든 특수한 압력과 특정한 역사적 국면이라고 하는 구조들을 넘어서는 삶의 그물망같은 것이다. 일상생활은 평범함과 외형, 냉소주의와 애매성, 타협과 수동성의 세계이다; 마페졸리에 의하면 사회성의 현현, 그리고 사회성의 저항의 단초는 존재하는 것의 변화를 포괄적으로 파악하기 위해서가 아니라 바로 사회성 그 자체를 통해서 그리고 그 자체의 요소들 때문에 드러나게 되는 것이다(Maffesoli, 1979a: 16).

그리하여 마페졸리의 경우 사회성에 대한 경험과 사회성 그 자체가 가장 강조적으로 의미심장하게 표현되는 차원은 일상생활에서이다. 그 때문에 만약 우리가 사회성을 구성하는 사소하면서도 명백히 제한적인 사실들을 통하여 그 의미를 파악하기를 원한다면, 사회성의 본질은 단일적이거나 환원적이 아니라 대신 다양하고 복합적이며 '모순적'인 양상들을 보여준다. 자발적 비밀결사체가 갖는 사회성에 대한 일상적인 경험은 이러한 무질서한 현재의 중요성을 보여준다. 이 무질서한 현재는 특정 질서에 대한 어떠한 전망이나 어떠한 장기적 계획을 넘어서 집합적인 경험을 할 수 있는 자리로서 현재라고 하는 시간의 직접성, 본능적 및 원초적 의미로써 포착된다.

마페졸리에게 있어 평등에 대한 문제는 근본적으로 환상에 불과한 것이다; 사회체는 그 자신의 구성적 과정들과 그 자신의 기본적 관계들, 사건, 권력, 그리고 이타성(전례가 없는)에 직면하게 된다. 평등은 이러한 사회체를 관통하는 구조적인 양면성을 부정하는 형이상학이다. 집합적인 조직체를 동종의 또는 단일적인 구조로 환원하는 것은 결코 가능하지 않다. 기본적인 경험적 이질성을 포기한다는 것이 불가능한 것은 집합적 조직체의 존재와 그 일상적 존재에 내재되어 있는 속성 때문이다.

그리하여 일상생활의 조화는 분화되거나(이 용어의 층화적 의미에서까지) 말하자면 사회성내 경험의 근본적 불균형을 반영하고 있는 갈등을 겪지 않을 수 없다. 무엇보다 결과로서 분화는 구조화된 결정적 공간, 즉 새로운 도시에서 펼쳐진다. 결과적으로 이같은 점을 르페브르의 입장에서 본다면, 사회의 공간화(르페브르는 사회체의 식민화로 칭함)는 현재 일상생활의 주요한 현상으로 고려된다. 그러나 이제 도시화된 영역과의 연결은 시간에 저항하는 첫번째 방식, 즉 끊임 없는 현재와의 관계를 설정하는 첫번째 방식을 드러낸다(Maffesoli, 1979a: 7). 이러한 관점에서 우리는 왜 마페졸리가 사회적 주관성에 의한 특정한 종류의 저항의 형태를 구조지어진 권력의 형태들과의 직접적인 부조화로서 일어나게 되는 것이 아니라, 다소간-훨씬 더 파괴적인 영역으로서- 활동적인 수동성, 즉 열정의 리듬에 기초를 둔 고분고분하고 수용적인 행위, 작은 일상적 제스처, 상상적이거나 공상적인 작은 생산물들 그 내용의 야만성으로부터 전환되는 것이 사실인 것처럼 되는 속임수, 똑같은 실천 또는 반복적인 말에 의하여 작용하는 것으로 관심을 기울이게 되었는가를 이해할 수 있는 것이다. 사물흐름의 지속성을 중단함으로써 비감각적이고 비논리적인 것을 주장함으로써 활동적인 수동성은 모든 것에 진보적이고 단선적인 과정으로서 역사적 시간이라는 분말들의 형태를 부여하며, 그리고 지속적인 것으로 직접적인 방식으로 그렇게 작용한다.

이러한 관점으로부터, 르페브르의 입장과 비교했을 때 강조점의 변화를 뚜렷하게 알 수 있다. 한편으로는 이 현재와 긍정적인 축적으로서 일상생활의 영원한 속성을 강조함으로써, 개인과 사회성간의 관계의 기본적인 안전성을 중요시 한다. 존재가 변형되는 것이 불가능함을 반복하는 어떤 것의 변형을 위한 고정된 입장으로 스스로를 처하게 하는 것은 무의미한 것이다. 또다른 한편으로, 강조되는 것은 권력의 행위가 지니는 한계이며 강제의 예민한 영향이 르페브르가 사회생활의 중심들이라고 부르는 것으로부터 기인한다는 것이다. 사회생활의 중심들이란 특정한 수준을 능가하는 사회성이 가지는 끈적끈적한 내부를 통과하지 않을 뿐 아니라 무엇보다도 사회성을 이루는 총체적인 관계내의 그 다양한 형태에서 기본적으로 동일한 것을 남긴다. 마페졸리는 이러한 점으로부터 활동적인 사회적 집합체(사회성들)에 대한 전체적인 분석을 발전시켰다; 정치적 차원은 사회적 삶의 총체성에 존재하는 많은 다른 것들 중에서 오직 한 요소이며 이에 반하여 사회성의 일상적 존재는 가치들의 다신론-다른 말로 도덕성의 다양성-을 포기할 수 없다는 그러한 사실위에 강조점이 놓이게 된다. 이러한 내용에서 그리고 이러한 문제를 다루는 다른 '확고한' 입장들과의 분명한 대조속에서 마페졸리는 프롤레타리아의 개념과 민중의 개념간의 적절한 비교를 제시한다; 프롤레타리아 개념은 단선적 역사이론들이 성취될 수 있는 '상위'의 행위를 향하여 뻗어 있는 것으로 보는 사회적 정체감에 대한 계급의 용어를 암시한다. 반면 민중의 개념은 고분고분하며 열정적인, 그럼에도 꺾이지 않는 진실로 사회성의 조직체를 형성하는 활동적인 실체로서 표현된다(Maffesoli, 1985a: 210).

페라로티의 접근은 마페졸리가 현재 일상생활에서 의미 있는 사회성의 현시로 간주하여 제시하였던 많은 점들을 포착하였으나 다양한 측면에서 일상생활의 본 모습을 위협하는 기본적 문제들에 대한 르페브르의 관심에 더욱 근접해 있다. 페라로티의 분석의 전제는 기본적으로 일상생활에 존재하고 있는 위기이며, 내용상으로 볼 때 증대하는 사회성의 표시들과 이 요소들에 본질적으로 주어져 있는 저항의 선택들이다. 이 요소들은 무엇보다도 위험을 내포하고 있는 것과 직접 관련된다. 그러한 위험은 (개인적 그리고 집합적) 존재를 하찮은 것으로 만드는, 결과적으로 경험의 깊이를 상실케 하는 특히 현재 일상생활에서 알아차릴 수 있는 것이다.

실재로 페라로티에 의하면 사회체의 존재에 대한 근본적인 변수들은 마페졸리와 비교하여 일의 연결, 계급구조, 일상생활의 구체적인 행동범위가 된다; 마치 '단일주의자'의 변증법처럼, 모든 일상적 행위나 제스처의 출현을 위한 기반은 정치적인 영역과 사회적 차원간에서 발생하며 이것은 믿을 만한 것은 무엇이며, 무엇이 경험될 수 있는가 하는 것으로 전환될 수 있다. 그리하여 출현하는 사회성들의 속성 그리고 이전에 이것으로부터 나오는 위기의 속성을 포착하기 위하여 우리는 모더니티의 현 국면에서 역사적 수행자로 정의되는 것을 그들의 현재의 기능에 따라서 인식하고 이용해야 한다. 사실상 그것은 주요한 경제적 힘이며, 조직된 정치권력이며, 진리가 산출되는 영역을 점유함으로써 배타적이고 제한적인 '고도'의 지식의 유형들이며, 그것은 구체적인 실체의 과정들을 인식을 위한 직접적인 열쇠이며 통로이다.

이것은 기본적으로 위기에 대한 서술이다(Ferrarotti, 1984: 143, 145). 이 모든 것의 중심에는 무엇보다도 페라로티에 의해 강조되고 잘 정의된 저항의 변조를 특징화 하는 일종의 집합체적인 집단이 존재한다; 종교적 속성의 집단들의 구성－말하자면 신성화된 어떤 것을 위한 필요를 깊이 공유하는 것에 기초를 둔－ 그것은 무엇보다도 개인적이며 집합적인 제스처들의 혼동과 분열에 대립한다. 이것은 방어의 근본적인 수단에 그러나 역시 감각의 근본적인 생산에 의지한다; 이것은 '상위'의 공격(스스로 규정하며 존재하는)의 최대 매개물이며 자연의 총체성(그것은 확실히 시간의 총체성일 수 있다)과 다시 제휴한다. 그리고 이 모든 것보다 더욱 더 필요한 것은 공리주의자의 독재와 양적인 것을 극복하거나 취소할 수 있는 공동체의 실체를 이해하고 참여하는 것이다. 경험의 무의미성에 저항하는 일차적인 위치로서의 새로운 사회체에 의해 받아들이게 되는 차원, 즉 신성한 것은 접근될 수 없는 것이며 우발적이며 직접적인 것을 능가한다. 그러나 신성한 것은 역시－이것은 페라로티 논의의 근간을 이루는 것이다－ 직접적인 것과 일상생활을 채우는 것의 '영양물'이며 실질적인 것이다. 신성한 것은 금기의 한계이며 기원이다. 그러나 그것은 집합적 생활의 가장 꿋꿋한 의미들의 자리이다. 그것은 금기들과 궁극적 의무들을 끄집어 내는 계획서이다. 신성한 것은 무엇보다도 수없이 흩어져 있는 공동체의 욕망이다. 그리고 페라로티(1983b: 52)가 지적한 것처럼 이 모든 것이 존재와 경험간의 계속되는 긴장속에서 구체적인 일상 사회 생활에 본질적이며 분명한 뿌리들을 갖고 있다는 것을 이해하는 것은 중요하다.

4

다른 학자들과는 달리, 헬러의 경우 일상생활에서 소외의 극복이라는 문제는 그들이 속하거나 참여할 수 있는 각종 집합적 결사체들(르페브르의 정치-경제적 차이; 마페졸리의 소부족들 또는 지역집단들; 페라로티의 종교적 집단들)이라기보다는 무엇보다도 각 개인들과 관련된다. 헬러는 각 개인에 의해 경험되는 소외의 과정이 명확하게 계급사회의 탄생과 근대 사회적 노동분화와 함께 시작된다고 믿는다. 이것은 모든 사람이 인간존재로서의 전체성과 관계를 유지하는 것을 중단하고 단지 사회성이 갖는 포괄적 성격이 전형적이며, 일상생활에서 나타나는 일반적 잠재력의 어떤 편향된 측면과 대부분 전에 결정된 관계들을 맺으려고 하는 것은 바로 이러한 특정 역사적 국면으로부터 비롯되기 때문이다. 사회적으로 일반적인 것들의 모든 다른 측면들(요소들)은 각 개인에게는 실체가 없는 것으로 될 뿐만 아니라 그것들이 갖고 있는 구체적인 특성의 결과만큼이나 소원하거나 혹은 심지어 적대적인 것으로 인지된다.

해방의 과정과 개인의 정체감의 재구성이 실로 일어나기 시작해야 한다는 것은 이것에서 그리고 이것에서부터라는 사실 때문에 일상생활의 영역을 중요한 것으로 그리고 잠재적으로는 결정적인 것으로 헬러는 인식하였다. 따라서 일상생활의 차원을 소비자주의의 영역에로 그리고 경험의 완전한 사유화로 한정시키는 것은 심한 잘못이며 심지어 아마도 의도적으로 신비화하는 것이 된다. 이는 사회성과 모더니티라고 하는 이 구체적인 조직화에 의해 유발되는 단지 부분적 체현형태에 불과하며 이것은 사실상 소외된 일상생활의 실체 그 자체를 구체적으로 반영한다. 대신에 필요한 것이 있다면 그것은 일상적 제스처들의 목표와 계승에서 이질적인 사회적 요소들의 계층화와 양립불가능한 성격을 강조하는 사회적 역할을 떠맡는 것과 경험에서의 의미의 상실로부터 특수화를 피하는 것이며 전향적으로 자율적이 되는 것이다. 이것은 개체성의 발전이 개인의 상이한 활동들이 갖는 일원론적 집합체와 자신을 표현하는 개인의 역량들과 능력을 포함한다는 사실에 따른 경로를 밟아감으로써 가능하다(Heller, 1981: 119).

개별자는 보편자의 의도를 자신의 일상생활에서 느끼도록 하는 도덕적 태도로써 개인적 자유의 인지로써 특수자의 의사자유(pseudo-freedom)를 대신할 수 있어야만 한다. 따라서 일상생활이라고 하는 개념에 관해 이루어질 수 있는 내적인 분화가 명백해야만 한다; 반면 그 자체로써 일상생활은 사실상 일상생활이 소외되고 특이성들에 의해 경험의 지평으로 간주되는 경험된 과정이 구체적 차원에 우리들을 문제가 되는 실체의 완전한 존재론적 영역으로 되돌아가게 한다. 그리고 그 영역은 인간의 관계에 있어 도구적 기능이 지배하고 타자는 구체적인 대담자로서 그리고 목적으로서 완전히 사라져 버리는 곳이다. 일상생활이 개인들의 특징들이 이러한 상태를 향하여 주관적인 반항을 할 수 있고 지속적으로 야기할 수 있는 그 순간에서 꼭 소외되지는 않는다; 한편으로 소외의 주관적인 극복은 오직 일반적인 것(윤리적·미학적·철학적·과학적)과의 의식적인 관계의 구성속에서 진실로 일어날 수 있다. "개인적인 퍼서낼리티는 본질적으로 그 자체 대상화된 주체이다. 그 본질적인 퍼서낼리티는 자유롭게 인간능력을 발전시키는 개인의 삶에 존재하는 가능성을 구현한다."(Heller, 1981: 419, 421).

우리는 이러한 결론들을 르페브르의 연구에 연결시킬 수 있는데 이것들은 보다 결정적으로 질문의 이러한 측면에 방향지어지며 특히 여기서 헬러의 입장에 가장 가깝다. 우리는 그것을 '현재 사회적 구성화'의－일상생활, 도시생활 차이들－ 내용을 형성하는 차원들 간에서 보아왔다. 일상생활이 행위들과 관계들의 미리 조정된 위임작용으로 환원될 때, 도시생활이 조직된 권력들을 향해 그 경직적인 다기능성으로 해체되고 집합체적 차이들(사회적인 것의 실질적인 주체)이 동질적이며 특색이 없는 것이 되도록 강요당할 때 아무도 그 본래 모습을 보존하거나 그 긍정적인 잠재력을 표현할 수 없다. 그러나 조직체 자체(인간적·집합체적·사회적)의 활동적인 현시들을 억누르는 그러한 생산관계들을 막연히 수용하지 않는 모순을 깊게 느끼는 것으로부터 시작하는 이 모든 양상에서 지속적이지도 않고 그렇다고 단절도 없이, 모순들은 억제할 수 없게 뿌리박혀 있다. 마지막으로 모순은 도시의 변형, 일상의 변형 분화과정에 대한 보존의 기반이다. 그리하여 모순들은 사회의 동태에 대한 이해, 지식, 커뮤니케이션의 첫번째 매개물이다. 이러한 것과 더불어 가능의 차원이 배태되고 그 자체가 드러난다. 가능의 차원은 일상생활에서 형성되고 활성화된다.

> 그러나 실질적인 변동이라는 것, 그리고 필수적으로 그 결과 가능한 것이라는 것과 함께 시작함으로써 지식은 변동을 지향하는 데 그리고 변동을 지배하는 데 도움을 줄 수 있다. 가능성들이 무엇이든지 간에 거기에는 결정에 대한 논리, 즉 문제들에 대한 해결이 존재한다. 그것들은 발견되고 창안된다(Lefebvre, 1977: 226).

분화된 사회적 존재의 재구성이라는 이러한 전체적인 인간현상을 형성하는 것은 결국 어떤 기반을 이루는 실체들의 상호 작용이다; 르페브르의 경우, 욕구(모순에 대한 인지와 가능한 것에 대한 발견)와 일(일의 구체적인 활동성), 사회적 활동이 고의적으로 지향하는 곳이다; '사회적인 전체에 참가함이 없이, 지위나 확실성을 가진 특별한 집단이 없다. 어떤 자리를 차지하고 있다는 것을 느끼지 못한다는 것이다. 사회적 실천에서 제한적인 형태로 가정되어온 모든 인간활동은 보편적인 것을 필요로 하고 보편성을 향하는 경향이 있다.'(Lefebvre, 1977: 210-211)

마페졸리에게 있어 자유의 요소들—즉 자신의 정체감을 만들어 내는 완전한 집합적인 표현—은 일상생활에서 증가하는 사회적 집합들의 지배내에서 끊임 없이 존재할 뿐만 아니라 사실상 이러한 집단들에 의해 자발적인 것으로 그리고 억제할 수 없는 것으로 간주되어 왔다. 그리하여 자유의 요소들은 어떤 내용으로든지 거대한 관계들의 구조화속에서 스스로를 표현하는 방법을 찾는다. 마페졸리의 경우 이 모든 것은 인간의 관능적 쾌락의 옹호와 집합적인 성성(Sexuality)의 (최소한 내밀한) 순환에 의해 일어난다. 그 바닥에는 동일시와 일상경험을 채우는 가장 중요한 과정이 개인적인 정체감(헬러의 경우 그러하다)의 달성을 향해 지향되는 것이 아니라 반대로 개별적인 것의 주체성이 하나의 집합적 주체속으로 강렬한 흡수가 이루어지는 방향이라는 확신이 있다. 이러한 확신은 그 동력을 관능적 쾌락의 바탕에 기초를 두고 있다. 마페졸리는 항상 단순 개체를 능가하는 그리고 성성의 순환과, 관능적 쾌락의 들끓음에 의해서 개인이 들어가게 되는 보다 폭넓은 사회 본능적인 범위를 초월케 하는 집합적 조직체가 무엇인가 하는 문제를 명백히 하였다.

따라서 심층적인 가능한 해방의 과정들에 대한 분석(고려)에 있어서 공리주의자의 논리는 활동가치에 의해 대체되어야만 한다. 활동가치는 무엇보다도 가장 직접적으로 사회적인 '삶에 대한 희망'과 기존의 정치체계내에서의 사회적 집단들이 가지고 있는 불굴의 인내의 이 구성된 차원을 나타낸다. 우리는 이러한 방식으로 대체될 수 없는 권리(의 가치)를 비생산적인 것으로 역시 해석해야만 한다. 사실 이것은 일상생활이 드러내 보이는 것 중에서도 성적(性的) 욕망으로 이루어지는 육체의 출현을 조장하는 것이다(Maffesoli, 1985b: 46-47).

이러한 관능적 쾌락의 순환이 가지는 중심적 가치, 본질적인 의미는 이 관능적 쾌락의 순환이 집합적인 자유와 정체화 과정의 우선적 요소라는 것이다. 마페졸리의 경우 그것들은 기본적인 사회성을 가장 보강해주는 요소들이기 때문에 축제, 의식 그리고 순환적 시간간에는 일련의 매우 밀접한 관계들이 있는데 이것은 마페졸리에게 있어 진정한 사회적 주체들이다. 우리가 집단적 모임이 타자와의 지속적인 교환과 관련속에 기반을 두고 있다는 것을 이해하는 것은 바로 이러한 과정들로부터이며 이 때문에 운명이나 타인으로부터 소외되지 않는 그런 관계가 이루어질 수 있는 것이다; 마치 운명에 대한 고려와 함께 들끓는 에로티시즘과 욕정은, 한편으로는 어떻게 존재가 유한성에 침투되는가를 인식하는 것이지만 다른 한편으로는 일상생활의 경험이 항상 집합적이며 상호주관적이며 초인간적인 개방을 가지는 그 순간의 끊임 없는 본성을 나타내는 것이다.

육체는 그 특수성을 비난하는 모든 실천에 대립하는 것으로 간주되는 욕망과 그 차이들의 인식으로부터 시작되는 저항의 기반이다. 그것이 속해 있는 사회성의 육체와 친교를 위한 필요를 깊게 느끼는 것은 있는 그대로 성적(性的) 욕구의 기반이다. 인간의 인식적이고 감각적인 경험을 확장하고 강화하는 점에서 신성한 것은 욕구의 기반이다. 이것은 개인의 특수성 그러나 일반적인 것과 발전된 현시들과의 실질적인 관계를 위한 가능성을 세우려는 의식적인 유일의 존재로서 인간의 잠재력에 대한 윤곽의 기반이다.

5

아무리 문제들이 동시에 복잡해지고 심오해지며 그 관점들이 특정한 경우까지 분화된다 할지라도 그 문제들은 현저한 대비가 나타나는 데까지 진행된다. 우리가 르페브르와 헬러에게서 공통적인 것을 추출하려는 그 관점은 맑시스트의 특징과는 분명히 다르다. 그것은 일상생활속에서 소외의 범위, 즉 소외의 중요성을 인식하는 것, 소외의 대행자를 식별하는 것 그리고 소외를 형성하게 되는 구조를 변형하는 데 있어 주체(소외는 무엇보다도 집합적인 것, 주체는 주로 개인적인 것)가 직면하는 필수적 과제같은 매우 중요한 문제를 주시하게 된다. 다시 말하면 소외는 다양한 '배열들,' 선택들 그리고 관계들의 정치적인 속성 그러면서도 핵심적인 속성을 강조하는 일상생활의 분석적 관점이다. 왜냐하면 모든것이 여전히 착취와 지배의 논리에 의해 결정되는 실체속에서 우리는 자신을 발견한다는 사실이 지속적으로 증명되고 있기 때문이다. 한편 마페졸리는 그 상황을 근본적으로 문제가 되지 않는 그리고 보다 유동적인 것으로 판단한다. 육체는 비육체적인 것에서 자신을 찾고 자신의 관능적 쾌락에서 비육체적인 것을 찾는다. 그리고 사회문화적 구조는 통제를 넘어서는 무수한 소리를 통해 '배출되는' 이러한 활력의 형태를 만들든지 또는 육체의 다양한 창조적인 현시들을 소비하는 것에 이끌리는 것이 아니라 궤도를 따라 육체의 표현과 바로 그 형태를 지배하느라고 바쁘다.

일상생활에서의 관계와 범위들이 갖고 있는 증대하는 소외의 출현은 페라로티에 의해 역시 인정되었고 연구되었다. 그는 신성한 것에 대한 증대하는 갈증에서 탈소외를 찾는 가장 강렬한 표현을 보았다. 그렇지만 페라로티는 오늘날 누구에 의해서든지 직접적으로 경험되는 것으로써 일상생활에 대한 큰 중요성을 인식하였다. 이 점에서 페라로티는 현저하게 마페졸리에 가깝다. 페라로티를 마페졸리에 연결시키는 것으로(비록 페라로티의 경우는 한정적인 종교적 공동체가 문제이고 마페졸리의 경우는 다소 기본적인 감각적 차원이 문제이긴 하지만) 공동체의 필요에 초점을 맞추는 것 외에도 페라로티는 일상생활내에서의 개인적인, 전기적인 그리고 공간적인 측면에 특별히 강한 강조를 두었다. 이것은 직접적으로도 의미가 풍부한 것이며 단독으로 총체적인 의미에 대한 필요를 생기게 하며 신성한 것에 대한 탐구를 낳는다. 요약하면 일상생활, 즉 현재시간의 삶은 '현상학적인' 방법으로 인식되는 것에 대하여 뿐만 아니라 더욱 더 관심을 기울임으로써 진보적으로 되는 유일한 중요성을 드러낸다.

모든 저자들에 의해 다른 방식으로 받아들여졌던 육체와 문화(사회적 질서나 문명)간의 원초적 관계(우리가 이미 제시하였던)에 대한 이러한 인식은 복잡한 일상생활의 실체가 고도로 암시적인 방식으로 우리들의 눈에 제시된다는 것을 이제 우리로 하여금 믿게 만든다. 역사와 문명의 내용에서 소외의 현상같은 특별한 현시들을 방치하는 것은 불가능하다는 것이 역시 우리들의 믿음이다. 소외는 완수됨과 동시에 지속적으로 나타나며 오늘날 기능적인 형식들의 복잡한 관계들은 역시 경험과 가능성(주변으로부터 '단 하나의 항목')의 착취와 계층화이다. 그러나 우리는 역시 일상생활에서 대립의 현시들 또는 인간의 심오한 형상적 존재로서의 특징의 현시들은 정치의 영역에서 필수적으로 소모되는 것이 아니라는 것을 인정한다. '일반적인 것'과의 관계와 더불어 집합체적 '차이들'에서 의식적 집단 그것들은 사회적 관계내의 지배의 중심들 측면에서 볼 때 주변적이다. 신체적인 것 내에서, 즉 인간의 복잡한 육체적 본성에는 상당한 존재의 만성이 존재한다. 그것은 바로 이 일상생활의 영역에서 현시되며 실체에서 길러진다. 근접과 친밀 그리고 애정을 위한 노력에 의해 욕망은 솔직한 제안들과 반복성까지도 형성한다. 그러나 그것은 자신의 정당성과 인식된 자기자신의 정체감에 대한 계속적인 탐구에서 하나의 실체에 처해진 존재로서의 자신에 대한 역행할 수 없는 자각을 마련해 주었다.

그리하여 일상생활에 대한 해결들이 풀리게 되는 것은 형체적 존재·저항·사회성의 문제에서이다; 살고 있는 사회구조의 변형을 위한 모든 계획은 반드시 그 경험들의 다양성에 역시 주목해야 한다. 특히 우리가 현 작업의 마지막으로 여기서 언급해야 하는 것은 존재의 일상적 차원에서 부여되는 그리고 모든 사람들에 의해 자주 중요시 되고 그 결과 실제로 경험된 일상생활의 빈곤에 대립적인 극단으로 나타나는 거의 항상 기대되지 않는 경험들이다. 우리가 정의할 수 있었던 그러한 경험들은 사소하고, 알려지지 않고 무시되고 고립된 용기의 행위들이다. 시간에 대하여(말하자면 그 자신의 세대에 대하여), 그리고 권력에 대하여(항상 다루어야만 하는 소외에 대하여) 뿐만 아니라 그 자신의 고통에 대하여 '경험된 육체'(이것은 아마 존재하는 가장 복잡한 실체이다)가 지닌 지엽적이고 특별하며 유례 없는 수준의 저항의 잠재력이 큰 수사학적인 존재의 위험 없이 보이지는 않지만 거의 항상 표현되는 상태로 놓여 있다. 그러한 경험들은 말하자면 그 복잡성을 드러낼 준비가 항상 되어 있지는 못하다. 다양성의 표현에 긍정적 관계를 가정하거나 연계를 설정하려는 용기는 우리들로 하여금 전에 결정된 방식으로 받아들이게 만드는 문화적·사회적 명령의 외투를 극복하는 것이다; 그 용기는 정체감의 원천으로서 확실성을 지니고 있는 개인적인 기준을 변형하는 것이다; 그 용기는 인간존재 등에서 가정된 모든 절대적인 것의 재혼합에 의해 모순에 직면하게 된다. 아마도 일상생활의 실체에 대한 우리들의 부분적 관점으로부터 고통들과 '용기'간의 관계는 심지어 사소한 복합성의 포함 때문에 그 성격을 탐색하는 데 더욱 유의해야 할 것이다. 그리고 보존 또는 저항 그리고 다른 것에 대한 욕망의 맥락이 풀리는 것은 고통들과 용기간의 관계로부터이고 이것이 표현되는 형체적 존재의 경험으로부터이다.

삶의 전기*

오오꾸보 고지

<나의 전기>로 명명된 칼럼이 아사히(朝日)신문 석간에 연재되기 시작한 것은 1981년 1월 4일이며, 최초의 집필자는 다이보우 고우끼(大鵬幸喜: 최고의 아케보노)였다. 그는 거기서 37세 때 경험한 뇌경색(腦梗塞)과 그것에 뒤따른 수년간의 투병생활에 대하여 썼다. 이후 거의 주에 한번 작가, 예술가, 학자, 실업가, 예능인, 정치가, 사회사업가 등이 등장하여 자기의 인생전기를 섰다. <나의 전기>는 큰 반향을 불렀으며, 1987년 3월 5일 최종회까지 실로 햇수로 7년에 이르는 장기 연재였다.[1]

『나의 전기』는 일종의 생활사이다.[2] 이 글의 목적은 이 생활사 자료의

---

* 출전: 大久保 孝 治, 「生活史における轉機の硏究-'私の轉機'(朝日新聞連載)お素材として」, 『社會學年誌』, 30, 早稻田社會學會, 1989(김희재 역).

1) <私の 轉機>는 다음의 네 가지 단행본으로서 출판되어 있다. 『私の 轉機』(冬樹社, 1981), 『私の 轉機 2』(冬樹社, 1982), 『心の 手帳』(冬樹社, 1985), 『道を拓く』(海龍社, 1986).

2) 『私の 轉機』는 전기라는 현상을 고찰하려고 하는 데 적당한 소재이지만, 생활사 자료로서도 문제가 없는 것만은 아니다. 문제는 적어도 두 가지이다. 첫째는, 사례에 포함되어 있는 정보량의 문제이다. 하나의 칼럼의 길이는 400자 원고용지에 4매 정도로 짧기 때문에 우리가 알고 싶어하는 정보－예를 들면 그때 그가 이미 결혼했었는가 라든가－에 빠진 것이 종종 있다. 둘째는 사례의 대표성의 문제이

분석을 통해서 전기(轉機, turning point)라는 현상에 대해서 고찰하는 것이다. 고찰에 필요한 문제의식은 아래와 같다.

1) 개인은 어떠한 사건을 전기로 인식하는가?
2) 전기는 왜 어떻게 생기는가?
3) 전기를 둘러싸고, 어떤 타자가 등장하며, 어떠한 역할을 행하는가?
4) 인생상의 기간과 전기는 어떻게 조응하는가?
5) 사회의 전환기와 인생의 전환기는 어떻게 조응하는가?

물론 이 글에서는 생활사의 분석을 생활과정(life-course)론의 관점으로 행한다. 구체적으로는 전기를 생활과정에 있어서 중요한 이행(transition)으로서 위치지운다. 세 가지 점을 보충하는 것으로 이 관점을 명확히 하려고 한다.

① 생활과정은 개인의 여러가지 경력의 묶음이다(가족력, 학력, 경력, 거주력, 건강력, 정신적 편력 등). 생활과정을 어떤 시점에서 둥글게 잘라 보면, 그 단면은 그 시점에 있어서 개인의 여러가지 생활영역의 시스템, 즉 생활구조를 나타내고 있다. 거꾸로 말하면, 개인의 생활구조의 생애에 걸친 변동과정이 바로 생활과정이다.

② 이행(transition)이라는 것은 생활구조의 구조적인 변동이다. 다시 말해서 생활구조의 중요한 구성요소—무엇이 중요한 요소인가는 개인차가 있기 때문에 일률적으로 말할 수는 없지만 가족, 직업, 건강 그리고 가치관

다. 칼럼의 집필자는 보통의 사람이 아니라 이른바 저명인, 즉 칼럼집필 시점에 있어서 각자의 분야에서 어느 정도의 성공과 그것에 따르는 명성을 얻었던 사람들이다. 그러한 사람들이 이야기하는 인생의 전기는 보통 사람들의 전기와는 다를지도 모른다. 적어도 양자에 색다름은 없다고 하는 독단적인 전재는 피하지 않으면 안된다. 이 글에서는 이러한 문제점은 승인하면서, 개개의 사례의 정보량보다도 전체의 정보량(네 권의 단행본에 수록된 사례수는 241편에 달한다)을 사례의 대표성보다도 사례의 전형성(전기라는 현상이 선명한 형태로 보고되고 있다)을 우선했다.

등은 일반적으로 중요한 구성요소이다—에서 변화가 생기고, 생활구조가 변용하는 과정이다. 그것은 곤충의 변태(變態)와 대단히 흡사하다. 개인은 일생동안 어느 정도 기존의 생활구조를 벗어 던지고, 다른 생활구조를 습득한다(혹은 강요된다). 그렇게 함으로써 개인은 그때까지와는 다른 사회적 존재로 되고 있다.

③ 중요한 이행과 그렇지 않은 이행과의 차이는 이행이 그것 이후의 인생에 미쳤던 영향의 크기에 있다. 영향의 크기에 대한 판정은 현재의 시점으로부터 당사자에 의해 이루어진다. 따라서 모든 전기는 회상적이다. 그것은 항상 '지금와서 생각하면'이라는 주역(註譯)을 붙여 썼다. 이것은 전기로서 말해지는 사건이 당시에는 반드시 중요한 사건으로 인식되고 있었다고만은 할 수 없고, 현재의 위치가 변화하면 말해지는 전기도 다른 것으로 될 가능성이 있다는 것을 의미하고 있다.

요약하면, 전기를 '라이프코스에 있어서 중요한 이행'으로서 받아들이는 이 글의 관점은 생활사라는 회상적 자료를 사용하여 개인의 일생에 걸친 생활구조의 변동 메커니즘을 분석하기 위해서 준비된 것이다.

1. 전기의 분류

전기라고 한마디로 말해지더라도 그 내용은 여러가지이다. 전기로서 인식된 사건은 대체로 아래와 같이 분류할 수 있다.

① 타자, 책, 예술작품, 감동적인 풍경 등과의 우연한 만남
② 역사적 사건(전쟁, 관동대지진, 대공황 등)과의 조우
③ 역할의 취득이나 상실, 즉 역할이행(role transition)에 기초한 사건(진학, 취직, 승진, 전직(轉職), 퇴직, 결혼, 이혼, 육친의 죽음 등)의 경험
④ 신체상의 이변(큰병, 노화, 장해 등)의 경험

그러나 전기로 구분되는 사건을 이같이 분류해 보아도, 전기에 대해서 무엇인가를 논한 것은 아니다. 실제 전기는 어떤 한 시점에 있어서 단발의 사건이 아니고, 일련의 사건으로부터 이루어진 과정인 것이다. 대부분의 사례에서 전기의 과정 전체를 상징하는 것 같은 사건이 '전기'로써 쓰이고 있는 것이 많다. 그러나 상징적 사건은 그 전후의 문맥으로부터 분리되어 어떠한 의미도 지닐 수 없는 것이다. 인생이라는 현상의 역동성에 다가가기 위해서는 우리는 이 문맥, 즉 전기의 과정을 분석의 대상으로 하지 않으면 안된다.

여기에서는 유형이 다른 세 가지 사례를 들어 그 해독을 하면서 전기의 메커니즘에 대하여 고찰한다.

<사례 1>

사꼬쥰 이찌로(佐古純一郎: 문예평론가)에 있어서의 전기는 성서에 의해서 초래되었다. 1946년 8월 향리에서 복원되었던 그는 깊은 허탈감 가운데 있었다. 회사에서는 바로 복귀할 수 있는 조건에 있었고, 가족을 위해서도 하루 빨리 동경으로 가지 않으면 안되었지만, 도저히 그같은 기분이 들지 않았다. 부름에 따를 때 책들은 모두 팔아버렸지만, 단 한권 예수교를 경멸하는 고서점 주인이 가져가지 않았던 성서를 품고서 혼자 산속에서 자면서 그것을 읽지는 않고 바라보기만 하면서 매일을 보내고 있었다. 그러던 어느날 요한 복음서 한 절을 읽고 있을 때 그는 은총으로서의 계시를 받았다. '나를 믿는 것은 죽더라도 사는 것이다'라고 단언할 수 있었던 예수와 그것을 순수하게 '주여, 믿습니다'고 받았던 마테에 감동했다. 그는 가만히 있을 수만은 없어, 곧 상경하여 복직한다. 그리고 그의 구도생활이 시작되었다. 그후 그는 52년 세례를 받고 72년부터 중섭곡(中渉谷)교회의 목사가 되어 현재에 이르고 있다.

이 사례의 특징은 외부로부터의 충격(전쟁)에 의해 기존의 생활구조가 붕괴되었다는 점이다. 내적 필연성의 결핍 그 위에 급격한 생활구조의 해체는 개인을 아노미상태에 빠지게 한다. 그것은 기존의 생활구조가 이미 상실되었음에도 불구하고, 그것에 대신할 새로운 생활구조의 구축에 아직 착수될 수 없는 상황이다. 하지만 그러한 상황에 있어서도 개인은 하루하루 생활을 보내기 때문에 나름대로의 생활구조는 존재하고 있음직하다고 하는 견해도 가능하다. 다만 그러한 경우의 생활구조는 매미의 허물과 같이 공허한 것일 수밖에 없다. 이러한 아노미상태가 어느정도 진정되면, 개인은 새로운 생활구조의 구축에 대하여 레디니스한 상황에 처한다. 그것은 자기 주위에 안테나를 둘러치고 새로운 생활구조의 구축에로의 계기가 될 사건을 무의식 가운데서 찾아내는 상황이다. 이 사례에서는 성서의 한 구절이 계기의 역할을 맡고 있다. 이같이 생활구조의 박탈→아노미 상태→레디니스(준비)상태→계기→새로운 생활구조의 구축이라는 과정을 더듬어 가는 이행을 '외발형(外發型)'으로 칭하게 된다.

여기에서 전기에 있어서의 우연성의 문제에 대하여 살펴보고자 한다. 만약 고서점의 주인이 예수교 혐오자이지 않아서 성서를 가져 갔더라면 그의 인생은 달라졌을지도 모른다. 사꼬슌 이찌로(佐古純一郎)에 있어서의 '고서점 주인의 예수교 혐오'는 안토니우스에 있어서의 '크레오파트라의 코'이다. 확실히 전기에 있어서는 우연이 따라붙어 다니는 것이다. 그러나 이것은 반드시 그의 전기 그 자체가 우연이었다라는 것을 의미하지는 않는다. 그는 정토진종(淨土眞宗)의 절에서 태어났고, 태어나자 곧 어머니를 잃고, 어릴 때부터 '죽음'이라는 것에 대해서 생각하면서 성장하고 대학에서는 종교학을 전공했다. 그의 전기는 그나름의 복선이 있고, 어떤 의미에서는 일어나야 할 것이 일어났다고도 말할 수 있다. 레디니스 상황이라는 것은 새로운 생활구조에로의 이행의 계기를 구하는 의식이 외부로 넓게 열려져 있는 상태이기는 하지만, 가끔씩 주어지는 자극에 대해서 무차별적으로 반응하는 것 같은 수동적 상태는 아니다. 거기에서는 가령 무의식적이든지 주체적인 선택이 행해지고 있는 것이다. 물론 그렇다고 해서 그의 예수교에로의 귀의가 불가피적인 것만은 아니다. 생활사의 해독(解讀)이라는 작업을 하는 사람에게 카아(E. H. Carr)의 다음 말은 시사적이다.

"실제의 이야기, 역사가는 사건이 실제로 일어나기 전까지는 그 사건이 불가피하다고 생각하지 않는다. 역사가들은 선택이 자유라고 하는 가정하에서 이야기의 주인공들이 택할 수 있었던 다른 과정도 논의할 때가 많다. 그러나 왜 결국에 가서는 다른 과정을 밟지 않고 특정한 과정을 밟게 되었는가를 아주 정확하게 설명하려고 하는 작업을 계속하고 있다. 어떤 일이건 그것이 다른 결과를 초래하려면 선행되는 원인 자체부터가 달라야 한다는 형식적인 의미에서가 아니라면 역사에서는 불가피한 일이라곤 없다[3]".

<사례 2>

요시다 히데까(吉田秀和: 음악평론가)의 전기는 구사일생한 것이 계기로 되고 있다. 그는 종전 마지막년에 소집영장을 받고 3월 8일 오오사까로 출발했지만 신체검사에서 불합격되어 전선으로 가는 것을 면제받았다. 그리고 "오늘은 벌써 늦었으니 집에서 묵고 가십시오"라고 하는 낯선 사람의 후의(厚意)를 입어 귀경을 1일 연기한 덕택에 동경대공습을 당하지 않아도 되었다. 그은 이 2일간의 경험으로부터 자기의 생명이 어떻게 많은 사람의 죽음과 고난과 선의에 의해 구해지는 것인가를 알았다. 전후 곧 그는 근무를 그만두고 어떠한 승산도 없는 음악을 쓰면서 생활의 자세를 잡았다. 그것은 이번에야 말로 자기 힘으로 살아가고, 언제 죽어도 후회가 없는 매일매일을 보내려고 생각했기 때문이다.

이 사례가 앞의 사례와 결정적으로 상이한 점은 기존의 생활구조의 종언이 불가항력에 의한 것은 아니고, 그 사람의 주체적인 결단에 의한 것이었다는 점이다. 그는 기존의 생활구조를 무리해서 떼어 내었던 것은 아니고, 자신으로부터 벗어던졌던 것이다. 왜 그러한 것이 일어났는가? 그 원인은 생활구조의 일종의 삐꺽거림(구조적인 모순)이다. 셀러리맨이었던 때의 그는 옷감이 나쁜 양복을 입은 것과 같은 것이었다. 그 생활구조로부터 재생산된 매일의 생활은 그가 원래 원했던 생활은 아니었다. 이러한 구조적 스트레스-그것은 적든 많든 어느 사람의 생활구조에도 내재하고 있는 것이다-가 어떤 정도를 넘어설 때 그는 임무를 버렸다(구사일생을 얻은 것이 그 계기가 되었다). 그리고 음악을 쓴다는 몹시 불안하지만, 그러나 원래 원했던 생활로 들어가고 있는 것이다. 이상의 과정을 일반화하면 구조적 스트레스의 증대(레디니스 상태)→계기→기존의 생활구조로부터의 탈출=

3) E. H. Carr, *What is History?*, Macmillan, 1961.

새로운 생활구조의 구축이라는 것으로 된다. 이러한 유형의 이행을 '내발형(內發型)'으로 부르기로 한다.

<사례 3>

히까시야마 이(東山 夷: 일본화가)의 전기는 동경미술학교 일본화과에로의 진학이다. 중학교 5년의 여름방학중 어느날 그는 진로에 대하여 상담하려고 담임 사까베(阪部) 선생의 집을 방문했다. 그는 화가를 지망했지만 부친은 그것에 강하게 반대했다. 또 그 자신속에도 세속적인 직업을 가져서 부모에게 즐거움을 주려는 심정도 있어서 그것이 그의 마음을 한층 복잡하게 했다. 사까베선생은 그의 본심을 확인하고 부친을 설득시겼다. 그는 동경미술학교 수험을 허락받았다. 그런데 부친이 동경의 아는 사람에게 진학을 상담해서 편지를 보냈던 곳은 우연하게 일본화에 흥미를 가지고 있었던 사람이었기 때문에 꼭 일본화로 하라는 답장이 왔다. 부친은 이번에는 오히려 일본화가 아니면 안된다는 것이었다. 그는 서양화과를 지원하려고 했지만, 그토록 반대했던 부친이 화가로 되는 것을 허용했기 때문에 일단은 일본화과를 수험하지 않으면 안된다고 생각했다. 그리고 그 다음해 봄, 의외로 시험에 합격한 그는 그 이래 일본화가로서의 길을 걸어가게 되었다.

이 사례의 특징은 졸업이라는 제도적인 사건에 의해 기존의 생활구조가 끝난다는 점이다. 옛날제도의 중학 5년생은 다음해 봄에는 졸업하지 않으면 안된다. 졸업후의 생활구조를 어떻게 하는가는 개인의 측면에서 문제이지만, 이행된 자체는 어디까지나 사회적 요청에 의한 것이다(내발형과의 차이). 더구나 그 사회적 요청은 예정되어 있기 때문에 돌연한 불가항력적인 성질은 아니다(외발형과의 차이). 이러한 유형의 이행을 '제도형'으로 부르기로 한다. 어떠한 사회에서도 인생의 표준적인 시각표로 말할 것이 있으며, 거기에는 일정의(단, 유일한 것은 아니다) 연령에서 경험되어야 할 이행군이 미리 짜여 있다. 단 이러한 제도적 이행은 대부분 개인이 경험하는 것임에도 불구하고, 아니 그 때문에 오히려 전기로서 회상된 것이 그다지 많지 않다. 그것은 전기로서 칭해지기에는 너무나도 평범한 사건이기 때문이다. 그것이 전기로서 의식되는 것은 이 사례와 같이 갈등이나 예상도 못했던 전개가 보이는 경우이다.

이상 외발형, 내발형, 제도형이라는 유형의 다른 세 가지 이행에 대해서 보아온 것이지만, 이것들은 동일인물의 인생 가운데서 혼재할 수도 있다. 다시 말하면 개인의 일생은 유형이 다른 복수의 이행으로부터 이루어진다. 그 가운데 최대의 이행, 그것이 없었으면 현재의 자신 역시 없었다고 생각되는 이행에 대하여 언급한 것이 『나의 전기』이다. 이와 같은 이행의 연쇄로써 생활과정을 걸었던 경우, 그 과정은 일반론으로서 다음과 같이 정식화하는 것이 가능할지도 모른다. 즉 개인은 자기의 인생목표를 제도형의 이행군을 통해서 실현시켜 나가려고 노력하지만, 외발형의 이행에 의해 예정 외의 방향전환을 강요당하거나, 또한 내발형의 이행에 의해서 당연히 가야 할 방향으로의 궤도가 수정되기도 한다라는 것이다. 물론 이것은 다수의 생활사의 횡단적 분석으로부터의 추론의 단계를 끄집어 낸 것이 아니라 이 이후 종단적 분석을 진행시켜 나가는 데에 작업가설로써 제시하고 싶다.

2. 전기에 있어서 중요한 타자

전기의 과정에 있어서 타자가 중요한 역할을 하는 것이 자주 있다. 일본인의 일생에 있어서 타자의 역할에 관한 연구로서는 하마구찌 센도시(浜口專俊)가 일본경제신문 연재의 <나의 이력서>를 분석한 『일본인에 있어서 케리어란』과 프라스(D. W. Plath)가 4편의 소설과 네 사람의 일반인 생활사를 분석한 『일본인의 생활방식』 두 권이 잘 알려져 있다. 여기서 각각 요점을 비판적으로 검토하면서 전기에 있어서 중요한 타자에 대해서 논해 보자.

하마구찌 센도시(浜口專俊)는 일본인의 '사회적 경력'의 특징에 대해서 다음과 같이 말하고 있다.

"그것은 인생행로의 전기에 즈음하여 나아가야 할 길을 교시하고 또 실제로 원조, 알선을 행하는 것과 같이 당사자에 있어서 대한히 중요한 인물이 대부분의 경우 반드시 여러 명은 있다라고 하는 사실이다. 그러한 중요한 인물을 준거인(準據人)이라고 이름을 붙여보자."[4)]

그것은 일본인에 제한된 이야기가 아닌 것은 아닐까라는 의문이 당연히 나오지만 거기에 대해서는 일단 나중에 보자.

내가 여기서 문제로 삼고 싶은 것은 개인의 경력을 다른 사람과의 관계에 있어서 분석하려고 할 경우, 이행의 촉진요인으로써 중요한 타자를 드는 것만으로는 편파적이지는 않는가 하는 점이다. 그것의 예증으로서 한 가지 사례를 들어보자.

<사례 4>

쯔지무라사부로(인형사)에 있어서, '전기'는 전진좌(前進座)의 배우 가와라사끼 고니다로우(河原崎國太郞)와의 우연한 만남이었다. 중학교를 졸업한 그는 처음 재봉사가 되려고 양복점에서 일했지만 성격이 맞지 않아 3년후 그만두고 그 이후는 극장의 간판걸이와 무대장치를 하면서 여가에는 지역의 연극서클활동에 열중하고 가발만들기로부터 배우연출까지 만능꾼이 되었다. 그때 전진좌가 그의 고향인 히로시마현 미요시시에서 공연을 했다. 그는 심부름을 통해서 가와라사끼에게 홀딱 반해서 자기가 만든 인형을 바친다. 연극으로의 꿈은 한층 더 격화되었다. 그리고 잠시후에 모친이 돌아가시고, 친척이 없는 그는 가재도구 일체를 전부 팔아 가와라사끼를 믿고 단신으로 상경한다.

이 사례의 경우 가와라사끼는 이행의 촉진요인으로서의 중요한 타자이고 쯔지무라사부로가 왜 상경했는가가 설명된다. 동시에 그의 부모는 이행 억제요인으로서의 중요한 타자이고 그의 상경이 왜 늦었는가를 설명한다. 두 사람 모두 강한 인력을 가지고 있지만 그 방향은 정반대이다. 사부로에 있어서 기존의 생활구조를 벗어던지는 것은 모친을 버리는 것(부모측에서 보면 생활구조의 박탈)을 의미하고 있다. 어려서 부친을 잃고 모자가정에

4) 浜口惠俊 編著, 『日本人にとってキャリアとは』, 日本經濟新聞社, 1979.

서 자란 그는 그것을 할 수 없었다. 모친이 죽은 후 그는 깊은 슬픔이 '끝났다'라고 정직하게 쓰고 있다. 이처럼 육친의 죽음이 기존의 생활구조에서 탈출의 계기가 된 사례는 몇 개가 있었다. 더욱이 이 사례에는 등장하고 있지 않지만 인력(引力)이 아닌 척력(斥力)을 가진 중요한 타자라고 하는 것도 존재한다. 예를 들면 나까야마 시게루(中山 茂: 과학사가)의 전기는 졸업논문의 테마를 둘러 싼 지도교수와 충돌한 것을 동기로 천문학을 그만두고 실사회에 뛰어 들어갔다. 이와 같이 타자는 그 인력에 의해서가 아니고 반대로 그의 척력에 의해서 개인의 인생 방향에 영향을 주는 것도 있다.

한편 프라스(Plath)는 인생에 있어서 '관여자들'의 존재를 중시한다.

> "당신이 언젠가 어디에서 우연히 만나는 사람들을 '접촉자들'이라고 부른다면, 일정 기간에 걸쳐서 어느 정도의 친절함을 가지고 당신이 관계를 가진 사람들이 '관여자들'이다. 그것은 친구, 애인, 친적, 동료, 학급친구 등이다. (중략) 만일 그들에게 언급하지 않으면 당신의 전기(傳記, 생활사)는 거의 의미를 만들지 못할 것이다. 그러므로 '관여자들'은 우리에게 있어서 가장 기본적인 사회적 자원이고 동시에 기본적인 사회적 구속이기도 하다. 우리들은 이른바 서로 성장하며 만나는 것이다."[5]

그러나 이러한 지적이 일본인의 생활사를 분석하는 데 과연 유효한 것일까, 아닐까. 나는 두 가지 점에서 의문을 가진다. 첫째는 그가 말하는 '관여자들'이 그 구체적 예로써 금방 알 수 있듯이 본인과 동세대의 사람이라는 점이다. 확실히 배우자와 친구가 전기에 즈음하여 관여하는 사례는 『나의 전기』에 자주 등장하지만 그것보다도 양친이나 은사나 상사와 같은 선행세대의 사람들이 중요한 역할을 하고 있는 사례쪽이 압도적으로 많은 것이다. 두번째는 그가 말하는 '접촉자들'의 존재가 전기의 과정에 있어서 불가결의 요소가 되어 있는 사례를 자주 볼 수 있는 점이다. <사례 1>의 경우

5) D. W. Plath, *Long Engagements*, Stanford, 1980.

'헌책방의 주인,' <사례 2>의 경우 '모르는 사람,' <사례 3>의 경우 '부친의 동경친구'는 그 예이다. 두 사람의 인생은 좌표축의 어느 한 점에서 교차하고 그 후 두번 다시 교차하는 것이 없었는지도 모르지만, 그 일순간의 만남은 그들의 인생이 결정적인 흔적을 남긴 것이다. 이러한 '접촉자들'을 언급하지 않고 그들의 생활사를 말할 수 없을 것이다.

3. 연령 및 시대와의 관계

전기란 회상적이다는 것 이상, 특정 개인에 있어서 그(그녀)가 언제 전기를 경험하는가를 예측하는 것은 어렵다. 그러나 통계적으로는 전기를 경험하기 쉬운 인생상의 시기라는 것이 존재한다.

<표 1>은 『나의 전기』 집필자 241명을 집필 때의 연령에서 분류한 것이다. 그래서 사람수가 20인을 넘는 7개의 연령 그라프에(큰 틀로 표시한 부분) 대해서 전기를 경험한 연령의 분포를 본 것이 <표 2>이다(전기를 경험한 연령은 상징적인 여러가지 일을 경험한 연령[6]에 의해서 대표되었다). 여기서 크고 작은 2개의 산으로 이루어지는 전기의 파장이 분석되어 나온다.

10대 후반과 20대는 전기를 더욱 더 경험하기 쉬운 시기이다. 이 시기는 청년기 및 성인으로서의 시행기에 해당한다. 개인은 이 시기에서 성인기에 있어서 생활구조의 계획도를 그리고 그 실현을 행해서 중요한 선택을 행하는 것을 기대하고 있다. 이과정에서 고뇌와 좌절과 운명적인 만남을 경험하는 사람은 많다. 예를 들면 오까모도 다로우(岡本太郞: 화가)는 20세 때 폴·로 잔벨화랑에서 피카소의 신작을 보고 여기에 자신이 나아가야 할 길이 있다고 순간적으로 확신했다. 끼시 요우꼬(岸洋子: 가수)는 예술대의 전공학과 졸업을 눈앞에 둔 23세 때 심장신경증으로 오페라는 일생 무리라고

6) 경험연령은 '경험년 - 출생년'에 의해 산출되었다.

의사로부터 선고받고, 한 때는 죽음을 생각했지만 삐아프의 레코드를 듣고 상송으로의 전향을 결정했다. 또 이 시기는 일단 중요한 선택을 행한 후라도 선택이 다시 바뀌는 '제멋대로'가 허락되는 시기이기도 하고 그것이 전기를 경험하기 쉽다고도 말할 수 있다. 예를 들면 와까야마(若山弦藏: 성우)는 25세 때 5년간 소속해 있던 싸뽀로 방송극단을 그만두고 정말 승부의 장소를 찾아 동경으로 향하는 열차에 몸을 실었다. 미우라 유이찌로(三浦雄一郎: 스키선수)는 27세 때 홋가이도대학 수의학부의 조교의 일을 버리고 상경, 해외에서의 생활을 꿈꾸고 부부와 실업자생활을 시작했다.

<표 1> 집필시연령(5년별로 나누어서)

연령	남	여	계
90~94	0	1	1
85~89	7	1	8
80~84	20	4	24
75~79	16	9	25
70~74	26	3	29
65~69	16	6	22
60~64	24	12	36
55~59	29	16	45
50~54	24	10	34
45~49	5	5	10
40~44	4	2	6
35~39	1	0	1
30~34	0	1	1
불명	0	2	2
계	169	72	241

30대 후반과 40대 전반에도 전기를 경험하기 쉬운 시기이다. 이 시기는 소위 중년기에 해당한다. '불혹'이라는 단어는 40세라는 연령이 어떻게 유혹이 많은 연령인가라는 것을 역설적으로 이야기해주는 것이다. 그것은 일

반적으로 인생의 반환점 내지 인생의 절정기(고비)를 상징하는 연령이고, 개인은 그 주변에서 인생의 남은 기간이라는 것을 의식하지 않을 수 없다. 중년기의 전기는 이런 인생에의 자각으로부터 생겨나는 경우가 많다. 예를 들면 에도 교우꼬(江戶享子: 피아니스트)는 40세가 되었을 때 이제부터 향후 10년간을 자신이 납득할 만한 인생을 살 수 없다면, 무엇 때문에 태어났는지를 이해할 수 없다고 판단하고, 여기가 자신의 제일 중요한 시점이다라는 각오를 다짐했다. 구마이 께이(熊井啓: 영화감독)은 42세에 과로로 쓰러져, 절대안정을 한 채 주사와 링겔로 하루하루를 보내면서 일, 가정, 그외의 모든 것으로부터 남은 인생에 대해 진지하게 생각해야 하는 게 아닌가를 생각했다. 다와라 호우꼬(俵崩子: 평론가)는 42세 여름휴가중, TV에 출연해 의기양양하게 이야기하는 친구를 보고 갑자기 허무한 기분이 들었고, 그 생각은 날이 갈수록 깊어지고, 인간의 본래 삶은 자신이 이때까지 추구해온 것 중에는 없다고 하는 결론에 이르렀다.

<표 2> 전기를 경험한 연령(집필시의 연령집단)

연령집단	5	10	15	20	25	30	35	40	45	50	55	60	65	70
80~84	-	3.4	20.7	10.3	6.9	-	6.9	3.4	3.4	-	-	-	-	-
75~79	-	10.0	20.0	10.0	10.0	10.0	25.0	-	-	-	-	5.0	5.0	5.0
70~74	-	8.0	16.0	20.0	12.0	16.0	12.0	8.0	44.0	-	4.0	-	-	-
65~69	-	5.0	15.0	5.0	25.0	5.0	10.0	15.0	5.0	5.0	10.0	-	-	
60~64	2.9	8.6	11.4	11.4	14.3	8.6	14.3	2.9	11.4	8.6	-	5.7		
55~59	5.7	2.9	17.1	25.7	8.6	5.7	14.3	11.4	5.7	-	2.9			
50~54	3.4	13.8	3.4	27.6	13.8	3.4	6.9	17.2	-	10.3				

<표 2>를 보면 또 한 가지 알 수 있는 것이 있다. 그것은 '75~79세' 그룹의 30세 후반(25%), '70~74세' 그룹의 30대 전반(16%), '65~69세' 그룹의 20대 후반(25%)이라는 상태에 비스듬한 선을 따라 전기를 경험하기

쉬운 연령단계가 이동하고 있는 부분이 있다. 이것은 패전 전후의 사회적 상황이 전기를 발생시키는 것을 시사하는 것이다. 단 『나의 전기』는 연수로 7년에 걸친 연재 칼럼이기 때문에 집필시의 연령이 같은 인사들은 출생 년도도 같다는 것에는 반드시 일치하지 않는다. 그래서 출생년에 따라 집필자를 분류하고(<표 3>), 사람수가 20명을 넘는 7개의 코드에 관해, 일본 사회의 큰 전환기였던 1940년대에 전기를 경험한 사람의 비율을 나타낸 것이 <그림 1>이다.

<표 3> 출생코드(5년별로 나누어서)

코드	남	여	계
1890～1894	1	1	2
1895～1899	12	1	13
1900～1904	18	9	27
1905～1909	16	6	22
1910～1014	23	3	26
1915～1919	22	6	28
1920～1924	22	12	34
1925～1929	25	17	42
1930～1934	23	8	31
1935～1939	23	8	31
1940～1944	4	5	9
1945～1949	1	1	2
불명	0	2	2
계	169	72	241

여기에서 바로 말할 수 있는 것은 코드에 따라 1940년에 전기를 경험한 사람의 비율에 차이가 있다는 것이다. 그 비율이 가장 큰 것은 '1920～1924년' 코드에서 실제로 4할의 사람이 인생의 전기를 경험했다. 반대로 그 비율이 가장 작은 것은 '1900～1904년' 코드에서 전쟁중, 전쟁후의 시

대상황은 그들의 인생에 적어도 전기라는 모습에서는 거의 반영되지 않는다고 해도 좋다. 이 차이는 어디에서 오는 것일까? 기본적인 요인은 그 시대를 그들의 살았던 때의 연령일 것이다. 패전했을 때(1920~1924) 코드는 21세부터 25세 그것은 그렇지 않아도 전기를 경험하기 쉬운 연령이었다. 거기에 사회의 전환기가 겹쳤다. 그것은 일종의 공명현상을 불러 일으켜, 전기의 파장이 증폭되었던 것이라고 해석된다. 한편 '1900~1904년' 코드는 이미 41세부터 45세로 되었다. 그들의 대부분은 좀더 젊은 때의 경험을 전기로 들고 있다. 사회의 전환기를 인생의 전기와 동조시키기 위해서는 그들은 몇살의 나이를 더 보내야 했다. 물론 그들의 인생이 역사적 사건의 영향을 받지 않은 것은 아니다. 단 그들이 말하는 역사적 사건은 패전에 있는 것보다는 오히려 20세 전후에 경험한 관동대지진과 경제불황에 의한 취직난이었다.

<그림 1> 1940년대 전기를 경험한 사람의 비율

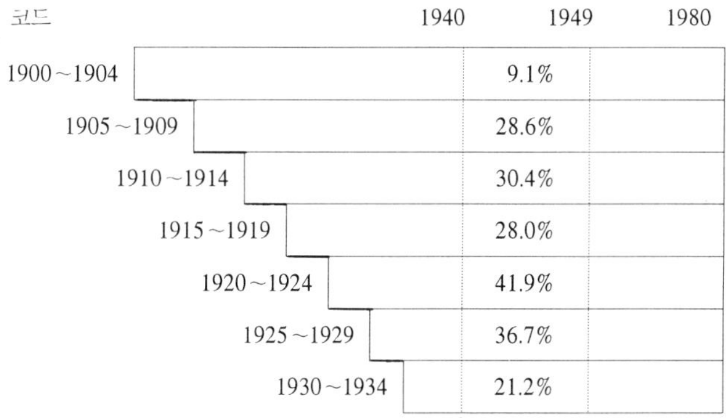

코드	1940~1949
1900~1904	9.1%
1905~1909	28.6%
1910~1914	30.4%
1915~1919	28.0%
1920~1924	41.9%
1925~1929	36.7%
1930~1934	21.2%

시대와 인생의 공명은 여러 모양이다. 집필자 1명이 말한 것처럼 「일본국민패전 전기이야기」를 모은다면 방대한 책이 완성될 것이 틀림없다. 이이다 미유끼(飯田深雪: art flower작가, 당시 42세)는 전부를 잃은 허무감속에서 참된 마음을 내리누른 오랜 기간의 결혼에 대한 마음의 피로가 극한

에 달해서 자기 자신에게 정직하게 살고 싶다고 진심으로 바랐다. 가네자와 끼이치(金澤嘉一: 어린이문화연구소장, 당시 37세)는 아이들에게 「성전(聖戰)」을 가르쳐온 책임을 지고 교직을 떠날까 말까 고민하던 끝에 그 곳에 머물기로 결심했다. 사천영부(絲川英夫: 조직공학연구소장, 당시 37세)는 포츠담 명령에서 항공기의 연구를 금지시켜 실의에 빠져 있었지만, 바이올린을 좋아하는 대학원생과 만나면서 음향학을 무에서 시작했다. 가네꼬 도아타(金子兒太: 배우, 당시 26세)는 입신출세주의을 버리는 것이 특럭섬에서 죽은 전쟁친구들에 대한 보답일 것이라고 생각하고 복귀한 일은(日銀)에서 노동조직운동에 전념하게 되었다. 이시이 고우꼬(石井好子: 상송가수, 당시 23세)는 NHK를 퇴직한 재즈밴드의 주인이 된 남편에게 부탁해서 미군을 상대로 재즈를 노래하게 되었다. 야마무라 료우이찌(田村隆一: 시인, 당시 22세)는 살아 남은 친구들과 함께 월간시지 ≪황지(荒地)≫를 창간하였다. 오오야마 아사히데(大田昌秀: 琉球大學교수, 당시 20세)는 무수히 많은 시체와 함께 떠밀려온 마문인(摩文仁: 지명)의 해안에서 만약 계속 산다는 것이 가능하다면 많은 학우들의 명을 뺏은 오끼나와전의 실태를 밝히는 데 여생을 보내기로 결의했었다. 시로야마 사부로(城山三郎: 작가, 당시 18세)는 지원입대에서 안 군병의 정체와 일부의 직업군인들의 추함을-어두운 청춘을 산것의 증명으로서- 쓰서 남겨두지 않으면 안된다고 생각했다. 하야노(早之女勝元: 작가, 당시 13세)는 교사를 필두로 하는 어른들의 마음이나 행동이 돌변하는 것을 괴상한 것이라고 느끼고 그런 어른의 한 사람이 되지 않도록 열심히 공부하겠다고 결심했다. 이처럼 1945년 전후의 사회변동은 그때 개인의 연령, 사회적 지위(학생인가, 사회인인가, 미혼인가, 기혼인가 등) 성별, 전투경험의 유무 그리고 인생관이라고 하는 몇개의 개재요인을 경유해서 사람들의 생활과정으로 공명되고 다양한 전기를 초래한 것이다.

4. 맺음말

1970년대에 미국에서 생겨나 80년대 초기에 일본 미국 가족사회학자의 교류를 통해 일본에 이입된 생활과정연구도, 80년대 말을 맞은 오늘 매년 일본사회학자의 대회에서 하나의 분과회를 구성하기까지 정착되었다. 그러나 그 곳에서 보고된 생활과정연구의 대부분은 역할이동의 타이밍에 관한 수량적 분석이다. 물론 그것은 그래서 생활과정연구의 불가결의 영역이고, 앞으로도 코드분석법의 개발, 패널(panal)조사법의 도입, 기독교인 명부(宗門人別帳: 에도(江戶)시대 기독교 금지를 위한 인명첩) 같은 역사적 자료의 활용 등에 따라 획기적인 전개가 기대되는 영역에 있다. 문제는 그런 생활과정의 외면적 경력(가족사, 학력, 직업력 등) 연구에 비해 내면적 경력(자기의 인생에 관한 주관적인 의미부로의 연쇄)에 관한 연구가 심하게 지체되어 있다는 사실이다. 라이프코스가 다양한 경력의 묶음이며, 그 상호작용의 과정이다라고 한다면, 내면적 경력에 관한 연구의 지체는 라이프코스연구 그 자체를 피상적인 것으로 빠지게 하는 위험성을 내포하고 있다고 생각한다.

이러한 인식으로부터 본고에서는 생활과정의 방향전환의 메커니즘을 생활사라고 하는 '본인의 증언'을 기본으로 해명하려고 했다(단, 그것은 생활과정의 방향전환의 설명으로서 '본인의 증언'을 그대로 채용하는 것은 아니다. 생활사의 해독이라는 것은 개인이 자신의 인생에 부여하고 있는 해석을 연구자의 분석틀 속에서 재해석하는 작업에 있다).

한정된 지면속에서 전기를 둘러싼 중요한 문제군들에 관해 살펴보고자 했기 때문에 옴니버스적인 구성을 취할 수밖에 없었지만 본고를 '생활과정에 있어서의 이행의 연구'를 위한 서설로서 위치지우고, 이후 주요한 문제의 하나하나에 대해서는 보다 깊은 논의를 전개해 가고 싶다.

민중적 사회와 그 형상

이상훈

1. 일상성과 민중의 삶—쟁점과 인식의 지평

1) 민중적 사회

용어 자체가 가지고 있는 의미의 모호성에도 불구하고 주위에서 민중이라는 단어가 사용되고 있는 표현들을 쉽게 접할 수 있다. 민중예술, 민중의 미, 민중적 감성 혹은 보다 직접적이고 정치적인 표현으로서 민중의 힘, 민중운동, 민중혁명 등. 그럼에도 민중에 대한 구체적인 이론화가 충분히 이루어지지 못한 때문에 현대 한국의 사회에서의 민중의 실제적인 모습과 특성들을 명확히 설명한다는 것이 쉬운 일이 아닌 것도 사실이다. 게다가 다양한 수준에서의 사회적 상황들의 변화가 민중이라는 용어가 지니고 있던 치열하고 강렬한 의미들을 일상적인 차원에서든 학문적인 차원에서든 상당히 희석시키고 있다는 느낌을 가질 수 있는 것도 사실인 것 같다. 이러한 현상은 역설적으로 이야기한다면, 우선 그동안 민중을 둘러싼 많은 논의들이 얼마나 정치적인 논리속에서 이루어져 왔었나 하는 사실을 반증하는 것이며, 두번째로는 오히려 지금이야말로 민중에 대한 논의를 구체적으로 할 수 있는 시기가 아닌가 하는 것을 보여주고 있다. 다시 말해서 다양한 논의들 속에서 표면적으로 부유하던 민중, 민중의 삶의 형상들이 이제 어떠한 방식으로든지 실제 우리의 일상적인 삶속에서 깊숙히 천착·형식화 되었으며 이러한 이유 때문에 나는 현재의 한국사회를 바로 '민중적 사회'라고 부르고자 한다. 허상으로서의 민중이 아니라 점점 더 포착가능한 형식들로서 나타나고 있는 것이며 사회를 이루고 있는 하나의 힘으로서의 존재이다. 따라서 이러한 민중을 이해하기 위하여, 그리고 '민중적 사회'를 인식하기 위하여 조금만 더 시각을 확장시키고 정치적·이데올로기적 시각으로부터 자유로와진다면 민중이라는 것이 이러저러한 경직된 범주속에서 고착될 수 없는 상당히 상대적인 의미를 지니고 있음을 알 수 있을 것이다. 그러면 도대체 민중이란 누구인가? 아니면 민중이 아닌 것은 누구인가? 어떠한 이유에서 민중이 누구인가를 밝히려고 다가갈수록 더욱더 모호해지는 것인가? 이러한 모호성이 의미하는 것은 무엇인가? 그것은 즉 민중의 문제가 한 시대의 사회의 정체성 문제와 밀접한 관련이 있으며, 또한 어떠한 의미에서 민중의 진정한 힘은 그것의 사회적인 의미가 논리적인 추론의 범위를 넘어선다는 사실로부터 기인한다고 말할 수 있다. 실제로 민중은 서로 다른 다양한 사회적 양상들을 통해 나타나며 이같은 민중에 대한 접근 역시 다양한 방식으로 이루어질 수 있다. 때로는 폭발적이며 격정적 이기도 하며 혹은 은밀하며 소리 없이 움직이는 민중의 힘, 민중의 형상들은, 특히 현상유지와 안정성을 유지하기 위한 지속적인 압력과 모든 분야에서의 급진적 변화로의 요구가 내적으로 끊임 없이 충돌하여 움직이고 있는 시기의 사회에서는 그 사회가 지니고 있는 역사적-사회적 특성과 함께 상당히 모순적이며 긴장된 형식으로 나타나게 된다. 사실 이러한 모습들은 어떤 의미에서는 우리가 지난 70~80년대의 한국사회를 통해서—물론 현재 역시 그러하지만— 돌발적이지만 은밀하게, 비정형적이지만 그러나 지속적인 방식으로 일어났던 일련의 상황들을 주시·관찰하면서 느낄 수 있었던 감정들의 표현일 수 있다는 것도 그다지 틀린 말은 아닐 것이다. 그동안 벌어졌던 급격한 변동과 그에 따른 다양한 상황들을 통해서 우리 삶은 다소 단순한 방식으로 표현한다면 다음과 같은 두 가지의 정형적인 양상들로 읽혀진다. 즉 한편으로는 삶과 행동의 양식이 목적론적이며 객관화된 모습과 또 다른 한편으로는 그와 동시에 소위 지배적이고 공식적인 역사의 흐름의 수면 밑에서 항존하던 삶의 형식들의 움직임들로서, 이러한 것들이 사회의 깊은 곳으로부터 서서히 표면으로 떠오르고 있는 거대한 상징화의 모습으로서 관찰될 수 있는 것이다.

그것은 우리의 일상적 삶이 지니고 있는 혁명적이며 동시에 축제적 형식을 띤 모습이며 폭력적이며 격정적인 정열이 집단적인 환희의 모습으로 변형되면서 삶속에서 가지는 분노들이 무한한 열정으로 움직이는 생동적인 장면들이 아닌가. 어떻게 보면 미래를 향한 희망적 존재성을 상실한 채 예측할 수 없는 현실 상황에 대응하면서 살아가는 현세적 축제의 모습이 아닌가. 따라서 우리는 이러한 삶속에서, 한편으로는 정치적·경제적인 목적성으로 규정된 인과론적 제일성에 의해 결정지어지는 논리와 또다른 한편으로는 우리 삶의 집단적인 열정과 다양성을 제한시키는 가치들, 외면적으로 일상적인 삶이 종속될 수밖에 없는 지배적인 가치들에 대항하는 일상의 논리를 동시에 주목할 수 있는 것이다. 때로는 논리적이지 못하고 파격적인 현상들이 특히 삶의 의미를 제한하고 규정지우는 가치들과의 균형잡기가 파괴되는 시점에서 그것들의 역동성은 보다 의미적일 수 있다. 그것이 바로 삶 자체의 고유한 역사를 구축해나가는 다원적 역동성이 표출되는 모습이라고 할 수 있을 것이다.

그래서 이러한 일상성속에서의 민중의 현실에 대한 접근은 삶에 대한 인식의 수준과 함께 인식의 형태와 불가분의 관계에 있는 방법론적 관심의 수준에서 상호 수렴이 이루어져야 되는 것은 물론이다.

2) 일상속의 민중의 삶－상징적 표상으로서의 민중

일상생활의 삶속에서 다원적 형식으로서의 민중을 파악하고자 하는 것은 민중을 단일적 형식으로 축소된 사회적 실제로서가 아니라 상징적 표상으로서 보고자 하는 것이다. 다시 말해서 민중을 이러저러한 개념으로 설명하고자 하는 것이 아니라 현실적 존재로서의 민중이 그들의 삶, 경험을 통하여 그들의 현실을 이루어나가는 형식화 과정으로서 이해하고자 제안하는 것이다. 우리가 살고 있는 이 시대에서 다양한 삶의 형식을 통한 상징적 표상으로서의 민중이란, 한편으로는 객관적인 방식으로 이해되는 역사적인 공통체의 의미를 가진 민중과 또 다른 한편으로는 집합적 열정을 발생시키는 감성과 표상의 형태로서 주관적으로 표출되는 민중을 동시에 포용하는 방식인 것이다. 이러한 의미에서 상징적 표상으로서의 민중의 삶의 형식들을 나는 '민중성'이라고 부르고자 한다. '민중성'이란 그 자체 형식주의적 접근방식으로의 방법론적 입장과 다양한 민중의 삶을 보여주는 형식들로서의 모습을 동시에 반영하고 있다고 할 수 있다.

사실 우리는 민중현상, 민중의 삶에 대한 많은 논의를 접할 수가 있지만 일반적으로 두 가지 지배적인 경향을 들 수가 있겠다. 우선 민중의 현상은 사회계급이나 계층으로서의 민중에 대한 인식과 제도적 정당성－사회내에서의 불평등 관계가 문제가 되는－의 측면이 늘 혼재해 있는 사회적 혹은 상징적 수준에서 지배와 피지배의 관계속에서 접근됨을 알 수 있다. 또다른 경향으로서는 문화상대주의적 관점에서 민중이나 민중의 문화의 자율성과 이질성을 기초로 하는 것이다. 전자는 특히 경제적 불평등 구조에 기인한 지배받는 민중의 삶의 어려움 그리고 소외된 모습을 묘사하는 사회학적 리얼리즘으로 불릴 수 있을 것이며 후자는 민중이라는 동질성 속에서 민중적 삶의 자율적인 모습의 의미를 강조하면서 민중주의 혹은 반지성주의적 경향으로 이해될 수 있을 것이다. 그래서 민중의 삶은 지배당하고 무시당하는 모습으로 또는 항상 소외되며 그 자체에 장애적 요소를 포함하고 있는 것으로 인식된다. 반면에 민중적 실천속에서 지배문화에 대항하는 모습 혹은 사회적 역동성과 관련하여 일상적인 삶의 현상이 강조되기도 한다. 이러한 관점에서 민중의 형상들은 종종 지배 - 피지배, 프롤레타리아 - 부르주아, 민중 - 지식인, 문화 - 반문화, 정당성 - 불평등 등의 이분법적 구조속에서 설명된다. 그러나 위에서 지적한 사회학적 리얼리즘의 시각에서나 민중주의적인 시각에서나 우리는 어떤 공통적인 전제들을 찾아 볼 수 있다. 우선 민중, 민중 삶의 존재는 이들에 대항하는 존재와의 관계속에서만 설명된다. 따라서 어떠한 관점을 채택하든지 그 논의의 타당성과 설명력은 결국 어느 한쪽이 성공적으로 분석한 부분과의 연관을 통해서 측정되게 되는 것이다.

두번째로, 앞서 지적한 문제점은 어떠한 관점을 통해서든 민중이라는 존재를 설명가능한 하나의 사회적 실체, 즉 단일적 형상으로서의 민중으로 환원시키려는 시도에 기본적으로 기인한다고 말할 수 있다. 물론 민중의 삶에 있어서 현실적으로 위치해 있는 많은 사회적 상황들을 고려해 볼 때 경제적 불평등이나 계급투쟁과 같은 상황을 통해 계급이나 계층 등의 단일적 범주의 모습을 설명하는 것도 역시 중요한 부분임을 부인할 수 없다. 그러나 오히려 제도화되고 균질화된 체제 내부에 있어서도 비늘처럼 겹겹이 중첩되어 있는 다양한 경험들, 일상성의 모습을 이해하는 것은 복합적이며 다양한 현실의 세계, 그리고 일상속에서 우리 스스로가 만들어가는 현실들의 모습을 그 중심에서 느끼고 이해하는 것이 된다. 이러한 이유에서 일상적인 삶의 모습을 통하여 민중을 이해한다는 것은 단순히 사회학적 분석의 대상으로서가 아니라 그자체가 새로운 하나의 인식론적이며 방법론적 기초가 된다고 말할 수 있는 것이다. 이러한 인식론적이며 방법론적인 의미를 내포하고 있는 민중의 삶을 이해하기 위하여 우선 짐멜이 '은밀한 왕' 혹은 '숨은 왕'이라고 부르는 것의 의미에 주목할 필요가 있는 것 같다.[1]

---

1) J. Freund, "Introduction," in *Sociologie et Epistémologie de Simmel*, Paris: PUF, 1981, p.42.

짐멜에 따르면 이 왕은 그리스 철학자들은 '존재(être)'라고 불렀고 중세시대 사상가들은 '신,' 르네상스시대에는 '자연,' 그리고 칸트와 피히테 이후에는 '자아'라고 불리어 온 것들이다. 그래서 이들 사상가들을 뒤따르는 우리들에 있어서도 또다른 방식으로 우리 사상을 만들어 나갈 것으로 보는 것이다. 민중을 우리시대의 숨은 신으로 부르고자 하는 그것은 민중의 삶, 민중의 존재가 가지고 있는 의미가 바로 우리시대의 삶의 논리를 밝혀 두는 가치를 내포하고 있기 때문이다. 물론 민중을 숨은 신으로 보고자 하는 것이 이전의 사상체계에서처럼 역사의 '주체'로서 자리매김을 한다는 뜻은 아니다. 오히려 단일한 역사의 총체성 속에서 개인주의적인 합리성과 논리성, 그리고 역사의 주체로서의 개인에 대한 믿음 등에 대한 역전의 논리로서 민중의 의미에 왕좌를 양위해야 할 시기가 온 것이라고 말하고 싶다. 어쩌면 그것은 단순히 민중에 왕의 자리를 내어 주는 것이라기보다 민중이라는 숨은 왕이 '부활'하는 것이라고 말할 수 있을 것이다. 그것은 마페졸리가 "지하의 중심(centralité souterraine)," 고프만이 "지하의 삶(La vie souterraine)" 그리고 알박스가 "침묵의 사회(La société silencieuse)"라고 부르고 있는, 혹은 드러나 있는 세계의 곁에 공존하는 세계로서 짐멜이 "비밀스런 사회(La société secrète)"라고 부르는 삶의 모습이다.[2] 그것은 일상성에서의 민중의 삶이 결국은 사회적 생활의 많은 부분이 도구적 합리주의를 벗어나고 있으며 단순히 목적론적 지배의 논리로 환원될 수 없음을 상징적으로 보여주고 있음을 의미한다.

이같은 민중의 모습에서 우리는 역사를 이끌어가는 주체로서 최고의 지위를 누리던 개인주의의 와해를 포착할 수 있다. 우리가 민중이라고 부르는 다양한 표상으로 이루어져 있는 집합적인 형상 혹은 초월적이며 집합적인 힘이 개인주의의 단일성을 넘어서는 다원주의 형상으로서 집합적 상상력, 잡합적 감정의 구체적인 형상으로 드러나고 있는 것이다. 이러한 시각

---

2) cf. G. Simmel, "The Sociology of Secrecy and of Secret Societies," *The American Journal of Sociology*. vol. II, 1906, pp.441-498.

을 통해서 우리는 지금까지 개인을 중심으로 한 고착적 논리—계급·사회·직업적 분류 혹은 이데올로기적 등등—의 틀에서 벗어나야 함을 보여준다. 그것은 오히려 개인들이 실재 삶속에서 가지는 다양한 정체성들을 횡단·관통하는 모습들, 즉 끊임 없이 상황에 따라 정체성을 획득해가는 과정으로서의 정체화의 논리의 의미를 인식하는 것이 중요한 것이다. 이 정체화의 논리는 어떠한 현상들이 숨어서 잘 드러나지 않든지, 너무 사소해서 관심이 가지지 않든지 아니면 그 반대로 표면에 아주 드러난 것이든, 여러 다양한 양상들의 각각의 중요성을 인식하는 것이며 또한 복합적이며 중층적인 그리고 집합적인 모습들이 내포하고 있는 비합리성 혹은 논리적이지 못한 것들의 의미를 인식하는 것이다. 다시 말해서 상상적인 것이든지, 감정적인 것이든지, 몽상적인 현상들 속에서 볼 수 있는 비합리적인 것 혹은 논리를 벗어나는 것들이 결국은 사회적 관계의 곳곳에 위치해 있음을 인식론적인 수준에서 그 의미를 수용할 필요성이 점점 커지고 있음을 의미한다. 이러한 맥락에서 우리는 파레토의 논리적이지 못한 것(non-logique)의 사회적 의미를 다시 한번 강조할 필요가 있을 것 같다. 파레토는 "논리적이지 않은 것이 비논리적이라는 것이 아니며 논리적이지 않은 행위는 목적을 달성하기 위한 수단에 적응하기 위해서 더 나은 것이라고 찾을 수 있었을 행위일 수 있다. 그러나 이러한 적응은 논리적 추론이 아닌 다른 과정에 의해 얻어질 수 있었던 것이다"[3]라고 쓰고 있다. 다양한 개인들의 모임을 하나의 사회적 형태로 만들어 주는 중심적인 논리 중의 한 형식, 현재중심적이며 감성적이고 순간적인 것에 내재하는 하나의 논리로서 이 논리적이지 못한 것에 대한 강조는 하루하루의 삶 속에서 수많은 가면을 쓰고 있는 사람들의 모습, 수많은 얼굴을 보여주고 있는 사회적 관계들이 이루어내는 현실들의 모습을 보다 잘 이해 할 수 있는 인식론의 확장의 가능성을 제공하는 것이다.

---

3) V. Pareto, *Manual d'économie Politique*, Genève: Droz, 1966, p.41.

2. 인식과 방법론의 수렴

1) 상징적인 것의 심연

민중에 관해서, 부르디외는 “우리가 민중계급을 이야기할 때, 그것은 바로 우리가 우리 이야기를 하는 것이다”라고 쓰고 있다.[4] 이러한 부르디외의 표현을 다음과 같은 방식으로 고쳐서 말하고 싶다. 즉 ‘민중들이라는 사람을 우리가 이야기할 때 그것은 우리 이야기를 하는 것이다. 그리고 민중의 삶을 이야기 하는 것은 바로 ‘미학’을 이야기하는 것이다.’ 부르디외의 표현은 경제와 정치의 논리이며 반면에 내가 하고자 하는 표현은 삶과 미학의 논리인 것이다. 민중을 상징적 표상으로 보고자 하는 것은 결국 경제와 정치의 논리로부터 삶의 윤리와 미학으로의 전환을 뜻하는 것이다. 민중의 모습이 논리적이며 합리적인 설명체가 그리고 효율적 설명을 위한 차별적 구분이나 그에 따른 일반화의 논리로서는 이해될 수 없음을 강조하는 것이다. 따라서 상징적 표상으로서의 민중을 이해하고자 함은 논리적으로 그것의 존재적 본질을 밝힌다는 것보다는 그것이 겉으로 드러내는 모습 그리고 이미지를 묘사하고 그려내는 방식을 뜻하는 것이다. 이미지라고 하는 것은 민중을 보여주는 현상에 대한 단순한 반영의 형태로서가 아니라 민중이 보여주는 그들만의 상징적인 외형들의 모임, 즉 하나하나의 개별적 특성에 고착된 것이 아니라 상징적 이미지라는 것이 반복되면서 어떤 분위기적인 형식들을 만들어내는 끊임 없는 과정에 포함되는 것이다. 이러한 이미지를 통해 우리가 포착하는 겉으로 드러나는 외형적인 것들, 즉 표층적인 것에서는 겉으로 드러난 것의 후면에 의도적이든 아니든 어떠한 것이 숨어 있다는 것을 밝히는 것은 중요하지 않다. ‘모든 존재는 표층에 나타나

---

4) P. Bourdieu, “La Sociologie de la Culture Populaire,” in *Le handicap socio-culturel en question*, Colloque du C.R.E.S.A.S., E.S.F., Science de l’éducation, 1978, p.117.

며(Hegel), 심층적인 것은 인간과 사물의 표면에 숨겨진다(Nietzsche)'는 표현이 표층적인 것의 의미를 잘 나타내준다. 표층적 형상의 또다른 표층의 형상, 즉 연속성과 진실적인 것으로 구조지어진 표층과 순간적이며 왜곡되기도 하며 공상적이며 동시에 환각적인 형상들이 중첩된 표층의 모습이다. 이 서로 다른 논리의 표층이 만들어내는 '갈라진 틈,' 여기서 우리는 생동적인 다양성이 분출되어 나오는 상징적인 것의 역동적 모습을 보는 것이다. 이 때문에 우리가 민중의 삶을 이야기하면서 사회적 실체로서의 민중적 존재보다 민중성이라고 부르는 민중의 삶이 표면적으로 나타나는 형식들이 문제가 되는 것이다. 상징적 표상으로서의 형식들이 구체적인 차원으로 나타나는 것들로서 집합적 표상이 이루어내는 양상들로 이해될 수 있을 것이다. 이러한 의미에서 집합적 표상에 대한 고전적인 관심들을 새로이 상기시킬 필요가 있을 것이다. 짐멜의 경우 사회적 표상이란 개인들의 모임 속에서 상호작용을 결정화(結晶化)시키는 일종의 조작행위이며 개개인이 스스로를 표출시키는 방식으로 서로를 어우러지게 하는 사회적 연결고리로 파악되고 있다. 베버에 있어서 표상이란 개인들 행위의 매개체이며 하나의 준거틀로서 이해되는데, 특히 뒤르켐은 사회적 표상이라는 것이 한 사회집단을 구성하는 구성원들간의 연결을 지속시켜 주며 이들 구성원들이 동일한 방식으로 사고하고 행위하도록 이끌어가는 집합적인 양태를 강조하고 있다. 사회의 응집성을 갖게 해주는 무형의 연결고리를 형성하면서 버거와 루크만[5]의 표현처럼 각 개인들이 함께 "현실을 구축"하는 모습이며 뒤비뇨[6]가 지적하듯이 공동의 이미지로서의 집합적 표상은 의식이나 신화 그리고 믿음으로서의 결정체로 되며 이들을 통해 사회는 소멸을 피할 수 있다는 상징성을 내포하고 있는 것이다. 따라서 민중적 삶을 통한 집합적인 현상에 대한 사회학적 관심은 단순히 개인화, 소외 혹은 익명적 비인간

5) cf. P. Berger & T. Luckmann, *La construction social de la réalité*, Paris: Méridien Klincksieck, 1986.

6) J. Duvignaud, *La genése des passions dans la vie sociale*, Paris: PUF, 1990, p.23.

화 등의 문제를 다루기 위한 반작용으로부터 기인하는 것은 아니다. 뒤르켐은 "…감정, 사고, 이미지의 세계는 한번 만들어지면, 그 세계 고유의 법칙에 복종한다. 이들은 서로 불러들이고 밀쳐내고 서로 섞이며 서로 분할시키며 증식되는 것이다. 하지만 이러한 모든 조합들은 밑에 깔려 있는 현실의 상태에 의해서 직접적으로 요구되는 것이다. 필연적으로 초래되는 것은 아니다"[7]라고 쓰면서 "사회가 스스로 만들어내는 사회관"을 통한 집합적 표상의 자율적 모습과 다원적 형상을 강조하고 있다. 이러한 것은 베버의 가치상대주의와 다신주의의 시각을 통해서 사회적 표상의 상징적 차원에서의 다원성과 주관성을 강조하는 모습으로 나타나고 있음을 지적할 수 있다. 따라서 상징적 표상으로서의 민중의 세계는 민중 자체의 삶의 형식 속에서 결정체를 이루어주게 되는 것이다. 이 상징적 표상은 카스토리아디스[8]의 표현처럼 일종의 사회적 상징세계로서 사회를 그려주는 여러 이미지들의 총체로서만이 아니라 이미지, 형식, 형상들의 끊임 없는 그리고 근본적으로 비확정적인 창조로서 사회적인것의 사상(pensée)과 존재의 양식을 지칭하는 것으로 이해될 수 있을 것이다. 표상한다는 것은 어떤 것을 대신하는 것, 혹은 어떤 것의 역할을 한다는 것이며 또한 의식에 혹은 정신에 드러나게 하는 것이다. 그래서 우리가 민중을 민중성이라는 상징적 표상으로 보고자 하는 것은 이 표상이 사상이나 집합적 의식 그리고 다양한 형상에 의한 짜이는 사회적 분위기를 드러내는 삶의 형식들이기 때문이며, 또 그것은 주관성의 상호관계 속에서 서로 교환하고 공유하며 의사소통이 이루어지는 한에서 상징적이다. 그래서 이 상징적인 세계는 민중의 고유한 형식을 통하여 민중적 형상의 역동성과 다양한 표현들을 포함하고 있으며, 이것은 형식을 통하여－현실적이든 허구적이든－ 집합적으로 결정화되는 것이다. 이러한 의미에서 바슐라르의 상상적 상징주의의 역동성의 의미는 함축적이다. 바슐바르는 상상력은 조직화를 이끄는 것이며, 역동적

7) E. Durkheim, *Les formes élémentaires de la vie religieuse*, PUF, 1979, p.605.
8) C. Castoriadis, *L'institution imaginaire de la société*, Paris: Seuil, 1975.

상상력은 표상들 속에서 동질화를 이루게 하는 기재로써 파악한다. 그래서 상징적 표상으로서 민중성의 이해는 지각에 의해 얻어진 실용적인 구조를 변형·재구성시키는 삶의 기초가 되는 상상력의 역동적인 힘을 강조하는 것이다. 상상적인 것이 가지는 재구성의 역동성은 결국 다양한 표상들이 단일가치적이며 총체적인 형상으로 환원될 수 없는 수많은 이질성의 존재를 하나의 사회적 형체로 만들어내는 과정으로써 이해될 수 있는 것이다.

2) 민중성과 형식적 접근

윌리엄즈(Raymond Williams)가 대중과 대중문화에 대하여 언급을 하면서 "대중, 대중문화는 존재하지 않으며 존재하는 것은 그것들을 보는 시각일 뿐이다"라고 말하고 있다.[9] 우리과 민중과 만중의 삶을 분석하는 데 있어서 이같은 윌리엄즈의 견해가 적용되지는 않을까? 현상을 보는 방식이 중요하다고 한다면 현재의 시점에서 민중 현상을 이해할 수 있게끔 하는 가장 적합하고 타당한 방식은 무엇일 수 있을까? 이러한 점에서 민중에 관한 논쟁은 결국 민중의 존재론적 문제와 가치의 문제로 수렴이 된다고 할 수 있을 것이다. 그런데 앞서 말한 바와 같이 민중이라는 존재가 하나의 사회적 실체로의 환원이 부적절하다는 것은 다시 말해서 역설적이기는 하지만 현실세계는 한 특정 가치체계에 의한 단일적 형식으로 규정될 수 없는 다양하고 복합적인 의미의 세계임을 보여주는 것이다. 그래서 지고하며 불변의 유일한 가치관은 존재할 수 없으며 오히려 가변적이며 비지속적인 다양한 가치들이 어우러져 만들어내는 형상들은 그 자체가 바로 현실이 가지고 있는 특징들인 것이다. 베버의 가치상대주의는 가치와 현실간의 관계를 잘 보여주고 있는데, 여기서 베버는 가치의 체계화를 통하여 지배적 가치들의 불가피한 변화를 강조하고 있다.[10] 물론 우리가 현실을 인식하고자

9) R. Williams, *The Sociology of Culture*, N.Y.: Schocken Books, 1982.

10) cf. M. Weber, *Le Savant et le Politique*, 10/18, 1963; *Essai sur la Théorie de la Science*, Plon, 1965; *Economie et Société*, Paris: Plon, 1971.

할 때 현재의 지배적인 가치체계와 관찰자 자신이 공유하고 있는 가치들로부터 벗어날 수 없다.

현실의 존재론적 위상은 항상 가능한 시각에 의한 검증을 필요로 하며 또한 그것은 사용되고 있는 가치들과의 관계가 밝혀지는 정도에 의존하고 있다고 말할 수 있다. 이러한 관점에서 베버의 '의미있는 상대성' 혹은 가치의 '다신주의'는 현실의 존재론적 위상과 가변적인 다양한 자치들간의 상호 관계를 강조하고 있다고 할 수 있다.[11] 현실들이 그들의 의미를 가치들과 수평되는 공간에서 획득할 수 있게 되면서 동시에 가치들에 대하여 현실들의 응답 가능성의 수준에 따라 가치들의 부침과 변화가 일어나게 되는 것이다. 그래서 우리가 절대적인 타당성을 가진 궁극적인 가치의 존재를 가정하든 가치의 상대주의를 강조하든 현실에 대한 이해는 각각의 현실이 보여주고 있는 특수성을 통해 이루어질 수밖에 없는 것이다. 이같은 의미에서 '무엇이어야 한다는 필연적인 존재의 논리(logique de devoir être)'를 뛰어넘는 것을 강조하는 마페졸리[12]의 논의는 우리의 현실에서 일상성에서의 민중의 삶을 이해하는 데 유익한 자세인 것같다.

이러한 맥락에서 우리가 민중의 일상성과 관련하여 말할 때 어떤 혼란에 부딪힐 위험도 상존한다. 다시 말해서 민중현상을 어떠한 방식으로 볼 것인가 하는 문제인데, 실제로 민중의 삶이 사회학적 연구의 대상이 되었다는 의미는 그것이 더이상 기존의 체계속에서 분석되는 단순한 대상일 수만은 없다는 것을 뜻할 수 있을 것이다. 다시 말해서 기존의 시각으로만 접근을 하게 되면 삶의 양상이 현재라는 공간에서 만들어 낼 수 있는 새로운 가치들의 모습 혹은 그동안 잊혀졌지만 다시 그 의미가 부각될 수 있는 가치의 재등장을 놓쳐버릴 수가 있기 때문이다. 다소 은유적인 표현을 쓴다면, 맑스의 이론에서 우리가 평가할 수 있는 것 중의 하나는 그가 그의 시대에서 지배적인 가치의 등장의 기초로써 경제적 요소의 의미를 정확하게

11) M. Weber, *Economie et Société*.
12) cf. M Maffesoli, *La Conquête du Présent*, Paris, PUF, 1979; *La Connaissance Ordinaire*, Paris: Méridiens, 1985.

파악한 데 있다고 말할 수 있을 것이며, 만일 그의 실수라고 이야기할 수 있다면 그것은 그의 시대에서 지배적 가치라고 보았던 요소들로 결국 이전의 다른 가치들이 쫓아왔던 같은 운명을 따르게 된다는 사실을 과소평가한 것이라고 말할 수도 있을 것이다. 뒤랑에게 중요한 개념 중의 하나인 '인류학적 궤적(Le trajet anthropologigue)'[13] 역시 이러한 관점에서 이해될 수 있을 것이며 베버와 니체의 예에서처럼 가치의 다신주의의 역동성으로 사회의 발전과정의 단계를 설명하고 있는 것과 동일선상에서 파악될 수 있을 것이다.

따라서 민중의 현상을 분석한다는 것은 기존의 지배적인 가치의 한계를 넘어섬과 동시에 민중의 삶 그 자체에서 의미하는 모습들을 받아들이는 시각이 필요함을 보여주고자 하는 것이다. 그것은 한 현상이 가지는 일반성과 그 현상이 위치해 있는 그 시간과 공간성 속에서의 특수성을 같이 이해할 수 있게 하는 것이며 보다 더 현실에 가깝게 접근하는 방식일 것이다. 결국 "단 하나의 현실은 존재하지 않으며, 그러나 이 현실을 인식하는 서로 다른 방식만이 있다"[14]라는 마페졸리의 상대주의 접근은 유용한 것이다. 마페졸리는 "한편으로 인류역사에 새로운 것은 없다: 순환적인 방식으로 우리는 같은 가치들이 다시 돌아오는 것을 볼 수 있으며 단지 그것의 기술적 균형만이 변화를 겪게 된다. 다른 한편으로는 한 시대의 지배적인 가치에 따라서 이러저러한 양상들을 강조하면서 접근하는 방식에 다양성이 있는 것이다"[15]라고 상대주의적 의미를 밝히고 있다. 따라서 민중의 현상을 보다 잘 이해하기 위해서는 사회적 삶이 가지는 일반성과 함께 삶의 다양한 모습과 역사적 특수성을 관통하는 시각을 가지고 민중현상의 현실적인 모호함과 불투명성을 직접적으로 맞닥뜨려 그것의 의미를 인식할 수 있도록 하는 것이 필요하다. 여기서 이야기하고자 하는 인식론과 방법론의

---

13) G. Durand, *Les Structures anthropologiques de l'imaginaire: Introduction à l'archétypologie Générale*, Paris: Bordas, 1984, p.38.

14) M. Maffesoli, *La Connaissance Ordinaire*, p.25.

15) M. Maffesoli, op. cit., p.24.

수렴은 이러한 의미속에서 이해될 수 있는 것이다. 앞서 지적했던 뒤랑의 '인류학적 궤적'의 의미와 마페졸리의 상대주의적 관점은 현상의 측면과 현상의 인식이라는 측면을 동시에 함축하면서 어떤 의미에서는 가치의 상대성과 함께 지식과 논리의 인류학적 궤적을 상대주의적 관점에서 우리에게 보여주고 있다. 다시 말해서 그것은 철학적이며 합리적인, 역사적이며 과학적인 논리와 지식체계, 그리고 민중적이며 보편적인, 일상적이고 사소하고 평범한 논리와 지식의 흐름에 대한 이해라고 볼 수 있다. 이러한 측면에서 우리는 형식주의적 접근의 의미를 찾아볼 수 있을 것 같다. 즉 첫 번째의 철학적이며 합리적인 논리와 지식체계 속에서 현상을 과학적으로 설명하기 위하여 항상 설명가능한 것과 그렇지 못한 것을 자의적으로 구분하여 분석하는 접근 방식이 중심을 이루고 있다. 이 경우 같은 현상의 범주속에 포함되는 것들 중에서 과학적 설명이 불가능한 것은 무시되거나 이차적 혹은 부수적 현상으로 치부되어 왔음을 지적할 수 있다. 흔히 우리가 거대이론이라고 부르는 이론체계뿐만 아니라 현상학적 분석의 전통 속에서도 이러한 양상을 찾아볼 수 있을 것이다. 이에 비해 두번째 언급한 일상적이며 평범한 지식과 논리체계의 중요성이 부각될 때 이 체계속에서 접근방식은 구별에 따른 분류나 과학적 설명보다는 주어진 삶의 모습을 전체적인 현상을 통하여 다양한 모습들을 결합하여 전체적인 윤곽으로 이해하는 방식이 강조되는 것이며 이러한 양상을 우리는 대표적으로 앞서 언급한 짐멜의 형식주의에서 방법론의 일단을 볼 수 있을 것이다. 일상적인 삶의 전체적인 양상은 결국 하나의 형식으로 자의적인 방식으로 분할을 피하면서 형체를 가지며 이 형식이 이들 현상에 의미를 부여하며 이 형식을 통해 현상의 풍부함을 이해할 수 있는 것이다. 이런 의미에서 형식은 "결합된 다양성"으로 표현될 수 있을 것이다.

우리가 일상성을 통한 민중현상의 분석을 인식론과 방법론적 의미에서 중요성을 부여하고자 하는 이유는 이러한 형식과 형식주의적 접근방법이 바로 일상적이며 보편적인 지식의 체계로서 사회적 삶의 불확실성과 불투명성의 논리와 합치한다는 것이다. 그래서 형식주의 접근방식은 일상적 삶과 존재의 본질을 구성하고 있는 사소한 모습, 파편화된 이미지, 축소화된 미시적 현상들 등을 부각시키면서 일상의 지식으로 통합시키고자는 것이다. 형식주의가 내포하고 있는 인식론적 중요성은 바로 여기서 찾을 수 있는 것이다.

3. 일상의 삶의 형식—민중성의 모습

1) 민중성—가설적 포스트 모더니티?

포스트 모더니티를 둘러싼 최근의 다양한 논의들은—물론 그것에 대해서 충분한 의사소통과 이해가 이루어졌다고 볼 수 없으며 더욱이 우리의 상황에서는 포스트 모더니즘 그 자체가 지니고 있는 역설적이며 아이러니한 특성을 잘 보여주고 있는 것 같다. 다시 말해서 포스트 모더니즘에 관한 많은 논의 혹은 논쟁을 통해서 포스트 모더니즘의 입장들이 오히려 모더니즘의 차원으로 역전되어 버릴 수 있는 가능성이 이들 논의속에 항상 존재하고 있음을 느낄 수 있는 것이다. 이러한 관점에서 "신성모독이 오히려 신성한 것으로 될 수 있다"는 피들러[16]의 표현이 모더니티적 입장에서든지 포스트 모더니스트의 입장에서든지 이들의 논리 전개가 지니고 있는 역설적인 모습을 잘 나타내주고 있는 것 같다. 따라서 이러한 점을 감안할 때, 포스트 모더니티 논의에서 보다 중요한 것은 포스트 모더니티를 하나의 '이즘(ism)'으로서 설정하려기보다는 현재라는 시간과 공간속에서 포스트 모던적 현실을 파악하는 것이라 할 수 있을 것이다. 그래서 위에서 언급한 포스트 모더니티가 지니고 있는 역설적인 특성은 모던-포스트 모던의

---

16) L. Fiedler, *Collected Essays*, N.Y.: Stein and Day; 강내희·정정호 편, 『포스트 모더니즘론』, 1989, 도서출판 터, 35쪽.

이분법적 사고에 근거를 두고 있는 것이라기보다는 포스트 모더니티 자체의 논리에서 찾을 수 있는 것이다. 어떤 의미에서 포스트 모더니티적 논리는 그 자체가 모더니즘 논리와 포스트 모더니티를 동시에 포함하고 있다고도 할 수 있을 것이다. 다시 말해서 모더니티의 특성들을 전적으로 부인하지 않고 포스트 모던의 논리를 껴안으면서 오히려 그와 동시에 모던적 요소들이 지향하는 단일적 형상과 총체성에 도전하는 것이다. 이같은 점에서 "우리 모두 총체성과 싸움을 시작하도록 하자. 표현 불가능한 것을 증명하자. 차이성을 활성화 하고 그 이름의 명예를 지키자"[17]라고 료타르의 주장을 상기해볼 필요가 있을 것 같다. 이같은 문맥에서 볼 때 포스트 모던의 경향들은 어떤 의미에서 현대사회에서 대중이라는 거대한 현상속에 깊이 뿌리를 두고 있는 동시에 대중사회가 끊임 없이 창출하고 있는 단일 형식화된 동일화의 경향을 포스트 모던적 논리의 내부에서 동시에 파괴하고 있는 것이다.

그래서 포스트 모더니즘은 헛천[18]이 지적하고 있는 것처럼 아주 새로운 패러다임이 아니다. 왜냐하면 포스트 모더니즘은 그 자체가 모순적이며 그래서 자신이 파괴하고자 하는 그 체계속에서도 작용을 하고 있기 때문이다. 따라서 포스트 모더니즘의 소재를 시대적 이정표나 경제적 이정표를 통해서 찾아내려고 하면서 서구 문화의 다원적이고 파편화된 변덕스러운 특성들을 포스트 모더니즘의 이름으로 일반화하려는 시도는 유용하지 못하다는 헛천의 주장은 설득력이 있어 보인다. 즉 포스트 모더니즘을 하나의 이즘(ism)으로써 이러한 문화적 현상들을 일반화의 틀로 묶으려 한다면 그 역시 위에서 지적한 것처럼 모더니즘의 논리로 환원되는 결과를 가지게 되는 것이다.

---

17) J. F. Lyotard, "Réponse à la question: qu'est－ce que le post－moderne?" in *Critique, Ed de Minuit*, no.419, avril, 1982, p.367.

18) L. Hutcheon, *A Poetic of Post-modernism: History, Theory, Fiction*, London: Routledge, 1988, 김욱동 편, 『포스트 모더니즘의 이해』, 문학과 지성사, 1990, 151쪽.

포스트 모더니즘이 내포하고있는 역설과 아이러니의 역동성은 오늘의 다양한 현실에서 쉽게 찾아볼 수 있다. 그 한 예로써 고도의 테크놀로지가 사용되고 있는 전자영상매체, 컴퓨터 등이 기술발달에 따른 개인의 원자화와 소외를 가속화시키기보다는 오히려 개인들간의 관계속으로 혹은 보다 복잡한 사회적 의사소통의 망속으로 깊숙히 파고 듦으로써 삶의 공간과 의미·경험을 서로 나누어 느끼며 같이 참여할 수 있도록 하려는 새로운 삶의 분위기를 창출해내고 있는 것이다. 물론 이러한 예는 다소 극단적이기는 하지만 이들로부터 우리가 관찰할 수 있는 것은 고도로 물질적이며 복합적 체계의 테크놀로지들, 그래서 가장 비인간적인 요소들이 실재 현실속에서 오히려 감성적이며 감각적인 삶을 창조, 강화시키며 어떤 종류의 다양한 공동체적인 삶을 형성시키는 것으로 작용한다는 것이다. 고도의 정보화 사회, 영상시대의 문턱에 있는 우리의 경우에서 이러한 현실이 우리에게 시사하는 바는 크다고 하겠다. 우선 이러한 모습들이 어떠한 의미에서는 우리 삶의 중층적 구조, 즉 한편으로는 합리성과 논리성으로 이루어지는 구조와 또다른 한편으로는 상상적이며, 감정적이고 논리적이지 못한 관계망들의 중층구조의 역동성을 잘 보여주고 있다고 하겠다. 이러한 의미에서 특히 'PC통신망' 등은 상당히 전형적인 모습으로 다가오는데, 그 이유는 PC통신망이 가지고 있는 두 요소, 즉 영상과 글자(언어)의 복합구조를 들 수 있을 것이다. 논리적으로 양 극단에 놓일 수 있는 영상(이미지—감정적, 상상적, 비논리성 그리고 순간성 등)과 언어(로고스—논리 중심, 지속성 등)의 만남은 궁극적으로 양가성(ambivalence) 속에서의 축제적 민중의 모습, 공동체적 삶의 모습을 보여주는 것이라 생각된다. 이러한 현상은 또다른 역설적인 모습—즉 극도의 개인화와 개인의 정체성으로의 몰입을 통한 개인적이며 파편화된 모습과 이와 동시에 공간적·시간적 간극을 뛰어넘어 타인과 연결될 수 있는 상호주관적인 모습—을 보여주고 있다. 이러한 내적 닫힘과 외적 개방의 공존이라는 모순적 역설은 바로 '주관성'의 현대적 모습, 타인과의 관계망 속에서 나의 주체성을 인식할 수 있는 정체화 과정속에서의 다원적 정체성 획득의 역동적 이미지를 보여주는 것이라고 할 수 있다. 바로 '부재(不在)' 속에서의 '존재(存在)'라는 역설의 논리인 것이다.

이러한 현상들은 또 하나의 포스트 모던적 역설과 연결이 된다. 그것은 포스트 모던적 현상이 테크놀로지 발전이 보편화된 서구 선진국가들에서만의 현상이 아니라는 것에 기인한다. 다시 말해서 포스트 모던의 현상은 모던적 현상과 완전히 격리된 혹은 다음 단계의 모습이 아닌 것이라고 말할 수 있다. 포스트 모던적 특성은 모더니티와 포스트 모더니티의 구별이라는 이분법과 새로운 시대정신이라는 차원을 뛰어넘는 곳에 있는 것이다. 이것은 포스트 모던시대를 둘러싼 모순적 분위기, 즉 "포스트 모더니즘은 단순히 동시대적인 것과 동일시될 수 없다"라는 허천의 말과 "제임스 조이스가 싫다고 해서 톨스토이와 디킨즈로 다시 돌아갈 수는 없다"라는 바스의 표현이 부딪히며 만들어내는 역설적 이미지이다. 이러한 맥락에서 포스트 모더니티는 '역사'의 변증법적 과정속에서의 특이한 새로운 단계이거나 '진보'의 화려한 발걸음속에서의 새로운 순간이 아니라 오히려 서로 다른 시대들, 서로 다른 공간들속에서 항상 새롭고, 또 새로이 태어나는 독특한 감성이라고 파악하는 마페졸리의 표현은 그래서 포스트 모던적이다. 그래서 포스트 모더니티의 현상들은 이미 존재했었고, 또 지금 존재하고 있으며 그 자신의 논리로써 다른 논리들과 병렬적으로 혹은 다른 방식으로 공존해 온 것이라고 할 수 있는 것이다.

우리가 여기서 포스트 모더니티의 역설과 아니러니를 통한 역동성을 강조하는 이유는 이러한 특성들이 이론의 수준에서도 같은 방식으로 작용하고 있다고 생각되기 때문이다. 즉 포스트 모던적 시각이라는 것이 모던적인 이론, 혹은 지금까지 지배적이었던 거대이론들, 논리적이며 과학적 체계의 설명적 방식들과 완전히 단절된 것이 아니라 오히려 이 두 시각들은 상호 공존하며 상조(相助)적 공동작용이 이론의 수준에서 일어나는 양상으로 파악될 수 있다고 말할 수 있을 것이다. 이러한 역동성이야말로 내가 '민중적' 논리라고 부르고자 하는 것이며 이런 논리의 흐름은 민중의 '인류학적

두터움'으로부터 나오는 것에 다름이 아닌 것이다. 따라서 이러한 맥락속에서 서구에서 포스트 모더니티라고 부르고 있는 것은 바로 일상에서의 민중의 삶, 민중의 논리에서 그 뿌리를 찾을 수 있을 것이라고 생각이 된다. 여기서 용어 그 자체가 지금까지 우리의 상황에서 논쟁적이라는 측면에서 소극적인 방식으로 '가설적' 포스트 모더니티라고 말하고 싶으며, 역설적이기는 하지만 현대 서구 사회에서 활발히 이야기되고 있는 포스트 모더니티 논의의 중심에 위치하고 있는 그들의 관심사—즉 계몽주의 이후로 합리성과 논리중심주의가 포화된 상태에 이름으로써 그에 대한 대안적 입장 혹은 논리적 돌파구의 가능성을 단순히 말한다면, 동양적 사고와 논리의 체계로부터 찾으려고 하는 시도—를 주목한다면, 보다 적극적이며 직접적인 방식으로 내가 '민중적 사회'라고 부르고자 하는 현대 한국사회의 특징적인 모습들, 그리고 우리의 논리체계와 관련하여 포스트 모더니티를 '민중성'이라는 용어로 대체하고자 하는 것이다. 이런 방식으로 서구에서 소위 '포스트 모더니티'라고 불리는 것에 우리가 오히려 논리적 준거를 마련해줄 가능성을 찾을 수 있을 것이다. 물론 이를 위해서는 다양한 수준에서 우리사회에 대한 적극적인 분석이 뒤따라야 할 것이며 여기서는 다소 단순하나마 하나의 시도로써 기본적인 분위기만을 살펴보고자 하는 것이다.

2) 이질화된 동질성 그리고 동질화된 이질성

최근 우리가 쉽게 접근할 수 있는 표현 중에 '집단적 이기주의'라는 말이 있다. 현실적으로 부정적인 의미로 주로 사용되고 있는 표현이지만 이 현상에 대해서 기능적 관점에서의 설명이나 가치적 판단의 문제는 일단 제쳐두고 그러한 모습들이 내포하고 있는 또다른 의미들은 이 논의와 연결해서 이해해볼 수 있을 것이다. 앞서도 언급했던 것처럼 이같은 현상을 정치적·경제적 논리로 환원시켜서 판단하는 방식을 벗어나 또다른 방식으로 현상 자체가 보여주는 의미를 이해하고자 하는 우리의 입장과도 밀접한 관련이 있는 것이다. 다시 말해서 동일목표와 이익을 추구하는 가시적인 목적성을 지닌 행위로 규정될 수 있는 현상들 속에서도 단순히 그같은 논리로만 이야기될 수 없는 모습들을 동시에 포함하고 있음을 지적할 수 있다.

실제로 우리가 집단적 이기주의의 양상을 보면 특성을 지닌 각각의 개인들이 동질화되면서 집합적인 형태를 띠고 그러면서 이 집합체는 다른 집합체와 차별화되고 있는 모습을 느낄 수 있다. 그것은 다시 말해서 이질적 개인들이 하나의 동질적인 집단을 이루게 되고 이 집단은 그 자체로서 이질적인 개체로서의 집합체가 되는 것이다. 이것은 또다시 말하면 서로 다른 개체들은 집합적인 논리에 의해 이질화됨을 볼 수 있는 것이다.

논의에서 약간 빗나가기는 하지만 요즈음 여러가지 측면에서 많은 관심의 대상이 되고 있는 신세대 문화, 신세대 그룹에서도 이러한 모습을 포착할 수가 있을 것 같다. 독특한 개성의 표현, 개인적 논지의 우선이 강조되는 신세대 그룹의 모습을 좀더 가까이 보면 오히려 같은 집단이 동질성 속에서 상당히 몰개성화되어 있음을 느낄 수 있다. 그러나 동시에 이러한 동질성은 같은 집단에 속하지 않은 타그룹과의 이질성을 극대화시키고 있는 것이다.

이와 관련하여 또다른 한 예를 들어본다면 우리사회에 만연해 있는 혈연, 지연, 학연 등 소위 '인간적 관계'로 이루어져 있는 사회생활속에서의 개인들간의 관계를 이야기할 수 있을 것이다. 이러한 현상은 우리의 논의와 관련시켜 본다면 지나치게 집단구성이 동질적인 것으로 인하여 집단 내적 응집력이 감소되고 긴장이 발생할 수 있으며 따라서 동질성속에서 차별화의 욕구 혹은 필요성이 요구되는 과정으로써 이해할 수 있을 것이다. 너무나 동질적이어서 우리의 인성에서 타인과 차별화하는 과정이 혈연, 지연, 학연 등의 1차적 관계의 논리로 이루어지는 이질화된 동질성의 모습으로 나타나는 것이라고 볼 수 있는 것이다. 이렇게 획득된 동질성은 타인, 타집단과의 관계속에서 이질화되는 것이다. 이들 현상들은 우리가 살고 있는 이 시대의 중요한 양상들, 즉 이질적인 다양성과 다원성의 급속한 환산과 이에 따른 다양한 집합체적인 양상의 확대와 관련된 모습들의 특수한 예들이라고 할 수 있다. 이것은 결국 우리가 모던적 사회의 특징이라고 이야기했던 합리적이며 공리적인 개인적 가치지향과 개인주의가 우리가 포스트모던이라고 부르는 현재 사회에서 약화되고 있으며, 이에 따라 집단적이며 공동체적 논리와 가치가 확산되고, 강조되는 현상에 다름이 아닌 것이다. 그래서 우리는 현대사회의 역동적인 모습을 다양한 이질적인 것들의 불안정성과 이런 이질성을 바탕으로 형성되는 동질적인 집합성의 상대적인 안정성이 균형을 잡아가는 과정에서 이루어지고 있다고 이야기할 수 있을 것이다. 이와 관련해서 짐멜[19]의 '다리(pont)'와 '문(porte)'의 은유적 표현은 의미적이라고 할 수 있을 것이다. 즉 '문'은 다양한 이질적인 것들을 문 안쪽으로 가두어서 동질적인 형체를 만들어주는 것이며, '다리'는 각각의 동질적 형체들을 서로서로 연결시켜주는, 그래서 '문'은 다른 것들과 구별을 시켜주는 것이며, 다리는 구별된 여러 개체들을 서로 연결시켜주는 그런 모습들을 보여주는 것이다. 그러나 물론 짐멜도 인식하고 있는 바와 같이 이질적인 것들이 동질화되어 하나의 형체를 이루는 것이 단순히 이질적인 것들의 집합으로서나 혹은 항상 균형적이며 통합적인 것만은 아니다. 오히려 이러한 것의 특성은 어떤 의미에서 우리 삶속에서 지속적으로 있어왔던 것들, 사회적 관계를 이루어 왔던 것들과 구별되어서 이해될 수는 없는 것이다.

다시 말하자면, 우리는 여기서 우선 현대사회 속에서 다양한 이질적인 공동체들은 오히려 비현대적인 논리들에 의해 형성되고 있음을 지적할 수 있다. 기든스[20]가 지적한 것처럼 현대사회에서의 집합적인 모임들에서 사랑, 우정, 친근함, 그리고 믿음의 차원에서 볼 수 있는 '순수한 관계'들의

19) cf. G. Simmel, *La tragédie de la culture et autres essais*, Paris: Ed.Rivages, 1988.

20) A. Giddens, 1992년 소르본 대학에서의 강연. cf. *The conséquences of Modernity*, Stanford, California, 1991; R. Zoll, *Nouvel individualisme et Solidarité quotidienne*, Paris: Kimé, 1992, pp.8-9.

확장과 같은 비합리적이며 비논리적인 것의 관계, 그래서 모던적 시각에서 보면 비현대적인 논리들의 확장을 주목할 수 있는 것이다. 이러한 모습은 단순히 감정적인 관계로 이루어지는 차원에서뿐만 아니라 물질적이며 보다 합리적인 논리로 이루어진 관계속에서 점차 확대되고 있는 것이다. 이와 동시에 우리는 또 하나의 모습, 즉 다양화와 분업화 등이 이질성의 확대와 동질성에로의 강요가 동시에 작용하는 그러한 사회적 형태를 보고 있는 것이다. 짐멜의 지적처럼 사회의 역동적 모습은 다양성과 단일성간의 게임이며 이러한 게임은 갈등을 집합적 결합의 모습으로 변화시키는 것이다. 이 같은 갈등적 균형의 모습은 짐멜 이전에 푸리에의 논의에서도 찾아볼 수 있다. 푸리에는 연극적 균형을 이루어주는 일련의 감정적인 것들의 기제를 설명하면서 "(이 기제는) 합의만큼이나 불협화음을 필요로 한다; 그것은 성격, 취향, 본능, 운, 야망, 지식 등의 부조화를 이용한다. 이러한 감정적인 것들의 모임은 배열, 대비 그리고 불균등으로 커져 간다; 그것은 공감과 융합, 일치만큼이나 비양립성과 대립을 필요로 한다"[21]라고 쓰고 있다.

바로 이런 연극적인 균형은 결국 다원성, 갈등성 그리고 사회적 관계의 지속성과 존재의 조건을 보여주는 것이며 그것은 이러한 것들이 사회적 관계속에서 사람들의 격정적인 모습, 관계들의 상징적 생동성의 리듬을 두드려 주기 때문이다. 이러한 모습을 통해 다양한 이질성 그리고 이질화된 동질성의 형상들은 원자화되는 과정이 아니라 오히려 집합적·공동체적 관계의 다양화를 가져다 주는 것이라고 말할 수 있는 것이다. 이같은 동질성과 이질성의 양가적 형상은 실제로 마페졸리의 표현처럼 모든 관계에서 파괴적이기도 하지만 또한 기초적이기도 한 이중적 움직임으로 파악될 수 있다. 사회에서 다양한 중심들이 만들어지고 있는-이 중심들은 파괴적일 수도 건설적일 수도 있지만- 모습을 내포하고 있는 것이다. 이 다양한 중심들은-가족, 지역 혹은 다양한 소집단, 개인적 모임 등- 개인주의에 기초

21) C. Fourier, *Le nouveau monde industriel et sociétaire*, Flammarion: Nouvelle Bibliothèque, 1973, ch.Ⅳ.

한 기능적 형태의 관계가 아닌 집합적인 감정의 공유, 상상적인 것의 공유에 기초한 조직논리를 보여준다. 이질화된 동질성과 동질화된 이질성의 상호 침투와 중첩된 형상, 이것들이 바로 혼란스러울 정도로 복합적인 현대의 사회적 삶의 형상을 만들어내는 것이 아닌가?

3) 전통—현재를 위한 과거

우리가 민중의 삶과 관련하여 전통에 대해서 이야기할 때 다음 두 측면을 고려할 수 있을 것이다. 우선 민중들에 의하여 전통이 어떻게 받아들여지고, 해석되는가 하는 것이며, 두번째로는 이 전통속에서 민중은 어떻게 이해되고 있는가 하는 것이다. 우리가 민중의 삶과 전통을 일상적인 모습속에서 파악하려 할 때 가장 흔히 언급될 수 있는 것이 전통적 놀이문화, 전통예술, 전통음식 혹은 다양한 자료들이나 소위 역사소설 같은 작품을 통해서 알 수 있는 당시의 민중의 삶의 모습이라든지 사회적이며 정치적인 모습들을 들 수 있는 것이다. 실제로 마당극, 탈춤, 사물놀이 등은 80년대 수많은 시위, 집회와 같이 하면서 격렬하고 위험한 상황의 소용돌이 속에서 장엄하기도 하고 홍겹기까지 한 민중의 축제의 분위기를 만들어내고 있음을 볼 수 있으며 게다가 전통음악이나 무용 등 전통문화에 대한 이해와 시위나 모임에서의 이들 문화의 실행은 의식화에 있어서 중요한 과정으로 간주되고 있다. 이런 간단한 예들에서 우리는 민중적 삶과 포스트 모던적 특성간의 의미관계를 전통이 어떻게 해석이 되고 있나를 통하여 찾아볼 수 있을 것이다. 우선 민중적 예술이나 문학작품 혹은 실제 민중예술의 실행속에서 전통에 대한 감정적이며 감상적인 공감이 광범위하게 이루어지고 있다는 것이다. 두번째로, 집회라든지 시위의 장소에서 민중예술이 행해지는 모습 혹은 역사소설 혹은 민중소설 등에서 과거의 민중의 삶이 이야기되고 있는 모습을 통해서 전통이 현재의 삶속에서 살아가는 방식과 전통속에서 현재의 삶이 살아지고 있는 모습을 파악할 수 있다. 즉 전통에 뿌리를 내리고 있는 다양한 일상적인 모습은 종교나 믿음과 관련된 이미 오래 전부터 내려와 현재의 삶이 양식에 깊숙히 관련되어 있는 것들이거나 혹은 특정 상황속에서 사람들에 의해서 의도적으로 그리고 능동적 방식으로 받아들여지거나 재해석되는 것들의 모습을 지적할 수 있다. 이 경우 전통은 단순히 과거의 어떤 것이 아니라 오히려 현재를 규정하는 정신같은 것으로 나타난다. 어떠한 경우라 하더라도 전통은 다소간 잠재적인 방식으로 현재와의 상호교환을 계속하며 그 속에서 전통은 그 자신 현재를 형성하는 하나의 힘으로 변화하게 되는 가능성을 항상 내포하고 있는 것이다. 다시 말해서 전통의 의미는 바로 전통 자체의 특성, 즉 현재의 상황과의 상호관계속에서 이해될 수 있는 것이다. 그래서 전통은 끊임 없이 '현재' 상황에 수용의 장을 마련해주고 있는 것이다. 이러한 의미에서 우리가 민중의 삶을 전통과 함께 이 사회의 중심을 꿰뚫고 있는 하나의 힘으로써 생각하는 한에서 민중형상은 전통이 가지고 있는 의미와 직접 연결되는 것이다. 다시 말해서 민중의 모습은 현재에 있어서의 전통의 모습과 상동적인 형태를 띠고 있다는 것을 의미한다. 그런데 실제로 정치·경제적 또는 이데올로기적 환경에 의해서 이 전통들은 마치 그것의 존재와 의미가 당연하다고 생각되는 풍속이라든지 전통적 생활양식 등과는 다른 방식으로 우리에게 다가오고 해석되고 있는 것도 사실이다. 그러나 현재에서의 효과나 영향의 수준에서 차이가 있다고 해서 전통들의 의미가 구별될 수는 없다. 과거의 현재에 지금 당연하다고 여겨지는 이러저러한 전통들은 그 시대에 이미 유사한 사회적 반향을 경험했기 때문이다. 이러한 점을 고려한다면, 전통의 힘과 현재라는 공간속에서 발생하는 관계의 역동성을 보다 더 잘 인식할 수 있을 것이다. 이 역동성은 단순한 수용이나 지속성이 아니라 하나의 과정임을 보여주는 것이다. 전통이 가지고 있는 역사성은 현재에서 역동적 체계로서의 과거에 대한 수용과 인식으로 이해될 수 있다. 이러한 의미에서 야우스[22]의 "지평의 융합(fusion des horizons)"이라는 표현은 현재와 전통의

22) H. Jauss, *Pour une esthétique de la réception*, Paris: Gallirnard, 1978, p.61.

역동적 관계라는 것이 그 속에서 전통이 단순한 재생산(Gegmwärtigung)으로서의 표출과정이 아니라 이해(Vergegenwärtigung)의 생산적 표출의 과정으로서임을 보여주는 것이라 할 수 있다.[23] 야우스에게 있어서 이 지평의 융합은 통시적인 것과 공시적인 것의 수용이 일어나는 전통이 통과하는 공간인 것이다.[24] 기대의 지평이 전통과의 만남을 통해서 만들어내는 다양한 '지평의 융합'의 모습, 분위기가 만들어지는 모습이다. 거기서 사람들은 개인적 의식의 수준이든 집합적 의식의 수준이든 감정과 경험을 공유하며 서로서로가 연결되면서 사회적 형체가 만들어지는 것이다. 우리가 "수용의 미학"이라고 부를 수 있는 것은 결국 거창한 역사의식, 역사의 주체에 관한 문제가 아니라 바로 우리의 일상의 삶, 우리와 직접 관련이 있는 것들이 아니면 무관심해지는 것, 따라서 우리의 역사들을 우리가 스스로 만들어가는 방식이라 할 수 있을 것이다. 이러한 점에서 페라로티[25]의 "역사주의적이 아닌 역사성(l'historicité non historiciste)"은 민중의 삶과 관련한 일상의 역사, 전통과 현재의 관계를 이해하는 데 유익한 것 같다. 페라로티에 따르면 "역사주의적이 아닌 역사성"이란 역사에 대한 가치를 배타적으로 위탁받아 있는 엘리트들에 의해 공유되고 있는 소위 진실이라는 것으로 향하는 통시적 연속으로서의 역사개념과 단절을 함축하고 있다.[26] 그래서 페라로티는 "삶의 역사(l'histoire de vie)"를 공시적 모델과 다차원적 재구성을 목적으로 하는 근본적인 방법으로 강조하고 있는 것이다. 그에게 있어서 삶의 역사는 일상의 역사처럼 "밑으로부터 나오는 역사(l'historie venant du bas)"인 것이며 일상적 삶의 경험에 의하여 검증되고 연관된 인지적 가치들의 총화처럼 심리학적으로 확신이 가는 시각으로서의

23) 'Gegenwärtigung'와 'Vergegenwärtigung'은 훗설(E. Husserl)의 현상학적 인식론에서 사용된 용어이다. 『현대철학과 현상학』, 문학과 지성사, 1987 참조.

24) J. Starobinsky, "Préface," in *Pour une esthétique de la reception*, p.16.

25) F. Ferraroti, *Historie et histoires de vie: La méthode biographique dans les Science Sociale*, Paris: Méridiens Klincksieck, 1990, ch. Ⅰ, Ⅱ

26) Ibid., pp.30-31, 35-36.

비판적 방식으로 재고찰된 전통들이나 실제 삶의 실천을 해석하고 드러내는 것이다. 이런 의미에서 역사 혹은 역사들은 오히려 초시간적인 공간을 형성하며 이 공간속에서 수많은 파편적이며 순간적인 그리고 부유하는 삶들이 다양한 방식을 통해 결정화(結晶化)되는 것이다. 이렇게 창조된 것은 현재가 느끼게 해주는 분위기, 페라로티의 표현으로는 현재가 가지는 "고유한 장식(le décor propre)"[27]인 것이다. 전통이라는 것은 주어진 것이며 또 항상 현재라는 언덕위에 새로 구축되는 것이다. 그러나 여기서 문제가 되는 것은 이러한 과정을 끊임 없이 총체화시키려고 하는 시도들이다. 총체화의 시도로부터 우리는 전통이 현실로부터 유리되는 모습을 목격할 수 있다. 료타르[28]의 "메타 내러티브의 종말(La fin du métanarratif)"은 이러한 관점에서 의미가 있는 것이다. 특정한 단 하나의 진실(Vérité)은 존재하지 않으며 과거를 따라다니는 거대한 담론도 존재하지 않는다. 이같은 맥락에서 하이데거가 사용한 용어인 "Verwindung"은 현재와 전통의 관계를 해명하는 데 있어서 참고할 만한 것 같다. 이 "Verwindung"은 대체한다는 의미를 지닌 "Aufhebung"이나 지나가버림 혹은 초월의 의미인 "Ueberwindung"과는 달리 '회복'(예를 들어 병으로부터 회복함 등)의 의미를 지니고 있다. 이 회복이 가지는 의미는 "경계를 넘어서 지속되어 가는 것"으로서 그 자체에 '수용'의 특성과 '깊숙히 파고듬'의 특성을 견지하고 있는 것이다.

바티모는 이 "Verwindung"에 복합적인 가치를 부여하고 있다.[29] 즉 회복과 왜곡 그리고 체념하고 받아들임의 세 가지 의미를 동시에 포함하고 있는 의미로 해석한다.[30] 그것은 단순히 선적인 과정에서 지나가 버리는

---

27) Ibid., p.33.

28) J. F. Lyotard, *La conception moderne*, Paris: Ed de Minuit, critique, 1979, p.105.

29) G. Vattimo, *La fin de la modernité -Nihilisme et herméneutique dans la culture post-moderne*, Paris: Seuil, 1987, pp.169-185.

30) Ibid., p.177.

것이나 혹은 다른 것으로 대체되는 것이 아니다. 오히려 과거의 상태로 다시 회복되지만 그 과정에서 왜곡과 수용의 복합적 과정이 개입되면서 과거를 넘어서는 의미를 가지는 것이다. 그리고 그것은 바로 역사주의적 변증법의 논리를 뛰어넘는 것이다. 우리는 이 “Verwindung”의 의미를 현대의 새로운 변증법, 즉 현재에서 전통을 사는 모습, 전통을 통해 현대를 살아가는 모습으로 이해할 수 있지 않을까? 이 “Verwindung”은 역사주의 변증법에서는 고착화되어버리는 과거의 모습이 현재에서 늘 새로운 모습으로 살아나는, 어떤 의미에서는 끊임 없는 신화화와 신비화의 과정을 통한 현재만의 독특한 장식을 만들어내는 모습인 것이다. 뒤랑은 다음과 같이 쓰고 있다.

> “나는 특히 사람들의 개인적인 삶의 기간속에－나는 그것을 괴테처럼 운명(Schicksal)이라고 부르고 싶다－ 신화가 존재하기를 바란다. 어떤 의미에서 이 신화는 역사의 역할을 분배하며 역사적 순간, 한 기간, 한 시대, 한 삶의 영혼을 만드는 것을 결정지을 수 있게 한다. 신화는 역사의 측정기준이지만 그 역은 아니다.”[31)]

4) 권력과 민중의 힘－지배의 논리와 생존의 논리

민중의 수사학이란 무엇인가? 그것은 바로 권력에 대한 민중의 삶의 생동력, 즉 민중의 힘에 다름 아니다. 권력의 담론에 마주한 민중의 수사학, 그것은 바로 미학, 삶의 미학이다. 민중의 수사학은 정열, 감정 그리고 상황에 생명과 생동감을 불어 넣는다. 이 생동력은 항상 ‘무엇이어야 한다’라는 강제와 도덕, 그리고 차별화의 논리를 뛰어 넘는 삶의 미학의 논리에 기인하는 것이다. 우리가 일상적 삶속에서의 민중적 수사학을 통해 강조하고자 하는 것은 강제와 도덕, 대립과 지배에 기초를 둔 권력양상에 대한

---

31) G. Durand, *Figures mythiques et visages de l’œurne*, Paris: Berginternational, 1979, p.31.

공존과 타협, 생명력과 생명의 미학적 논리에 뿌리를 두고 있는 민중의 힘에 대한 인식이며, 지금까지 배타적인 우위성을 누리던 권력의 논리에 대한 회의와 함께 권력의 논리로부터 민중의 미학과 힘의 논리로 점차 그 중요성이 이동하고 있는 모습과 그것의 의미를 인식하고자 하는 것이다

권력과 민중의 힘, 그것은 우리사회에 존재하는 두 가지 서로 다른 질서의 상징이다. 지배와 피지배의 논리로 설명되는 권력의 모습, 이 권력의 본질은 이분법적 대립과 차별화로 파악될 수 있다. 선과 악, 아름다움과 추함, 중심과 주변, 육체와 정신, 이성과 감성, 삶과 예술, 천상의 왕국과 어둠의 제국의 대립, 이것은 인간과 인간의 대립, 인간과 자연의 대립에 다름이 아니다. 이같은 이분법적 대립과 양극화된 차별성은 결국 삶에 대한 억압으로 나타나는 것이다. 권력과 민중의 힘이 나타내는 두 가지 질서는, 권력이란 삶을 경영할 수 있고, 또 해야 하는 것이며, 이에 비해 힘이라는 것은 생존을 책임지는 것이라는 마페졸리의 표현이 잘 보여주고 있는 것 같다. 삶을 경영하는 논리는 경제적·정치적 그리고 도덕적 논리이다. 이러한 논리에서는 개인적인 가치를 중심으로 합리성과 목적론이 지배한다. 삶에 대한 경영은 합리성을 바탕으로 한 예측과 완벽한 제어를 필요로 한다. 그래서 그것은 삶의 외부에 존재하며, 제어와 통제는 니체식의 표현으로는 삶에 대한 '부정'이며 베버의 표현처럼 삶에 대한 환멸과 실망으로 이어진다.

베버는 세상에 대한 탈신화와 합리화에 따른 환멸의 모습을 다음과 같이 쓰고 있다.

> "…우리는 항상, 우리가 그것을 원하기만 한다면, 삶에 개입하는 어떠한 예측불가능하거나 신비한 힘도 존재하지 않는다는 것을 우리 스스로에게 증명할 수 있다고 알고 있으며 또 그렇게 믿고 있다. 간단히 말해서 우리는 예측을 통해서 어떠한 것도 마음대로 제어할 수 있다고 생각하고 믿고 있는 것이다. 그러나 그러한 것은 이 세상에 대해서 환멸감을 느끼게 만드는 것으로 다시 돌아온다."[32]

---

32) M. Weber, *Le Savant et le politique*, p.70.

세상의 신비함을 깨어지기 시작하며 합리성은 신성시되는 것이다. 그래서 권력의 논리에 대한 신성화는 총체성과 개인주의 그리고 단일 가치화의 논리, 즉 모던적 가치화와 밀접한 관련을 갖는다. 뒤몽은 "…개인주의가 깊이 뿌리를 내리고 있고, 또 그것이 지배적인 사회에서 전체주의는 총체성으로서의 사회의 우선권에 개인을 종속시키려는 시도로부터 기인한다"[33] 라고 쓰면서 개인주의와 동시에 총체성으로서의 사회를 상정하는 단일화의 과정을 설명하고 있다.

물론 여기서 나는 권력의 논리는 모던적 가치이며 이에 대응하여 민중의 힘의 논리는 포스트 모던적이라고 이분법적 구도를 통해 말하고자 하는 것은 아니다. 오히려 민중의 힘이 내포하고 있는 논리는 이러한 이분법적 구도, 즉 권력이 보여주고 있는 지배-피지배의 평면적 차원의 논의를 넘어서는 것이며 또한 이러한 평면적 구도속에서 민중의 삶, 우리의 삶의 생동성과 역동성을 이해할 수 없다. 힘의 논리, 민중의 힘의 가치에 대한 강조는 우리시대에 삶의 모습을 이해하는 데 있어서 그 시각을 변화, 확장시켜야 할 필요성을 강조하는 것이다. 이러한 의미에서, 일반적인 권력의 양상을 지금까지의 시각인 계약, 교환, 균형 그리고 지배법칙으로 설명되는 경제-정치적 논리에서가 아닌 '도전(défi)'과 '경매에서의 호가(呼價, surenchère)'의 논리, 즉 '유혹(séduction)'과 '매력'의 논리를 설명하고자 하는 보드리야르[34]의 시각의 전환은 의미 있는 것이라 할 수 있다.

이러한 맥락에서 나는 새로운 질서의 모습으로서 일방적인 관계의 논리인 권력의 논리를 포용하는, 지금까지 부수적이거나 무시되어 왔지만 이제 우리 삶의 중심으로 떠오르는, 오히려 지배적인 가치로 그 자리를 옮기고 있는 민중의 삶의 논리, 즉 민중적 힘의 논리를 우리 시대를 이해하는 하나의 방식으로 보고자 하는 것이다.

민중 삶의 역동성, 생존의 논리는 일차원적인 일방적 지배의 논리가 아

33) L. Dumont, *Homo Aqualis, Genèse et épanouissement de l'idéologie économique*, N.R.F.: Gallimard, 1977, pp.21-22.

34) cf. J. Bauerillard, *Simulacres et simulations*, Paris: Galilée, 1981.

닌 다원적 가역성(可逆性)의 논리이다. 그것은 공존의 삶이다. 복종과 타협 그리고 권력과의 은밀한 공모는 민중의 힘이 가지는 생존의 미학이다. 그것은 목적론적인 삶이기보다는 현재를 살아가는 모습이다. 복종이나 타협, 그리고 공모의 형식은 권력에 의해 일방적으로 강요되는 것이다. 단순히 권력으로부터 소외되어 존재하는 소극적인 모습이 아니다. 그것은 가역적이기 때문에 적극적인 힘이다. 이들 생존의 미학은 권력에 대한 힘의 세계를 구축하는 논지인 동시에 이 민중의 힘의 논리로 본다면 제도적 권력의 단단한 성이 얼마나 허물어지기 쉬운 허약한 것인가를 보여준다. 복종하는 척하면서 타협하는 모습, 권력의 구도를 이용하여 그 속에서 공존하는 공모의 모습은 권력의 강제성과 폭력성을 슬쩍 비껴가게 하는 교활한 생존의 논리인 것이다. 그러나 보다 중요한 것은 권력 그 자체에서 이러한 민중의 생존의 논리가 내포되어 있다는 점일 것이다. 그래서 나는 정치라는 것은 권력의 논리이지만 정치적인 것, 정치적인 현상들은 미학의 논리, 생존의 논리, 공존의 논리로써 이해될 수 있다고 생각한다. 흔히 복종이나 타협으로 그려지는 체념의 모습은 그것이 현재의 삶의 중요성에 기초하고 있는 운명, 혹은 숙명적인 것이기 때문에 오히려 생명력이 충만한 역동적 삶의 모습으로 현현하는 것이다. 따라서 민중의 힘이 가지는 가역성은 권력이 지배와 제어의 틀 속에서 스스로 갇히는 반면에, 숙명론적인 현재성을 바탕으로 스스로 생존의 논리를 지님과 동시에 권력과 함께 게임을 하는 이중성을 내포하고 있는 것이다. 결국 권력의 문제를 지배의 논리로서가 아닌 민중의 힘과의 가역적 공존의 논리로서 파악할 때 현대사회에서 권력이 우리에게 보여주는 다양한 모습, 정치적 메시지의 다양화, 또한 양립불가능해 보이기까지 하는 민중의 정치에 대한 무관심과 동시에 극단적 정치참여 등의 현상, 어떤 의미에서 앙사르가 정치적 담론의 다양화와 정치의 다원적 체제에 따른 '모순적 영향들'이라고 부르는 것들의 모습을 보다 잘 이해할 수 있을 것이다. 그래서 우리가 민중의 힘, 즉 생존의 미학이라고 부르는 것은 결국 우리시대의 삶이 가지고 있는 또다른 하나의 질서, 다시 말해서 집합적인 감정들이 어우러져 만들어내는 사회의 모습, 순간적이며 또 너무나 일상적인 평범한 삶의 모습, 그리고 비논리적이고 비합리적인 것 같지만 그 자체의 논리성으로 현실을 구축해가는 민중의 삶인 것이다.

4. 맺음말을 대신하여

지금까지 살펴본 바와 같이 일상성의 의미를 통하여 민중과 민중의 삶에 대한 분석을 행하는 것은 현대 한국사회에서 민중이 가지고 있는 논리들을 재발견하고 새롭지는 않더라도 적어도 대안적 시각을 수립해보고자 하는 의미가 있는 것이다. 이러한 맥락에서 이 연구와 관련하여 몇가지 점들을 지적하고자 한다.

우선 일상성을 통한 민중현상에 대한 관심은 사회학 연구목록에 한두 가지 더 분석영역의 종류를 추가하는 것에 그치는 것이 아니다. 다시 말해서 민중적 삶에 대한 분석이 단순히 사회학적 연구의 대상일 수 없으며 오히려 이 연구를 통하여 보여주고자 하는 것은 바로 민중현상을 통하여 현대 한국사회를 보다 잘 이해할 수 있는 인식론적이며 방법론적인 시각을 수립하고자 하는 데 있다. 더구나 여러 측면에서의 해석이 가능하고 복합적인 양상을 띠는 현상일수록 기존의 입장으로 설명을 시도하는 것만으로는 부족하며 좀더 열린 시각으로 다양한 수준에서의 접근이 필요한 것이다. 따라서 일상성과 민중현상에 대한 연구는 문제적인 현실과 관례적인 현실에서 어떠한 가치와 논리로써 행위하고 사회적 삶을 살아가는가에 관한 방법론적 수준에서의 반성에 관심이 있는 것이다. 마페졸리의 표현처럼 일상의 경험은 "인식적 잠재성"을 지니고 있으며 따라서 이 일상적 경험은 우리사회의 다원성을 이해할 수 있게 하는 것이다.

이러한 다원적이며 복합적인 현상의 이해를 위하여 우리는 형식주의적인 접근을 통하여 인식방법의 전환의 필요성을 강조하고자 하는 것이다.

기존의 이론체계들, 특히 우리가 거대이론이라고 부르는 이론체계가 포화의 상태에 놓여 있다는 것을 구태여 지적하지 않더라도 우리는 우리 앞에 전개되고 있는 새로운 현실들에 대한 이해를 위해서 새로운 인식의 지평이 필요한 것이다. 물론 형식주의적 접근이 새로운 것은 아니지만 적어도 형식주의적 접근에서 우리가 취할 수 있는 인식론적이며 방법론적인 특성은 현대사회의 현실들을 이해하기 위한 새로운 인식적 논리를 제공할 수 있는 요소들을 포함하고 있음을 알 수 있다. 특히 우리는 형식주의적 접근방식을 합리성과 과학적 논리성을 기초로 한 설명적 체계로서가 아닌 일상의 다양성을 포용하면서 이해를 가능케 하는 논리전개를 강조하고자 하는 것이다. 설명적 방식이 현상들을 단일적 범주로 환원시키면서 원심적 방식으로 행해진다면 형식적 이해의 방식은 현상 그 자체의 의미에 초점을 두면서 구심적 방식으로 행해진다고 말할 수 있다. 그래서 형식주의적 접근은 현상의 표출에 드러난 다양한 모습들을 포괄적인 시각으로 이해함과 동시에 현상에 대한 인식의 논리를 보여주는 것이다.

푸코가 '고고학'이라는 은유적 표현을 통해 우리에게 설명하고자 하는 방법론적 의미, 즉 "너무나 사물의 표면에 존재하기 때문에 잘 보이지 않는 것을 보이게 하는"[35] 방식은 우리가 형식주의적 접근방식으로 행하고자 하는 이해의 과정과 일맥상통한다고 할 수 있다. 또한 형식주의 방식으로부터 취하고자 하는 인식론적 논리들은 우리의 인식과정에 있어서 또 하나의 "원시적 사고(pensée sauvage)"[36]의 논리가 필요함을 보여주는 것은 아닐까?

결론적으로 우리는 민중현상에 대한 형식주의적 접근방법을 통하여 다음과 같은 가정들을 제시할 수 있을 것이다. 우선 한국사회에 있어서 민중의 삶은 다양한 형식을 내포하고 있는 상징적 표상으로써 포착될 수 있으며 그래서 민중성이라는 형식이 문제적이 되는 것이며 동시에 민중현상은

---

35) M. Foucault, *Magazine littéraire*, no.28, avril-mai, 1969.

36) cf. C. Lévi-Strauss, *La pensée sauvage*, Plon, 1962.

단순한 사회학적 분석의 대상이 아니라 그 자체 현실 이해를 위한 지식사회학의 새로운 전망의 기초가 될 수 있을 것이다. 그래서 우리는 민중현상을 통하여 공동체적이며 집합적인 양상의 새로운 회귀와 감정적이며 상상적인 것의 논리, 비합리성의 논리와 가치들이 점점 지배적으로 떠오르고 있으며 결국 이러한 점에서 민중적인 삶, 바로 우리가 영위하는 하루하루의 일상의 삶에 대한 인식론적 재접근은 현대사회를 조망하는 새로운 시각의 기초가 될 수 있을 것이라는 점을 이 글을 통해서 강조하고자 한다.

일상생활의 이질성*

아그네스 헬러

1. ‘전체적 인간’의 객관화

루카치(Lukacs)식으로 말하자면, 일상생활에는 전체적 인간이 참여한다; 혹은 달리 말해, 일상적 활동은 전체적 인간이 형성하는 바로 그러한 활동들이다. 그리고 일상생활은 그 자체로 객관화이다. 즉 그것은 주체로서 개별 인간이 ‘외재화되는’ 바로 그 과정이며, 외재화된 인간 능력이 그들의 인간적 자원으로부터 분리된 그들 고유의 삶을 추진해나가는 과정인 것이다. 파도처럼 그들은 그들 스스로의 일상생활과 다른 사람들의 일상생활 속으로 물결쳐 나간다. 단지 간접적이지만 역사의 흐름속으로 섞여들게 되며, 그리하여 객관적 가치 내용을 얻게 된다. 이와 같은 이유로 우리는 일상생활이 역사흐름의 기초가 된다고 말할 수 있는 것이다. 대중속의 보다 커다란 사회갈등은 바로 일상생활의 갈등으로부터 발생한다. 이러한 갈등에서 제기된 문제들에 대해 해답이 마련되어야 한다. 그리고 이러한 갈등들이 해결되자마자 새로운 문제들이 다시 일어나고 일상생활을 재구성하게

---

* 출전: Agnes Heller, “The Heterogeneity of Everyday Life,” in Agnes Heller, *Everyday Life*, Routledge and Kegan Paul, 1984(박재환 역).

된다.

객관화의 모든 과정처럼 일상생활은 두 가지 의미에서의 객관화이다. 한편으로 일상생활은 주체의 지속적인 외재화의 과정이다. 동시에 그것은 인간이 지속적으로 재창조되는 과정인 것이다. 끝없는 외재화의 과정속에서 인간은 형성되며 객관화된다. 그 객관화가 등급에 있어서 일률적이어서 소위 '반복'일 경우, 인간은 스스로를 이러한 동일 수준에서 재생산된 것이며, 또 그 객관화가 새롭고 보다 높은 수준에의 접근일 경우 그 재생산되는 인간 주체 역시 더 높은 수준에 있게 된다. 그 객관화가 앞뒤가 맞지 않고 내재적으로 통일된 원리가 결여되어 있을 때, 또는 단순한 내재화 내지 '적응'에 지나지 않는 한, 인간은 특수성의 차원에서만 재생산된다. 부언하면 객관화가 종합화되고 개체성의 각인을 갖게 되는 경우 일상활동의 객관화는 그 주체의 차원에서 개별적인 것이 된다. 지속적인 외재화로서의 객관화와 객관화로서의 개체성은 따라서 한쌍의 과정인 바, 확고히 결합되어 상호 조건지우게 되며, 서로로부터 서로를 차입해오게 되는 것이다. 아마도 우리가 하나의 동일한 과정의 한쌍의 결과물에 대해 말하고 있다는 것이 더 나은 표현이 될 게다.

나는 일상생활의 전 과정이 객관화라고 말하면서 논의를 시작했다. 그것은 하나의 특정한 수준에서의 객관화이며 이미 만들어진 세계, 즉 인간이 태어나는 환경이며 그가 움직이기 위해 학습해야만 하고 작동하기 위해 배워야만 하는 환경에서의 객관화인 것이다. 또한 그것은 이미 만들어져 있는 집합체의 세계, 그것의 통합, 이미 형성된 관습, 그 임무, 판단과 편견, 감정적 유형, 교육과 기술, 그 실용성 등의 세계이기도 하다. 내가 만약 누구에게 "당신을 사랑해요"라고 말할 때에, 나의 감정은 나 자신에서 외재화되며, 타인의 개체성속에서 작동되는 것이다. 또한 그러한 표현은 내 감정의 경로를 바꾸게 할 것이며 (나의 사랑이 수용되든지 말든지간에) 동시에 그것은 또한 나의 고유한 개체성을 변형시키게 된다. 열정이 더 격렬할수록 나 자신의 개체성의 구조에서 초래되는 변화는 더 폭넓게 된다. 하나의 구체적인 사랑(구체적 감정과 도덕적 내용, 구체적 태도와 행태를 띠는)은 객관화된 세계질서와 관계되며, 그 나이에 관행화된 에로틱한 습관, 정서적 기대 등과 관계가 된다. 내가 집을 단장하고, 정원을 가꾸고 자녀를 교육시키는 방식도 마찬가지로 객관화이다.

나는 일상생활 전부가 객관화라고 말했다. 그러나 이는 모든 구체적 일상활동이 객관화라거나 모든 객관화가 동일한 수준이라거나, 그 객관화가 같은 정도 또는 같은 반경과 효율성을 가진다는 것을 의미하는 것은 아니다. 예를 들어 수면은 일상생활에 생리적으로 필수적인 것이나 그 자체가 객관화는 아니다. 말하는 행위는 몸짓보다는 훨씬 더 객관화의 요소가 많다. 그러나 다르게 말하면 효과도 다르게 나타난다. 어떤 사람의 "참 좋은 날이로구나" 하는 표현은 청혼보다는 시공적으로 훨씬 적은 파문을 던지게 된다. 다양한 일상활동의 유형을 '객관화'와 '비객관화'로 나눈다는 것은 실제로 불가능하다. 어떤 구체적 행위가 어느 정도로 어떻게 객관화된 것이냐 하는 것은 그 행위가 관련된 주어진 상황과 객관화의 수준에 달려 있기 때문이다.

2. 일상과 비일상적 사고

일상생활과 마찬가지로 일상적 사고 역시 이질적이다. 다양한 형태의 일상적 활동속에 나타나는 사고과정들도 똑같이 그러하다. 그러한 사고과정들은 일상의 사실성(facticity)으로부터 야기된다. 그것들은 한편으로는, 이질적인 형태의 활동들이 비교적 단기간에 조정되어야 하고 수행되어야 한다는 사실로부터 파생된다. 다른 한편, 상이한 사회, 상이한 시기, 그리고 상이한 계급에 따라 이러한 활동들이 그 종류가 달라진다는 사실에서부터 그 활동들을 수행하고 전유하기 위한 지식 또한 달라지는 것이다. 첫번째 사실로부터 일상적 사고의 일반적 구조가 생겨나며, 두번째 사실로부터 일상적 사고의 구체적 내용이 나온다. 물론 모든 유형의 지식이 '일상(everyday)'에서만 만들어질 수는 없고, 또 모든 지식의 형태가 일상적 사고의 구조 체계에 정확하게 부합될 수는 없다. 융통성이 매우 적은 지식의 어떤 형태는 전문적인 지식과 같은 것으로 남게 되며, 어떤 주어진 사회에 태어나는 특정한 개인을 재생산하기 위해 반드시 필수적인 조건인 것도 아니다.

일상생활의 하나의 기능으로서의 일상적 사고가 불변적인 것으로 간주될 수 있다. 그러나 그 사고의 구조와 내용들은 다양하고 변화속도에 있어서도 다르다. 일상적 사고의 구조는 천천히 변화해서 완전히 정체하는 듯한 면을 지닌다. 그 내용은 비교적 빨리 변한다. 그러나 이 내용조차도 과학적 사고와 비교해볼 때 보수주의적 경향, 관성적인 경향을 띤다.

일상적 사고 내용에 내재하는 관성은 그 특성이 이중적이다. 그 이중성은 일상적 사고의 내용이 사고구조와 갖는 밀접한 관계로부터 기인한다. 앞으로 살펴볼 것이지만, 본질적으로 가지는 관성의 힘은 두 가지 특성을 가진다. 그 두 가지 특성은 일상적 사고구조와의 밀접한 결속으로부터 기인한다. 앞으로 살펴볼 것이지만, 일상적 사고의 내용은 실용적·경제적 구조에 상당히 연관되어 있기 때문에, 순전히 실용적인 것을 벗어나 있는 부분에 대한 사고활동에는 둔감하다. 실용성에 대한 이러한 초월은 과학(철학)의 '경사진 의도(intentio obliqua)'에서나 가능할 것이며,[1] 특수한 개체로서 일상의 '인간'의 욕구와 이해관심, 실용적인 접근에서 얻어지는 인간중심의 경험과는 반대편에 있는 인지적 이해(the cognitive understanding)와 같은 복잡한 문제의 발견에서나 가능할 것이다.

일상적인 것을 넘어서 가는 제도화된 객관화들이 현재까지 소외되어온

1) '당장의 의도(intentio recta)'와 '경사진 의도(intentio obliqua)'의 차이를 설명한다면 다음과 같다. 전자는 일상의 경험에 의하여 선정되고, 체계화되고, 검정됨으로써 형성된 모든 지식 또는 그러한 경험들이 동일한 체계내에서 연구된 것으로부터 형성된 모든 지식을 가르키는 것으로 사용한다. 한편 '경사진 의도'는 일상의 경험으로부터 배양된 것이 아니라, 미리 전제된 일반적인 객관화의 개념체계로부터 만들어지는 모든 사고를 가르킨다. 그럼에도 불구하고 '경사진 의도'에 의하여 만들어진 이론의 한 유형은 일상의 경험과 관련될 수 있다.

만큼, 일상적 사고의 실용주의는 이러한 객관화에 대항해서 '자연스런 상식(natural common sense)'으로, 정상성의 척도로서 나타난다. 하지만 이러한 객관화가 일반적인 것과 더 깊은 관계를 나타내고 있는 한, 일상적 사고의 내용은 하나의 편견의 덩어리로서 나타난다. 그리고 상식은 부정적인 평가를 받게 된다.

자본주의 이전의 사회에서도 역시, 일상의 경험과 대조될 뿐 아니라, 실제로 일상적 경험의 영역으로부터 끌어낼 수도 없는 사고의 유형을 요구하는 객관화의 분야가 있었다. 이와 같은 분열은 르네상스 이래의—윤리학과 정치학에서 천문학, 물리학에 이르기까지— 모든 사고유형의 특징이다. 『군주론』에서 마키아벨리가 발전시킨 윤리와 정치와의 관계에 대한 견해는 소크라테스도 어떠한 일상적 인간의 사고로부터도 끌어낼 수 없었던 해결책을 제시해준다. 베이컨은 그의 『신기관』에서 과학적 사고와 일상적 사고를 구별하기 위하여 '우상(idols)'의 논리를 사용했다. 물리학에서 갈릴레오는 그의 발견을 통해서 뿐만 아니라, 논쟁을 통해서도 '경사진 의도(intentio obliqua)'를 공표했다. 갈릴레오 이후로 현대의 과학적 사고가 일상적 사고와는 어긋나 있다는 것은 상식이다. 이와 비슷한 과정이 뒤이은 철학의 발전에도 나타난다. 스피노자는 그의 『윤리학』에서 인간의 행동은 그 전체성에서 완전하다고 합리화하고, 엘베시우스에 앞서 홉스는 모든 인간의 행동을 그 인간의 이해관심으로 환원시키며, 칸트는 정언적 명령(the categorical imperative)을 주창한다—이 모든 것들은 분명히 일상적 경험을 초월해 있다. 그리고 이것은 맑스의 역사철학, 즉 소외이론에서도 동일하게 나타난다.

다시 요약하자면, '경사진 의도'에 의해, 우리는 비일상적인 사고의 내용을 이해하게 되는데, 여기서 비일상적인 사고의 내용이란 것은 비록 그것이 일상적 경험과 관련은 있지만, 일상의 사고로부터 조직되거나 외삽함으로써 형성될 수 있는 것이 아니라, 특수성과 우연적인 성격 그리고 그 특수주의적인 인간 중심성을 제거함으로써 비로소 형성될 수 있는 것이다. 그러나 이러한 논지가 '경사진 의도'에 의하여 형성된 비일상적 사고의 내용이 일상생활 및 일상의 사고와 닮은 점이 전혀 없다는 것은 아니다. 우리는 나중에 이것에 관하여 좀더 살펴볼 것이다. 단지 여기서는 일상적 사고의 내용이 혼란스러울 뿐 아니라, 편견에 가득차 있고 진실되지 못한 방향으로 과도하게 일반화되어 있다면서 일상적 사고의 내용을 공식적으로 거부하는 입장이 그렇게 비판되는 내용의 존재를 이미 전제하고 있다는 사실을 지적하는 것으로 충분하다. 우리는 일상적 사고의 인간 중심적 특성에 대하여 이야기했다. 여기서 '인간중심주의(anthropocentrism)'는 일상적 사고에서 흔히 특별한 구별 없이 나타나는 세 가지 분리된 범주에 대한 간략한 표현이다. 이 세 가지 범주는 각각 인류학적 인간성(anthropologicalness), 인간중심성(anthropocentricity), 그리고 신인동형성(anthropomorphy)으로 명명할 수 있다.2)

'인류학적 인간성(anthropologicalness)'은 '그래서 이렇다'라고 하는 우리의 직접적인 지각으로부터는 우리는 어떤 것도 추상화할 수 없다는 것을 뜻한다. 이것은 일상적 사고의 결점이 아니다. 인간의 의식에 대한 이러한 의존은 일상적 실천에서 불가결한 것이다. 지구는 태양의 주위를 돌며 그리고 태양은 구름속으로 숨지 않는다는 것을 우리는 확실히 알고 있다—그러나 우리의 일상적 활동은 천문학적 사실로부터가 아니라 태양이 떠오르고 지는 것으로부터, 구름속으로 태양이 가려지는 것으로부터 단서를 얻는다. 올바른 행위를 행하기 위하여서는 우리가 알고 있는 것만큼 그렇게 많이 알아야 할 필요는 없다. 기술의 발전과 더불어 일상생활을 형성하고 있는 증대하는 '신호들'은 과학에 의해 제공된다. 그러나 과학과 신호들이 우리의 일상적인 삶과 활동속으로 녹아들어갈 수 있게 된다면 과학과 신호들에 대한 우리의 인식이나 관계는 '순전히' 자연적인 현상의 경우처럼 '인류

---

2) 일상적 사고의 신인동형성에 대한 보기로는 루카치(G. Lukacs)의 『미학의 특성』 제1장을 보라. 여기서 우리는 비록 일상적 사고의 구조에 대한 분석과 관련하여 본책의 제3부에서 제기한 것처럼, 그것이 물질과 밀접한 연관을 가지고 있다고 할지라도 일상생활과 일상적 사고의 실용성으로 더 진전할 수는 없을 것이다.

학적'이 된다. 오늘날 우리는 우리를 깨워주는 것으로, 태양이 아닌 알람시계를 사용한다. 태양이 구름뒤로 숨을 것인지를 눈으로 주시하는 대신에 우리는 라디오를 틀고서 일기예보를 듣는다. 그러나 이것은 인간으로서의 우리의 사고습성이 변화하지 않았음을 의미한다. 일상적 삶과 사고에 대한 인류학적 인간성은 어떠한 국가에서든, 주어진 기술이 발전하든 퇴보하든 결과적으로 같은 효력을 지닌다; 그리고 주체-일상생활을 해 나가는 사람-가 특수하든 개인적이든지간에 동등한 효력을 지닌다.

인간 중심성에 관해서 우리는 하나의 유보조건을 두어야 한다. 일상생활은 사람의 직접적 재생산이다; 바꾸어 말하면 사람과 관련되어 있으며 상호 연관되어 있다. 나는 나자신을 유지해야만 한다; 그리고 삶에 대한 나의 일반적인 의문들은 나 자신의 삶, 경험과의 연계속에서 떠오르는 그런 것이다. 일상생활이 갖는 '인류적(anthropos)'이란 결국 이러한 일상생활을 해나가는 사람이다. 일상생활의 인간 중심성은 철학, 예술, 사회과학의 인간 중심성과 같은 일들에 주의를 돌리지 않는다. 이러한 것들의 목적은 무엇보다도 종으로서의 인류(또는 인류가 합병되는 이러한 통합, 창조들과 더불어)에 관련되는 것이다. 그러나 종에 관한한, 이상하게 들릴 수 있겠지만, 일상생활은 어떤 다른 영역보다도 덜 인간 중심적이다.

인류학적 인간성과는 달리, 인간 중심성에서 주체-일상생활을 해나가는 사람-가 특수성에 의해서 특징지어지는가 혹은 개별성에 의해서 특징지어지는가에 따라 중요한 구분이 이루어질 수 있게 된다. 가장 고도로 발전한 개인의 일상생활은 그 자신의 유지나 자기보존을 향해 관련지어져 있다는 것은 사실이다; 그의 다른 활동들은 일상을 초월한다. 그러나 개별성은 사람과 사람 자신의 특수성간에 놓여 있는 차이에 의하여 특징지어지기 때문에, 그리고 이러한 차이는 '인류'를 향한 의도의 산물이기 때문에 개인의 인간중심성은 비록 여전히 사람과 상호관련됨에도 불구하고 종으로서의 인류와 의식적인 관계를 내포한다.

신인동형성의 경우-일상생활의 구조(뒤에 보다 상세하게 분석됨)는 우리에게 우리자신의 일상생활의 유추로써 총체적 세계를 보여준다. 우리가 일상생활의 실용적 구조를 유사한 가면들로 치장하기 때문에 일상적 사고는 자주 물신주의적인 것이 된다; 일상적 사고는 사물과 제도들을 이미 만들어진 유형으로서 존재하는 것으로 받아들이고 그 기원은 괄호 밖에 빼버린다. 제도들과 사회적 관계의 기원뿐만 아니라 개인들의 발생을 묘사하는 예술은 일상적 사고의 편협한 신인동형설(神人同型說)과는 대조적으로 일반적 수준에서 야기되는 근본적인 신인동형설을 주로 제공한다. 일상적인 사고가 인간의 일상적 경험으로부터 직접적으로 외삽된다면 예술은 이러한 관계에 의문부호를 남긴다; 예술은 인간의 삶, 문제와 갈등들을 덧없는 것이 아닌 '전체'의 문제와 갈등들로 전환시킨다. 그 전체와 삶에 관련하여 그리고 비례하여 일상생활에서 인간에 의해 경험되는 '갈등들'의 국지성과 협소함이 나타난다. 예술작업의 창조와 이해-수용에서 생겨나는 일반적 지평(우리는 뒤에 이것으로 되돌아 가게 됨)으로의 이동은 결과적으로 폐지되는 것을 보호하는 신인동형성적인 것—일상적 사고의 신인동형성—이 된다. 한편으로는 철학과 사회과학, 다른 한편으로는 일상적 사고간의 관계를 여기서 논의할 게재는 아니지만, 그들간의 차이에도 불구하고 일상의 사고와 예술간에서 얻을 수 있는 관계와 마찬가지 방식으로, 과학 및 철학과 일상적 사고간의 관계를 그려볼 수 있을 것이다. 자연과학—그리고 그 선두주자인 자연철학—에 관한 상황은 다소 상이하다. 자연과학은 일상생활로부터 모방된 목적론적 외피를 거부할 뿐만 아니라, 자연세계에 대한 인간적 구분의 제안을 전적으로 거부한다.

하나의 이데올로기적 유형—종교—의 경우, 세계관은 그 내용의 본질적 부분을 제공하는 일상생활과 함께 목적론 위에 기초를 둔다고 이야기할 수 있다. 세계관은 일상적 사고의 특징으로 존재하는 신인동형성에 의존하는 것으로 총체적인 창조상으로, 신의 손에 의해 이미 형성된 것으로 받아들인다. 그러나 이 신인동형성은 상이한 종교들에서 상이한 모습을 가정한다; 어떤 경우에는 도시국가(polis) 종교들에서처럼 세계 저편 너머는 단지 우리 인간세계의 반영이다; 또는 기독교에서와 같이 다른 경우에서는, 심오하게 영적으로 되는 것이다.

앞에서 말한 바와 같이, 일상적 사고의 신인동형성은 인간이 피할 수 없는 것이며 그것은 일상적 사고의 인간 중심성에서도 마찬가지이다. 비록 특수성과 결합된 인간 중심성이 개별성과 결합된 인간 중심성과는 그 유형에 있어서 다를지라도, 나의 다음 질문은 이것이다. 일상적 사고는 앞에서 말한대로 불가피하게 신인동형성일 수밖에 없는가?

그 대답은 아마 부정적이 될 것이다. 인간은 직접적인 환경 속에서의 경험들과 일반적으로 세계에서의 일상적 활동의 목적론적 제안을 피하기 위하여 과학자나 또는 철학자가 될 수는 없다. 만약 그러하다면 신인동형성은 사실상 불가피할 것이다. 모든 인간이 모든 사물들에서 전문가가 될 수 있는 세계는 존재하지 않으며, 살아가는 동안 그 자신의 일상생활을 포기할 수 있는 세계는 존재하지 않는다. 편협한 의미에서 신인동형성이 일상적 사고에 가로놓여 있는 기본구조가 되는 것을 막기 위해서는, 우리 자신의 일상적 경험을 우리시대에서 인류에 의해 획득된 인간의 삶과 경험, 인간욕구, 그리고 지적수준이라는 보다 넓은 문맥속에 놓을 수 있는, 일반적 세계관(Weltanschauung)을 우리가 가지는 것으로 충분하다.

신인동형성이 아닌 일상적 사고는 가능하다. 그러나－이것은 극도로 제한적인 것으로－ 단지 개인적인(무엇보다도 한정적인 의미에서) 경우에서이다. 삶이 협소한 특수성의 범위로 제한되는 곳에서, 보다 협소한 의미에서 신인동형성은 필수불가결하다. 사회속에서 '개인'의 대다수가 특수적이 되는 한, 일상생활이 주체의 역할에서 단지 특수성에 불과한 것에 이끌려지게 되는 한, 협의의 의미에서 신인동형성은 인간의 삶에 영속적인 특징으로 남게 될 것이다. 우리는 우리들의 보다 협소한 전문가적 능력 속에서 탈신인동형성을 어느 정도 달성할 수 있을 것이다. 그러나 일상생활속에서는 계속해서 우리는 신인동형성적으로 생각할 것이다. 그리고 이러한 신인동형성은 그것이 우리들의 보다 협애한 전문적 이해관심과 중복되지 않는

한, 현실의 다른 영역에서도 투사될 수 있다. 일상의 사고는 이질적이다. 그리고 탈신인동형적 세계관 및 정신적 모티브와 신인동형적 세계관 및 정신적 모티브가 이 일상적 사고의 테두리내에서 구별되지 않고 멋대로 뒤섞여 있는 것이다.

3. 일상생활과 사회구조

우리는 다음과 같은 질문으로 시작할 수 있다: 일상생활과 일상의 사고로부터 특정한 시기의 사회구조와 더 나아가 인류의 일반적인 발전에 있어서 그 구조가 나타내는 단계를 읽어내고, 분간해낼 수 있을까?

사회적 분업은 어떤 주어진 사회에서 사람들이 계급, 계층, 공동체, 신분 등과 같은 요소들을 바탕으로 매우 다른 일상생활을 영위한다는 것을 의미한다. 그리고 이것은 다시, 우리가 어떤 한 사람의 일상생활이나 어떤 한 계급의 일상생활로부터 주어진 사회의 구조에 관한 모든 것을 알 수는 없다는 것을 의미한다. 농노의 일상생활이 봉건제의 구조를 완전히 표현할 수 없다. 그리고 기사의 일상생활도 마찬가지이다.

따라서 적어도 지금 당장으로서는 우리의 질문에 대한 대답은 부정적일 수밖에 없다; 단순히 분업 때문만이 아니라 특정 사회는 객관화의 집적 및 이들간의 관계에 의해서 그 실체가 밝혀진다는 사실 때문에서다. 생산과 분배의 수준, 예술과 과학의 우수한 정도, 그 사회의 다양한 제도상의 구조 그리고 그 속에서 수행되는 인간활동의 유형들－이러한 자료들로부터 우리는 우리가 다루어야 할 사회가 어떠한 종류의 사회인지, 그 사회가 인류에게 무엇을 주는지, 다른 한편으로, 그 사회가 우리들로부터 무엇을 가져가는지를 제대로 읽을 수 있는 것이다. 한 사회의 고유한 특성을 나타내는 객관화가 단지 일상생활의 집계에 의해 표현되는 그런 사회도 분명히 없다. 하지만 자세히 살펴보면, 우리가 처음 말한 '아니다'라는 대답에는 몇

가지 조건이 요구된다.

사람들은 주어진 사회속에서 태어난다. 그리고 그들은 주어진 사회가 부여하는 바로 이러한 조건들을—적어도 직접적인 환경에 관한 한— 자기 것으로 만들어야만 생존할 수 있는 것이다. 그들의 일상생활속에 내재화되는 생산과 분배체계, 일상생활에 불가분의 요소가 되는 도덕적 지침과 관행들, 일상생활에서의 예술과 과학의 역할, 이러한 역할을 하는 예술과 과학의 본질—이 모든 것들이 우리에게 주어진 사회의 구조에 대해 많은 것을 말해 준다. 인류의 일반적 속성의 발달(혹은 퇴행) 역시 이 일상생활의 거울속에 반영되어 있으며, 우리는 그로부터 어느 정도 그 발달에 대한 평가를 내릴 수 있는 것이다.

일상생활과 일상적 사고의 구조는 비교적 정체되어 있다고 내가 말한 적이 있다. 그러나 이것은 그 구조가 아무런 변화가 없다든지, 새로운 요소나 새로운 이해가 첨가되는 데에 폐쇄적이라는 것을 말하는 것은 아니다; 내가 말한대로, 협의의 신인동형법이 극복될 가능성은 항상 존재한다. 사회의 특정한 계층에 속하는 특정한 개인들이 크게든 적게든, 특수성의 일상적 한계를 초월할 수 있다는 사실에서부터 우리는 참으로 전체로서의 사회에 관해 많은 것을 배우지 않는가? 예를 들어, 모든 사회의 모든 계층의 사람들이 일상생활의 업무의 부수물로서의 대화(나중에 살펴볼 것이지만)를 필수적인 것이라고 결코 생각하지 않는다. 그러나 우리는 어느 범위에서, 어느 정도의 대화가 필수적인가라는 문제를 살펴봄으로써 어떤 사회가 인간화되어 있는 정도에 대해 상당히 알 수 있다. '사랑의 열정'은 일상생활에 없어서는 안될 요소로 언제나 여겨지는 것은 아니다; 특정 나이가 사랑의 열정을 필수적인 요소로—참으로 일상생활에서 의무적인 요소로— '탄생시킨다'는 것이 그래서 더욱 중요하다. 그리고 그것은 우리가 어떠한 것이 일상생활에서의 학교교육처럼 기본적인 요소인지 아닌지를 보고, 한 사회를 분류하려 할 때 도움이 된다.

하지만 우리의 주된 관심은 일상생활 및 일상적 사고의 구조 속에 발생하는 어떤 새로운 요소에 있는 것이 아니고, 기존 요소들의 내용, 특히 가치내용의 변화에 있다. 이 가치내용은 이미 관습의 '문화'에서 추적될 수 있다. 우리 스스로 어떻게 영양을 섭취할 것인가, 무엇을 어떻게 먹을 것인가, 어디에 살 것인가, 집은 어떻게 꾸밀 것인가—이 모든 것에서 우리는 인간화의 표현을 발견하게 된다.

그러나 일상생활의 질적 내용에 대한 가장 좋은 지표는 여전히 사람들간의 직접적인 대인관계의 형성이다. 푸리에(Fourier)는 인간 가치의 발달사가 남녀간의 관계의 연구로부터 기술될 수 있다고 말했다. 다른 한편으로 한 시대는 각 사회계급과 계층이 그들의 일상적 활동 중에 '공공생활'에 접근하는 정도와 그들의 일상생활이 '사적인 생활'에 한정되는 정도에 있어서 다른 시대와 차이가 난다. 기술적 발달은 일상의 활동에서 유사한 방식으로 나타난다: 우리가 나무 숟가락으로 밥을 먹는지 또는 스테인레스 숟가락을 사용하는지, 여행을 농가의 이륜차로 하는지 자동차로 하는지에 따라 그 시대의 기술적 성취의 정도가 반영되고 있는 것이다.

인류의 역사에 있어서, 예술이 일상생활에 전혀 영향을 미치지 않았던 때는 없었다. 예술은 언제나 어떤 종류의 역할을 수행했다. 물론 예술의 이러한 작업의 특성을 결정짓는 데에도 그렇듯이, 어떤 분야의 예술이 일상생활속에 들어 오게 되는지가 결정되는 데에는 많은 요인들이 작용한다.

그리하여 우리가 일상생활로부터 사회구조와 일반적 발전의 수준에 관해 원하는 정보를 바로 포착할 수 있는 그런 방식으로 일상생활이 측정되지는 않는다는 것을 인정해야 한다. 그리고 이것은 우리가 일반적인 사회평균이라는 견지에서 다루는 경우에도 마찬가지이다. 그러나 이와 동시에 일상생활은 사회의 구조와 일반적 발전에 관해 우리에게 어떤 것을 말해준다. 사실 일상생활에 있어서 통용되는 가능성의 범위에 대한 평가는 '독해'의 과정에 속한다.

나의 다음의 질문은 논리적으로 처음 질문에 따라 나온다. 그것은 한 사회가 다른 사회로부터 이어받는 과정이면서, 그 위에 가치들의 평가를 세우는 과정인, 점진적인 발전에 관한 것이다. 이러한 것들이 일상생활속에 표현되는가? 다시 나는 이에 대해 조건부의 대답을 하지 않으면 안된다.

일상생활이 특수성의 바탕 위에 조직되고, 우리와 우리 세계와의 통상적인 관계가 항상 일정하게 남아 있는 한, 진보의 개념은 일상생활에 적용될 수 없다. 그러나 일상생활은 일상생활의 내용, 즉 일상적 활동의 내용이 언제나 사회집합체의 발전을 일정 정도 나타내어 오고 있는 한 진보되어 왔던 것이다. 만약 그렇지 않다면, 사회에서의 가치들의 일반적 발전은 불가능했을 것이다. 왜냐하면 인간의 역사 그 자체가 인간의 수많은 일상적 활동위에 세워져 있기 때문이다. 역사는 우리에게 오직 몇몇 가치들은 성공적으로 발전되는 데 반해, 다른 가치들은 쇠퇴된다는 것을 가르치기 때문에, 일상생활에서의 가치발전은 표현에 있어서 모순이라고 하는 반대가 여기서 제기될 수 있다: 이에 대해 우리는 특정한 영역에서의 가치의 성공적인 진화에는 다른 영역에서의 가치의 쇠퇴가 수반되기 마련이기 때문에, '발전'이라는 총체적 의미는 사회구조의 수준에서나, 일반적인 사회적 객관화의 수준에서도 마찬가지로 표현에 있어서 모순이라고 대답한다. 일상생활에서 가치의 융성이 가치의 쇠퇴보다 우세한지 반대로 쇠퇴가 융성보다 우세한지, 그리고 어떤 영역에서 이러한 일이 발생하는지, 가치의 융성과 쇠퇴가 사회계급의 하나 또는 몇몇의 일상생활보다 전 사회에 영향을 미치는지 그렇지 않은지, 만약 몇몇의 사회계급에 영향을 미친다면 어떤 계급의 일상생활에 영향을 미치는지—이러한 질문들에 대한 대답들은 가치성장에 도움이 되거나 혹은 불리한 일반적인 관점에서 주어진 사회를 우리가 기술하는 데 있어서 중요한 요소가 될 것이다.

4. 동질화

앞에서 언급한 것처럼 일상생활의 특징적 측면의 하나는 일상생활의 이질성이다. 즉 일상생활은 이질적인 행위의 세계에서 요란하게 움직이고, 이질적인 기술과 능력을 요구한다. 그래서 내가 언급한 것처럼 일상생활은 모든 사람들이 참가하는 어떤 것이다. 그 속에서 사람들이 일상생활을 해 나가는 행위의 규범과 준칙, 객관화들은 서로를 비교했을 때 이질적이다. 그러나 이것은 행위의 다소 동질적인 영역의 가능성과 객관화의 가능성을 배제하지 않는다. 오히려 동질성의 가능성이 각종 준칙들의 전제가 된다. 그리고 우리는 객관화가 일반적으로 확립되면 될수록, 일상생활은 더 동질화될 것이라고 말할 수 있다. 일반적인 객관화의 가장 동질적인 것에 대한 관계는 인간이 그의 일상적 활동의 틀속에서 그 동질적인 것과 관련을 갖더라도 대체로 이질적인 일상생활의 부분을 구성할 수 있다. 예를 들면 법체계는 비교적 동질적인 객관화이다. 그러나 법에 대한 우리의 관계는 그 이질적인 성격을 잃지 않으면서도, 일상생활에 있어서 중요한 요소가 될 수 있다.

동질성과 이질성의 상호관계는 그들 스스가 서로 이질적인 '인간'의 능력, 성향, 열정과 관련이 있다. 개인성이 발달하면 할수록 일상생활에 있어서 그 활동은 더욱더 통일되고 능력과 성향은 더욱더 동질성—통일된 개성의 동질적인 구조—으로 향하는 경향이 있다. 그러나 이러한 어떤 것도 다양한 행위의 이질적 형태들이 어떤 능력과 성향을 요구한다는 사실을 바꾸지는 못한다. 그것은 다시 가장 동질적인 개인의 경우에도 이질성은 일상생활의 분리할 수 없는 요소라는 것을 의미한다.

상대적 관계들의 변화하는 장면에도 불구하고 우리는—루카치에 따라—동질성의 과정을 일상생활으로부터의 '발생'이라는 카테고리로써 충분히 생각할 수 있는 것이다. 이러한 의미에서 동질화는 개인이 객관화의 동질적 영역에 흡수되는 것을 의미하고 그 개인이 자기의 활동을 행위의 객관적이고 동질적인 영역에 집중시키는 것을 의미한다. 이 경우에 '인간'은 인류(人類)에 대하여 항상 직접적이고 즉각적인 관계에 있다. 주어진 동질적인 영역에서 그의 의도는 구체화된 일반성이다. 그리고 그는 이것을 반드시 의식하고 있지도 못하다. 이 경우에 한 인간의 활동은 간접적으로 뿐만 아니라 직접적으로 일반적 인간실천의 구성요소이다. 즉 (다시 루카치를 인용해서) '하나의 전체인간'이 됨으로써, 그 주체는 객관화의 동질적인 영역안에서 모든 힘과 능력을 그리고 과업을 수행하는 데 집중시키는 개인성인 '전체로서의 인간'이 된다. 동질화의 과정에서 일어나는 인간활동은 창조와 재창조이다.

동질화는 일상생활으로부터의 '발생'의 기준이다. 그리고 그것은 주관적 기준이 아니라는 것이 강조되어야 한다. 일상생활은 이질적인 인간활동 없이는 재생산될 수 없으며, 객관화는 동질화과정 없이는 '혼자힘으로' 재생산될 수 없다. 동질적 영역과 객관화는 그 자체가 재생산을 위한 동질화를 요구한다. 만일 사회가 명확한 법체계를 가진다면 사회는 시민의 삶 또는 적어도 삶의 부분을 동질적인 법의 구조속에서 그들 스스로 일하고 합법적 사고를 배우는 데 보내는 시민들이 필요하다. 만일 어떤 사회가 자연과학을 필요로 한다면, 그 사회는 과학적 훈련의 동질적 구조를 전유할 수 있고, 그 속에서 어떻게 '일해야 하는지'를 습득하면서, 그리하여 일상생활과 일상적 사고를 앞질러 갈 수 있는 개인들을 필요로 하는 것이다. 만약 어떤 사회가 평범한 윤리를 훨씬 뛰어넘는 류의 행위를, 즉 인류전체의 수준에서의 의식에 곧바로 지향되는 덕성과 영웅주의가 요구되는 행위들을 필요로 한다면, 사회는 도덕적 객관화의 수준으로 자기들의 도덕적 동기를 끌어 올릴 수 있는 '도덕적 천재들'의 출현을 요구하게 되는 것이다.

나중에 우리는 동질화의 과정을 요구하는 일반적 객관화–'그 자신을 위한' 객관화–의 각각에 대한 고찰을 별도로 하게 될 것이다. 지금으로서는 동질화의 과정이–우리가 경험하는 특성의 동질적 객관화에 따라– 그 정도, 유형, 강도에 있어서 다르다는 사실을 지적하는 것만으로도 충분하다. 그리하여 이러한 과정을 평가하기 위한 기준을 설정해 내려는 경우에도, 이러한 기준들이 동질화의 모든 과정에 다 타당한 것은 아니며, 설령 타당한 경우에도 똑같은 정도로 타당한 것은 아니라는 점을 기억해야 한다.

그렇다면 이러한 기준은 무엇인가? 무엇보다도 먼저 동질적이고 일반적인 객관화에 대한 직접적 관계, 둘째 이것에 대한 의식적인 관계, 셋째 그것과의 능동적인 관계이다. 다음으로 하나의 단일과업에 대한 집중이다. 단일성은 글자 그대로(예를 들면 문학작품에서 작품의 창조와 수용의 경우) 일 수 있지만 그것은 또한 더 광범한 함의일 수 있다. 즉 그것은 '단일유형의' 집중 또는 과업과 '연계된' 집중을 가리킬 수 있다. '집중'에 관해서 말하자면, 이것은 모든 인간적 힘과 능력의 집중을 의미할 수 있지만 그것은 또한 다른 능력의 단순한 정지와 결합된 객관화가 요구하는 그런 정도의 집중을 의미할 수 있다. 한층 더한 기준은 독특성의 '걸러냄'과 '가려냄'이다. 또다시 이것은 모든 특별한 동기(일반적 수준에서 도덕적 활동의 경우와 같이)의 유예를 포함할 수 있고 특별한 관점(예술적·과학적 활동의 경우에서와 같이)의 유예일 수 있으며, 또는 주어진 객관화(노동과정에서와 같이) 속으로 흡수되는 데 방해되는 어떤 특별한 열망의 단순한 유예일 수 있다. 마지막으로 우리의 퍼서낼리티와 사고, 경험, 열망, 능력의 일반화가 제공하는 기준을 언급해야만 한다(우리가 일반화하고 있는 이러한 것들은 정확하게 우리의 동질화과정이 집중되는 특수한 영역에 대개 의존하고 있다). 그리고 반드시 일상적 사고를 초월하지 않더라도 우리가 일상생활을 초월할 수 있다는 것을 여기에서 지적해야 한다. 그리고 그 역으로 일상적 사고를 넘어서고, 그것으로부터 벗어나는 능력이 일상생활의 의도를 뒷전에 팽개친다는 것을 반드시 의미하는 것은 아니다.

이 모든 것으로부터 동질화의 과정－객관화와 동질화의 정도에 의존화는－은 사실상 하나의 과정이라는 것이 명백하다. 그리고 우리는 우리가 관여하고 있는 모든 활동유형을 항상 '일상' 또는 '비일상'으로서 명명할 수는 없다. '일상'과 '비일상'은 활동의 이념형들이며, 따라서 경험상에서의 중복은 동질화의 기준에 대한 타당성을 손상시키지 않는다.

사교성과 사회성*

라시드 아미루

이 연구의 목적은 일상생활의 사회학에서 점점 더 자주 사용되고 있는 사교성(sociablity)과 사회성(sociality)에 대한 관심을 더욱 세련화시키는 것이다. 이를 위해 짐멜(Simmel), 그르비츠(Gurvitch), 폰 비제(Von Wiese) 혹은 현대에 있어 미셸 마페졸리(Michel Maffesoli－그는 사회성이라는 개념에 새로운 생명력을 불어 넣었다) 등의 다양한 저자들의 작업을 염두에 두면서, 그에 대한 형식화를 시도하는 것이 필요하다고 나는 생각한다.

1. 사회적 사실에 대한 저항으로서의 사회성

사회성을 규정하기 위한 첫 전제 중의 하나는 막스 쉘러(Max Scheler)가 현실이라고 불리는 어떤 것을 확립하기 위하여 사용했던 전제이다(Gurvitch, 1930). 이 저자에 의하면 의지에 대한 저항으로서의 현실에 대한 지각은 직접적이고 직관적이다. 모든 다른 현실뿐만 아닌 외부세계의

* 출전: Rachid Amirou, "Sociability/ Sociality," *Current Sociology*, vol.37, no.1, spring, 1989(김상우 역).

현실은 이와 같은 저항(resistence)으로 특징지어진다(Scheler, 1960: 464-472). 이러한 우회는 '사회성'이라는 것이 실제로 무엇인가 하는 첫 서술적 가설을 우리에게 소개해준다. 미셸 마페졸리는 힘과 권력의 개념을 도입함으로써 이 문제를 명쾌하게 정의한다. 이 두 가지 지주는 사회생활의 모든 신비를 풀기 위한 지침을 제공한다.

마페졸리(1986)는 비록 존재가 소외되고 또한 다차원적 형태의 권력의 명령에 굴복될지라도 긍정적인 권력, 즉 어떠한 일이 있더라도 유대와 상호 의존의 부단한 게임과 연관되는 긍정적 권력은 여전히 남아 있을 것이라고 지적했다. 그래서 한편으로는 그 자체의 일관성, 전략, 목적성을 가진 이른바 사회적 사실(social fact)이라는 것이 존재하고, 다른 한편으로는 다양하고 순간적이며 잘못 규정된 집합체가 구체화하는 곳인 어떤 성운(nebula)이 있다. 따라서 이 저자는 그가 사회의 율법주의(즉 인간의 삶에 대한 경제적·정치적·개념적 또는 기타 모든 형태의 통제들)－일상생활에 외적인 율법주의－라고 부르는 것을 사회적 활기와 대립시킨다. 공동체(community)와 사회(공동사회/이익사회)의 이러한 2분법은 권위/권력의 구별에서도 발견된다. 전자가 가족의 유대, 혈통, 단골손님(clients) 등에 의존하는 반면, 후자는 익명화되고 집중화되고 부식되지 않은 것과 관련된다(Maffesoli, 1978a). 따라서 사회조직의 이론화, 형식화의 배경에 대항해서, 사회성은 그 음영, 현존과 부재, 그 포착하기 어려운 속성을 지니기도 하지만 집합적 삶이 관련되는 한 언제나 나타나는 측면이다.

쇼펜하우어(Schopenhauer)의 잘 알려진 비유가 생각난다. 그는 감정적 삶(우리는 이것이 사회성과 잘 연관된 것을 알 수 있다)을 난장이를 등에 업고 가는 눈먼 거인으로 비유한다; 지성(우리의 사회적 사실과 비슷한)이 그를 인도한다. 사회성에 대한 이해는 직관적이거나 직접적이 될 뿐이다. 실재에 관한 쉘러(Scheler)의 개념을 부언하기 위하여, 사회성에 대한 우리의 인지속에서 대상의 전체적 통일성이 나타난다고 말하자.[1] 칸트(Kant)적

---

1) 다른 말로 하자면 사회적 사실에는 직관적 접근이 있다.

접근과 반대로, 감각(sensations)은 지각과 그 내용을 구성하는 것이 아니라 대상 전체로부터 인위적으로 분리된 추상적 계기인 것이다.

그러므로 사회성의 개념은 현상학적 철학과 밀접하게 연관되어 있으며, 그렇기 때문에 임마뉴엘 칸트(Emmanual Kant)의 사상과는 거리가 있다. 칸트는 행위합리성속에서 감각의 혼돈을 구조화하는, 그리하여 그 감각들을 인식으로 전환시키는 원리를 보았다. 나는 앞에서 언급한 두 가지 인류학을 철학적 바탕에서 설교하는 것은 전문가들에게 맡겨둘 생각이다. 나는 막스 베버(Max Weber)가 '사회성'이라는 개념에 의해 야기된 의문과 인식론적 진보에 대해 '임시적 기술'이라고 부른 것을 확립하는 것으로 만족할 것이다. 비록 그것이 극도의 단순화의 위험을 수반할지라도 이 개념은 일상생활속에서 부정할 수 없을만큼 정착되고 있다는 것을 명심하자. 현상학에 대한 언급은 그러한 특성에 대한 개요를 설명하는 수단이다. 그러므로 사회성은 미시사회학에 비추어 보아야만 한다. 왜냐하면 전체적인 성찰은 복잡하고 이질적 양상을 가진 사회적 삶의 구체성이라고 하는 것을 불명료하게 할 따름이기 때문이다.

우리가 결코 거시적으로 이해할 수 없는 어두운 부분인, 사회적 삶의 숨겨진 측면이 있다. 그리고 그것은 어떠한 자료로도 기록될 수 없다 (Maffesoli, 1985: 189). 또한 우리는 일상생활의 사회학에서 너무나 일반적인 이 숨겨진 중심성과 무의식에 대한 심리학적 관심 사이에 하나의 유추를 상정할 수 있다.[2] 비록 이 유추가 오직 기술적 목적(descriptive purpose)으로만 수용되어야 하지만, 프로이드(Freud)학파의 사상에 따르면 '사회성'은 집합적 경험들이 축적되어온 이러한 숨겨진 중심성에 대한 언어인 것이다. 그러므로 '사회의 숨겨진 중심성에 대한 언어'로부터 발산된 '사회적 사실'에 대한 잘못된 다양한 설명이 추적될 수 있다. 이러한 것들은 언제나 어디서나 작동하고 있는 '사회성'을 나타내고 강화한다.

2) 사회학과 정신분석학 사이의 관련에 관한 조건은 Bastide(1974)를 보라.

2. 사회성과 집단기풍

뒤르켐이 말한 것 같이 이와 같은 숨겨진 중심성은 집합적 삶의 특별한 시기에 일어난다. 뒤르켐은 개인이 자신의 가능성이 확장되는 것에 대한 개인적 믿음이 있을 경우 사회적 비등이 일어난다고 했다. 이 같은 종류의 집단적 황홀은 나에게(비록 기능주의는 반드시 피해야 하더라도) 집합체의 역사적·신화적 의식에 물을 주는 샘물처럼 보인다. 집합체적 구조로의 갑작스런 몰입의 이와 같은 형태는 물론 각 인간집단과 시기에 따라 다르다. 그러므로 우리가 집단적 기풍이라고 부르고자–부르디외(Bourdiou, 1981)와 같은 몇몇 인류학자들을 따라– 하는 것은 어떤 커뮤니티의 전체에로의 연계, 전체에 의한 연계이며 또한 그 자신을 시간과 공간에 위치시키는 특수한 방식이다.

정신분석학적 유추가 여기서 다시 사용될 수 있다. 우리는 어떤 인간집단에 고유한 퍼서낼리티 유형 또는 주체를 중심에 놓기 위하여, '전형성'에 대해 이야기할 수 있다(카디너나 듀프렌느(Kardiner or Dufrenne, 1953) 같은 심리학자를 보라). 이 전형성들은 관찰, 전기 혹은 생활사에 의해 밝혀질 수 있다. 따라서 그 전형성들은 그 나름대로 연구되어야 하고 '사회적 사실'에 핵심이 되는 모든 형태의 결정화(結晶化)를 재구성한다(Maffesoli, 1985a: 219). 습관, 부호화된 상황, 다양한 의례(rituals), 민간의 지혜와 문화, 업무문화(business cultures: Sainsaulieu, 1977 참조), 혹은 더 일반적으로 상식 등과 같은 요소들은 집합적 경험의 유형에 의해 분류될 수 있다. 이론적으로 전형성의 다양한 형태는 그러한 것들을 기술하려고 한다. 그러므로 베버적 이념형의 표현인 이 용어(전형성)는 일상생활이 몇 개의 양극성으로 조직되고 몇 개의 구조적 구성으로써 이해될 수 있다는 것을 의미한다. 진정으로 사회학에서 더 뛰어난 유형학을 했던 그르비츠(Georges Gurvitch)는 비록 정확히 이러한 표현은 하지 않았지만 이 모든 전형성은 분류될 수 있다고 믿었다. 이같은 관점에서 나는 이 저자에 의해 고안된,

점점 더 복잡하고도 완벽해지는 세밀한 분류가 너무나 완전하고 세련되었기(Gurvitch, 1967: 157-204) 때문에 방법론적 도구로서는 때때로 성가시고 조작할 수 없는 것이라는 것을 단지 지적하고 싶다. 여전히 그것은 그러한 시도로서는 최초의 것이다.

따라서 우리는 인간결사의 이러한 다양한 형태에 대한 연구를 사회학의 고유한 대상으로 돌리려고 한 짐멜의 소망에 관심을 기울인다. 말하자면 이러한 형태는 독립적이며, 현실의 구체적인 인간결사에 유기적으로 일치되는 것은 아니다. 나는 중세 독일의 귀족집단에서 관찰된 사교성에 대해 짐멜이 언급한 예(1986: 121-136)를 기억한다. 어떤 인간집단의 고유한 관계양식은 다른 인간 집합체에서 발견될 수 있다. 그리하여 관계의 유형은 상황과 시간에 따라 그 관계를 실현하고 있는 행위자로부터 분리된다. 사회적 경계와 의미는 변할 수 있어도 이러한 형태는 하나의 순수한 의미체로서 불변하게 남아 있다. 한 인간집단이 사교성의 다양한 형태를 허용한다는 사실은 이러한 명제와 모순되지 않는다.

가능성의 분야는 사회적 연계의 수많은 다양성에 대해 문을 연다. 그들의 정체(identification)와 분류는 그것들을 조종하고 또한 형성하는 배경을 확대해서 보여주는 전망에 따를 때 용이하다. 다른 용어로는 이 기본적 '사회성'은 다른 사람들(뒤르켐)이 '집합적 혼'이라고 부르는 것이다. 또한 개인이 경험하는 이 다양한 사교성과 관련해서, 우리는 단절(discontinuity)에 대해 말할 수 있을 것이다. 그러므로 '사회성'은 특정한 시간성(specific temporarity)과의 계속적 측면에 관한 것이다. 여기에서 '사회성'은 쉽게 기술할 수 있는 다양한 유형들(예절, 공손함, 유혹, 사람들간의 갈등, 인생행로, 환대, 그리고 사교성의 가설적 기원과 의미를 갖는 기타의 많은 사회적 습관들) 속에서 구체화된(crystallize) 사교성의 결과로서 상정된다는 것이다.

우리가 '숨겨진 구심성'이라 불렀던 바의 비역사적이고 신화적인 형태를 보여주기 위해, 부르델(Braudel)의 '장기간(Longe duree－1598)'이라는 개념을 인용하지 않을 수 없다. 프로이드적 은유는 훌륭한 설명적인 도구이다. 그것은 우리로 하여금 무의식이 갖는 특수한 시간성(혹은 비시간성?)과 이러한 집합적 경험의 토대들간의 실제적인 상동관계를 상정하게 해준다. 그리고 이러한 집합적 경험토대의 기원은-만약 그 기원이 있다면- 문명을 기초지운 신화들에게 소급된다. 이 영역에서는 디오니소스는 침해자가 아니다. 일상생활의 이러한 인식들을 기초지우는 이론적 구성물은 이렇게 한장 한장씩 독해되고 재구성되는 것이다.

3. 사회성과 숨겨진 중심성

또한 사교성은 사회성이 그 본체를 드러내는 것을 계기로 하여 지각할 수 있다. 그것은 사람들을 모은다: 신고전주의 경제학자들에 의해 그렇게 찬양된 합리적 행위자가 아니라 하나의 '복합적' 주체로서의 사람들을 모은다. 우리의 사회학적 조망속에서는 자아는 하나의 상황에서 다른 상황으로 단순히 이동하며 단 한번에 주어짐으로써 완벽하게 안정된 실체인 것은 아니다.[3] 오히려 버거(Berger, 1993: 서문)가 지적했듯이, 자아는 우리들의 기억과 상호연계된 우리들의 사회적 상황에 따라서, 끊임 없는 창조와 재창조의 과정속에 있다. 에드가 모랭(Edger Morin, 1987)은 개인의 '다차원적 주체성('poly-identity' of individual)'이란 말을 쓴다.

나의 주제를 설명하기 위한 전형적인 예는 부부간의 대화(conjugal conversation)이다. 그것은 거칠음이 없는 사교성의 한 예이다(이상적으로 말하면 부부간의 대화는 말하지 않고도 진행된다. 가사상의 사소한 말다툼은 한 쌍을 결합시키는 시멘트일 수 있다): 즉 그것은 모든 차별성을 극복하고자 하는 욕망이며 현실의 안정화와 현실을 정의하려고 하는 소망이다.

---

3) Amirou(1987)를 참조하라. 그 논문에서 나는 문화적 정체성 개념의 정태적인 측면에 대한 비판을 시도했다.

그리고 이 모든 것이 공통의 목표속에 있다(Berger, 1980: 35). 여기에 사교성의 개념속에 내재하는 살아가는 지혜(savoir-vivre)와 갈등 통제의 차원이 있다. 여기에서 집합적 자아의 이상인 사교성은 사회성의 디오니소스적 측면을 부정함으로써 제대로 작동된다. 버거(Berger)는 별 탈 없이 계속되는 배우자들의 대화속에서 하나의 세계가 이루어지고 유지되며 항상 그 세계가 쇄신되는 사실에 주목한다. 경험, 만남, 일상의 진부함을 구성하는 모든 것, 모든 종류의 사건들은 그 커플에 의해 논의된 후에야만 완전히 현실적으로 되는 것이다. 그러므로 자기자신 및 타인에 대한 규정은 그 부부가 갖는 관계유형과 대화유형에 의해 여과된다. 부부관계에서의 각각의 역할은 하나의 담화세계를 지탱한다. 그런데 이 담화의 세계는 문화적 규정속에 주어지고 부부간의 끊임 없는 논의속에서 현실화된다.

결혼이라는 것은 새로운 역할속으로 뿐만 아니라 새로운 세계속으로 들어가는 것을 의미한다. 그러나 이러한 세계는 장구한 역사를 가진다: 알프레드 슈츠(Alfed Schutz)는 그것을 "말하지 않아도 돌아가는 세상(the world-that-goes-without-saying)"이라고 부른다.[4] 사회성의 가장 본질적인 변형들—즉 상식, 일상생활, 집합적 관행의 관성, 그리고 사물의 본성과의 연계 등— 중의 하나이다. 이 변형은 개념적으로 명확하게 파악될 수 없는 직관적이고 감정이입적인 이해를 받아들인다. 반목이 회피되고 폭력—개인성과 사회적 원자화를 부정하는 다른 방도이기도 하지만—은 부호화된 배출구를 발견한다. 짐멜은 또래끼리의 대화속에서 사교성의 바로 그 완전한 상(像)을 본다: 사회적 거리는 보다 짧아지고 교육적 경험과 세계에 대한 전망은 더욱 가까와진다. 의식이 일치할 때, 그것이 인간존재의 이상적 융합[5]인 것처럼 보인다면 완전한 조화가 이루어질 수 있을 것이다(작은 종교집단, 가족, 부부는 때때로 이것을 예증한다). 이 삶의 지혜는 깊은 뿌리를 가지고 있다. 사회적 집합체의 피상성이 자기자신을 실현하려고 하는 집합

4) 마페졸리는 '사회성'의 관성과 편재성을 주장하는 '사회적 사실'이라는 용어를 쓸 것을 제안한다.

5) 의식의 융합에 의한 사회성(Gurvitch, 1967).

적 충동을 가로 막지는 못한다.

그리하여 사회성은 친교적 향수를 그 최고의 만족으로 받아들이는 것처럼 보인다. 그것의 모든 상상할 수 있는 효과는 원초적 통일의 회상을 꿈꾸는데 있다. 이것에 비추어 보면, 디오니소스에 대한 언급(마페졸리가 즐겨하는 언급)—다양한 모습을 나타내지만 불안을 야기하는 양면성을 항상 가지고 있는—을 보다 잘 이해할 수 있다. 정신분석학적인 은유는 다시 한 번 본래의 위치로 돌아온다. 욕망은 사회성의 맹목적인 축(blind rollers)을 채색한다. 사회학적인 용어법으로 돌아가자: 하나의 고물이라고 서술되어지는 그 유명한 기계적 연대는 언제나처럼 활기가 있다. 복합성과 노동의 사회적 분업이 증대함에도 불구하고 모든 사교성의—심지어 가장 단순한 경우에서도— 배경과 지평은 남아 있는 것이다.

사회사업과 일상생활*

마르틴 지베라스

사회사업과 관련하여 매일 되풀이되는 주제에는 다음과 같은 세 가지가 있다.

첫째 긴급(urgency)의 논리인데, 이것은 결코 충분한 시간이 없다는 점이며, 둘째 항상 새로운 빈곤층을 구성하는 특정한 공중인데, 그러나 그 빈민의 여러 상이한 당파들은 국가보조를 얻기 위한 요구를 서로 서로 앞다투어 한다; 마지막으로 돕는자와 수혜자들이, 그들을 서로 만나게 하는 더 포괄적인 환경적 사실들을 잠시 잊어버린 채, 서로 대면해 있다는 것을 발견할 때, 그들 사이에 확립되는 관계라는 형식이 있다.

긴급의 시간은 어떤 하루의 사회사업이라는 리듬을 효과적으로 나타내며, 그리고 좀더 정확하게는 공적인 일과 접하는 가운데 소모되는 시간을 묘사하는 것이다(Beauchard, 1986). 사회사업가들끼리 모이는 순간에는 사정은 정반대가 된다. 그들은 그 제도상의 시간이 편안하다는 것을 알게 되고, 시간을 허비하는 문관이라는 전통적인 존재의 상태로 돌아간다. 공적인 일을 하게 될 때, 사회사업가는 전체적으로 다른 리듬에 사로잡히게 되고,

---

* 출전: Martine Xiberras, "Social Work and Day-to-Day Life," *Current Sociology*, vol.37, no.1, spring, 1989(임범식 역).

시간에 대한 의미가 흔들리게 되며, 사회적 혼돈에 직면하고 있는 자신을 발견하게 되는 것은 사실이다. 그가 해결해야만 하는 문제들은 오늘은 어떻게 식사를 하고, 밤에는 잠을 어디에서 잘 것인가라는 치열한 현실에 있는 것이다. 그는 사회 주변부의 사람들이 속해 있는 시간의 리듬, 즉 끊임없이 보충되어야 할 현재, 결코 종결되지 말아야 할 순간이라는 시간속으로 들어가야만 한다(Maffesoli, 1979a).

어려운 시기에 처한 사람들이 보내는 시간상의 일은 빈곤으로 고통받는 사람들끼리의 부조관계에 대한 것이 핵심적인 쟁점 중의 하나가 된다. 왜냐하면 정말로 그것은 생산하는 존재의 논리속에 미래를 지향하면서 다른 시간 차원(scale)속으로 가기 위해 투쟁하는 곳인, 과도하게 제한된 시간/공간으로부터 그들을 벗어나게 한다는 문제이기 때문이다. 그것은 그들에게 안정된 생활을 할 수 있는 하나의 장소를 발견하게끔 도와주고, 결국은 다람쥐 쳇바퀴 돌듯하는 일상을 벗어날 수 있는 삶의 양식을 발견하고 착근하도록 돕는 문제이기도 하다.

따라서 이러한 긴급이라는 요인은 불안정한 삶의 방식으로 살아가는 사람들끼리의 관계속에서 부딪히는 첫번째 어려움이다. 그러나 그것은 특히 다양하고 격정적인 순간들－요컨대 충분히 길다고 볼 수 없는 하루를 가진 괴로운 나날들이라는 것을 의미한다. 공시적인 성찰(synchronic reflection)과 더 깊이 있는 탐색을 할 시간이 거의 없고, 그리고 자신과 타인들, 즉 동료들이나 같은 또래들을 소박하게 파악하기 위한 시간도 거의 남겨져 있지 않다는 것을 깨닫기 위해 긴급이라는 요인은 사회사업의 반복된 테마이다. 커피를 마시거나 지방소식을 들으며 조용히 연장되는 다른 순간들, 심지어 그때조차도 상궤를 벗어난 사람들을 다룸으로써 강요되는 악마와 같은 주기(infernal cycle)를 깨뜨릴 수 있게 만들어 주는 다른 순간들은 말할 것도 없다.

왜냐하면 이러한 거부된 인구집단은 자신의 생활방식과 독특한 심리상태를 갖고 있다는 점을 명심해야만 하기 때문이다. 또한 복지서비스

(DDASS)건물 앞에서 서성거리는 행렬이나, 긴급구호자선기관의 문앞에서 끈질기게 벨을 눌리면서 오랫동안 기다리고 있는 그들을 보지 않으면 안된다. 그들을 새로운 빈곤층으로 묘사하는 것은 '넝마를 걸친 순수 프롤레타리아'의 흐름을 막는 아주 온건한 표현으로 남아 있으며, 이것은 우리들 서구사회의 자비로운 평온을 깨뜨리는 것이다. 물론 순수하게 정통적인 관점에서 이것은 봉급쟁이들이라는 새로운 차원의 연속적인 프롤레타리아화, 혹은 더욱더 광범위하고도 비참한 지경이 된 새로운 프롤레타리아의 형성이라는 문제도 정확하게는 아니다. 왜냐하면 자본주의적 생산의 기계는 통제의 밖에 놓여 있기 때문이다; 그것은 더이상 프롤레타리아화 되지 않고, 오히려 일의 세계로부터의 완전한 배제를 추구한다. 새로운 빈곤층은 견딜 수 없는 리듬, 유아노동 혹은 병으로 인한 불안정에 대해 더이상 반감을 일으키지 않는다. 그들은 집, 식사, 세면장, 휴식처를 요구한다. 그들은 어느 곳에 있는가? 그들은 보여지지도 않고, 구걸하는 것도 금지되어 있다. 그들은 누구인가? 그들은 알려지지도 않고, 무언의 압박을 받는다; 그들은 이 도시에서 저 도시로, 호스텔에서 자선식당으로 옮겨간다.

비록 매력적인 인성을 가지고 있다 하더라도 사회적으로 추방된 남·녀들이다. 그들은 수많은 어린애를 가진 두려워하는 북아프리카의 여인들인데 불어로 그들의 불행의 이유를 표현할 수 없다. 그러나 그들은 밤 호스텔을 더이상 참을 수 있을만큼 충분히 미치지도 않았고 또는 그들과 같은 미친사람이나 빈민가같은 환경에 사는 미친자들에게 비참한 봉급으로 일자리를 제공하는 제도들을 참을 수 있을 만큼 충분히 미친 것도 아니다.

불우한 약물중독자들, 부랑자들, 간신히 참고 견디고 있는 에이즈 환자들, 몇시간 동안 여기저기에서 오갈 바를 모르는 (연속적으로 있어온) 다양한 좌초자들이 이름값을 못하는 복지국가가 대답할 수 없는 현시대에 대해 무정부적인 잘못된 요구를 한다.

이런 요구들은 외관상으로는 개개인 한 사람의 것이다: 각 개인은 자신만의 곤경에 빠져있다. 그러나 실제로는 실현가능한 적절한 해답이 거의 없다. 모든 사람들은 보조경기, 프로젝트에서의 숙련가를 위해 미소를 띠며 암표와 유용한 주소를 방치한다. 그러나 그런 모습이 아니라, 현대의 풍요로움에 대한 개인의 부적응성으로서 나타나는 사회문제에 대해서는 포괄적인 대답이 없다. 그외에도 사회적으로 버림받은 사람들이 모두가 동일한 동기라든가 제외로부터 고통을 당하고 있는 것은 아니다. 그들은 아무 것도 주장하지 않으며, 미래에는 비록 그들의 불평을 들어준다 하더라도 한 가지 사실만은 분명하다: 그들 모두가 똑같이 분류될 수 있는 것은 아니다.

그때 남겨진 모든 것은 인도주의적인 부조관계이며, 모든 이에게 똑같은 안장—즉 대성공적인 적응, 즉 집·일·가족— 위로 돌아가는 것이다: 그러나 주거문제의 심각성이 더해진다 하더라도, 고용세계는 해체되고, 가족의 가치도 희미해지고, 지역적인 사회구제시설은 항상 이런 뗏목들을 다시 띄우게 되고, 정상적인 불경기에서는 다른 사람들과 함께 그들을 되돌려 놓게 하고, 모든 것이 말해지고 행해졌을 때, 어차피 사회사업의 한 부분이 될 수 없게 된다.

사회사업가가 우리들 시대의 비참함을 지켜보는 것은 여러가지 방식의 비극적인 면접을 통해서이다. 새로운 빈곤층에 대한 확신은 보고, 눈짓하고, 어깨를 두드려 주고, 웃음을 나누는 데서 얻어진다. 눈물 없이, 그리고 그 뿐만 아니라 그에게 반대하거나 도우려고 애쓰는 사람까지도 비난함이 없이 어떤 순간에라도 모든 것을 박살낼 수 있는 것이 그로 하여금 이 광대한 사회적 기계를 이해하도록 만들어 주는 문제이다. 그 두 파트너 각각이 이해하거나 할 수 있는 것이 그들의 양심을, 그것을 넘어서까지 일깨운다는 문제이다(Sansot, 1979). 이것이 바로 이 관계가 직접적으로 일상의 이 미세한 변화에 영향을 끼치고 평온과 긴장해소와 질서와 정상으로 돌아오려고 애쓰는 방법이다. 모든 사회정책과 모든 초기의 훈련은 관계에서 이런 중대한 시기를 물화시킨다. 왜냐하면 그들은 이 반역자를 감사하는 개인으로 변모시킬 참을 수 없는 곤궁과 치료학적 배려에 집중하기 때문이다.

1. 인문과학의 공헌

시간의 부족 속에서 과로를 하고 있는 전문가들은 그들이 그렇게나 부족함을 느끼는 또 다른 자극을 그들에게 주려고 애를 쓰는 다른 교육 분야에 의해 끊임 없이 동기화되고 있다. 몇몇의 위대한 현대과학은 사회사업의 문제에 직접 뛰어들기도 하고, 공헌하기도 한다. 그 결과는 일종의 다학제적 침전인데, 이것은 결국 사회사업의 실천으로 유도되고 거꾸로 이 실천은 이 분야를 현실에 대한 많은 접근에 대해 개방적·순응적 상태로 만든다.

과거에는 학교에 사회사업가들과 교육 복지관리들을 위한 충실한 실용적인 훈련이 있었다. 사회사업가들은 가정예산(가계)를 처리했고, 그의 믿음직한 전문가 기질을 자랑스럽게 여겼다. 아마도 이것이 오늘날 전체 세대를 '새로운 전망'을 가진 사회사업에 대한 공식에 민감하도록 만들고, 자본주의의 낡은 상징, 즉 기업가가 제도의 등급화−이것도 사적 영역에서 잃어버렸던 위치를 복원하려는 경향이 있다− 속으로 들어가는 데 대한 공식에 민감하도록 만든다.

의학은 사회사업가들의 지위를 만들어 내는 데 중요한 부분을 담당하고 있다. 사회사업가들은 건전한 공중건강습관을 고무시킴으로써 여전히 대중교육에 존재하고 있는 괴리를 명백하고도 유용하게 채워주고 있다. 물론 우리들은 그들을 비참하게 하는, 도덕심이 낮은 빈민굴로부터 가난에 찌든 자들을 '양육하는' 것에 기대지도 않는다(Verdès-Leroux, 1978). 그러나 실제적인 건강법의 증진이 도덕적 건강성에 대해 어느 정도 희망을 갖게 한다.

마지막으로 현대 정신의학과 심리학은 이 분야에서 많은 실례를 발견하고 있으며, 많은 관심을 과학적인 투쟁과 토론에 바쳤다. 전문가적인 기법에 있어서 부족한 부분에 매혹적인 생기를 불어 넣는 것은 바로 이 임상적인 측면이다: 즉 그들의 일상적 삶을 충족시키는 이 부조관계의 극단적인 경우를 묘사하고 설명하고 가시적인 것으로 만드는 것이 그것이다.

이 다른 공헌들이, 서로간의 소외관계들을 유지함으로써 끝난다는 점에서 논란이 되고 있는 과학을 실천하는 사람들을 놀라게 해서는 안된다. 아무튼 그것은 이중의 또는 다중의 이데올로기를 가진 서로 다른 학교에서 교육받은 사회사업가의 의견도 아니고, 그 분야에서 얼마를 보낸 후 친구와 적을 구분하는 방법을 모르는 사회사업가의 의견도 아니다.

몇몇 직업들이 가진 다른 특징들 역시 때로는 적대적인 이론의 흐름에 의해 지나치게 성급한 실천에 의해서, 너무 넓은 지평과 너무 간단한 행동에 의해 교차된 직업적 범주의 하나로 지표화되는 경향이 있다. 그것은 특별한 언어와 물불을 가리지 않는 명백한 개념연구를 가진 제도적 틀이며, 반면에 다른 것은 더욱 더 비밀스럽게 되고 가치들을 추구한다.

사회복지의 제도적 틀은 국가의 부분에서 이탈의 새로운 물결을 제외하고는 다극적이고 다양하게 남아 있다. 고용자가 누구이든간에 사회사업가는 공적 혹은 사적인 명령하에 있음을 알아야만 한다. 무질서는 실제로 노동운동이 자발적인 태도로 구축할 수 있는 행동을 수행하는 데 충분할 만큼 잘 조직화되어지지 않는다: 대중교육, 노조의 지원, 활발한 상호부조 등등. 이러한 직업들에 의한 비호는 그들 행동의 보증인으로 남아 있고, 그리고 그 비호는 거꾸로 국가가 낮은 구매력, 반(半)비공식적 고용과 불안정한 고용시장에 의해 항상 괴롭힘을 당해온 문관 부류와는 결코 교섭할 필요가 없는 어떤 신의를 획득한다.

더군다나 사회사업가들은 그들 자신들의 삶에서 국가의 지위에 대해 의문을 갖지 않는다. 선의 때문에 그들은 비물질적 개념을 올바로 보는 관념(idea)에 대해 의심하도록 훈련을 받은 적이 없다. 이것은 결코 기만한 적이 없는 기호, 즉 언어문제 덕분에 광활한 사회적 서양 장기판위에 있는 자신들의 지위에 대한 인식이 부족하다는 점을 항상 분명히 한다: 그들에게는 흔하게 현재 사용중인 대문자와 부호(code)이름으로 그들 자신을 표현한다는 것을 보는 것은 통상적이며, 그리고 그들은 자신들이 자랑하는 야만적인 말, 그리고 기성인들에게는 폐쇄된 채로 남아 있는 번지르한 언어를 말하는 데 결코 주저하지 않는다. 이런 언어의 남용은 그들을 더이상 전문가적이게 만들지 못한다는 사실을 넘어서, 그것은 연루되어 있고 벌써 동요되면서 아직 잘못 위치지어져 있는 사회세력들을 잘못 대표하는 경향이 있다는 것은 말할 필요도 없다.

마지막으로 개념연구를 하는 곳곳에는 완전히 사실을 놓쳐버리는 울화를 치밀게 하는 경향만큼이나 관습적이고 모순되는 하나의 태도가 놓여 있는데, 그것은 전문직의 혼란을 특징적으로 보여주는 것 같다. 수많은 다른 조직들처럼 팀들이 커피 한 잔을 하면서 만날 때, 서로 교환하는 천진한 사실들은 항상 많은 의미들을 담고 있다. 그러나 그것은 기억도 되지 않고, 때때로 전체적인 거대한 제도상의 정책을 재구성할 수 있게 하는 이러한 정보순환의 과정도 없다.

어쨌든 사회사업에 대한 성찰(reflection)은 사전에 잘 이루어지고, 그럼에도 불구하고 이런 지위가 사회적 유대를 공고히 할 책임을 지고 있는 노동자들의 범주에 대해 얼마나 깨끗하게 남아있는지를 주목하는 것은 공정하다. 그리고 그 사회적 유대라는 곳에서 이 지위는 느슨하게 된다. 사회사업이 시작된 이래 그것은 이데올로기적 문제에 관계가 되어왔다. 그리고 그것이 틀리지 않다는 것을 누구나 인정해야만 한다. 비록 그것이 사회적 유대의 역기능에 대한 책임을 의미한다 하더라도 사람들은 공정한 정의를 재정립하는 편이 더 낫고, 그리고 이미 시험한 적이 있는 정의를 재생산하지 않는 것이 낫다. 그러나 의문이 어려운 점의 하나로 남아 있음을 인정해야만 한다. 정치사회학에서는 사람이 윤리적 선택에 직면하게 되었을 때 기적과 같은 처방이 없다고 본다. 책임윤리 혹은 심정윤리(Weber, 1959), 이 둘은 각각 다른 것을 보완하지 못하면 결코 바람직하지 못한 것으로 보인다. 덧붙여서 그들이 그들의 특권을 움직이기 위한 마지막 수단으로 집합적으로 동의하고 있는 폭력을 어떻게 불신해야 하는지를 아무도 알지 못한다.

사회사업에 뛰어드는 모든 탐구가 어떤 흥미를 가지고 핵심개념—그 핵심개념이 모든 이데올로기적 베일을 벗어난다면, 그것에 의지하는 사명의 범위를 확장시킬 것이다—을 발견하고자 하는지를 알려고 하는 것은 이상한 일이 아니다.

2. 살아 있는 사회학에서

쇠퇴하고 있는 거대한 조직의 일상적인 모습을 그려 보았을 때, 누구나 사회학자라는 직업이 사회사업 내에서 그렇게 실천적이지 못하다는 것을 믿기는 힘들다. 오히려 사람들은 우리들 각각의 전문적인 특징에 대해 바로 동의할 것이다. 왜냐하면 이러한 특징들이 사회사업을 돌보는 직업들의 중심에 있는 것과 마찬가지로 문제가 되는 현장에 뛰어들기 때문이다. 그러나 그러한 특징들은 사회학에 잔존하는 또다른 배제를 어떻게 감춰야 할지를 알지는 못한다.

일상적인 사회사업에서 치명적으로 부족한 것은 갈등적 조화(conflictual harmony)의 관념이다(Maffesoli, 1985a). 그 관념이 없다면, 즉 사회적 혼돈의 중심부로 내려가기 위한 극도의 자제력이 없다면, 개인적으로 그 직업은 실패하기 마련이고, 우애관계는 영원하고 극단적인 파벌투쟁에 바쳐질 것이 확실하다. 사람들은 그들이 갖고 있는 열정과 꿈에서 물러섬이 없이 이런 사회적 분열의 불협화음을 들어야 한다. 우리는 사람들이 이런 내적 조화—내적 조화는 여러 학문간에 매우 결핍되어 있고, 전문가로서의 하루를 실제적으로 이론적으로 전투장의 세계로 만든다—의 관념을 유지해 나갈 줄 알아야만 한다. 이러한 능숙한 투사를 패배시키지 않기 위해서는 때때로 폭력이 기본적이라는 것을 이해해야만 한다; 이러한 전투는 그 자신의 머리, 자기가 속한 팀과 기관에 침공해 온다(Maffesoli, 1979b). 언뜻 보기에 이러한 집단갈등은 동기부여의 요소일 수 있다. 사회학자라는 직업은 개인의 의식을 일깨우는 데 이바지하는 것이 아니라, 책임과 권력이 위태로운 상태에 있는 소집단들의 의식을 일깨우는 데 이바지한다. 그리고 사회학자라는 직업은 사건들의 소요가 공동체의 중심부에서 체계적으로 재생산되고, 그 소요에 의해 공동체 자체가 분열되려고 하는, 그러한 집단들의 의식을 일깨워 주는 데 공헌한다. 중립적이고 침착한 관찰자로서 사회학자의 역할은 이런 여러 학문의 연구자들로 이루어진 팀에서 가장 침잠하는 효과를 갖는다.

그가 참여관찰이나 소집단동학과 같은 방법들 중에서 하나를 사용할 수 있다는 사실을 넘어서, 여전히 오해되고 있는 우리 직업의 단순한 현존 자체가 어느 한 팀이 만들어 낼 수 있는 모든 미움과 갈등을 지남철처럼 끌어들인다는 사실을 알아야 한다. 이런 조건들하에서 사회학자는 각 범주들의 사람들에 대해서 그들의 기술과 시각들을 물어봄으로써, 참된 복합 학문적 접근을 가동하기가 용이해진다. 그리하여 비록 그가 바람직스럽지 못한 대상이나 제외되어야 할 것으로 간주되고, 이러한 사실이 견디기 힘들게 될 때라도, 그의 존재의 정당성은 차츰 다른 사람들을 불러 모으게 하고 실질적인 팀웍을 위한 참된 출발점이 된다.

내적 조화의 문제가 전체로서의 공공기관이 지속되는 데 필요한 것과 같이, 이들 소규모의 팀이 존속하는 데 일차적으로 요청되는 것이기는 하지만, 외부적 조화의 문제라는 보다 결정적인 문제가 아직도 남아 있다. 사회사업은 국가와 그 국민간에 봉착된 하나의 악습으로 언제나 묘사된다. 그러나 국가가 정확하게 조준하기는 매우 쉽지 않지만, 국가에서 제외된 사람들을—특히 그들이 그들 나름대로 인간으로서 일상적인 일에 바쁠 때—다시 끌어들인다는 것이 얼마나 어려운가는 충분히 상상할 수 있다. 사실 사회사업가들은 자기들의 대중에 대한 총괄적인 지식이 없다. 그러나 결국 그들의 일의 한부분인가? 반면에 사회학도는 양적인 응용연구를 진행할 수 있는 자료를 거기서 발견할 수 있다.

사회사업가는 시간이 없다. 심지어 그는 각자 인종적·민족적 특성을 보유하고 있는 그의 대중들을 여유 있게 바라볼 수 있는 거리도 결핍되어 있다. 그에게는 그와 반대되는 이 개인을 이해하기 위하여 할 일이 이미 많다. 때문에 어떻게 이 개인 뒤에서 얘기를 하고 있는 공동체에 대해 생각할 시간이 있겠는가? 이 거절당한 사람들이 겪는 삶의 어려움은 경제적인 것도 심지어 사회적인 것도 아니고, 아주 단순하게도 문화적이라는 사실을 짐작하자. 그래서 사회사업기관들은, 어떤 청원의 집합적 구조가 바로 허용될 수 없는 것일 때, 그러한 청원을 이해할 준비가 가장 덜 되어 있다는 것을 스스로 노정한다. 아직도 별로 탐색되지 않은 현대적 영역인 사회사업의 세계에서 결코 경력을 쌓지 않을, 이들 몇 세대의 대학 출신의 민속학자들에 대해 이제 다시 애도의 뜻을 표하자.

최근의 분석에서 사회사업을 괴롭히는 근본적인 병폐에 해답을 주는 것은 사회·문화인류학의 가르침이다. 왜냐하면 인문과학의 학문간의 경계가 허물어지고, 사회사업의 사실, 행위, 그리고 관행들 속에서 발견되는 개별적인 시각과 집단적 시각간의 거리도 무너지기 때문이다. 인간 연금술인 사회사업의 고객은 비록 그가 그에게 용기를 주는 똑같은 사람들과 함께 오는 경우에도 거의 언제나 혼자이다. 그리고 그가 해결해야 하는 모든 곤궁에 대해서는 살맛 나지 않는 초연함을 유지한다. 그러나 비전문가가 안 되기 위해서는 어떤 다른 방도가 있을 수 있겠는가?

이런 이중적 관계의 비극적 순간에, 사회에 대한 거시적 수준에서 있어서 문제가 되는 것을 우리는 어떻게 인지할 수 있을까? 물론 사회학자라는 직업이 반드시 중재의 역할을 가르치지는 않는다. 그래도 이 직업의 몇가지 윤리적 규준이 오늘날 사회사업을 훼손시키고 있는 틈, 얼핏보면 아무런 해로움이 없는 것 같아도 실제로는 엄청난 틈을 채울 수 있을 것이다. 당신은 그들을 인간으로 생각하고, 그들이 그들의 나름대로 자기의 인생을 표현하는 방식에 대해 신뢰를 갖기 때문에 그러한 그들에게 발언권을 되돌려 주어라. 개인은 사회적 존재이기 때문에 당신은 그들의 발언 속에서 개인적인 것과 집합체적인 것을 동시에 들을 것이다; 여기에 사회학자로서의 훈련의 성과인 어떤 능력이 있다.

하지만 사회사업의 기초에 대한 사회학의 생생한(in vivo) 기여가 사회복지를 필요로 하고 있는 사람들을 옹호하는 데 한정되는 것일 수는 없다. 우리는 조사자의 지속적인 입회가 집합적 사업장에서 어느 정도 성과를 거둘 수 있는지를 주목하여야 한다. 왜냐하면 그는 이러한 다급한 행위에서 크게 결핍되고 있는 하나의 살아 있는 기억의 역할을 수행할 수 있기 때문이다. 그렇게 빨리 잊혀지면서 그것을 기억해내는 데는 그렇게도 많은 시간이 필요한 이러한 몇마디의 말을 그는 지적한다. 그리고 그는 규칙의 지침서(Goffman, 1973)에 적혀 있는 기타의 보다 공식적인 정책과 경쟁관계에 있으면서, 사회정책의 전체를 형성하고 있는 이러한 소소한 사건들을 훌륭하게 수행할 수 있게 한다. 아마도 매일 매일의 이러한 보존력은 사회사업의 본질적인 건망증을 완화하게 해준다.

물론 영속적인 점검이 조사와 분리될 수 없다. 사회사업의 이데올로기적 편견이 언제나 아주 평화적으로 해결되는 것은 아니기 때문에 매일의 구체적인 업적에서 무엇이 일어나고 있는가를 알아차리는 문제는 남는다.

또한 사회사업의 근본적인 이중적 계획이, 어느 순간에 사회사업의 기구, 팀, 개인들을 분열시킬 수 있다는 점은 여기서 말하지 말자. 그러나 제도적 연구는 특히 그것이 대규모의 표상들과 그 표상들 아래에 내재하는 가치들에 관심을 가질 때, 어떠한 뜻밖의 시사를 주기도 한다.

일상생활의 민주화*

알베르토 멜루치

1. 정치의 종언

복합적 체계에서 정치는 단순히 과거의 잔재가 아니다. 오히려 과거 어느 때보다도 정치적 관계가 중요하게 부각되고 있으며, 복합성을 통제하기 위한 결정과 선택, '정책'이 절실히 요구되고 있다. 급격한 변동에 적응하면서 체계의 불확실성을 감소시키기 위해서는 다양한 정치의 확산이 보장되어야 한다.

복합성과 변동은 결정을 요구하며, 전례 없이 다양한 이해들을 산출한다. 이해들의 다양성과 가변성에 따라 해결되어야 할 문제들 역시 다양하고 가변적이게 된다. 결국 결정은 지속적으로 검증을 받아야 하며, 또 급격한 변동 속에서 합의는 제한과 위험에 처할 수밖에 없다.

정치적 관계란 결정을 통하여 불확실성을 줄이고 상충하는 이해들을 조정하는 것으로 정의될 수 있다. 이러한 의미에서의 정치적 관계는 복합적인 사회에 있어 필수적인 기능적 요건이다.

---

* 출전: Alberto Melucci, 『마르스주의와 민주주의』(한상진 편저), 사회문화연구소, 1991.

이러한 복합적 형태의 사회에서는 일련의 다양한 정치적 국면들이 전개되고 있다. ‘권위적 통제’는 이제 다양한 사회적 삶의 영역, 다양한 제도와 조직 속에서 ‘정치적 관계’로 변화하고 있다. 단지 권력을 통한 권위적 조정과는 달리 ‘정치적 관계’는 이해들의 대면과 조정을 통해 결정을 이루어내는 교환체계와 협상과정을 포함하고 있다. 이러한 ‘정치적 관계’는 국가정치체계에서 뿐 아니라 다양한 생산, 교육, 행정 제도들 또 지역적 수준의 제도들에서 발견되며, 갈등 후의 새로운 정치적 결정국면, 즉 타협과 대의가 형성되는 모든 사회영역에서 발견되고 있다. 이러한 정치화 과정은 현 체계의 복합성과 가변적 환경에 대처하고 그리고 체계 균형을 유지해야 할 필요와 관련된다.

정치적 관계는 현 서구 의회주의적 정치체제에서만 중요한 것은 아니다. 어떠한 정치적 제도를 지향하든지 모든 복합적 체계는 정치의 문제에 직면하고 있다. 지적이고 실천적인 저항운동의 전통이 적절한 해결을 제공하지 못하고 있음에도 불구하고, 선진사회에서의 모든 민주화의 기획은 이러한 문제를 안고 고심하고 있다. 상당히 오랫동안, 결정과정과 대의기제에 고유한 논리는 대중투쟁의 정화적 힘에 의해 무화될 수 있는 것으로 간주되었다. 그러나 오늘날 이러한 문제는 전적으로 해결되지 않은 상태로 남아 있다. 물론 결정과정에 도입되는 이해들이 부적절하거나, 이들 이해가 모두 동일한 중요성을 갖는다거나 혹은 기존의 체계가 자동적으로 모든 이해들에 동일하게 접근한다고 말하는 것은 아니다. 간단히 말해, 나의 견해는 결정과정과 대의과정은 복합체계의 기능에 있어 특수하고도 불가결한 조건이라는 것이다.

맑스주의는 대의과정을 통한 ‘결정’이라는 문제를 무시해왔다. 맑스주의는 대의제를 부르주아 형태의 의회제도로 축소시켜버리면서, 대의제가 가진 다양한 이해의 대변과 중재의 측면에는 관심을 기울이지 않았다. 그러나 대의는 복합성과 관련되어 있으며, 어떠한 정치조직에서도 무시할 수 없는 것이다. 대의제에서는 대의자와 피대의자의 구분이 불가피하고, 개별 이해들간, 또 그들 논리들간의 수렴이나 분기가 반드시 나타난다. 따라서 모든 민주변혁은 대의구조와 대변되는 이해간의 상이성을 고려해야 한다. '진보'와 '급진'을 지향하는 민주화 기획은, 어떠한 사회적·정치적 수단을 통해 이러한 상이성을 조정할 수 있는가를 고려해야 한다. 민주화를 위해서는 이들 문제를 이데올로기적인 것으로 부정해서는 안된다. 사회적 요구와 권력간의 틈새를 통제하는 방안을 찾기 위해서는 이러한 상이성이 반드시 전제되어야만 한다.

다시 처음의 정치적 관계에 대한 논의로 돌아가자. 위와 같은 문제제기는 정치의 특수성과 한계를 규정함으로써 정치가 위치하는 고유 차원을 설정하는 데 도움을 준다. 정치에 대한 포괄적인 규정은 이제 그것의 구체적 기능과 필요성으로 대체되었다. 급진적 전통에서 본다면, 사회적 생활의 세속화과정과 병행되는 이러한 '냉철한' 인식을 받아들이기는 어려울 것이다.

정치란 결정을 위한 이해조정을 의미한다. 그러나 정치가 사회생활을 모두 포함하는 것은 아니다. 그 이유는 첫째, 정치에 앞서 이를 규정하는 구조와 이해가 존재하기 때문이다. 물론 이들 구조와 이해는 결국은 정치적 조정과정을 거치기는 하지만, 객관적으로 존재하는 것이다. 다원주의자들은 사회가 마치 자발적이고 개방적인 다양한 이해들인 양 생각하는데, 다원주의적 입장이 가진 이데올로기적 환상과는 관계 없이 정치에 선행하는 구조와 이해가 객관적으로 존재한다. 정치게임은 열려진 장에서 동등한 기회속에서 벌어지는 것이 아니다. 정치적 기회와 권력의 불평등을 이해하기 위해서는 우선 정치게임의 한계 및 그 기저에서 권력이 형성되는 메커니즘을 이해해야 한다.

둘째, 정치적 차원이 아닌 여러 차원에서의 사회적 현상이 존재한다. 예를 들면 감정적·상징적 관계는 정치와는 상이한 논리에 의해 작동하며 정치와는 달리 별도로 고려되어야 한다.

따라서 정치의 종언을 고하는 것이 아니라, 정치를 근본적으로 재정의할 필요가 있다. 이러한 전환은 전통적인 '우파,' '좌파'의 구분이 점점 적합성을 잃어가고 있기 때문에 매우 중요한 의미를 가지고 있다. 좌파개념은 이제 분석적으로 공허한 용어가 되었으며, 그것의 유일한 기능은 서구의 역사적 전통속에 존재했었던 정치인들을 경험적으로 규정하는 데에나 쓰일 수 있을 것이다. 따라서 이제 좌파개념은 새로운 갈등과 행위자에 대해서도, 또 현재의 사회적·정치적 변화에 대해서도 아무것도 설명하지 못한다고 할 수 있다.

전통적으로 '우파'는 과거를, '좌파'는 미래를 지향해왔다. 그러나 현대 사회운동은 어떠한 미래도 그려볼 수 없다는 집합적 의식을 강하게 띠고 있다. 즉 미래에 총체적인 파국이 일어날 수도 있고, 또 복합적 체계에서는 '미래'보다는 균형 자체가 문제시되기 때문에, 현대 운동은 선형적인 진보에 대한 기대를 버리고 현재를 위한 투쟁을 선포하는 '반근대성(anti-modernity)'을 띠고 있다.

복합적 사회에서 변화는 비연속적이며 분절적이다. 체계들은 동시적으로 동일한 방식으로 변화하지 않는다. 그렇기 때문에 정치체계는 결정을 통하여 불확실성을 줄이고, 갈등이 야기시킨 변화의 잠재력을 증가시킬 수 있다. 그러나 이 과정은 변화의 담지자와 그들의 대표들이 분리되는 과정이다. 변화를 산출하는 행위자와 그것을 관리하고 제도화하는 자는 동일하지 않다.

운동이 자신의 이해를 명백히 내세우면서 정치적 권력을 장악할 수 있다는 생각은 10월혁명 이후 하나의 환상임이 밝혀졌다. 그러나 그 관념은 애초부터 허위적인 것이었다고 할 수 있다. 왜냐하면 복합체계에서 변화란 항시 적응적(adaptive) 유형의 변화이기 때문이다. 비록 이 과정에 단절이 있을 수도 있지만, 변화는 항상 전체체계의 균형으로 이어진다. 갈등과 권력은 서로 다른 특성을 가지고 있다. 권력은 체계의 복합성을 통제하기 위해 요구된다. 갈등을 통하여 체계는 지배집단을 쇄신하고, 엘리트내의 변화를 허용하며, 이제까지 결정영역으로부터 배제되었던 것을 승인하며, 한 체계와 그것의 지배적 이해가 불가피하게 만들어 놓은 비가시적인 권력의 영역을 노출시킴으로써 위기로부터 벗어난다. 갈등이 낳는 이러한 결과는 사회운동의 기본적인 기능이다. 새로운 갈등은 권력을 가시화하며, 나아가 새로운 유형의 권력을 발생시킬 수도 있다. 즉 갈등은 권력의 재생산 경향을 제어하는 기능을 수행할 수 있다.

2. '후기산업사회'에서 민주주의의 딜레마

최근 들어 복지국가의 위기와 신조합주의체계에서의 통치가능성 문제, 다원주의 그리고 정치적 교섭에 관해 상당한 연구가 이루어졌다. 이와 더불어 복합성의 정치적 효과에 대해서도 상당한 연구가 진척되어 왔으며, 그 결과 후기산업사회의 딜레마라고 할 수 있는 것들이 다각도로 조명되었다.

먼저 과잉가변성(surplus variability)의 딜레마는 항시적인 변화에의 필요와 규칙과 절차의 안정성을 유지할 필요에 관련된다. 복합적 체계에서는 한편으로 이해의 가변성, 즉 광범한 사회적 행위자와 집합들의 이해의 가변성을 고려해야 하며, 다른 한편으로 행위와 과정의 예측가능성을 보장해주는 규범과 규칙체계를 확보해야 한다.

두번째 딜레마는 궁극적 목표의 결정불가능성(undecidability of ultimate ends)이다. 복합체계는 상당한 정도로 권력의 분절화 현상을 보이고 있다. 스스로를 조직하여 정치적 교섭과정에서 자신의 이해를 대변하면서 자신의 이익을 획득해가는 집단들이 증가하고 있다. 또한 정치적 결정구조의 분절화로 인해 조정하기 어려운 수많은 국지적 행정제도가 형성되었다. 동시에 통제할 수 없는 비가시적인 조직들의 연합이 일어나면서, 집합적 정체성의 형성과정이 비가시적이고 불투명해졌다. 이로써 궁극적 목표를 결정하기 어려운 상태가 초래된다. 즉 결정의 양은 증가하는 반면, 무엇이 본질적인지를 결정하기가 점차 어려워진 것이다.

마지막으로 의존적 참여(dependent participation)의 문제가 있다. 서구 다원주의 체계에서 시민권과 참여가 확대된 반면, 관료적 행정조직을 통해 전체사회를 계획할 필요성도 증대되었다. 개인과 집단의 권리영역이 확장됨에 따라 이해와 결정의 다원성을 조정하고 대의와 결정권을 보호하기 위한 계획의 필요성도 증가한다. 그러나 계획의 과정은 불가피하게 참여와 권리를 축소시키는 테크노크라트적인 결정중심을 요구한다.

이러한 딜레마들은 복합적 체계에서 일어나는 근본적 변화와 관련된다. 전적으로 정치적인 것에 의존하는 해석은 결정의 논리와 이해의 대변이라는 문제에 대해 정치체계에 선행한 과정인 사회적 생산의 변형, 사회적 필요와 다양한 이해들의 변화과정을 고려하지 못한다. 다만 그러한 해석은 다양한 문제들을 요구의 형태로 투입한다. 오늘날 이러한 정치적 해석은 합리적 선택과 정치적 교섭과정에서 주로 나타난다. 이러한 해석은 과거의 경제주의적 접근을 대신해서 사회적 관계를 정치적 관계로 환원시킬 따름이다.

정치적 환원주의는 위에서 제기된 딜레마들을 이해하지 못하고 해결할 수도 없다. 이러한 딜레마들을 해결하기 위해서는 정치적 수준의 논리와 모순에 대한 인식을 복합적 체계의 구조적 논리와 새로운 구조적 모순에 대한 인식으로 보완해야 한다.

복합적 체계는 고도로 분화된 조직적·정보적인 결정과정이 작동하도록 하기 위하여 개별 행위자원을 동원해야 한다. 그러나 개별자들은 개인적인 사회경험의 조건을 통제하며, 따라서 개별행위들은 선택적 특성을 띤다고 할 수 있다. 따라서 모든 개인이 행위의 정체성을 가지는 개별화의 과정은 다음과 같은 양 극단을 가지고 있다. 한편으로는 개인의 동기구조와 인지구조를 사회화할 필요의 증대에 따라 사회적 통제가 확대되며, 다른 한편에서는 삶의 시-공적 전유(space-time sense)에 대한 요구가 증가하는 의미있는 현상이 나타나고 있다.

후기산업사회의 민주주의의 딜레마는 복합적 체계에 미만해 있는 이러한 구조적 긴장과 관련되어 있다. 이러한 문제들의 본질적 요소를 분석하기 위해서는 통합의 압력과 정체성의 요구를 반드시 고려해야 한다. 정치체계의 보다 일반적인 문제로는 가변성과 예측가능성, 파편화와 집중화, 참여와 계획 등을 들 수 있다. 오직 정치체계 내에서만 이들 문제를 해결하려는 시도는 기껏해야 개혁이란 이름뒤에 자신을 은폐시키는 기술합리적 권력에 의한 결정을 낳을 뿐이다.

그러나 만일 민주주의문제가 포괄적인 성격을 띠고 있다면, 정치적 관계의 구체성과 자율성을 인지하는 동시에 현대 서구사회의 정치적 딜레마와 다중적인 체계논리의 연관성을 주의깊게 고찰할 필요가 있다. 민주주의의 본질이 이해간의 경쟁과 대의를 가능하게 하는 규칙의 확보에 있다고 믿는다면, 복합적 체계에서 일어나고 있는 사회정치적 변화를 이해할 수 없을 것이다. 근대 초기의 민주주의 개념은 국가와 시민사회가 분리된 자본주의 체계에 조응하는 것이다. 이 체계에서 국가는 시민사회에서 형성된 사적 이해를 공적 용어로 바꾸어 놓은 것에 불과하다.

오늘날의 자본주의사회의 정치에서 국가와 시민사회의 분리는 불명확하다. 단일 행위자로서의 국가는 해체되었다. 위로는 상호연관적인 초국가적 관계의 체계로 대체되었고, 아래로는 다양한 국지적 통치체들—고유의 대의체계와 결정체계를 가지고 공공영역과 사적 영역을 미묘하게 결합시킨 일련의 복합적 조직체들—로 대체되었다. 적어도 근대 초기적 의미의 '시민사회'는 이제 그 실재성를 상실하였다. 이전에 시민사회에 속했던 '사적' 이해는 권력과 영향력의 위계 속에서 특정한 위치를 공유한 사회집단들과 관련되지 않는다. 이전에 '사회적' 이해라고 부를 수 있었던 것의 동질성 역시 파괴되었다.

공간적 비유를 하자면 위로는 특수한 이해집단에 귀속될 수 없는 문화적·상징적 형태가 존재한다. 아래쪽에는 예전부터 당연스러운 것으로 간주되었던 이해들을 포함하는 다양한 기본적 요구들이 분화되어 있다.

국가와 시민사회의 구분은 보다 복합적인 상황으로 대체되었다. 대중정

당은 분화와 세속화과정을 통해 정부구조속에 통합되어가고, 모든 이해들이 그 속에서 표현되고 있다. 의회체계는 요구들을 선택하고 그것을 형식적으로 결정하는 기능을 수행하는 것으로 되어버렸다. 반면 의회체계와 결정과정의 자율성이 증폭된 측면도 있다. 이는 결정과정이 다원화되었기 때문이다. 또 일상생활속에서 행위의 정체성과 동기화를 재전유하려는 집합적 요구와 갈등이 급격하게 일어나고 있다.

이렇게 볼 때 민주주의가 단지 통치자원에 접근하려는 경쟁에 있다고 생각하는 것은 잘못이다. 복합적 사회에서 민주주의는 개인과 사회집단들 스스로가 정체성을 획득할 수 있는 조건을 요구한다. 즉 개별적·집합적 의미화과정의 자율성을 고양시킬 수 있는 조건이 필요하며, 자기성찰적 정체성이 형성, 유지, 변화되기 위해서는 통제와 억압이 없는 사회적 공간이 필요하다. 이들 공간은 조직, 지도력, 이데올로기적 과정을 통해 형성되는데, 그 공간속에서 집합적 행위자가 응집되고, 또 그들의 요구가 지속적으로 보장되며, 바깥 세계와의 협상 역시 가능하게 된다.

정체성에의 자유(Freedom to belonging to an identity)는 대변될 수 있는 자유(Freedom to be represented)를 상정한다. 그러나 개인적 정체성은 대의를 통한 정체성과는 동일하지 않다. 오히려 어떠한 의미에서는 대립적이기도 하다. 개인적 정체성은 직접적이지만 대의적 정체성은 간접적이다. 개인적 정체성은 정체성의 수혜를 직접적으로 향유하는 것이지만 대의적 정체성은 양도된 향유이다.

이러한 모순속에서 민주주의가 새로운 의미를 형성해갈 수 있으려면 이미 구성된 의미화 과정을 포기해야 하며, 아울러 기존의 대의제를 부정하거나 수정할 수 있어야 한다. 복합적 사회에서 비권위적 민주주의는 이러한 이중의 가능성—대의를 통하여 개인의 의사가 반영될 수 있는 자유와 새로운 의미를 산출하기 위해 기존의 정체성에서 벗어나 새로운 정체성을 정립할 수 있는 자유—을 예견하고 지원할 수 있는 능력을 전제하고 있다. 이러한 권리는 시간·공간, 생과 사, 개인의 생리학적·감정적 차원과 관련된 일상생활의 제반 권리와 인류의 생존권을 활성화할 것이다.

따라서 이러한 의미에서의 민주주의는 행정제도, 당체계 그리고 국가구조와는 별도로 공공영역(public spaces)을 필수적으로 요구한다. 그러한 공식적 정치제도와 별도로 존재하는 결정, 협상, 대의과정의 분절된 공간속에서 일상생활에서 발전된 상징적 실천들이 상호 소통될 수 있다. 이러한 공공영역은 개인적·집합적 정체성을 보장한다. 공공영역은 지식의 전유와 상징적 자원의 생산이 보장되면서 동시에 개방적으로 정보가 순환되고 조정되어 개별적·집합적 정체성이 형성되는 '연성'의 제도체계이다. 공공영역은 상당한 정도의 유동성에 의해 특징지어지며, 그것의 크기는 그 영역의 독립성에 따라 증감될 수 있다. 공공영역은 집합적 행위와 제도의 적극적 대면에 의해서만 열려지는 국면들로, 동적인 체계라 할 수 있다. 그것은 정치적 권력과 결정이 존재하는 수준과 일상생활 사이에 존재하기 때문에, 구조적 이중성, 즉 대의와 참여라는 이중적 의미를 가지고 있다.

대의는 이해와 요구를 제시하는 가능성을 의미한다. 그 안에는 다양한 것들이 공존한다. 참여 또한 이중적 의미를 지닌다. 그것은 개인의 요구와 이해를 고양시키는 행위를 의미하는 한편 집단의 '일반적 이해'와의 동일시를 통해 한 체계에 속하는 것도 포함하고 있다.

복합체계에서 발전되기 시작한 공공영역은 정치적 제도와 집합적 요구, 행정적 기능과 갈등의 대변을 연결하는 지점이다. 현대 사회운동은 이러한 공공영역에서 그들의 특수성을 유지하면서 움직이고 있다. 공공영역의 주된 기능은 운동에 의해 제기된 문제들을 가시화하고 결집하는 것이다. 이리하여 운동은 제도화를 피할 수 있고 또한 전체사회는 운동에 의해 제기된 사회적 행위의 의미와 관련된 사안, 요구, 갈등에 대하여 책임을 지는 제도화 과정을 보장하게 된다. 따라서 독립적인 공공영역의 구축은 후기산업사회의 민주주의의 딜레마를―그릇된 해결을 추구하지 않고― 유지하는 주요한 조건이다.

사회가 그 자신이 안고 있는 사안들, 필요, 갈등에 대하여 책임을 질 때,

공개적 타협, 결정, 변화의 가능성을 가질 수 있다. 이로써 운동의 구체성과 독립성을 제거하거나 혹은 중립적 결정과정의 배후에 놓인 권력을 은폐함이 없이 '일상생활의 민주주의'가 가능할 수 있다.

3. 보이지 않는 딜레마

복합적 체계의 특징이 불확실성, 변동, 분화라고 한다면, 정책결정은 정부의 중요한 과제가 된다. 정책결정과정에서 다양한 이해들은 승인된 규칙의 틀내에서 상호 대결한다. 위험부담을 고려한 선택은 불확실성을 줄인다.

따라서 다양한 대안들 중에서 선택을 한다는 것이 결정의 핵심적 요소라고 할 수 있다. 그것은 불확실성을 감소시키는 대가로 지불되는 비용이다. 그러나 선택은 권력관계가 존재하고 결정과정속에 포함된 불가피한 딜레마와 위험이 향존하는 가장 불투명한 영역이다. 복합체계에서 정부기구(government bodies)-정치적 단위들과 거대한 조합조직과 같은 것-는 결정을 준비·형성·실행하는 데 상당한 노력을 투여한다. 권력이 집중되는 곳이 이 영역이며, 그런만큼 그것은 비밀과 해명불가능(unaccountability)으로 특정지어진다.

현대의 집합행동은 결정과정에 의해 은폐되고 배제된 것을 노출시키는 '고발자'의 역할을 수행한다. 따라서 집합적 저항과 동원은 침묵과 모호함의 자리 또 복합적 체계속에서 숨겨진 자의적인 요소들을 가시화하는 역할을 한다고 할 수 있다.

흔히 주장하듯이 결정은 합의된 절차적 규칙에 근거하고 있다. 이러한 방식으로 권력은 절차에 의해 은폐된다. 결정의 요구가 증대하고 보다 향상적인 것이 될수록, 또 결정이 더욱 대량의 기술적 자료에 의존할수록, 권력은 더욱 더 비가시적으로 된다. 권력은 주어진 목적을 달성하기 위해 '합리적' 수단과 가용한 자료에 기초한 '기술적' 증거제시라는 미명하에 중립성의 가면뒤로 사라져 버린다. 이러한 경향에 대항하여 집합행동은 권력을 공개토록 강요하며 중립적 추론뒤에 숨어있는 이해관계를 밝혀낸다.

결정은 또한 효용을 극대화하는 일련의 기술과 수단에 기초하여 제시된다. 선택의 범위가 확장되고 문제해결에 있어 기술의 가치가 증대함에 따라 결정과정은 목표에 대한 성찰을 회피하면서, 수단의 선택과 활용에만 중점을 둔다. 이에 대항하여 집합적 동원과 저항은 비타협적 요구를 드러내고 수단의 중립성 주장이 문제시되는 토론의 장을 창출함으로써 목적에 관한 토론의 장을 열어놓는다.

위에서 설명한 바와 같이 결정은 복합적 체계들을 조정하기 위해서 필수적이다. 그러나 성급히 결론을 내릴 수는 없다. 왜냐하면 좀더 주의깊게 고려되어야 할 중요한 딜레마들을 고찰할 필요가 있기 때문이다.

정보가 중요한 자원이자 사회적 생산과 교환의 기초가 될 때, 개인은 복합적인 의사소통 속에서 터미널의 역할을 수행할 수 있어야 한다. 다시 말하면 개인은 정보를 수용하고 전달하며 올바른 언어를 사용할 수 있어야 한다. 이것은 그들에게 문제해결과 학습을 위한 기회가 보장될 때만 가능하다. 그러나 개인적 능력은 또한 행위의 상호교환과 예측가능성을 위하여 체계화된 흐름속에 통합되어야 한다. 여기에 자율성과 통제간의 딜레마, 즉 개인의 능력과 선택에 보다 많은 가치를 부여하는 문제와 개인의 사고과정과 두뇌구조에 영향을 미치는 광범위한 조정체계를 형성하는 문제간의 딜레마가 있다.

한편 현대사회는 자기발생적으로 인류의 내적·외적 상태에 보다 많이 개입해 들어가고 있다. 핵과학과 유전공학은 상이한 방식으로 인류사회의 무한한 변형능력과 심지어 자기파괴적 지점까지를 목격하고 있다. 종의 생존과 진화는 더이상 자연이라는 비통제적 힘의 수중에 있지 않고, 인간의 신중한 선택에 의해 규제되고 있다. 따라서 책임성과 전능성간, 즉 사회의 능력을 자동운영에까지 확장하려는 욕구와 책임성의 요구, 생태계와 사회가 함께 묶여 있다는 생존의 긴장을 인정하느냐 마느냐의 딜레마가 있다.

보다 큰 딜레마는 자기자신과 환경에 대한 인류의 지배력의 팽창으로부터 비롯된다. 이러한 과정은 응용과학지식의 되돌릴 수 없는 발전과 연관된다. 물리학, 화학, 생물학에서의 진보는 핵에너지의 사용과 유전조작을 가능케 했으며, 이러한 사실은—적어도 엄청난 재앙이 있지 않은 다음에야 — 결코 부인될 수 없는 것이다. 어떻게 이들 지식을 사용하는가는 에너지, 과학, 방위정책 등과 여타 결정들에 달려 있으며, 그것은 변경가능한 성질을 가지고 있다. 오늘날 우리는 정보의 불가역성과 결정의 가역성간의 딜레마가 다가오는 미래에 관한 사유와 행동에까지 펼쳐 있음을 목도하고 있다.

현대 세계체계의 포괄적 성격은 어떠한 '방관자'도 허락치 않고 있다. 세계 각국들은 단일한 위성체계의 단순한 부분들이 되었다. 이러한 발전은 포섭과 배제의 딜레마를 낳는다.

포섭은 차이를 약화시키면서, 거대한 정보시장을 통해 문화적 코드를 생산·전파함으로써 주변부 문화를 중심부의 부속물로, 즉 하찮은 '민속문화'로 변형시키는 것을 말한다. 그러나 이러한 동화에 대한 저항은 거의 불가피하게 배제를 낳으며, 그 결과는 침묵과 문화적 죽음일 것이다.

이러한 심대한 딜레마는 대개는 은밀하게 진행되며, 복합적 체계의 정부기구들에 의해 결정된 것들의 배후에서 서성대고 있다. 결정과정은 중립성이라는 외피 속에서 사회적 관심, 토론과 전체사회에 의한 통제로부터, 그리고 개인의 삶에 관계된 근본적인 질문과 종과 자연의 미래에 대한 질문들을 회피하면서 자신을 은폐하고 있다. 집합적 행위는 이들 딜레마를 가시화하였고 이미 권력의 가려진 영역을 밝혀 사회전체의 직접적인 통제 속에 두고 있다. 그러나 이러한 근본적 딜레마가 점차 가시화되고 있다는 점은 매우 중요한 함의를 가지고 있다. 즉 근대의 유산인 자유개념의 재규정이 필수적이라는 것이다.

4. 변형된 자유

근대의 주요한 운동 뒤에는 경제권과 시민권에 대한 요구가 존재한다. 물론 근대는 끝나지 않았다. 그러나 현대사회에 와서 자유에 대한 새로운 정의와 주장이 증대하고 있다. 일상생활과 관련된 권리, 인간과 생태계의 관계는 민주주의에 대한 새로운 지평을 열고 있다는 것이다.

일차적 욕구의 상당부분이 보장된 후기물질사회에서는 욕구로부터의 자유(freedom from needs)가 욕구의 자유(freedom of the needs)로 대체되었다. 욕구는 단순히 결핍에 의해 발생하는 것이 아니라 선택에 의해 규정되는 것이라는 인식이 증대하고 있다. 문화적 차원의 욕구가 물질적 차원의 욕구를 대체하여 새로운 미개척지를 열어가고 있다. 인간의 욕구는 문화적인 것으로 간주되면서, 자연에 의해 부과된 것이 아니라 자유로이 선택하고 상호 인정할 수 있는 것으로 인식되고 있다.

산업사회의 호모 이코노미쿠스(경제인)의 특징인 소유의 자유는 존재의 자유(freedom to be)로 대체되었다. 소유권은 산업자본주의의 경쟁모델이라고 할 수 있는 현실 사회주의의 기초였으며 현재에도 그러하다. 그러나 후기물질사회에서는 보다 근본적인 권리인 존재의 권리, 즉 보다 의미 있게 살 수 있는 권리가 발생하고 있다. 이것은 삶의 중요한 영역에서 새로운 욕구와 권력이 등장함에 따라 나타났다. 건강이나 질병과 같은 문제에 있어 개인 스스로가 삶의 질을 결정하려는 시도는 위로부터 부과된 몰인격적인 정상과 병리라는 기준에 의해 번번이 좌절되기는 하지만, 이제 생과 사는 생리학적 운명의 문제가 아니라 개인과 사회가 선택할 수 있는 대상이라고 할 수 있다.

모든 근대혁명이 기치로 든 평등권은 이제 차이를 주장할 수 있는 권리에 의해 대체되고 있다. 차이에 대한 존중은 상호인정에 기초한 연대와 공존이라는 새로운 규정과 전체 인류는 생태계, 우주와 결속되어 있다는 인식에서 비롯되었다.

이와 더불어 삶의 시·공간적 차원(temporal and spatial dimensions)에서 새로운 권리들이 발전하고 있다. 시간적 차원에서는 전 생애주기와 매일 매일의 삶 모두를 스스로 결정할 수 있기 위해 외적 구속에서 자유로와지려는 욕구가 등장했다. 내적 시간과 사회적 시간간의 새로운 관계를 정립하려는 요구는 가역적인 시간성, 즉 달력이나 시계에 의해 구속받지 않는 자율적으로 선택되고 조정되는 흐름을 요구하고 있다.

공간에 대한 권리도 자율성을 요구하고 있다. 일상생활에 있어 행정적 통제로부터의 공간의 보호는 모든 공간이 도구적 효율성에 의해 규정되고 있는 과잉사회화된 세계의 압력과 상충하고 있다. 공간에 대한 권리는 다른 생물체의 보호 그리고 자연환경의 보호에까지 확장되고 있다. 이들 모두가 인류와 함께 단일한 물리적·생물학적 우주 그리고 인간 삶의 의미맥락을 구성하기 때문이다. 개별 공간과 생태학적 공간은 미세한 실가닥에 의해 연계되어 있다. 이것은 인류의 파괴적 행위 위에 놓인 넘을 수 없는 한계이다. 이 영역은 존재한다는 그 이유 때문만으로도 침묵과 경의의 대우를 받아야 한다. 이 영역의 경계는 각 사회들마다 상이하게 규정되어 왔다. 스스로를 창조하거나 파괴할 힘을 가지고 있는 오늘날의 복합사회는 새로운 방식으로 그 경계를 재규정해야 한다. 다시 말해 단지 존재할 권리가 보장되어야 한다는 이유만으로도 말과 행동이 멈추어야 할 지점이 결정되어야 한다.

이러한 일상생활의 다양한 권리는 공해문제에만 국한되는 것은 아니며, 사회성원과 생태계와의 연관에 대해 넓게 인식할 것을 요구하고 있다. 녹색운동에 대한 지지의 물결은 우리 앞에 놓인 위험과 기회, 또 쟁론에 대한 예시적 보기일 뿐이다. 이들 기회와 위험에 대한 인지는 우리 모두에게 일종의 도전을 의미한다. 이 위성에서의 삶은 더이상 성스러운 질서에 의해 보장되지 않는다. 이제 그것은 불확실하게 흔들리는 인간의 손에 달려 있다.

참고문헌

국내문헌

강수택, 1994, 「일상생활이론의 비교연구」, ≪한국사회학≫ 제28집 여름호, 한국사회학회.

박재환, 1984, 「일상생활에 대한 사회학적 조명」, ≪사회과학논총≫, 제3권 1호, 부산대학교.

_____, 1991, 「남한사회의 일상적 삶에 대한 북한의 인식」, ≪민족문제논총≫ 2집, 부산대 민족문제연구소.

양찬삼, 1990, 「일상생활의 사회학: 인식의 근원과 방법」, ≪사회학연구≫, 6집, 한국사회학연구소.

조은·조옥라, 1992, 『도시빈민의 삶과 공간』, 서울대학교 출판부.

최재현, 1985, 「일상생활의 이론과 노동자의 의식세계」, ≪한국사회학≫, 제19집 여름호, 한국사회학회.

_____, 1985, 「일하는 이들의 삶의 이야기—사회학의 전기적 방법을 위하여」, ≪외국문학≫, 가을호.

_____, 1991, 「80년대 공업노동자들의 정치·사회의식」, 노동문제연구소 편, 『한국의 노동문제』, 비봉출판사.

■ 외국문헌

Abel, T. 1958, "The Operation Called '*Verstehen*,'" *American Journal of Sociology* 54: 211-18.

Adorno, T. W. 1951, *Minima Moralia: Reflexionen aus dem beschädigten Leben,* Frankfurt: Suhrkamp, English translation, London: New Left Books, 1974; French translation, Paris: Payot, 1980.

____________. 1963, *Eingriffe. Neun Kritische Modelle*, Frankfurt: Suhrkamp.

____________. 1965, *Stichworte. Kritische Modelle* 2, Frankfurt: Suhrkamp.

Alberoni, F. 1977, *Movimento e istituzione*, Bologna: Il Mulino.

Amirou, R. 1987, 'Exotisme et mode,' *Sociétés 13, La Mode*, ed. Masson, Paris: March-April.

Ammassari, P. 1985, "I fondamentali problemi di metodologia della ricerca sociale," *Studi di Sociologia* 33(2-3).

Annales. 1983, *Faits divers, faits d'histoire* 38(4): 281-919.

Arbettsgruppe Bielefelder Soziologen. 1973, *Alltagswissen, Interaktion und gesellschaftliche Wirklichkeit*, Reinbeck: Rowohlt. vol.1: Symbolischer Interaktionismus und Ethnomethodologie; vol.2: Ethnotheorie und Ethnographie des Spreehens.

Ardigò, A. 1980, *Crisi di governabilità e modi vitali*, Bologna: Cappeli.

Atlan, H. 1986, *Entre le cristal et la fumée*, 2nd edn, Paris: Seuil.

_______. 1987, *A tort et à raison*, Paris: Seuil.

Attali, J. 1982, *Histoires du temps*, Paris: Fayard.

Aubry, C., J. Nominal, ION et al., 1982, *Espaces et vie quotidienne, groupements sociaux et territoire*, Paris: Minitsère de l'environnement et du cadre de vie.

Auclair, G. 1982, *Le mana quotidien: structures et fonctions de la chronique des faits divers*, 2nd edn, Paris: Anthropos.

Auge, M. 1982, *Le génie du paganisme*, Paris: Gallimard.

Austin, J. L. 1969, *Philosophical Papers*, Oxford: Oxford University Press.

Balandier, G. 1983, "Essais d'identification du quotidien," *Cahiers Internationaux de Sociologie* 74.

__________. 1985, *Le détour,* Paris: Fayard.

Balbo, L. et al. 1983, *Complessitèa sociale e identità,* Milan: F. Angeli.

Barbier, J. M. 1981, *Le quotidien et son économie: essai sur les origines historiques et sociales de l'économie familiale,* Paris: Editions du CNRS.

Barthes, R. 1957, *Mythologies*, Paris: Seuil.

_________. 1967, *Le systéme de la mode*, Paris, Seuil.

_________. 1977, *Fragments d'un discours amoureux*, Paris: Seuil.

Bastide, R. 1947, "Sociologie et psychanalyse," *Cahiers Internationaux de Sociologie* 2.

Baudrillard, J. 1968, *Le systéme des objects,* Paris: Gallimard.

__________. 1970, *La société de consommation,* Paris: Denoël.

__________. 1979, *De la séduction,* Paris: Galilée.

__________. 1982, *A l'ombre des majorités silencieuses*, Paris: Denoël.

__________. 1983, *Les stratégies fatales,* Paris: Grasset.

__________. 1985, *Simulacres et situations,* Paris: Galilée.

__________. 1987, *Cool memories*, Paris: Galilée.

Baudry, P. 1986, *Une sociologie du tragique. Violence au quotidien*, Paris: Cerf.

Beauchard, J. 1985, *La puissance des foules*, Paris: PUF.

__________. 1986, "L'urgent et l'intolérable", *Actions et Recherche Sociale 3.*

Becker, H. 1963, *Outsiders*, New York: Free Press of Glencoe.

Bellasi, P. 1983, Fatasmi di potere, Bologna: Cappeli.

Bellasi, P. & P. Lalli. 1985, "La rhétorique du quotidien," *Sociétés 9.*

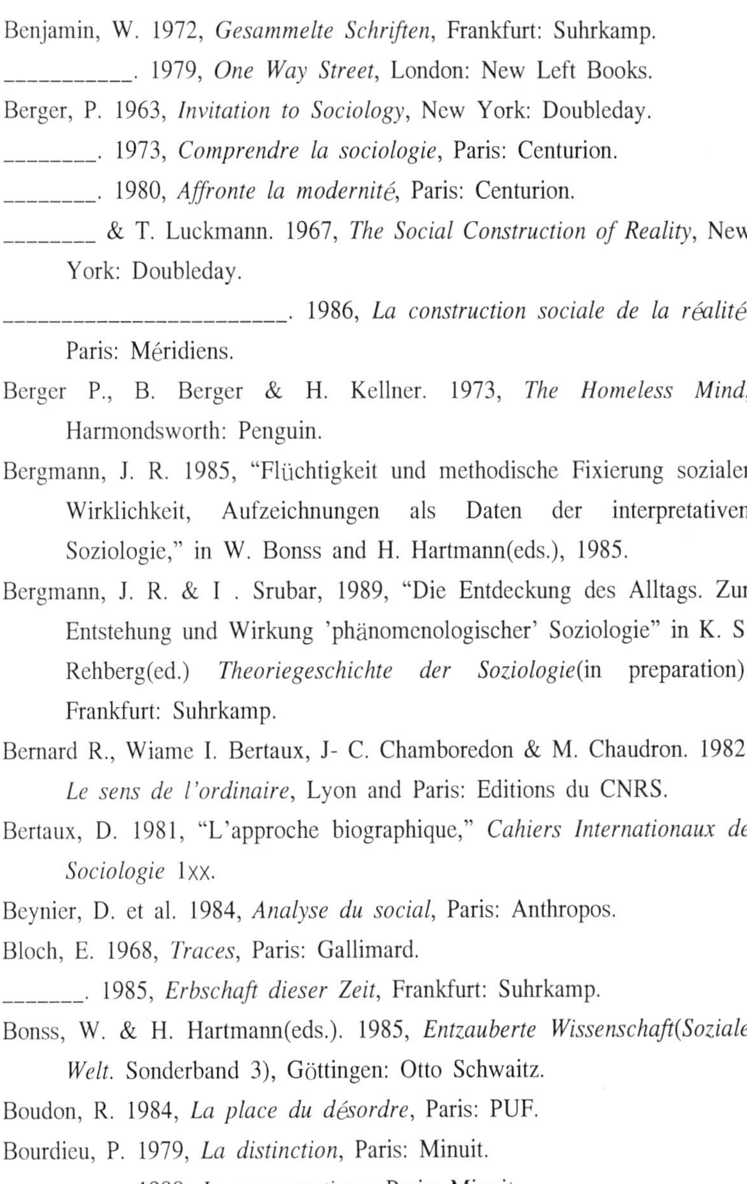

Benjamin, W. 1972, *Gesammelte Schriften*, Frankfurt: Suhrkamp.

__________. 1979, *One Way Street*, London: New Left Books.

Berger, P. 1963, *Invitation to Sociology*, New York: Doubleday.

_______. 1973, *Comprendre la sociologie*, Paris: Centurion.

_______. 1980, *Affronte la modernité*, Paris: Centurion.

_______ & T. Luckmann. 1967, *The Social Construction of Reality*, New York: Doubleday.

_____________________. 1986, *La construction sociale de la réalité*, Paris: Méridiens.

Berger P., B. Berger & H. Kellner. 1973, *The Homeless Mind*, Harmondsworth: Penguin.

Bergmann, J. R. 1985, "Flüchtigkeit und methodische Fixierung sozialer Wirklichkeit, Aufzeichnungen als Daten der interpretativen Soziologie," in W. Bonss and H. Hartmann(eds.), 1985.

Bergmann, J. R. & I . Srubar, 1989, "Die Entdeckung des Alltags. Zur Entstehung und Wirkung 'phänomenologischer' Soziologie" in K. S. Rehberg(ed.) *Theoriegeschichte der Soziologie*(in preparation). Frankfurt: Suhrkamp.

Bernard R., Wiame I. Bertaux, J- C. Chamboredon & M. Chaudron. 1982, *Le sens de l'ordinaire*, Lyon and Paris: Editions du CNRS.

Bertaux, D. 1981, "L'approche biographique," *Cahiers Internationaux de Sociologie* lxx.

Beynier, D. et al. 1984, *Analyse du social*, Paris: Anthropos.

Bloch, E. 1968, *Traces*, Paris: Gallimard.

______. 1985, *Erbschaft dieser Zeit*, Frankfurt: Suhrkamp.

Bonss, W. & H. Hartmann(eds.). 1985, *Entzauberte Wissenschaft*(*Soziale Welt*. Sonderband 3), Göttingen: Otto Schwaitz.

Boudon, R. 1984, *La place du désordre*, Paris: PUF.

Bourdieu, P. 1979, *La distinction*, Paris: Minuit.

_________. 1980, *Le sens pratique*, Paris: Minuit.

__________. 1981, *Questions de sociologie*, Paris: Minuit.

__________. 1982, *Ce que parler veut dire*, Paris: Fayard.

Bovone, L. 1982, *Razianalità economica e centralità del lavoro, L'andamento di una parabola*, Milan: F. Angeli.

Braudel, F. 1958, "Histoire et sciences sociales: la longue durée" *Annales* 13(4): 725-53.

Caillois, R. 1964, *Instincts et société*, Paris, Denoël.

Canetti, E. 1982, *The Voices of Marrakesh*, New York: Continum.

Castoriadis, C. 1975, *L'institution imaginaire de la société*, Paris: Seuil.

Catani, M. 1982, Tante Suzanne: une histoire de vie sociale, Paris: Méridiens.

Caton, C.(ed.). 1964, *Philosophy and Ordinary Language*, Englewood Cliffs, NJ: Prentice-Hall.

Cauquelin, A. 1977, *La ville la nuit*, Paris: PUF.

Cazeneuve, J. 1982, *La vie dans la société moderne*, Paris: CNRS.

Chaude, D. et al. 1983, *Etudes en sociologie du travail*, Paris: CNRS.

Collins, R. 1981, "Three Stages of Erving Goffman," in R. Collins, *Sociology Since the Midcentury*, New York: Academic Press.

Cooley, C. H. 1964, *Human nature and the Social Order*, New York: Schocken(first published, 1902).

Crespi, F. 1982, *Mediazione simbolica e società*, Milan: F. Angeli.

________. 1983, Médiation symbolique et société, Paris: Méridiens.

Debord, G. 1971, *La Société du spectacle*, Paris: Champ Libre(first published, 1967).

Debray, Q. 1983, *L'esprit des moeurs: structure et signification des comportements quotidiens*, Lausanne: Pierre-Marcel Favre.

Debural, C. 1982, *Ici l'ombre: les employés parlent aux employés*, Paris: Editions Ouvrières.

De Certeau, M. 1974, *La culture au pluriel*, Paris: Christian Bourgeois.

_____________. 1975, *L'ècriture de l'histoire,* Paris: Gallimard.

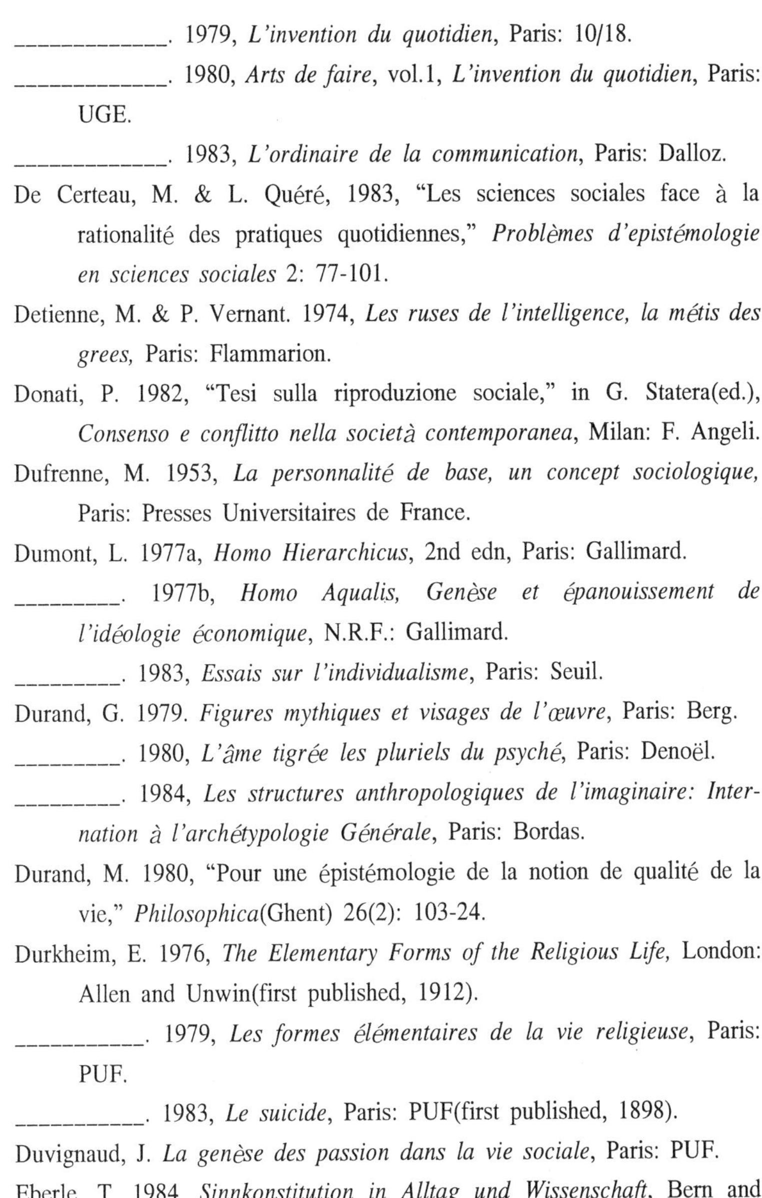

_____________. 1979, *L'invention du quotidien*, Paris: 10/18.

_____________. 1980, *Arts de faire*, vol.1, *L'invention du quotidien*, Paris: UGE.

_____________. 1983, *L'ordinaire de la communication*, Paris: Dalloz.

De Certeau, M. & L. Quéré, 1983, "Les sciences sociales face à la rationalité des pratiques quotidiennes," *Problèmes d'epistémologie en sciences sociales* 2: 77-101.

Detienne, M. & P. Vernant. 1974, *Les ruses de l'intelligence, la métis des grees,* Paris: Flammarion.

Donati, P. 1982, "Tesi sulla riproduzione sociale," in G. Statera(ed.), *Consenso e conflitto nella società contemporanea*, Milan: F. Angeli.

Dufrenne, M. 1953, *La personnalité de base, un concept sociologique,* Paris: Presses Universitaires de France.

Dumont, L. 1977a, *Homo Hierarchicus*, 2nd edn, Paris: Gallimard.

_________. 1977b, *Homo Aqualis, Genèse et épanouissement de l'idéologie économique*, N.R.F.: Gallimard.

_________. 1983, *Essais sur l'individualisme*, Paris: Seuil.

Durand, G. 1979. *Figures mythiques et visages de l'œuvre*, Paris: Berg.

_________. 1980, *L'âme tigrée les pluriels du psyché*, Paris: Denoël.

_________. 1984, *Les structures anthropologiques de l'imaginaire: Internation à l'archétypologie Générale*, Paris: Bordas.

Durand, M. 1980, "Pour une épistémologie de la notion de qualité de la vie," *Philosophica*(Ghent) 26(2): 103-24.

Durkheim, E. 1976, *The Elementary Forms of the Religious Life,* London: Allen and Unwin(first published, 1912).

___________. 1979, *Les formes élémentaires de la vie religieuse*, Paris: PUF.

___________. 1983, *Le suicide*, Paris: PUF(first published, 1898).

Duvignaud, J. *La genèse des passion dans la vie sociale*, Paris: PUF.

Eberle, T. 1984, *Sinnkonstitution in Alltag und Wissenschaft*, Bern and

Stuttgart: P. Haupt.

Elias, N. 1978, "Zum Begriff des Alltags," in K. Hammerich and M. Klein(eds.), *Materialien zur Soziologie des Alltags, Kölner Zeitschrift für Soziologie*, Sonderheft 20.

_______. 1985, "Remarques sur le commérage," *Actes de la recherche en sciences sociales* 60: 23-31.

Eliou, M. 1988, "La problématique féminine dans les sciences de l'éducation," in *Mélanges offerts à Roger Milliex*, Athens.

Esprit, 1972, nos. 4-5 "Pourquoi le travail social?"

Ewen, S. 1983, Consciences sous influences—publicité et genèse de la société de consommation, Paris: Aubier Montagne.

Ferrarotti, F. 1983a, *Histoire et histoires de vie: la méthode biographique dans les sciences sociales*, Paris: Librairie des Méridiens.

__________. 1983b, *Il paradosso del Sacro*, Bari: Laterza.

__________. 1984, *Une théologie pour athées*, Paris: Librairie des Méridiens.

__________. 1986, *La storia e il quotidiano*, Bari, Laterza.

Feurbach, L. *L'essence du christianisme*, Paris: Maspero.

Fiedler, L. *Collected Essays*, N.Y.: Stein and Day.

Flanet, V. 1982, *La maîtresse morte*, Paris Berger Levrault.

Foucault, M. 1969, *Magazine littéraire*, no.28, avril-mai.

Fourier, C. 1973, *Le nouveau monde industriel et sociétaire*, Flammarion: Nouvelle Bibliothèque.

Freud, S. 1914, *The Psychopathology of Everyday Life*, London: T. Fisher Unwin.

Freund, J. 1981, "Introduction," in *Sociologie et Epistémologie de Simmel*, Paris: PUF.

Galloudec, G. F. & P. Semoine(eds.). 1980, *Les enjeux culturels de l'informatisation*, Paris: La Documentation Française(Informatisation et Société 9).

Garfinkel, H. 1967, "The Rational Properties of Scientific and Common Sense Activities," *Studies in Ethnomethodology*, Englewood Cliffs, NJ: Prentice-Hall.

Gautrat, J. et al., 1985, *L'autonomie sociale aujourd'hui*, Grenoble: Presses Universitaires de Grenoble.

Geertz, C., H. Rabinow & H. Dreyfuss, 1986, *Savoir local, Savoir global,* Paris: PUF.

Gellner, E. 1984, "Tractatus logico-philosophicus," in M. Piattelli Palmarini(ed.), *Livelli di realtà*, Milan: Feltrinelli.

Giddens, A. 1976, *New Rules of Sociological Method*, London: Hutchinson.

__________. 1981, "Agency, Institutions and Time-Place Analysis," in Knorr-Cetina and Cicourel(1981).

__________. 1984, "Corpo, riflessività, riproduzione sociale: Erving Goffman e la teoria sociale," *Rissegna Italiana di Sociologia* 25(3).

__________. 1991, *The conséquences of modernity*, Stanford, California.

Giglioli, P. P. 1980, "Una lettura durkheimiana di Giffman," *Rassegna Italiana di Sociologia* 25(3).

____________. 1984, "Una occasione mancata," *Rassegna Italiana di Sociologia* 25(1).

Ginzburg, C. 1980, "Pour un paradigme de l'évidence," *Le Débat* 6: 3-45.

Goffman, E. 1959, *The Presentation of Self in Everyday Life*, New York: Doubleday.

__________. 1961, *Encounters*, Indianapolis: Bobbs-Merrill.

__________. 1971, *Relations in Public*, New York: Basic Books.

__________. 1973, *Staging of Daily Life*, Paris: Minuit.

__________. 1974, *Frame Analysis*, New York: Harper and Row.

Gouldner, A. 1970, *The Coming Crisis of Western Sociology*, New York: Basic Books.

Greier, J. 1968, *La vie quotidienne*, Paris: NRF, Gallimard.

Greverus, I. M. 1987, *Kultur und Alltagswelt. Eine Einführung in Fragen*

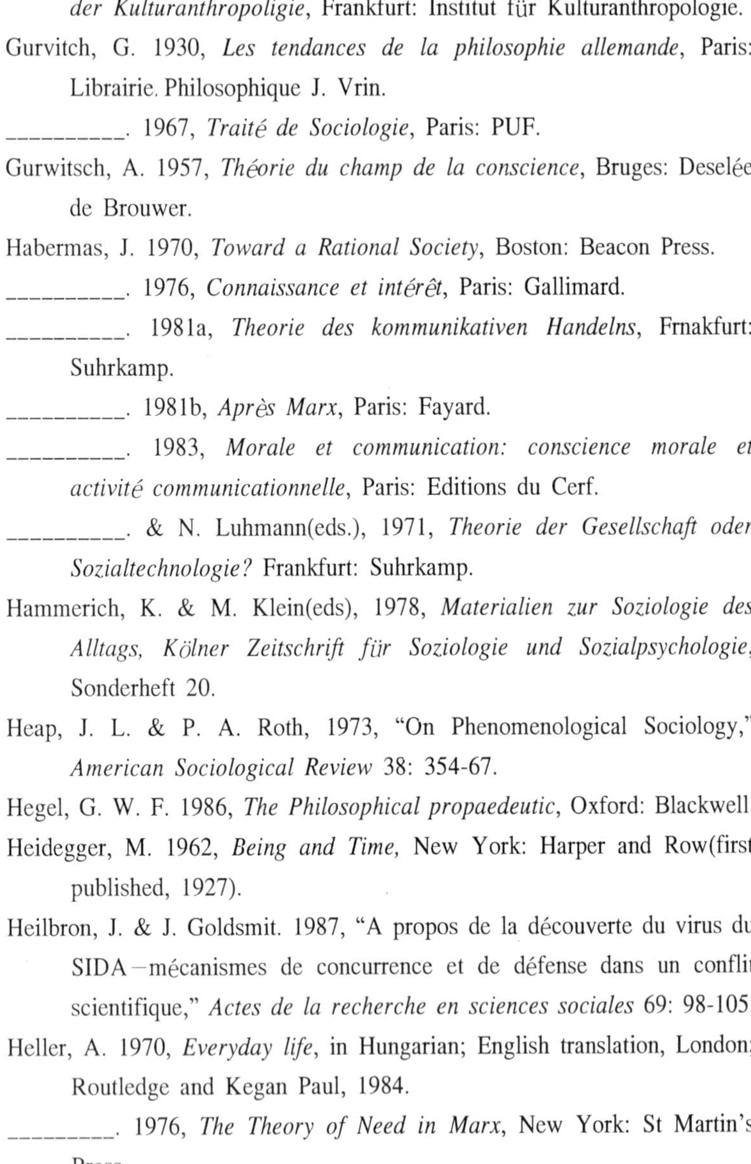

der Kulturanthropoligie, Frankfurt: Institut für Kulturanthropologie.

Gurvitch, G. 1930, *Les tendances de la philosophie allemande*, Paris: Librairie. Philosophique J. Vrin.

__________. 1967, *Traité de Sociologie*, Paris: PUF.

Gurwitsch, A. 1957, *Théorie du champ de la conscience*, Bruges: Deselée de Brouwer.

Habermas, J. 1970, *Toward a Rational Society*, Boston: Beacon Press.

__________. 1976, *Connaissance et intérêt*, Paris: Gallimard.

__________. 1981a, *Theorie des kommunikativen Handelns*, Frnakfurt: Suhrkamp.

__________. 1981b, *Après Marx*, Paris: Fayard.

__________. 1983, *Morale et communication: conscience morale et activité communicationnelle*, Paris: Editions du Cerf.

__________. & N. Luhmann(eds.), 1971, *Theorie der Gesellschaft oder Sozialtechnologie?* Frankfurt: Suhrkamp.

Hammerich, K. & M. Klein(eds), 1978, *Materialien zur Soziologie des Alltags, Kölner Zeitschrift für Soziologie und Sozialpsychologie*, Sonderheft 20.

Heap, J. L. & P. A. Roth, 1973, "On Phenomenological Sociology," *American Sociological Review* 38: 354-67.

Hegel, G. W. F. 1986, *The Philosophical propaedeutic*, Oxford: Blackwell.

Heidegger, M. 1962, *Being and Time,* New York: Harper and Row(first published, 1927).

Heilbron, J. & J. Goldsmit. 1987, "A propos de la découverte du virus du SIDA—mécanismes de concurrence et de défense dans un conflit scientifique," *Actes de la recherche en sciences sociales* 69: 98-105.

Heller, A. 1970, *Everyday life*, in Hungarian; English translation, London; Routledge and Kegan Paul, 1984.

_________. 1976, *The Theory of Need in Marx*, New York: St Martin's Press.

________. 1977, "La connaissance quotidienne," *L'Homme et la Société* 43.

________. 1978a, *La théorie des besoins chez Marx*, Paris: UGE.

________. 1978b, *Das Alltagsleben. Versuch einer Erklärung der individuellen Reproduktion*, Frankffurt: Suhrkamp.

________. 1981, *Sociologia della vita quotidiana*, Rome: Ed, Riuniti.

Hennig, J. L. & G. Hocquenghem, 1983, *Les français de la honte*, Paris: Albin Michel.

Hirschmann, A. 1983, *Bonheur privé, actions publiques*, Paris: Fayard.

Hitzler, R. H. 1984, "Lebenswelt-Milieu-Situation?" *Kölner Zeitschrift für Soziologie und Sozialpsychologie.*

Hoggart, R. 1957, *The Uses of Literacy,* London: Chatto and Windus.

Hollier, D. 1979, *Le Collège de Sociologie*, Paris: NRF, Gallimard.

Hupper-Laufer, J. 1982, *La féminité neutralisée? Les femmes cadres dans l'entreprise*, Paris: Flammarion.

Husserl, E. 1952a, *Cartesianische Meditationen und Pariser Vorträge*, The Hague: Martinus Nijhoff.

_________. 1952b, *Ideen zu einer reinen Phänomenologie und phänomenologischen Philosophie*, vol.2, The Hague: Martinus Nijhoff.

_________. 1954, *Die Krisis der europäischen Wissenschaften und die transzendentale Phänomenologie*, The Hague: Martinus Nijhoff.

_________. 1966, *Vorlesungen zum inneren Zeitbewusstsein*, The Hague: Martinus Nijhoff.

_________. 1970, *The Crisis of European Sciences and Transcendental Phenomenology*, Evanston, IL: Northwestern University Press.

Hutcheon, L. 1988, *A Poetic of Post-modernism: History, Theory, Fiction*, London: Routledge.

Internationale Situationniste. 1975, Reprint of issues 1958~59, Paris: Champ Libre.

Izzo, A. 1983, "Il concetto di mondo vitale," in Balbo, 1983.

James, W. 1890, *Principles of Psychology*, New York: Holt.

Jauss, H. 1978, *Pour une esthétique de la réception*, Paris: Gallimard.

Javeau, C. 1980, "Sur le concept de vie quotidienne et sa Sociologie," *Cahiers Internationaux de Sociologie*, vol.LXⅧ.

_________. 1985, "Vie quotidienne et méthode," *Recherches Sociologiques* 2.

Jeudy, H. P. 1986, *Mémoires du social*, Paris: PUF.

Jungk, R. and N. R. Mullert. 1980, *Alternatives Leben*, Baden: Signal Verlag.

Kant, I. 1964, *Foundations of the Metaphysics of Morals*, New York: Harper and Row.

Karp, D. A. & W. C. Yoels, 1986, *Everyday Life*, Ithaca, Illinois: F. E. Peacock.

Kauffmann, J. C. 1983, *La vie H. L. M. usages et conflits*, Paris: Editions Ouvrières.

Kleinspehn, T. 1975, *Der verdrängte Alltag, Henri Lefebvres marxistische Kritik des Alltagslebens*, Giessen, Focus Verlag.

Knorr-Cetina, K. 1981, "The Micro-sociological Challenge of Macro-sociology," in K. Knorr-Cetina and A. V. Cicourel(eds.), *Advances in Social Theory and Methodology*, London: Routledge and Kegan Paul.

Kosik, K. 1970, *La dialectique du concret*, Paris: Maspero.

Krief, Y. 1981, "Les styles de vie, pour une réinterprétation de la notion de tendance," *Consommation* 28(4): 63-71.

Kruger, M. 1981, *Wissenssoziologie*, Stuttgart and Berlin: W. Kohlhammer.

Kursbuch 41, 1975, K. M. Michel and H. Wieser(eds.), *Alltag*.

Lacan, J. 1967, *Ecrits*, Paris: Seuil.

Lacascade, J. L. 1982, *Marxisme et modes de vie*, Thèse de troisième cycle, Ecole de Hautes Etudes en Sciences Sociales, Paris.

Lae, J. F. & N. Murad, 1985, *L'argent des pauvres: la vie quotidienneen cité transit*, Paris: Seuil.

Lalive D'epinay, C. 1983, "La vie quotidienne, Essai de consruction d'un concept sociologique et anthropologique," *Cahiers Internationaux de Sociologie* 64.

Ledrut, R. 1966, *Sociologie du chômage*, Paris: PUF.

________. 1968, *L'espace social de la ville*, Paris: Anthropos.

________. 1973, *Les images de la ville*, Paris: Anthropos.

________. 1979, *La révolution cachée*, Paris: Castemon.

Lefebvre, H. 1958, *Critique de la vie quotidienne,* Paris: L'Arche .

__________. 1961, *Critique de la vie quotidienne*, t.2, Paris: L'arche Editeur

__________. 1962, *Introduction à la modernité*, Paris: Minuit.

__________. 1966, *Le langage et la société*, Paris: Gallimard.

__________. 1968, *La vie quotidienne dans le monde moderne*, Paris: Gallimard.

__________. 1970, *La révolution urbain*, Paris: Gallimard.

__________. 1977, *Critica della vita quotidiana,* vol.2, Bari: Dedalo.

__________. 1981, *Critique de la vie quotidienne*, vol.3, Paris: L'Arche.

Leger, D. & B. Herieu. 1983, *Des communautés pour les temps difficiles: néo-ruraux ou nouveaux moines*, Paris: Centurion.

Lehman, G. 1932-3, "Das Subjekt der Alltäglichkeit," *Archiv für angewandte Soziologie*: 37ff.

__________. 1985, "Transformations du familiarisme et reconversions morales," *Actes de la recherche en sciences sociales* 59: 3-49.

Leperlier, F. 1978, *Contre temps,* Nonville: P. Vermont.

Levi-Strauss, C. 1962, *La penseé sauvage*, Paris: Plon.

_____________. 1983, *Le regard éloigné*, Paris: Plon.

Loflan, J., G. Psathas et al. 1980, *The View from Goffman,* New York: St Martin's Press.

Luckmann, T. 1972, "The Constitution of Language in the World of

Everyday Life," in L. Embree(ed.), *Life-World and Consciousness. Essays for Aron Gurwitsch*, Evanston: IL: Northwestern University Press.

__________. 1973, "Philosophy, Science and Everyday Life," in M. Natanson, 1973; reprinted in Luckmann, 1983b.

__________. 1973-4, *Structures of the Life-World*, vol.1, Evanston, London.

_________. 1980, *Lebenswelt und Gesellschaft. Grundstrukturen und geschichtliche Wandlungen*, Paderborn: UTB.

_________. 1983a, "Common Sense, Science, and the Specialisation of Knowledge," *Phenomenology and Pedagogy* 1(1): 59-73.

_________. 1983b, *Life-World and Social Realities*, London: Heinemann.

Lukacs, G. 1953, *Die Zerstörung der Vernunft,* Berlin, GDR: Aufbau-Verlag.

_______. 1963a, *Ästhetik,* Neuwied and Berlin: Luchterhand.

_______. 1963b, *Die Eigenart des Ästhetischen,* Werke, Bd.11-12, Neuwied: Luchterhand.

_______. 1974, *L'âme et les formes*, Paris: Gallimard.

_______. 1980, *The Destruction of Reason,* London: Merlin.

Lyotard, J. F. 1979, *La conception mederne*, Paris: Ed de Minuit.

__________. 1982, "Réponse à la question: qu'est-ce le post-mederne?," in *Critique*, Ed de Minuit, no.419, avrid.

Maffesoli, M. 1978a, *La dynamique sociale: la société conflictuelle,* Doctoral thesis, University of Grenoble.

_____________. 1978b, La *violence fondatrice*, Paris: Ed. du Champ Urbain.

___________. 1979a, *La conquête du présent,* Paris: PUF.

___________. 1979b, *La violence totalitaire*, Paris: PUF.

___________. 1980, "Déambulation existentielle et société," *Recherches Sociologiques* 3.

____________. 1982, *L'ombre de Dionysos: contribution à une sociologie de l'orgie*, Paris: Méridiens.

____________. 1983, "Vita quotidiana e socialità. Il superamento dell," individuo, Inchiesta 13: 61.

____________. 1985, *La connaissance ordinaire*, Paris: Méridiens.

____________. 1986, "Sociétés et tribalismes," Sociétés 10(vol.2, no.4).

____________. 1987, "Sociality as Legitimation of Sociological Method," in *The Sociology of Legitimation,* R. Cipriani(ed.), *Current Sociology* 32: 2.

____________. 1988, *Le temps des tribus*, Paris: Méridiens.

Mannheim, K. 1956, *Idéologie et Utopie,* Paris: M. Rivière.

Marcuse, H. 1963, *Eros et civilisation,* Paris: Minuit.

__________. 1964, *One Dimensional Man,* Boston: Beacon Press.

Mead, G. H. 1967, *Mind, Self and Society*, Chicago: University of Chicago Press(first published, 1934).

Medam, A. 1971, *Conscience de la ville*, Paris: Anthropos.

_________. 1977, *New York Terminal,* Paris: Anthropos.

_________. 1978, *Montréal interdite,* Paris: PUF.

_________. 1979, *Arcanes de Naples*, Paris: Ed. des Autres.

_________. 1982, *L'esprit au long cours,* Paris: Méridiens.

_________. 1986, *La cité des noms*, Paris: Galilée.

Melucci, A. 1982, *L'invenzione del presente,* Bologna: Il Mulino.

Merleau-Ponty, M. 1966, *Sens et non sens*, Paris: Gallimard.

Mills, C. Wright, 1951, *White Collar: the American Middle Classes*, New York: Oxford University Press.

Moles, A. 1982, *Les labyrinthes du vécu*, Paris: Méridiens.

Mongardini, C. 1985, *Epistemologia e sociologia*, Milan: F. Angeli.

Morin, E. 1956, *Le cinéma ou l'homme imaginaire*, Paris: Minuit.

________. 1957, *Les Stars*, Paris: Seuil.

________. 1962, *L'esprit du temps,* vol.1, Paris: Grasset.

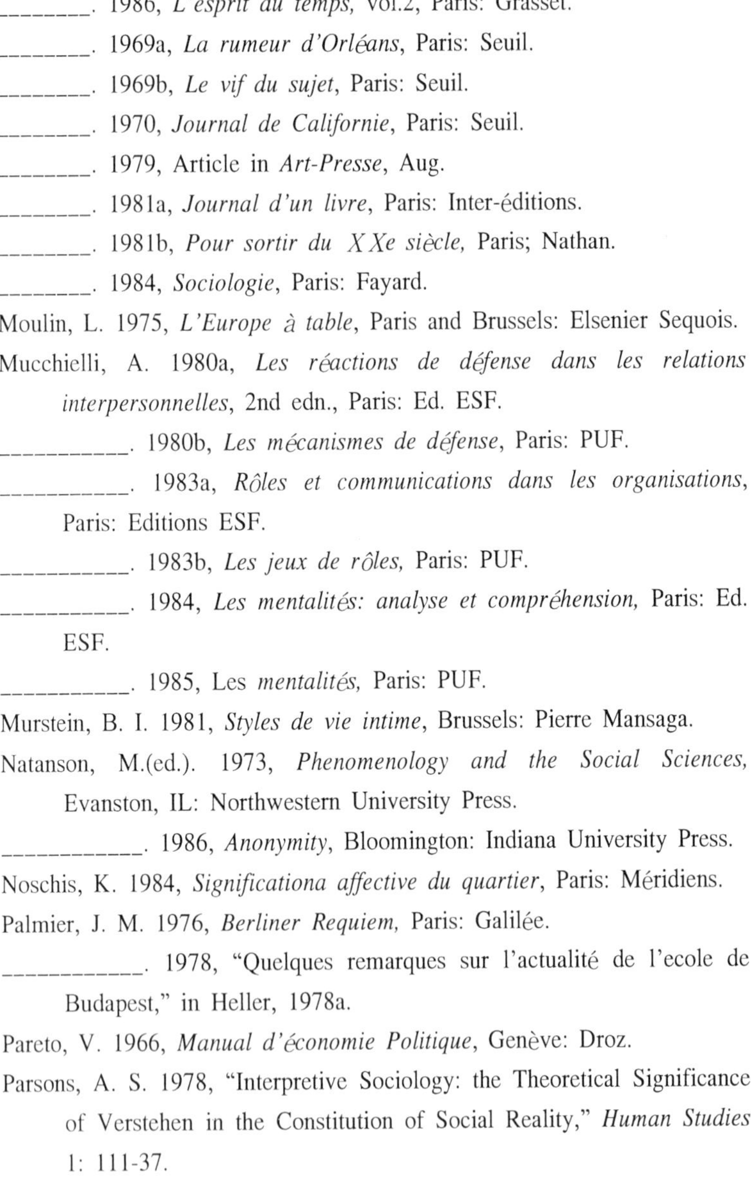

________. 1986, *L'esprit du temps,* vol.2, Paris: Grasset.

________. 1969a, *La rumeur d'Orléans*, Paris: Seuil.

________. 1969b, *Le vif du sujet*, Paris: Seuil.

________. 1970, *Journal de Californie*, Paris: Seuil.

________. 1979, Article in *Art-Presse*, Aug.

________. 1981a, *Journal d'un livre*, Paris: Inter-éditions.

________. 1981b, *Pour sortir du XXe siècle,* Paris; Nathan.

________. 1984, *Sociologie*, Paris: Fayard.

Moulin, L. 1975, *L'Europe à table*, Paris and Brussels: Elsenier Sequois.

Mucchielli, A. 1980a, *Les réactions de défense dans les relations interpersonnelles*, 2nd edn., Paris: Ed. ESF.

___________. 1980b, *Les mécanismes de défense*, Paris: PUF.

___________. 1983a, *Rôles et communications dans les organisations*, Paris: Editions ESF.

___________. 1983b, *Les jeux de rôles,* Paris: PUF.

___________. 1984, *Les mentalités: analyse et compréhension,* Paris: Ed. ESF.

___________. 1985, Les *mentalités,* Paris: PUF.

Murstein, B. I. 1981, *Styles de vie intime*, Brussels: Pierre Mansaga.

Natanson, M.(ed.). 1973, *Phenomenology and the Social Sciences,* Evanston, IL: Northwestern University Press.

____________. 1986, *Anonymity*, Bloomington: Indiana University Press.

Noschis, K. 1984, *Significationa affective du quartier*, Paris: Méridiens.

Palmier, J. M. 1976, *Berliner Requiem,* Paris: Galilée.

____________. 1978, "Quelques remarques sur l'actualité de l'ecole de Budapest," in Heller, 1978a.

Pareto, V. 1966, *Manual d'économie Politique*, Genève: Droz.

Parsons, A. S. 1978, "Interpretive Sociology: the Theoretical Significance of Verstehen in the Constitution of Social Reality," *Human Studies* 1: 111-37.

Parsons, T. 1968, "The Position of Identity in the General Theory of Action," in C. Gordon and K. Gergen(eds.), *The Self in Social Interaction*, New York: Wiley.

Pauchet, C. 1982, *Les prisons de l'insécurité*, Paris: Editions Ouvrières.

Pelletier, F. 1983, *Imaginaires du cinématographe*, Paris: Méridiens.

Pennacchioni, I. 1982, *La nostalgie en images*, Paris: Méridiens.

_____________. 1986, *De la guerre conjugale*, Paris: Ed. Magazine.

Perniola, M. 1982, *L'instant éternel. Bataille et la pensée de la marginalité*, Paris: Méridiens.

Pessin, E. & H. Torgue. 1980, *Villes imaginaires*, Paris: Champ Urbain.

Pezev-Massabuau, J. 1983, *La maison: espace social.* Paris: PUF.

Prodoehe, H. G. 1983, *Theorie des Alltags,* Berlin: Duncker und Humblot.

Raymond, H. & R. H. Trouard. 1981, *Le geste du transport. Un geste quotidien*, Laboratoire des Sciences Sociales Appliquées à l'Urbain.

Renard, J. B. 1968, *Les extra-terrestres,* Paris: Cerf.

___________. 1986, *Bandes dessinées et croyances du siècle*, Paris: PUF.

Reulecke, J. & W. Weber(eds.), 1978, *Fabrik, Familie, Feierabend Beiträge zur Sozialgeschichte des Alltagslebens im Industriezeitalter*, Wuppertal: Hammer.

Riesman, D. 1950, *The Lonely Crowd*, New Haven, CT: Yale University Press.

Rusconi, G. E. 1985, *Scambio, minaccia, decisione,* Turin: Einaudi.

Rust, H. 1982, "Geteilte Oeffentlichkeit, Alltagskommunikation und Massenpublizistik," *Publizistik, Vierteljahreshefte für Kommunikationsforschung* 27: 50-529.

Sahlins, M. 1979, *Culture and Practical Reason,* Chicago: University of Chicago press.

Sainsaulieu, R. 1977, *L'identité au travail*, Paris: FNSP.

Sansot, P. 1976, *Poétique de la ville*, Paris: Klincksieck.

________. 1979, "Identités et vie quotidienne," in *Identités collectives et*

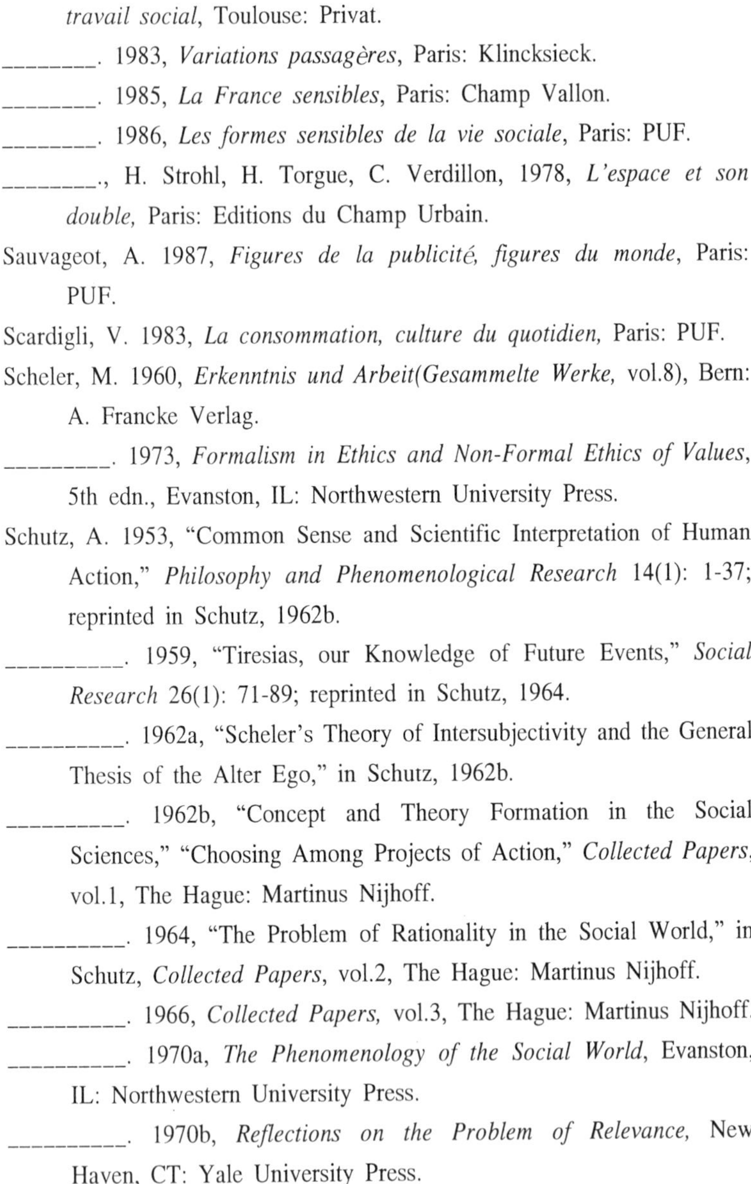

travail social, Toulouse: Privat.

________. 1983, *Variations passagères*, Paris: Klincksieck.

________. 1985, *La France sensibles*, Paris: Champ Vallon.

________. 1986, *Les formes sensibles de la vie sociale*, Paris: PUF.

________., H. Strohl, H. Torgue, C. Verdillon, 1978, *L'espace et son double,* Paris: Editions du Champ Urbain.

Sauvageot, A. 1987, *Figures de la publicité, figures du monde*, Paris: PUF.

Scardigli, V. 1983, *La consommation, culture du quotidien,* Paris: PUF.

Scheler, M. 1960, *Erkenntnis und Arbeit(Gesammelte Werke,* vol.8), Bern: A. Francke Verlag.

_________. 1973, *Formalism in Ethics and Non-Formal Ethics of Values*, 5th edn., Evanston, IL: Northwestern University Press.

Schutz, A. 1953, "Common Sense and Scientific Interpretation of Human Action," *Philosophy and Phenomenological Research* 14(1): 1-37; reprinted in Schutz, 1962b.

__________. 1959, "Tiresias, our Knowledge of Future Events," *Social Research* 26(1): 71-89; reprinted in Schutz, 1964.

__________. 1962a, "Scheler's Theory of Intersubjectivity and the General Thesis of the Alter Ego," in Schutz, 1962b.

__________. 1962b, "Concept and Theory Formation in the Social Sciences," "Choosing Among Projects of Action," *Collected Papers*, vol.1, The Hague: Martinus Nijhoff.

__________. 1964, "The Problem of Rationality in the Social World," in Schutz, *Collected Papers*, vol.2, The Hague: Martinus Nijhoff.

__________. 1966, *Collected Papers,* vol.3, The Hague: Martinus Nijhoff.

__________. 1970a, *The Phenomenology of the Social World*, Evanston, IL: Northwestern University Press.

__________. 1970b, *Reflections on the Problem of Relevance,* New Haven, CT: Yale University Press.

_________. 1974, *Der sinnhafte Aufbau der sozialen Welt*, Frankfurt: Suhrkamp(first published, 1925).

_________ & T. Luckmann, 1973, *Structures of the Life World*, vol.1, Evanston, IL: Northwestern University Press.

___________________________, 1979, *Strukturen der Lebenswelt*, Band 1, Frankfurt: Suhrkamp.

___________________________, 1984, *Strukturen der Lebenswelt*, Band 2, Frankfurt: Suhrkamp, English edn. in preparation.

Schwartz, H. & J. Jacobs, 1979, *Qualitative Sociology*, New York and London: The Free Press.

Sciolla, L. 1983a, "Il concetto di identità in la sociologia," in Balbo, 1983.

_________(ed.), 1983b, *Identità*, Turin: Rosenberg and Sellier.

Simmel, G. 1894, "Comment les formes sociales se maintiennent," *Revue de Metaphysique et de Morale* 2: 497-504.

_________. 1906, "The Sociology of Secrecy and of Secret Societies," *The American Journal of Sociology*, vol.Ⅱ.

_________. 1908, *Soziologie*, Leipzig: Duncker und Humblot.

_________. 1957, "Das Problem der historischen Zeit," *Brücke und Tür*, Stuttgart: Koehler(first published, 1916).

_________. 1967, *Fragmente und Aufsätze*, Hildesheim: G. Olms.

_________. 1971, *On Individuality and Social Forms*, D. Levine(ed.), Chicago: Chicago University Press.

_________. 1981, *Sociologie et épistémologie*, Paris: PUF.

_________. 1984, *Problèmes de la philosophie de l'histoire*, Paris: PUF.

_________. 1986, "La sociabilité," *Sociologie et épistémologie*, Paris: PUF.

_________. 1988, *La tragédie de la culture et autres essais*, Paris: Ed. Rivages.

Simon, H. A. 1983, *Reason in Human Affairs,* Stanford, CA: Stanford

University Press.

Sivadon, P. & A. Fernandez-Zoila, 1983, *Temps de travail, temps de vivre. Analyses pour une psychologie du temps*, Brussels: Pierre Mardaga.

Soeffner, H-G. 1981, "Verstehende Soziologie des Verstehens," in j. Matthes(ed.), *Lebenswelt und soziale probleme,* Verhandlungen des 20, deutschen Soziologentages zu Bremen, 1980, Frankfurt and New York: Campus.

___________. 1982, "Common Sense and Science," *Newsletter of the International Society for the Sociology of Knowledge* 98(1 and 2).

___________. 1983, "Typus und Individualität oder Typen der Individualität," in H. v. Wenzel(ed.), *Typus und Individualität im Mittelalter*, Munich: Fink.

___________. 1986a, "Stil und Stilisierung des Alltags am BeispielPunk," in H. U. v. Gumbrecht and K. L. feiffer(eds.), *Stil; Geschichte und Funktionen eines kulturwissenschaftlichen Diskurs- elements,* Frnakfurt: Suhrkamp.

___________. 1986b, "Auslegung im Alltag. Der Alltag der Auslegung," in J. v. Klein and H. D. Erlinger(eds.), *Wahrheit–Richtigkeit und Exaktheit*, Siegener Studien, Band 40, Essen: "Die Blaue Elue."

Sprondel, W. M. & R. Grathoff(eds.). 1979, *Alfred Schutz und die Idee des Alltags in den Sozialwissenschaften*, Stuttgart: Enke.

Starobinsky, J. 1978, "Préface," in H. Jauss, *Pour une esthétique de la réception.*

Tacussel, P. 1984, *L'attraction sociale*, Paris: Méridiens.

Ternier, A. 1981, "Nouvelles forms de la vie sociale au niveau lacal," in P. H. Chambart de Lauwe(dir.), *Trnasformations sociales et dynamiques culturelles*, Paris: Ed., du CNRS.

Thomas, L-V. 1978, *Mort et pouvoir*, Paris: Payot.

___________. 1979, *Civilisation et divagation*, Paris: Payot.

__________. 1984, *Fantasmes du quotidien,* Paris: Méridiens.

__________. 1985, *Rites de mort*, Paris: Fayard.

Thurn, H-P. 1978, "Grundprobleme eines sozialwissenschaftlichen Konzepts der Alltagskultur," *Kölner Zeitschrift für Soziologie und Sozialpsychologie* 30: 47-59.

__________. 1980, *Der Mensch im Alltag*, Stuttgart: Enke.

Vaneigem, R. 1967, *Traité de savoir-vivre à l'usage des jeunes générations,* Paris: NRF, Gallimard.

Vattimo, G. 1987, *La fin de la modernité-Nihilisme et herméneutique dans la culture post-moderne*, Paris: Seuil.

Verdes-Leroux, J. 1978, *Le travail social*, Paris: Minuit.

Vesselier-Ressi, M & D. Deloin. 1982, *Le métier d'auteur, Comment vivent-ils?,* Paris: Dunod, Bordas.

Virilio, P. 1980, *Esthétique de la disparition,* Paris: Balland.

_______. 1984, *L'espace critique,* Paris: Christian Bourgeois.

Wallerstein, I. 1986, "Societal development, or development of the world-system?," *International Sociology* 1(1): 3-17.

Weber, M. 1948, "Science as a Vocation," in H. Gerth and C. W. Mills(eds.), *From Max Weber*, London: Routledge and Kegan Paul.

________. 1951, *Gesammelte Aufsätze zur Wissenschaftslehre*, Tübingen: J. C. B. Mohr.

________. 1956, *Wirtschaft und Gesellschaft*, Bd.1. Tübingen: J. C. B. Mohr.

________. 1959, *Le savant et le politique,* Paris: Plon.

________. 1965, *Essais sur la théorie de la science,* Paris: Plon.

________. 1971, *Economie et société*, Paris: Plon.

________. 1976, *The Protestant Ethic and the Spirit of Capitalism,* London: George Allen and Unwin(first published, 1904-5).

________. 1982, *La ville,* Paris: Aubier.

Weigert, A-J. 1981, *Sociology of Every Day Life*, New York and London:

Longman.

Weingarten, E. 1976, *Ethnomethodologie. Beiträge zu einer Soziologie des Alltagshandelns*, Frnakfurt: Suhrkamp.

Williams, R. 1973, *Les fondements phénoménologiques de la sociologie compréhensive: A. Schutz et M. Weber,* The Hague: Martinus Nijhoff.

_________. 1982, *The Sociology of Culture*, N.Y.: Schocken Books.

Wilson, T. P. 1970, "Conceptions of Social Interaction and Forms of Sociological Explanation," *American Sociological Review* 35: 697-709.

Worringer, W. 1978, *Abstraction et Einfühlung*, Paris: Klincksieck.

___________. 1987, Abstraktion und *Einfühlung,* 3rd edn., Munich: Piper.

Young, M. & P. Willmott. 1957, *Family and Kinship in East London*, London: Routledge and Kegan paul.

_____________________, 1983, *Le village dons la ville*, Paris: Centre Georges Pompidou.

Zeldin, T. 1973, *Ambition, Love and Politics*, vol.1 of *France 1848~1945,* Oxford: Oxford University Press.

_______. 1977, *Intellect, Taste and Anxiety*, vol.2 of *France 1848~1945*, Oxford: Oxford University Press; French translations: Paris: Ed. Recherche 1978; Seuil 1980-1.

Zimmermann, K. 1983, "Über einige Bedingungen alltäglichen Verhaltens in archaischen Gesellschaften," in M. Baethge and W. Essbach (eds.), *Soziologie Entdeckungen im Alltäglichen*, Festschrift für H. P. Bahrdt, Frnakfurt: Campus.

Zimmermann, M. & Pollner. 1970, "The Everyday World as a Phenomenon," in J. D. Douglas(ed.), *Understanding Everyday Life*, London: Routledge and Kegan Paul.

Zoll, R. 1992, *Nouvel individualisme et solidarité quotidienne*, Paris: Kimé.

山岸 健 編著, 1988,『日常生活と社會理論-社會學の視點』, 慶應通信.

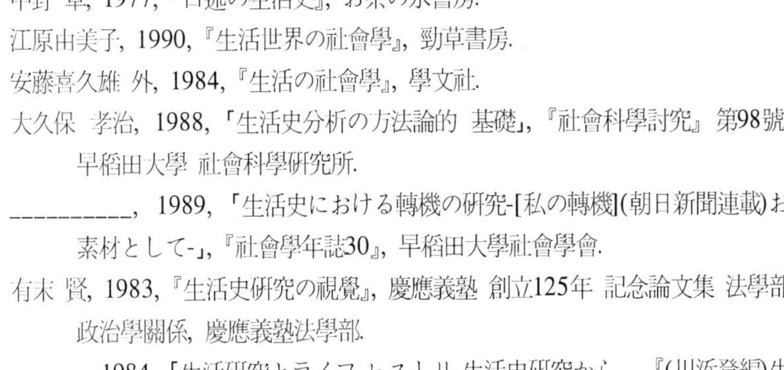

中野 卓, 1977, 『口述の生活史』, お茶の水書房.

江原由美子, 1990, 『生活世界の社會學』, 勁草書房.

安藤喜久雄 外, 1984, 『生活の社會學』, 學文社.

大久保 孝治, 1988, 「生活史分析の方法論的 基礎」, 『社會科學討究』 第98號, 早稻田大學 社會科學硏究所.

__________, 1989, 「生活史における轉機の硏究-[私の轉機](朝日新聞連載)お素材として-」, 『社會學年誌30』, 早稻田大學社會學會.

有末 賢, 1983, 『生活史硏究の視覺』, 慶應義塾 創立125年 記念論文集 法學部 政治學關係, 慶應義塾法學部.

______, 1984, 「生活硏究とライフ-ヒストリ-生活史硏究から-」, 『(川添登編)生活へのアプロチ』, ドメス出版社.

색인

(O)

(ㅈ)

▌저자소개

● 박재환은 서울대 사회학과를 졸업하고 파리 5대학 - 소르본느에서 사회학 박사학위를 취득했으며, 미셸 마페졸리와 함께 공동으로 연구를 진행하면서 1984년 「일상생활에 대한 사회학적 조명」이라는 논문을 통하여 한국에 최초로 일상성과 관련된 사회학적 논의를 제기하였다. 그는 현재 부산대학교 사회학과 교수로 재직중이며, 그동안 <사회갈등>, <사회사상>, <지식사회학> 등에 관련된 강의와 연구를 계속하여 왔다. 저서로는 『사회갈등과 이데올로기』(나남, 1992)가 있으며, 또한 역서로 코저(L. Coser)의 『갈등의 사회적 기능』(한길사, 1980)이 있다.

● 미셸 마페졸리(Michel Maffesoli)는 파리 5대학 - 소르본느에서 사회학 정교수로 봉직하고 있다. 그의 주요 저서에는 다음과 같은 것이 있다: 『지배의 논리(*Logique de la domination*)』(1976), 빼생(A. Pessin)과의 공저인 『사회의 창시자로서의 폭력(*La violence fondatrice*)』(1978), 부뤼스똥(A. Bruston)과의 공저인 『폭력과 위반(*Violence et transgression*)』(1978), 『전체주의 폭력: 정치인류학 논고(*La violence totalitaire. Essai d'anthropologie politique*)』(1979), 『현재의 정복: 일상생활의 사회학을 위하여(*La conquête du présent: Pour une sociologie de la vie quotidienne)*』(1979), 『상상의 은하수: 질베르 뒤랑의 저작을 둘러싸고 있는 방향타(*La galaxie de l'imaginaire: Derive autour de l'oeuvre de Gilbert Durant)*』(1980), 『디오니소스의 그림자: 축제의 사회학에의 기고(*L'ombre de Dionysos. Contribution à une sociologie de l'orgie)*』(1982); 『사회의 창시자로서의 일상적 폭력에 관한 논고(*Essai sur la violence banale et fondatrice)*』(1984), 리비에르(C. Rivière)와의 공저인 『소요의 인류학: 조르쥬 발랑디에에의 헌사(*Une Anthropologie des turbulences: Hommage a Georges Balandier)*』(1985), 『일상적 지식: 이해사회학 개요(*La connaissance ordinaire: Precis de sociologie comprehensive)*』(1985); 『부족의 시간(*Le temps des tribus)*』(1988). 그는 현재 인문 사회과학 잡지 ≪소시에떼(Sociétés)≫의 편집인이다.

● 앙리 르페브르(Henri Lefebvre)는 1901년 6월 17일 프랑스의 서남부 랑드 지방의 아제모(Hagetmau)에서 태어났다. 그후 액상 프로방스(Aix-en-Provence)에서 대학을 졸업하고 1928년에 공산당에 입당한 후 30년 동안 충실한 당원 생활을 하다가, 스탈린주의와 알제리전쟁에 대한 의견 차이로 1958년 공산당에서 제명되었다. 1962년에서 1965년까지, 한때 독일의 사회학자 짐멜(G. Simmel)도 봉직한 스트라스부르그 대학의 사회학 교수로 재직하고 다시 상경하여 1965년부터 1973년까지 파리 10대학의 사회학 교수를 역임했다. 그는 맑스와 레닌 그리고 헤겔의 사상을 프랑스에 독창적으로 소개한 최초의 사람일 뿐만 아니라 현대의 복잡한 사회적 동요를 파악하고 그 모순된 국면들을 해결하려 했다. 그는 맑스사상에서 어떠한 '인식론적 단절'도 발견하지 않을 뿐 아니라 맑스의 지적 관심과 실천이 바로 '인간소외'의 해결에 있다고 단언한다. 르페브르의 주된 관심은 현대성과 일상성의 비판에 있지만 도시문제, 공간문제에 관한 논의에서도 탁월한 위치를 차지한다. 저서로서는 우선 『일상생활의 비판 Ⅰ(*Critique de la vie quotidienne I, Introduction)*』(1946),

『일상생활의 비판 II(*Critique de la vie quotidienne II, Fondements d'une sociologie de la quotidiennété*)』(1961), 『일상생활의 비판 III(*Critique de la vie quotidienne III, De la modernité au mondernisme*)』(1981), 『현대세계의 일상생활(*La vie quotidienne dans le monde moderne*)』(1968) 등과 같이 장기간에 걸쳐 출판된 일상생활에 관한 저서들을 들 수 있다. 또한 그의 『맑스의 사회학(*Sociologie de Marx*)』(1974)은 영어로 번역이 되어 영어권 독자들에 있어서 맑스 사회학의 이해를 위한 필독서가 되고 있다. 이밖에도 『구조주의를 넘어서(*Au-delà du structuralisme*)』(1971), 『맑스사상과 도시(*La pensée marxiste et la ville*)』(1972), 『공간의 생산(*La production de l'espace*)』(1974) 등 총 40여편이 있다.

● 토마스 루크만(Thomas Luckmann)은 1927년 유고슬라비아에서 태어났으며, 비엔나와 인스부르크의 대학에서 수학한 후 미국으로 건너갔다. 그는 1953년 철학석사, 1956년에는 사회학 박사를 N.S.S.R.(New School for Social Research)의 대학원 과정에서 받았다. 그는 호우버트대학과 N.S.S.R., 프랑크푸르트 대학에서 가르쳤고, 1970년 이후에는 콘스탄트 대학에서 가르쳤다. 루크만은 하버드 신학대학원(Harvard Divinity School), 볼롱공(Wollongon[NSW])대학 그리고 프라이부르그(Freiburg) 대학에서 교환교수로 재직했었다. 그는 또한 1981~82년부터 스탠포드에서 행동과학연구소(Center of Advanced Studies in the Behavioral Sciences)의 연구원이었다. 그의 주된 저작은 『현실의 사회적 구성(*The Social Construction of Reality*)』(Peter Berger와 공저, 1966), 『보이지 않는 종교(*The Invisible Religion*)』(1970), 『생활세계의 구조 I·II(*The Structures of the Life-world I and II*)』(Alfred Schutz와 공저, 1973, 1974), 『생활세계와 사회현실(*Life-World and Social Realities*)』(1983) 등이 있다.

● 드 께이로(Jean Manual de Queiroz)는 1977년 이래 프랑스의 렌느대학에서 사회학 교수로 재직해 왔다. 그는 철학을 연구한 이후, 1981년 파리 8대학에서 사회학 박사학위를 취득했다. 1984년과 85년에 그는 몬트리올의 퀘백대학에서 초빙교수로 있었다. 그의 주된 연구관심과 출판물은 교육(도시 노동계급과 학교와의 관계), 일탈(도시 청소년과 동성애) 그리고 사회학이론(해석사회학, 상징적 상호작용론 및 민속방법론)에 관한 것이다.

● 아그네스 헬러(Agnes Heller)는 헝가리의 철학자이며 사회학자이다. 그녀는 루카치의 제자이며 부다페스트 학파를 대표하는 가장 탁월한 사상가라고 할 수 있다. 1929년에 태어난 그녀는 1947년부터 부다페스트 대학에서 연구활동을 하다 10여년 후 대학에서 파면되면서부터 루카치와 정치적 운명을 함께 한 애제자였다. 그리고 1963년부터 약 10년간 헝가리 과학아카데미 사회학연구소 주임연구원이었으나, 1973년 그녀의 저서속에 포함된 이데올로기적 문제 때문에 연구소에서 파면되었다. 헬러의 사상은 60년대 후반에 유럽의 여러 나라들과 미국, 캐나다 그리고 또한 일본과 브라질에서 여러 번역물, 학술회의, 강연 등을 통해 널리 알려지게 되었다. 그리하여 1977년 헝가리를 떠나서 멜버른의 라트로페(La Trope)대학의 교수가 되었고, 또한 프랑크푸르트, 영국 등 서구에서 객원교수 및 연구원으로 활약하고 있다. 영문으로 나온 헬러의 주요 저서로는, 『맑스의 욕구이론(*The Theory of Need in Marx*)』(1976), 『르네상스 인간(*Renaissance Man*)』(1978), 『감성론(*A Theory of Feelings*)』(1979), 『역사이론(*A Theory of History*)』(1982), 『일상생활(*Everyday Life*)』(1984) 등이 있다.

● 로라 보본느(Laura Bovone)는 사싸리(Sassari) 대학에서 커뮤니케이션이론과 밀라노의 카톨릭 대학에서 사회조사방법론 교수를 역임하고 있

다. 그녀의 주요 저서로는 『학생들의 세대, 사회화, 주변성 그리고 1970년대에 있어서 청년의 참여』(1978), 『관리자로서의 직업』(V. Cesareo, G. Rovati와 공저, 1978), 『경제 합리성과 노동의 중심성』(1982), 『복합적 삶에 관한 이야기: 중간세대의 인생 선택』(1984), 『롬바르디아에서의 생활: 1980년대 중반의 복지, 행동 및 가치』(E. Degiarde와 공저, 1986), 『폴란드와 이탈리아 청년들의 가치 체계』(J. Jerschina와 공저, 1987) 등이 있다. 그녀는 ≪사회학 연구(*Studi di Sociologia*)≫의 편집자로 있다.

● 빠뜨릭 따뀌셀(Patrick Tacussel)은 1956년에 태어났고, 사회학박사이다. 그는 프랑스 몽뻴리에 대학(University of Montpellier) 사회과학과(Institut de Sciences Sociales)에 전임교수로 있다. ≪인간과 사회(*L'Homme et la Société*)≫(Paris: Anthropos), ≪공간과 사회(*Espaces et Société*)≫(Paris: Anthropos), ≪디오게네스(*Diogène*)≫(Paris: Gallimard), ≪소시에떼(*Sociétés*)≫(Paris: Masson), ≪국제사회학지(*Cahiers Internationaux de Sociologie*)≫(Paris: PUF) 등의 학술지에 상상(imaginaire)에 관한 사회학 및 인류학적 저술을 많이 발표하고 있다. 그는 『사회적 매력(*L'Attraction Sociale*)』과 『단순고통 사회에서의 상상적인 것의 동태(*La dynamique de l'imaginaire dans la société monocéphale, Librairie des Méridiens*)』(1984)를 저술했다. 또 뚤루즈에 있는 상상연구소(Centre de Recherche sur l'Imaginaire)와 사회학연구소(Centre de Recherches Sociologiques)의 연구원이며, 상상연구지(Cahiers de L'Imaginaire)의 간사로 있다. 그리고 『사회관찰(*L'Observatoire des Sociétés*)』 시리즈물의 간행 책임자이기도 하다.

● 로널드 힛츨러(Ronald Hitzler)는 꽁스땅스(Constance) 대학에서 사회학, 정치학, 철학을 공부하고, 1987년 밤베르크(Bamberg) 대학을 졸업하였으며, 이 글을 쓸 당시에는 꼴로뉴(Cologne) 대학의 조교로 있었다. 현재

문화사회학과 지식사회학 그리고 현상학에 깊은 지적 관심을 가지고 활발히 연구하고 있으며, 주요 저작으로는 『의미의 세계(*Sinnwelten*)』(1988)가 있다.

● 라이너 켈러(Reiner Keller)는 자르브리켄(Saarbrucken) 대학과 밤베르크 대학, 그리고 프랑스 렌느(Rennes) 대학에서 수학하였다. 그는 사회학 이론과 문화사회학에 관심을 두고 있으며, 1987년에는 「디오니소스적인 것의 복귀?(Die Wiederkehr des Dionysischen?)」란 제목의 논문을 발표하였다.

● 빠뜨릭 와띠에(Patrick Watier)는 프랑스 스트라스부르그의 인문과학대학의 강사이자 전쟁학 연구소의 소장을 맡고 있다. 그는 지식사회학, 사회갈등론, 일상생활의 사회학 등에 관심이 있으며, 대표적 글로는 『짐멜: 사회학과 현대세계의 경험(*G. Simmel: la sociologie et l'expérience du monde moderne*)』(1986)이 있다. 최근에 사회적 결속의 이론적 의미에 대해서 연구를 진행중이다.

● 랄리(Pina Lilli)는 사회학박사이다. 그녀는 이태리 볼로뉴 대학의 사회심리연구소에 재직하고 있으며, 'ALLTAG-cerp'에 관해 연구하고 있다. 또한 그녀는 다양한 사회학 잡지에 많은 논문을 발표하고 있고, *L'altra medicina e i susi malati*(Bologna: Clueb, 1988)라는 대안적 요법에 관한 책을 저술했다.

● 피터 버거(Peter L. Berger)는 N.S.S.R.(New School for Social Research)의 대학원 교수로 재직하고 있는 프랑크푸르트 학파의 일원이며, 이른바 후기산업사회에서 지식의 전달경로 등에 대한 날카로운 분석으로 잘 알려져 있다. 그는 또한 종교사회학 분야에도 깊은 관심을 가지

고 활동하고 있다. 주요 저서로는 『현실의 사회적 구성(*The Social Construction of Reality*)』이 『지식형성의 사회학』이라는 제목으로 우리나라에 번역되어 있다.

● 이상훈은 부산대학교 사회학과를 졸업하고 프랑스 파리 5대학 - 소르본느 사회학과에서 미셸 마페졸리 교수의 지도로 사회학 석사와 박사학위를 취득했다. 박사학위논문은 「형상형식주의와 미학적 사회학을 향하여」이다. 그의 사회학적 관심은 예술과 문학, 특히 소설의 미학과 사회학적 시각의 수렴을 통하여 사회학의 인식론적 지평을 확장시킴과 아울러 미학적 사회학이라는 하나의 대안적인 사회학적 패러다임을 제시하고 있다. 현재 부산대학교에 출강하고 있다.

● 라시 아미루(Rachid Amirou)는 현재 파리 1대학인 소르본느의 박사과정에 있으며, 관광인류학(the anthropology of tuorism)을 강의하고 있다. 그는 미셸 마페졸리(Michel Maffesoli)에 의해 지도되고 있는 소르본느의 일상연구소(CEAQ)의 연구원이다. 그의 주요 관심분야는 종교, 여가, 관광, 그리고 일상생활이며 그의 최근의 저작은 ≪소시에떼(*Sociétés*)≫(1987: 2(13))에 발표된 「유행과 이국정서(Fashion and exoticism)」이다.

● 마르틴 지베라스(Martine Xiberras)는 파리 5대학 - 소르본느에서 사회학과 인류학을 전공했고, 1985년에 학위를 취득했다. 그녀의 주요 관심분야는 약물중독, 정치학, 경제학 그리고 일상생활 등이다. 그녀의 박사학위논문은 「죽음과 욕망 사이에서: 중독된 사회(Entre le désir et la mort, la société intoxiquée)」인데, 공동체와 사회간의 관계들을 분석하고 있다. 그녀는 툴루즈 2대학에서 사회학을 가르치고 있고, 그리고 전문적 직업인 시민봉사학교(Civil Service Schools)에도 나가고 있다. 그

녀는 또한 약물중독 예방을 위한 단체에서 사회학자의 한 사람으로서 활동하고 있다. 주요 저서들은 이런 주제에 대한 것뿐 아니라 방법론, 즉 민속방법론과 생활사에 관한 것이다.

● 감바코르타(Gambacorta)는 프로렌스대학에서 1980년도에 철학박사학위를 받았다. 그는 1986년도 이후 이태리 고등학교인 리체오(Liceo)에서 철학 및 역사교사로 재직중이며, 메를로-뽕띠, 파시, 헬러, 마페졸리에 관해 연구한 바 있다.

● 알베르토 멜루치(A. Melucci)는 「반역의 운동」(1976), 「정치체계, 참여와 사회운동」(1977), 「사회운동에 관한 이론적 접근」(1980)이라는 글을 통하여, 현대사회에서 자기정체성의 지향이라는 새로운 욕구의 발생과 이를 실현하는 새로운 공간으로서 공적영역의 발생에 주목하고 있다. 그의 지적 흐름은 지배체제의 조작의 제일의 목표가 되어버린 육체와 욕구를 조명하면서, 그 육체에 이제 존재하는 것이라고는 오직 "오르가즘을 위한 일종의 물리적 동작이 되어버린 규제된 성적 즐거움밖에 없다"고 본 허무주의적 색조에서(1980), "운동의 구체성과 독립성의 제기를 통해, 중립적 결정과정의 배후에 놓인 권력을 은폐하지 않는 일상생활의 민주화"에 대한 적극적 민주주의에 대한 관심으로 나아가고 있다. 그의 대표적인 논문은 「현재의 유목민: 현대사회에서의 사회운동과 개인적 욕구」(1989)이다. 이 책의 글은 이를 옮긴 것이다(『마르크스주의와 민주주의』(한상진 편저, 사회문화연구소: 1991, 323 - 334를 전재).

■ 옮긴이 소개

박재환 부산대 사회학과 명예 교수, 파리5대학(소르본) 사회학 박사
고영삼 부산인재평생교육원 원장, 부산대 문학박사
김동규 김해대 교양학부 시간강사, 부산대 사회학과 박사과정
김문겸 부산대 사회학과 교수, 부산대 문학박사
김상우 울산발전연구원 연구위원, 부산대 사회학 박사
김형균 전 부산발전원 부산학연구센터장, 부산대 문학박사
김희재 부산대 사회학과 교수, 부산대 문학박사
노영민 부산대 문학석사
백영선 부산시 교육청 장학관, 부산대 사회학 석사
오재환 부산발전연구원 부산학연구센터장, 부산대 문학박사
이동일 부산대 사회학과 강사, 부산대 사회학 박사
이상훈 전북대 신문방송학과 교수, 파리5대학(소르본) 사회학 박사
임범식 부산대 문학박사
황경숙 부산대 문학박사

한울사회학강좌
일상생활의 사회학

지은이 | 미셸 마페졸리, 앙리 르페브르 외
엮은이 | 박재환, 일상성·일상생활연구회
펴낸이 | 김종수
펴낸곳 | 한울엠플러스(주)

초판 1쇄 발행 | 1994년 9월 14일
초판 10쇄 발행 | 2021년 3월 10일

주소 | 10881 경기도 파주시 광인사길 153 한울시소빌딩 3층
전화 | 031-955-0655
팩스 | 031-955-0656
홈페이지 | www.hanulmplus.kr
등록번호 | 제406-2015-000143호

Printed in Korea.
ISBN 978-89-460-8042-3 94330

* 책값은 겉표지에 표시되어 있습니다.